Moderne Theorien
der Soziologie

Moderne Theorien der Soziologie

Strukturell-funktionale Theorie
Konflikttheorie · Verhaltenstheorie

Ein Lehrbuch

Herausgegeben von Günter Endruweit
Unter Mitarbeit von
Hansjürgen Daheim, Bernhard Giesen und Karlheinz Messelken

Ferdinand Enke Verlag Stuttgart 1993

Professor Dr. Günter Endruweit
Christian-Albrechts-Universität Kiel
Institut für Soziologie
Olshausenstr. 40, 2300 Kiel 1

Professor Dr. Hansjürgen Daheim
Universität Bielefeld
Fakultät für Soziologie
Postfach 8640, 4800 Bielefeld 1

Professor Dr. Bernhard Giesen
Justus-Liebig-Universität Gießen
Institut für Soziologie
Karl-Glockner-Str. 21, 6300 Gießen

Professor Dr. Karlheinz Messelken
Universität der Bundeswehr Hamburg
Fachbereich Pädagogik
Holstenhofweg 85, 2000 Hamburg 70

Die Deutsche Bibliothek – CIP-Einheitsaufnahme

Moderne Theorien der Soziologie : strukturell-funktionale
Theorie, Konflikttheorie, Verhaltenstheorie ; ein Lehrbuch /
hrsg. von Günter Endruweit. Unter Mitarb. von Hansjürgen
Daheim, Bernard Giesen und Karlheinz Messelken. – Stuttgart :
Enke, 1993
　ISBN 3-432-25271-4
NE: Endruweit, Günter [Hrsg.]; Daheim, Hansjürgen; Giesen,
　Bernhard; Messelken, Karlheinz

Das Werk, einschließlich aller seiner Teile, ist urheberrechtlich geschützt. Jede Verwertung ist ohne Zustimmung des Verlages außerhalb der engen Grenzen des Urheberrechtsgesetzes unzulässig und strafbar. Das gilt insbesondere für Vervielfältigungen, Übersetzungen, Mikroverfilmungen und die Einspeicherung und Verarbeitung in elektronischen Systemen.

© 1993 Ferdinand Enke Verlag, P. O. Box 10 12 54, D-7000 Stuttgart 10 – Printed in Germany

Satz und Druck: C. Maurer, D-7340 Geislingen/Steige
Filmsatz 9/10 p Times, System 4, Laserbelichter Linotronic 300　　　　　　　　　　5 4 3 2 1

Inhalt

Günter Endruweit
Zur Einführung:
Gesellschaftslehre oder soziologische Theorien? 1

Günter Endruweit
A Theorie – Empirie – Praxis
1	**Theorie**	5
1.1	Begriff der Theorie	5
1.2	Grundstrukturen von Theorien	6
2	**Empirie**	10
2.1	Begriff der Empirie	10
2.2	Zur Bedeutung der Empirie	10
3	**Praxis**	12
3.1	Begriff der Praxis	12
3.2	Zum Verhältnis von Praxis und Wissenschaft	13
4	**Zusammenhänge zwischen Theorie, Empirie und Praxis**	13
4.1	Theorie und Empirie	14
4.2	Theorie und Praxis	15
5	**Zur Natur des Theorie-Empirie-Praxis-Verhältnisses**	18
Anmerkungen		19
Literatur		21

Hansjürgen Daheim
B Die strukturell-funktionale Theorie
Vorbemerkung		23
1	**Zur Geschichte des Funktionalismus in der Soziologie**	24
2	**Gegenwärtige Grundzüge des soziologischen Funktionalismus**	29
2.1	Robert K. Merton	30
2.2	Marion J. Levy jun.	32
2.3	Talcott Parsons	34
2.4	Die Kritik an der strukturell-funktionalen Theorie	40
2.4.1	Inhaltliche Probleme der strukturell-funktionalen Theorie	41
2.4.2	Methodologische Probleme des Strukturfunktionalismus	44
2.5	Neuere theoretische Versuche: Niklas Luhmann	48
2.5.1	Luhmanns Theorie sozialer Systeme	49
2.5.2	Zur Kritik	54
3	**Einzelne Aspekte**	55
3.1	Individuum und Gesellschaft	55
3.2	Werte und Normen	57
3.3	Sozialisation	59

3.4	Abweichendes Verhalten	62
3.5	Ungleichheit und soziale Schichtung	65
3.6	Sozialer Wandel und Konflikt	68

Anmerkungen ... 73

Literatur ... 80

Bernhard Giesen
C Die Konflikttheorie

1	**Geschichte der Konflikttheorie**	87
1.1	Die Vorgeschichte des konflikttheoretischen Denkens: Macchiavelli, Hobbes, Darwin	87
1.2	Die klassische Grundlegung der Konflikttheorie: Marx, Weber, Simmel	88
1.3	Konflikttheorie als soziologisches Paradigma: Dahrendorf, Coser, Rapoport	90
2	**Gegenwärtige Grundzüge der Konflikttheorie**	92
2.1	Der Begriff des sozialen Konfliktes	92
2.1.1	Zwischen Anarchie und Integration: Die Strukturierung des Konfliktprozesses	93
2.1.1.1	Interessenstruktur	94
2.1.1.2	Machtstruktur	95
2.1.1.3	Konflikthandlungen	96
2.1.2	Zwischen Kriegszustand und Weltgesellschaft: Die Strukturierung der Konfliktakteure	98
2.1.2.1	Soziale Gemeinschaften	99
2.1.2.2	Organisation	99
2.1.2.3	Individuelle Akteure in Interaktionssituationen	101
2.1.2.4	Konfliktbeziehungen zwischen individuellen und kollektiven Akteuren	101
2.1.3	Zwischen Anomie und Konsens: Die Rationalisierung von Problembezügen	103
2.1.3.1	Rangordnungskonflikte	104
2.1.3.2	Verteilungskonflikte	105
2.1.3.3	Regelkonflikte	106
2.1.4	Zwischen Gewalt und Wertdiskurs: Die Rationalisierung von Konfliktformen	106
2.1.4.1	Sozialer Kampf	107
2.1.4.2	Wettkampfspiele	108
2.1.4.3	Debatten	109
2.2	Besonderheiten einzelner Richtungen	111
2.2.1	Soziobiologische Modelle des Konflikthandelns	111
2.2.2	Vertragstheoretische Ansätze	114
2.2.3	Spieltheoretische Konfliktmodelle	116
2.2.4	Theorien über soziale Bewegungen und Revolution	119
2.2.5	Evolutionistische Ansätze	121
3	**Einzelne Aspekte**	124
3.1	Individuum und Gesellschaft	124
3.2	Soziale Differenzierung	124
3.3	Wichtige Teilstrukturen der Gesellschaft: Klassen, Schichten und politische Organisationen	125

3.4	Konsens und Konflikt	126
3.5	Sozialer Wandel	126
4	**Das Verhältnis zwischen Konflikttheorie und anderen Theorietraditionen der Soziologie**	**127**
4.1	Konflikttheorie und strukturell-funktionale Theorie	127
4.2	Konflikttheorie und symbolischer Interaktionismus	128
4.3	Konflikttheorie und Verhaltenstheorie	128
4.4	Konflikttheorie und historischer Materialismus	129
Anmerkungen		**130**
Literatur		**131**

Karlheinz Messelken

D Die Verhaltenstheorie

Vorüberlegungen		**135**
1	**Geschichte der Verhaltenstheorie**	**137**
1.1	Außersoziologische Quellen und Zusammenhänge	137
1.2	Entwicklungen der Theorie	142
2	**Gegenwärtige Grundzüge der Verhaltenstheorie**	**144**
2.1	Der methodologische Individualismus	144
2.2	Der psychologische Reduktionismus	147
2.3	Lerntheorie	153
2.4	Austauschtheorie, Spieltheorie, Utilitarismus	157
2.5	Kritischer Rationalismus	159
2.6	Besonderheiten einzelner Richtungen	161
3	**Einzelne Aspekte**	**162**
3.1	Individuum und Gesellschaft	162
3.2	Soziale Differenzierung	165
3.3	Wichtige Teilstrukturen der Gesellschaft	168
3.4	Konflikt und Konsens	173
3.5	Soziale Werte und Normen	176
3.6	Sozialisation	180
3.7	Soziales Handeln und abweichendes Verhalten	183
3.8	Sozialer Wandel	188
4	**Unterschiede zu anderen Theorien**	**193**
4.1	Strukturell-funktionale Theorie	194
4.2	Konflikttheorie	194
4.3	Historisch-materialistische Theorie	195
4.4	Marxistisch-leninistische Theorie	197
4.5	Handlungstheorie	197
4.6	Soziologische und biologische Verhaltenstheorie	200
Anmerkungen		**203**
Literatur		**210**

Sachregister ... 214

Zur Einführung:
Gesellschaftslehre oder soziologische Theorien?

Günter Endruweit

„Die Soziologie steckt in einer Theoriekrise", heißt der erste Satz in einem der neuesten Werke eines der bekanntesten deutschen Theoretiker der Soziologie[1]. Dieser Satz allein könnte, seine empirische Richtigkeit unterstellt, ein Buch über soziologische Theorie rechtfertigen. Aber schon dabei beginnt die erste Schwierigkeit: Soll es um eine einzige, einheitliche Theorie der Soziologie gehen oder um mehrere, verschiedene Theorien?

Es gab schon viele Autoren, die nicht nur im Titel ihres Buches den Eindruck erweckten, sie wollten die soziologische Theorie darstellen, sondern die auch im Inhalt genau das versuchten. So schrieben beispielsweise Othmar Spann und Jakob Baxa vor über 60 Jahren jeder eine „Gesellschaftslehre"[2] mit dem Anspruch, nicht nur alles Wichtige in der Gesellschaft zu erfassen, sondern das auch noch besser als andere Theorien. Auch der eingangs erwähnte Theoretiker nennt sein Buch im Untertitel „Grundriß einer allgemeinen Theorie". Selbst in einer Darstellung der Geschichte der Soziologie wird behauptet, die soziologische Theorie habe sich, trotz einiger Schwankungen und Entgleisungen, kontinuierlich von der Antike bis zur Gegenwart entwickelt und frühere Theoretiker hätten nur zur gegenwärtigen Theorie beigetragen[3]. Nach diesen Vorstellungen kann es keine soziologische Theorie geben, die diesen Namen verdient und nicht den Anspruch allumfassender Erklärung stellt, und es ist auch nicht möglich, daß auf gleichem Niveau konkurrierende Theorien bestehen. Dahinter steht, jedenfalls der Tendenz nach, ein unitarisches Theoriekonzept.

Demgegenüber gibt es andere Vorstellungen, die von vornherein von einem Theorienpluralismus ausgehen[4], auch wenn der Titel noch manchmal den Singular enthält[5]. Sie stellen mehrere Theorieansätze gleichrangig nebeneinander. Das kann manchmal daran liegen, daß den Theorien verschiedene Schwerpunkte zugeschrieben werden, so daß sie ohnehin nur im Verbund „alles" erklären könnten, oder es wird darauf zurückgeführt, „daß die Bestimmung dessen, was Soziologie ‚sei', sowohl historisch als auch von Wissenschaftler zu Wissenschaftler, oder von ‚Schule' zu ‚Schule', unterschiedlich war und sein wird"[6].

Wahrscheinlich muß man sich zwischen diesen beiden Ansätzen gar nicht entscheiden. Denn einerseits ist empirisch nachweisbar, daß wir zur Zeit keineswegs eine einheitliche Theorie in der Soziologie haben. Zwar meinte Talcott Parsons, den man noch vor kurzem als den wahrscheinlich bedeutendsten lebenden Theoretiker auf dem Gebiet der Soziologie[7] bezeichnen konnte, schon 1945: „It is scarcely too much to say that the most important single index of the state of maturity of a science is the state of its systematic theory... On this basis the thesis may be advanced that sociology is just in the process of emerging into the status of a mature science"[8]. Aber damit meinte er so recht monoman nur seine eigene Theorie, die trotz großer Verbreitung inzwischen durchaus nicht alle anderen verdrängt hat und an der auch noch kräftig weitergebaut wird. Andererseits kann nicht geleugnet werden, daß es der Anerkennung der Soziologie als Wissenschaft mit Recht als abträglich angerechnet werden kann, wenn in ihrer Theorie der Grundsatz „quot homines, tot sententiae" herrscht. Denn in der nicht zuletzt von ihr mitentwickelten Wissenschaftstheorie wird die Wissenschaftlichkeit von Erkenntnissen u. a. daran gemessen, wieviel intersubjektive Anerkennung sie zu erlangen vermögen[9]. Das müßte wohl konsequenterweise zum Streben nach einer einheitlichen Theorie führen, wenn sie die zeitlich, kulturell usw. nicht eingeengten Gegenstände der allgemeinen Soziologie erklären soll und nicht nur Bereiche einer speziellen Soziologie oder historisch oder sonstwie begrenzte Phänomene der allgemeinen Soziologie.

Dieser Situation möchte auch diese Veröffentlichung als ein Lehrbuch für moderne Theorien der allgemeinen Soziologie gerecht werden.

Entsprechend der bisherigen Theorieentwicklung werden hier drei große, besonders wichtige Theorieansätze jeweils in sich geschlossen dargestellt. Damit kann die Entwicklung der einzelnen Richtungen, wie auch in manchen früheren Veröffentlichungen, von den Vorläufern bis in den aktuellen Stand in ihren Grundzügen verfolgt werden. Zugleich sollen Hinweise auf empirische Untersuchungen zu einzelnen Teilen der Theorie einige Auskunft über den Stand ihrer Überprüfung geben.

Neu ist hier vor allem, daß alle Beiträge im wesentlichen nach demselben Gliederungsschema aufgebaut sind. Die Grundstruktur der Darstellung ist für jede Theorierichtung:

1. Geschichte der Theorie
1.1 Außersoziologische Quellen und Zusammenhänge
1.2 Entwicklung der Theorie

2. Gegenwärtige Grundzüge der Theorie
2.1 Gemeinsamkeiten aller Richtungen
2.2 Besonderheiten einzelner Richtungen

3. Einzelne Aspekte
3.1 Individuum und Gesellschaft
3.2 Soziale Differenzierung
3.3 Wichtige Teilstrukturen der Gesellschaft
3.4 Konflikt und Konsens
3.5 Soziale Werte und Normen
3.6 Sozialisation
3.7 Soziales Handeln und abweichendes Verhalten
3.8 Sozialer Wandel

4. Unterschiede zu anderen Theorien

5. Literatur
Gesamtdarstellungen und Klassiker
Weitere wichtige Literatur

Damit soll dem Benutzer vor allem das „Querlesen" erleichtert werden, das Vergleichen mehrerer Theorien unter demselben speziellen Gesichtspunkt. Nun ist Theorievergleich[10] sicherlich mehr als die Feststellung punktueller Kongruenzen oder Diskongruenzen. Aber schon dabei kann herauskommen, daß nicht alle Theorien alle Felder der gesellschaftlichen Wirklichkeit mit gleicher Intensität beackern. Zumindest kann herauskommen, daß eine Theorie für einen bestimmten Sachverhalt mehr Erklärungskraft hat als eine andere. Das könnte dann schon ein Schritt in Richtung auf „die" Theorie der allgemeinen Soziologie sein, die versucht, für alle sozialen Phänomene optimale Erklärungen zu bieten. Ein erster Versuch dazu könnte eine selektive Kombination vorhandener Ansätze sein, wobei allerdings große Sorgfalt bei der Prüfung der Vereinbarkeit von heterogenen Elementen angewendet werden muß.

Einführung 3

Der Soziologe hat zu seiner Theorie oder seinen Theorien dasselbe Verhältnis wie jeder andere Wissenschaftler: Theorie ist weder Selbstzweck noch Ziel, sondern Handwerkszeug der Wissenschaft. Zweck der Wissenschaft ist die Erklärung der Wirklichkeit; je mehr an Theorie der Wissenschaftler dazu kennt, desto mehr Handwerkszeug hat er und desto größer ist die Wahrscheinlichkeit, daß er seine Aufgabe erfüllen kann.

Nun sind allerdings die drei hier vertretenen Ansätze an Theorierichtungen sicherlich nicht alle wichtigen, die dargestellt werden könnten und müßten. In der ursprünglichen Planung waren zwei weitere Theorien bzw. Theoriegruppen vorgesehen, und entsprechende Autorenverträge waren abgeschlossen worden.

Die Handlungstheorie konnte wegen zeitlicher Beanspruchung des Bearbeiters nicht rechtzeitig fertiggestellt werden. Der Leser dieses Bandes muß sich also in der vorhandenen Literatur[11] orientieren, wobei zu berücksichtigen ist, daß hier einige terminologische Verwirrung den zielsicheren Zugriff erschwert: Handlungstheorie würde hier alle die Ansätze meinen, die alles Soziale vom individuellen Handeln her erklären wollen, idealtypisch etwa der Symbolische Interaktionismus; eine Theorie des Handelns dagegen gibt es auch in anderen Ansätzen, z. B. in der strukturell-funktionalen Theorie, wo sie aber nur einen Teilbereich erklären soll; leider wird in der Fachliteratur nur selten in diesem Sinne zwischen Handlungstheorie und Theorie des Handelns unterschieden, die Begriffe werden äquivok oder auch im entgegengesetzten Sinne gebraucht.

Als zweiten Ansatz hatten wir die marxistische Soziologie vorgesehen. Dazu waren auch namhafte Bearbeiter aus der damaligen Deutschen Demokratischen Republik gewonnen worden. Deren Vertreter schrieb aber am 22. 1. 1990, mit der neuen Lage in Deutschland „entstand aber zugleich auch eine neue Situation und entstehen neue Überlegungen für unser Verständnis von marxistisch-leninistischer Soziologie. Nicht, daß diese nun am Boden liegt oder daß wir mit leeren Händen dastehen, aber vieles ist nun tatsächlich neu zu bedenken". Damit ist sicherlich nicht das letzte Wort über Marx' Beiträge zur Gesellschaftstheorie gesagt. Einstweilen muß auch hier auf die allerdings – im wissenschaftlichen Sinne – erstaunlich spärliche Literatur verwiesen werden[12].

Andere Ansätze, etwa die Kritische Theorie[13] oder die Ethnomethodologie[14], waren gar nicht für diesen Band vorgesehen. Ihnen fehlt es zur Zeit noch an repräsentativen geschlossenen Darstellungen. Deshalb kann man gar nicht recht sagen, ob es sich überhaupt um Theorien handelt, also um Systeme von falsifizierbaren Aussagen über Wirklichkeit, oder nicht doch überwiegend um methodologische Aussagen und Forderungen sowie axiomatische Systeme.

Dieses Buch ist als Lehrbuch zum Selbststudium oder als Begleitlektüre zu Lehrveranstaltungen gedacht. Als Lehrbuch präsentiert es nicht eigene Theorien, sondern schreibt über fremde Theorien; damit ist es Sekundärliteratur. Sekundärliteratur kann und soll die Lektüre der Primärliteratur erleichtern, aber nie ersetzen. Die Autoren dieses Bandes wollen das Studium der Originalwerke zu den Theorien dadurch unterstützen, daß sie Zusammenhänge und Unterschiede, Kernpunkte und Randbereiche, Stärken und Schwächen, noch Spekulatives und schon Belegtes erkennen helfen und durch Darstellung der inzwischen eingetretenen Weiterentwicklungen den gegenwärtigen Stand der Theoriediskussion vermitteln. Was im Lehrbuch steht, mag man vor, während und nach, aber keinesfalls anstatt der Hauptwerke der Theoretiker lesen.

Als dieser Band vor beinahe zehn Jahren geplant wurde, war René König mit dabei, und er sollte Mitherausgeber sein. Sein Gesundheitszustand in späteren Jahren hinderte ihn an der Weiterarbeit, und sein Tod am 21. März 1992 kam dem Erscheinen zuvor; es bleibt daher ohne das von ihm geplante Schlußkapitel, in dem er, der für die soziologische Theorie so viel geleistet hat, die Summe des gegenwärtigen Theoriestandes ziehen wollte.

Anmerkungen

1. Luhmann, Niklas: Soziale Systeme, Frankfurt: Suhrkamp 1984, S. 7.
2. Spann, Othmar: Gesellschaftslehre, 3. Auflage, Leipzig: Quelle & Meyer 1930, vgl. insbes. S. 97 ff.; Baxa, Jakob: Gesellschaftslehre von Platon bis Nietzsche, Leipzig: Quelle & Meyer 1927.
3. Vine, Margaret Wilson: An Introduction to Sociological Theory, New York: McKay 1959, S. VII und VIII.
4. So z. B. bei Sorokin, Pitirim A.: Sociological Theories of Today, New York: Harper & Row 1966, der dort auch von „Soziologien" spricht; Kiss, Gabor: Einführung in die soziologischen Theorien, Opladen: Westdeutscher Verlag 1972 und 1973.
5. Wallace, Walter L.: Sociological Theory, Chicago: Aldine 1969.
6. Käsler, Dirk: Wege in die soziologische Theorie, München: Nymphenburger Verlagshandlung 1974, S. 7.
7. So Dietrich Rüschemeyer in der Einleitung zu Parsons, Talcott: Soziologische Theorie, 2. Auflage, Neuwied/Berlin: Luchterhand 1968, S. 9.
8. Wieder abgedruckt in Parsons, Talcott: Essays in Sociological Theory, rev. ed., New York/London: Free Press/Collier-Macmillan 1954, S. 212.
9. Vgl. u. a. Popper, Karl R.: Logik der Forschung, 6. Auflage, Tübingen: Mohr 1976, S. 18 mit Hinweis auf Kant.
10. Dazu Hondrich, Karl Otto: Entwicklungslinien und Möglichkeiten des Theorievergleichs, in: Lepsius, M. Rainer (Hrsg.): Zwischenbilanz der Soziologie, Verhandlungen des 17. Deutschen Soziologentages, Stuttgart: Enke 1976, S. 14–36.
11. Dazu sei empfohlen: Lenk, Hans (Hrsg.): Handlungstheorien – interdisziplinär, Band IV, München: Fink 1977; Blumer, Herbert: Symbolic Interactionism, Berkeley: University of California Press 1986.
12. Siehe dazu u. a. Assmann, Georg, u. a. (Hrsg.): Wörterbuch der marxistisch-leninistischen Soziologie, Berlin: Dietz 1977; Bottomore, Tom/Goode, Patrick (eds.): Readings in Marxist Sociology, Oxford: Clarendon 1983.
13. Vgl. dazu Kocyba, Hermann: Theorie, kritische, in: Endruweit, Günter/Trommsdorff, Gisela (Hrsg.): Wörterbuch der Soziologie, Stuttgart: Enke 1989, S. 746–751.
14. Einen Überblick liefert Turner, Roy (ed.): Ethnomethodology, Harmondsworth: Penguin 1974.

A Theorie – Empirie – Praxis

Günter Endruweit

Theorie, Empirie und Praxis werden oft als alternative Tätigkeitsfelder angesehen, und wer auf einem von ihnen gern arbeitet, sieht manchmal die Kollegen auf den anderen Feldern nur mit Herablassung an. Dabei läßt sich bei genauerer Betrachtung die Überzeugung nicht verhindern, daß erst alle drei Bereiche zusammen die Wirklichkeit und die ihr zugehörige Wissenschaft formen und daß der eine ohne die beiden anderen jedenfalls nicht so existieren könnte, wie er es zur Zeit tut. Zentral geht es uns hier um die Funktion von wissenschaftlichen Theorien. Aber dabei wird sich zeigen, daß die beiden anderen Bereiche notwendig dazugehören, daß aber auch sie die Theorie benötigen.

1 Theorie

Schon Immanuel Kant schrieb „Über den Gemeinspruch: Das mag in der Theorie richtig sein, taugt aber nicht für die Praxis"[1]. Immer noch ist für manche „theoretisch" und „akademisch" nicht nur gleichbedeutend mit „kompliziert", „unverständlich" und „langweilig", sondern auch mit „wirklichkeitsfremd", „unbrauchbar" und „unpraktisch". Die folgenden Überlegungen sollen helfen, die Richtigkeit dieses Alltagsverständnisses besser einschätzen zu können.

1.1 Begriff der Theorie

Der geringen Einschätzung von Theorie in der Umgangssprache ist ihre Rolle in der Wissenschaft genau entgegengesetzt: "The vehicle of all understanding in science is theory. Theory is a way of answering the question ‚Why'"[2]. Einer der bedeutendsten Wissenschaftstheoretiker schrieb, „die Theorie ist das Netz, das wir auswerfen, um die ‚Welt' einzufangen, – sie zu rationalisieren, zu erklären und zu beherrschen. Wir arbeiten daran, die Maschen des Netzes immer enger zu machen"[3].

Untersucht man, was alles als Theorie bezeichnet wird, findet man sehr Verschiedenes.

„Theorien können betrachtet werden:
a) als Systeme von Begriffen und Thesen über soziale Realität (inhaltliche Dimension),
b) als Verfahrensweisen zur Konstruktion und Kritik von Begriffen und Thesen über soziale Theorien (methodologische Dimension),
c) als Instrumente zur Auseinandersetzung mit sozialer Realität (politische Dimension) und
d) als Stimulation für Forschung über soziale Realität (forschungsorientierte Dimension)"[4].

Diese Typologie hat ausdrücklich nur sozialwissenschaftliche Theorien im Auge und taugt daher nicht für einen allgemeinen Theoriebegriff; es gibt aber keinen Grund, den Theoriebegriff der Sozialwissenschaften anders zu fassen als den anderer Wissenschaften. Damit erledigt sich Dimension c): eine wissenschaftliche Theorie eignet sich nicht als solche zur politischen Auseinandersetzung – was sollte man da etwa mit der Quantentheorie machen? –, sondern nur dann, wenn sie und ihre Konkurrentinnen noch empirisch so wenig überprüft sind, daß eine Entscheidung über ihre Richtigkeit oder Falschheit nicht recht möglich ist und sie sich demzufolge gut zur Ideologisierung eignet. Dimension d) ist eher ein zufälliger Effekt einer Theorie; denselben könnten auch andere Auslöser bewirken, nicht zuletzt die Wirklichkeit selber. Schließlich unterscheidet sich Dimension b) von der ersten dadurch, daß sie keine Aussagen über Realität macht, die sich später als wahr oder falsch erweisen können, sondern daß sie Verfahrensregeln für die Forschung angibt, die nicht wahr oder falsch, sondern zweckmäßig oder unzweckmäßig sein können; diese normative Zielsetzung ist etwas grundlegend Verschiedenes im Vergleich zu der positivistischen Zielsetzung des ersten Theoriebegriffs.

Hier erscheint also nur die unter a) genannte Dimension als geeignete Grundlage eines Theoriebegriffs. Der soll allgemein so definiert sein: Eine Theorie ist ein System von Sätzen mit Seinsaussagen über Wirklichkeit, das durch die sprachliche Zuordnung sachliche Zusammenhänge wiedergibt. Diese Definition stimmt mit vielen anderen im wesentlichen überein[5].

Man erkennt nun auch leicht den Grund für die formale Nähe zwischen Theorie und Ideologie. Solange eine Ideologie deskriptiv-analytisch und nicht projektiv-aktionistisch formuliert ist, solange sie also Seinsaussagen und nicht Sollensaussagen enthält, ist sie äußerlich einer Theorie zum Verwechseln ähnlich. Der Unterschied zeigt sich erst im weiteren Wissenschaftsprozeß. Der Wissenschaftler wird seine Theorie angesichts einer entgegenstehenden Wirklichkeit stets erfreut revidieren und sie damit realitätsadäquater machen. Wer sich jedoch gegenüber der Wirklichkeit stumpfsinnig verhält, indem er sie gar nicht zur Kenntnis nimmt, oder wer sich ihr gegenüber starrköpfig verhält, indem er aus seiner Wahrnehmung keine Konsequenzen zieht, ist kein Theoretiker, sondern ein Ideologe. Damit ist er etwas anderes als ein Wissenschaftler – nicht notwendig etwas Minderwertiges; denn es ist wissenschaftlich, etwa durch die Religions- oder Politiksoziologie, erwiesen, daß Ideologien zu den wesentlichsten Faktoren der sozialen Integration gehören, so daß ihre Pflege eine sehr verantwortungsvolle gesellschaftliche Tätigkeit sein kann.

Damit unterscheidet sich der hier vorgestellte Theoriebegriff deutlich von manchen dialektisch-hermeneutischen Auffassungen, die der Theorie zu einem guten Teil eine letztlich nur als agitatorisch zu bezeichnende Funktion zuschreiben[6]. Deren Befürworter stützen sich am Ende wohl[7] auf die auch in der Werturteilsdiskussion immer wieder zitierte 11. These über Feuerbach, die propagierte: „Die Philosophen haben die Welt nur verschieden interpretiert, es kömmt drauf an, sie zu verändern"[8]. Dabei wird übersehen, daß Marx selbst nirgendwo sagt, auch die Veränderung sei Aufgabe der Philosophen, also der Wissenschaftler. Reine Interpretation, also auch „Grundlagenforschung", hat für sich keine unmittelbare Wirkung auf andere Menschen. Die Handlungsverantwortung entsteht also erst bei ihrer Umsetzung in Praxis. Veränderung, d. h. Praxis, ist aber gleich bei ihrer Ingangsetzung über den Handelnden hinaus wirksam. Sie muß also legitimiert sein. Woher sollte ein Wissenschaftler die Legitimation nehmen? Seine Anmaßung, besser als die Betroffenen zu wissen, was diesen frommt, kann dafür nicht ausreichen.

1.2 Grundstrukturen von Theorien

Schon aus unserer allgemeinen Theoriedefinition geht hervor, daß Theorien vielerlei Gestalt haben können. So sagt denn auch eine überraschend einfache Behauptung: „Theorien sind allgemeine Sätze"[9]. Nur scheinbar anspruchsvoller ist die Meinung, eine Theorie bestehe aus bestimmten Grundelementen oder Bausteinen, und zwar Begriffen, Variablen, Behauptungen und Darstellungsformen[10]; denn Begriffe, Variablen und

Behauptungen lassen sich nur in Satzform sinnvoll mitteilen, und auch die Darstellungsweisen sind, selbst wenn eine mathematische Formel gewählt wird oder ein Diagramm, in allgemeine Sätze i. S. des ersten Zitats übersetzbar. Diese Sätze können wiederum vielerlei Formen haben. Neben einfachen Aussagesätzen sind in Theorien, die ja möglichst Kausalzusammenhänge und dann noch in quantitativer Verbindung ausdrücken wollen, vor allem Wenn-dann- und Je-desto-Sätze nützlich. Das ist aber im einzelnen eher ein Problem der Wissenschaftstheorie.

Bei diesem Stichwort stellt sich die für unseren Zusammenhang wichtigere Frage, ob denn die Wissenschaftstheorie auch eine Theorie im hier gemeinten Sinne sei, etwa gar auf dem höchsten Niveau einer denkbaren Abstufung von Theorien stehe.

Wissenschaftstheorie ist die Lehre, die angibt, wann etwas als wissenschaftlich anerkannt wird. Sie müßte also auch bestimmen, welchen Kriterien eine wissenschaftliche Theorie entsprechen muß. Das tut sie auch. So fordert sie z. B. für Theorien die Beachtung von zwingenden Gesetzen der Logik, was sogar in Theoriedefinitionen zum Ausdruck kommt, wenn es etwa heißt: „Theorie ist eine Menge logisch miteinander verbundener widerspruchsfreier Hypothesen"[11]. Man kann sich in der Tat keine akzeptable Theorie vorstellen, die etwa gegen Grundsätze wie „sind zwei Größen einer dritten gleich, so sind sie auch untereinander gleich" oder „ist A' ein Unterfall von A, so hat A' alle Eigenschaften von A"[12] verstößt. Insofern ist es zweifelhaft, ob das Gebot der Logikbeachtung überhaupt etwas ist, was dringend der wissenschaftstheoretischen Kodifizierung bedarf; denn „la démarche logique de la raison a souvent été définie comme l'étude des conditions de la vérité"[13].

Im übrigen jedoch hat die Wissenschaftstheorie mehr Ratschläge und Konventionen zu bieten. Es sind keine „Seinsaussagen über Wirklichkeit", die unter 1.1 als Hauptbestandteile von Theorien angegeben wurden und die auf ihre Übereinstimmung mit der Wirklichkeit überprüft werden können. Die Wissenschaftstheorie sagt nichts über Wirklichkeit aus, sondern über Wissenschaft. Sie ist also im wesentlichen eine „normative Disziplin"[14], eine Metatheorie[15], eine „Theorie der Theorien"[16] oder eine Wissenschaftswissenschaft, wie sie, wenn auch noch in engerem Sinne, bereits Augustinus genannt hat[17]. Den Kritischen Rationalismus, aber auch große Teile der Kritischen Theorie der Frankfurter Schule kann man also nicht zu den soziologischen Theorien zählen[18]. Sie wollen vom eigenen Anspruch her nichts über soziale Wirklichkeit aussagen, sondern darüber, wie man diese am angemessensten feststellen solle.

Zu den soziologischen Theorien zählen wir also nur solche, die Beschreibung und Erklärung sozialer Wirklichkeit liefern[19]. Je weniger eine Theorie Wirklichkeit beschreibt und erklärt, desto weniger ist sie Wissenschaft und desto mehr ist sie Dichtung – bestenfalls. Aber damit sind zwei Fragen zur Einengung des Gegenstandsbereichs von wissenschaftlichen Theorien noch nicht geklärt.

Die erste Frage betrifft die zeitliche Geltung der Beschreibung. Nähme man unsere Theoriedefinition ganz ernst, ist nur eine solche Aussage eine wissenschaftliche Theorie, die sich mit bestehenden oder vergangenen Verhältnissen befaßt; denn nur sie sind garantiert Wirklichkeit. Was ist aber mit Gesellschaftsentwürfen, also mit Aussagen über die Zukunft? Es bleibt wohl nichts anderes übrig als das Ernstnehmen der Definition. Solche Aussagen beschreiben etwas, wovon wir jetzt nicht wissen, ob es jemals Wirklichkeit wird. Erst wenn es das geworden sein wird, wird man die Richtigkeit der Seinsaussagen überprüfen können; bis dahin muß man eben geduldig warten. Zur Zeit ist es nur potentiell Theorie, realiter aber Utopie. Als solche eignet sie sich hervorragend zur Ideologisierung, weil man ihr nicht schon jetzt ihre Falschheit nachweisen kann.

Die zweite Frage betrifft den Abstraktionsgrad einer Theorie. Es ist leicht einzusehen, daß eine Theorie, die Integration, sozialen Wandel und extrasystemische Einflüsse der liechtensteinischen Gesellschaft in den letzten 40 Jahren beschreiben und erklären will, mehr an konkreter Wirklichkeit einfangen kann als eine Theorie, die eben diese Verhältnisse für die „Gesellschaft an sich" erfassen will, also jede Gesellschaft an jedem Platz der Erde und zu jedem Zeitpunkt der Geschichte. Idealtypisch können wir hier zwei Formen unterscheiden:

Zum einen kann es sich im wörtlichen Sinne um eine Theorie der allgemeinen Soziologie handeln. Das wäre eine Theorie, die das Funktionieren von Gesellschaften ohne Rücksicht auf historische, geographische, kulturelle und eventuelle andere Unterschiede zum Gegenstand hat. Sie wäre eine allgemeine Theorie wie die Theorien der Naturwissenschaften, denen gerade die allgemeine Gültigkeit ihrer Theorien zur Internationalität verholfen hat. Solange sich sozialwissenschaftliche Theorien noch mit Grundbegriffen und wenigen Variablen begnügen, mag ihnen solche Allgemeingültigkeit möglich sein. So kann man sich vielleicht einen zeit- und raumlos gültigen Rollenbegriff vorstellen und sogar einige damit zusammenhängende zeit- und raumlos gültige Hypothesen. Aber schon beim Gesellschaftsbegriff wird das problematisch. Wenn er sowohl für alle Bewohner Chinas heutzutage gelten soll wie für eine kleine prähistorische Horde der Fatjanowokultur, kann er nur sehr wenige Merkmale enthalten und damit die Wirklichkeit einer jeden Gesellschaft nur sehr dürftig beschreiben. Es läßt sich nicht umgehen, wissenschaftliche Grundbegriffe von solcher Allgemeinheit und darauf beruhende Hypothesen aufzustellen. Man braucht sie für Zwecke des Sozialstrukturvergleichs bei zwei oder mehr Gesellschaften im selben Zeitpunkt oder für Zwecke der Analyse von sozialem Wandel derselben Gesellschaft über einen längeren Zeitraum. Beides sind wichtige Untersuchungsansätze, und damit sind alle Theorien legitim, die solche Ansätze ermöglichen. Bei ihnen ist aber stets darauf zu achten, ob sie nicht – auch unbewußt – ethnozentrisch und damit eben nicht allgemein sind.

Zum andern aber muß in den Sozialwissenschaften dem Zustand Rechnung getragen werden, daß alle ihre Gegenstände im Gegensatz zu den meisten Gegenständen der Naturwissenschaft sehr stark dem sozialen Wandel im Laufe der Zeit und auch der Differenzierung gegenüber einander zur selben Zeit unterliegen[20]. Wenn man solchermaßen speziell ausgeprägte soziale Verhältnisse möglichst wirklichkeitsgetreu analysieren will, muß die dafür herangezogene Theorie geradezu ethnozentrisch in zeitlicher und räumlicher Hinsicht sein. Allerdings darf das nicht so übertrieben werden, daß dabei nur eine sprachliche Momentaufnahme herauskommt. Wie eine fotografische Momentaufnahme von zwei aufeinander zustrebenden Menschen völlig uninteressant ist, solange man nicht aufgrund von über diesen Moment hinaus gültigen weiteren Beurteilungsmaßstäben erkennen kann, ob die beiden sich umarmen oder prügeln wollen, so ist auch eine wissenschaftliche Analyse im Sinne einer typischen Beschreibung oder gar einer Erklärung bei Benutzung von Maßstäben, also z. B. Begriffen, möglich, die nicht nur für diesen konkreten Fall gelten.

Zur Unterscheidung von weiteren und engeren Theorien gibt es mehrere Ansätze. So sieht René König einen Gegensatz zwischen soziologischen Theorien von „immer begrenzter Natur" einerseits und einer „allgemeinen Theorie der Gesellschaft" andererseits, „die im Sinne der Geschichts- und Sozialphilosophie universale Aussagen über die Gesellschaft im ganzen macht"[21]. Soweit dabei unter den allgemeinen Theorien der Gesellschaft nicht nur Entwürfe einer besseren, zukünftigen Gesellschaft gemeint waren[22], sondern auch im Sinne einer gegenwärtigen „Weltgesellschaft"[23], ist damit im Kern der oben beschriebene Gegensatz gemeint. In der marxistischen Soziologie sprachen Walter Friedrich u. a. im selben Sinne von „Theorien höherer und niederer Ebenen"[24]. Am einprägsamsten und damit wohl am verbreitetsten ist Robert Mertons Gegenüberstellung von „theories in the large" und „theories of the middle range"[25]. Solche Theorien mittlerer Reichweite können so gut wie beliebig in ihrem Gültigkeitsanspruch eingeschränkt werden. Sie können nur für Gesellschaften des 20. Jahrhunderts gelten oder nur für Gesellschaften mit kapitalistischer bzw. sozialistischer Wirtschaftsverfassung oder mit islamischer bzw. buddhistischer Wertorientierung usw. De facto allerdings sind sie zumeist auch noch in ihrem Gegenstandsbereich eingeschränkt, indem sie sich nur mit abweichendem Verhalten oder Herrschaftsbeziehungen oder gruppendynamischen Prozessen usw. befassen. Damit wären sie keine Theorien der allgemeinen Soziologie mehr, sondern höchstens Theorien für Teilbereiche der allgemeinen Soziologie oder für spezielle Soziologien.

Eine Theorie der allgemeinen Soziologie müßte danach streben, eine „theory in the large" im eben erwähnten Sinne zu sein. Die meisten der so klassifizierten Theorien erheben wohl auch diesen Anspruch. Wenn es hingegen um die konkrete Ausfüllung des dann notwendigen Erklärungshorizontes geht, erweisen sie sich oft thematisch doch eher als Theorien mittlerer Reichweite.

Um also die Aussagekraft einer Theorie im Sinne des Anwendbarkeitsbereichs in thematischer und analytischer Hinsicht ermessen zu können, muß sie daraufhin systematisch untersucht werden. Dabei hat sich die Beurteilung nach den folgenden 10 Kriterien, die jeweils noch systematisch unterscheidbare Gruppen bilden[26], recht gut bewährt:

1. Allgemeinheit,
2. Reichweite,
3. Evaluation der Hypothesen,
4. Formalisierung,
5. Axiomatisierung,
6. Verhältnis zu anderen Theorien,
7. Vorhersagekraft,
8. Mitteilbarkeit,
9. Reproduzierbarkeit,
10. Fruchtbarkeit.

Das wäre noch eine weitgehend „theorie-interne" Untersuchung.

Daneben wäre aber auch ein Theorienvergleich ratsam, wenn man als Wissenschaftler ein instrumentelles Verhältnis zu Theorien hat, wie denn auch der Klempner je nach komparativem Nutzen mal zur Kneifzange, mal zur Rohrzange greift. Auch hierfür ist die Prüfung von wiederum zehn Gesichtspunkten vorgeschlagen worden[27], von denen nur einige sich mit den eben erwähnten überschneiden:

1. Gegenstandsbereich,
2. Problemhinsicht,
3. Problemlösungen,
4. Erkenntnisleistungen,
5. logischer Status,
6. Strukturmerkmale,
7. Verfahren zur Datengewinnung,
8. Prioritäten bzw. Strategien,
9. Relevanz der Theorie für Problemlösungen in anderen Sozialsystemen,
10. soziale Voraussetzungen von Theorien.

Es gibt inzwischen schon fast so etwas wie Handbücher für zukünftige Theoriekonstrukteure[28]. Dort kann man mehr über die Struktur von Theorien nachlesen, als hier jemals aufgezeigt werden könnte. Hier geht es nur um die Darstellung einiger Beziehungen zwischen Theorie, Empirie und Praxis, wofür die bisherigen Bemerkungen vorerst ausreichen.

2 Empirie

Wenn wir unter 1.1 das Theoretisieren als Versuch, die Wirklichkeit in Sätze zu fassen, bezeichnet hatten, dann ist geradezu zwangsläufig zu erwarten, daß irgendwo und irgendwann geprüft werde, ob der Versuch gelungen oder mißraten ist. Nur dadurch kann sich wissenschaftliche Theoriekonstruktion qualitativ vom Räsonieren am Stammtisch unterscheiden.

2.1 Begriff der Empirie

Durch reines Denken sind jedoch Aussagen über Wirklichkeit an der Wirklichkeit nicht zu prüfen; damit könnte man nur Verstöße gegen Denkregeln ermitteln. Deshalb versucht man in den Sozialwissenschaften genauso wie in den Naturwissenschaften, Theorien auf ihre Wirklichkeitsnähe durch Empirie zu überprüfen. „Empirie ist aus dem Griechischen hergeleitet und bedeutet von daher ‚Sinneserfahrung'. Empirische Wissenschaft ist demnach der Teil der Wissenschaften, der auf der Erfahrung durch die menschlichen Sinne... beruht, empirisches Vorgehen ist ‚Ausgehen von Erfahrungstatsachen'"[29].
  Damit sind zwei sehr wichtige weitere Gesichtspunkte verbunden. Zum ersten unterscheidet sich Empirie deutlich von der Alltagserfahrung. Deren umgangssprachliche Bedeutung umfaßt sowohl Sinneswahrnehmung wie auch deren gedankliche Verarbeitung, aber auch Denktätigkeit ohne strenge Anbindung an unmittelbare Wahrnehmung. Wissenschaftliche Empirie ist dagegen an viele Kautelen der Wissenschaftstheorie gebunden; sie ist „ce qui est le résultat de l'expérience ou de l'observation scientifique et ne se déduit d'aucune loi"[30]. Es ist sicherlich kein Zufall, daß im Deutschen „Experte" und „Experiment" und im Englischen „experience" und „experiment" etymologisch nahe verwandt sind und daß im Französischen „expérience" sowohl „Erfahrung" wie auch „Experiment" bedeutet. Empirie ist also Erfahrung, die nach strengen Regeln gesammelt wurde – kein Wunder also, wenn sie gelegentlich der Alltagserfahrung widerspricht.
  Zum anderen ist damit auch klar, daß die Empirie keineswegs die Wirklichkeit ist. Vielmehr liegt sie auf der „Ebene der Daten, die über Tatbestände und Vorgänge in der Realität erhoben werden"[31]. Empirie ist also für wissenschaftliche Zwecke aufbereitete Wirklichkeit. Daraus folgen natürlich erhebliche Probleme für die Deckungsgleichheit von wissenschaftlicher Erkenntnis und Wirklichkeit und damit für die Anwendbarkeit von Wissenschaft auf Wirklichkeit. Hier sei nur angedeutet, daß die Repräsentativität von Stichproben eines der methodologischen Instrumente ist, mit dem man das Problem behandelt.
  Als Definition können wir nun angeben: Empirie ist eine Erfahrung der Wirklichkeit, die auf Sinneswahrnehmung beruht und nach angebbaren Regeln gesammelt wurde und die zur Prüfung der Übereinstimmung einer Theorie mit der Wirklichkeit dient.
  Es soll allerdings nicht verschwiegen werden, daß diese Begriffsbestimmung möglicherweise nicht allseitige Zustimmung finden kann. Das wird näher unter 4.1 a. E. behandelt.

2.2 Zur Bedeutung der Empirie

Aus dem Vorangegangenen ist deutlich, daß Empirie entscheidend ist für das Selbst- und Fremdverständnis der Soziologie als empirischer Sozialwissenschaft im Unterschied etwa zur Sozialphilosophie als Geisteswissenschaft: „Kein besonnener Sozialwissenschaftler kann der empirischen Forschung entraten"[32]. Auch für die marxistische Soziologie gilt,

„daß Diskussionen über das Verhältnis von Theorie und Empirie, das unter dem Gesichtspunkt der Aufgaben und Funktion der marxistischen Soziologie vor allem das Verhältnis von historischem Materialismus und empirischer Untersuchung sozialer Prozesse impliziert, von aktueller Bedeutung für das Selbstverständnis soziologischer Forschungen im Sozialismus sind"[33].

So wie die Qualität einer empirischen Sozialwissenschaft von der Qualität ihrer Empirie abhängt, so hängt die Qualität der Empirie wieder ab von ihrer Fähigkeit, die Wirklichkeit möglichst exakt einzufangen. Deshalb steht die Wissenschaftstheorie bei ihrer Aufstellung von Regeln für die Gültigkeit von empirischen Feststellungen vor dem Problem, die angemessene Balance zwischen der Unmittelbarkeit und der Zuverlässigkeit der Wahrnehmungen zu finden. Darum dreht sich eine Vielzahl von methodologischen Bemühungen in den Sozialwissenschaften. Hat man sich bisher über die vorherrschende Methode des Interviews sehr auf das gesprochene oder geschriebene Wort als extra zum Zwecke der Wissenschaft geschaffene Realität verlassen, so sind schon die Beobachtung und die Dokumentenanalyse Versuche, eine nicht eigens für die Forschung inszenierte Wirklichkeit zu erkunden. Wenn man dann beispielsweise für die Analyse von Bild- oder Anzeigenbetrachtung die Pupillenweitung oder den Blickweg exakt mißt, soll die Empirie mehr Genauigkeit erhalten. Immerhin hat außerhalb des Interviews bei der Sinneswahrnehmung durch den Sozialforscher der Sehsinn noch starkes Übergewicht. Vielleicht wird auch in Zukunft das Gehör ein wichtigeres Instrument der Sinneswahrnehmung für die Empirie, zumal die akustischen Meßmethoden in letzter Zeit bedeutend verbessert wurden.

Damit bleibt aber immer noch eine recht tiefsinnige Frage nach der Natur der Wirklichkeit offen, die durch die Empirie eingefangen wird.

Wenn es heißt, „ein empirisch-wissenschaftliches System muß an der Erfahrung scheitern können"[34], dann ist damit gemeint, daß in der Empirie die Theorie und die Wirklichkeit einander gegenübergestellt werden, wenngleich auch mit allen notwendigen Abstrichen, die sich daraus ergeben, daß die Empirie aus der Wirklichkeit doch wieder etwas herausabstrahiert. Grundsätzlich aber ist Wirklichkeit das, was sich der empirischen Sinneswahrnehmung darbietet, und sie ist so, wie sie von den Sinnen wahrgenommen wird – denn womit sollte man sie treffender wahrnehmen? Demgegenüber steht eine Auffassung aus der Wissenschaftstheorie der Kritischen Theorie, die im Ergebnis behauptet, was man mit den Sinnen wahrnehme, das sei gar nicht die Wirklichkeit.

Wenn der Forscher in der beschriebenen Weise seine Wahrnehmungen mache, „dann nimmt die empirische Sozialforschung das Epiphänomen, das, was die Welt aus uns gemacht hat, fälschlich für die Sache selbst"[35]. Wenn damit mehr ausgedrückt werden soll als die Selbstverständlichkeit, daß eine Kausalanalyse mehr wissenschaftliches Wissen bringe als eine bloße Oberflächenbeschreibung, dann kann es nur heißen, daß die Wirklichkeit nicht das ist, was sinnlich wahrnehmbar ist, also was ist, sondern, daß sie das ist, was mit zusätzlicher Denktätigkeit erst zu umreißen ist und was djb caher nicht mehr durch Beobachtung usw. feststellbar ist.

Dann gibt es nur zwei Möglichkeiten, dies zu deuten: Entweder steckt schon jetzt die Wirklichkeit hinter dem Wahrnehmbaren, ist also nur durch dessen gedankliche Interpretation zu ermitteln, oder die Wirklichkeit ist etwas, was in Zukunft hinter ihrer jetzigen Verkleidung hervorkommen wird. Beide Möglichkeiten setzen voraus, daß Theorie und Empirie anders gesehen werden als bisher hier. Die erste Möglichkeit würde davon ausgehen, daß Theorie nicht widerlegt werden könne durch das, was sich als Wirklichkeit sinnlich wahrnehmen läßt; das könnte durch Interpretation immer noch „passend" gemacht werden. Dann stünde dahinter eine „Theorie" von der Art der Schöpfungsgeschichte im ersten Buche Moses: sie will keineswegs überprüfbare Hypothesen über die

Entstehung der Erde aufstellen, sondern dem Menschen zur Selbstdeutung verhelfen, indem sie ihm vor Augen hält, daß er nun einmal nicht relaxed im Paradiese sitzen kann, sondern im Schweiße seines Angesichts sein Brot essen muß[36]. Die zweite Möglichkeit würde implizit behaupten, das gegenwärtig empirisch Feststellbare sei nur ein Übergangsstadium; in Zukunft „werde" die „wahre" Wirklichkeit entweder von allein herauskommen oder man „solle" darauf hinarbeiten. Das wäre also nur für die Zukunft eine Theorie in unserem Sinne, für die Gegenwart aber eine Utopie der unter 1.2 skizzierten Art. An diesem Beispiel zeigt sich deutlich, daß Theorie und Empirie methodologisch stark aufeinander bezogen sind. Sie können daher kaum unabhängig voneinander definiert werden, weil nur beide zusammen den Erkenntnisgang einer empirischen Wissenschaft bilden.

3 Praxis

Wenn mit Theorie und Empirie der Kreislauf des Erkenntnisprozesses der Wissenschaft geschlossen ist[37], muß Praxis wohl etwas Außerwissenschaftliches sein. Vielleicht ist hier gar auch ein Fundort für die Wirklichkeit, um deren systematische Erfassung es der Wissenschaft geht.

3.1 Begriff der Praxis

Nach einer Definition, die sehr nützlich erscheint, ist Praxis „in soziologischer Bedeutung die Gesamtheit menschlicher (individueller wie kollektiver) Aktivitäten zur fortwährenden Reproduktion, Umgestaltung und Weiterentwicklung der materiellen und sozialen Realität"[38]. Da haben wir in der Tat die Wirklichkeit: praktisches Handeln ist Gestaltung der Wirklichkeit, und Wirklichkeit ist Ergebnis und Gegenstand der Praxis.

Die wissenschaftstheoretisch-programmatische Gegenüberstellung von Theorie/Empirie einerseits und Wirklichkeit andererseits führt notwendigerweise dazu, auch „Wissenschaft" und „Praxis" deutlich zu trennen. Dann kann man auch eine Definition nicht billigen, die Praxis bestimmt als „Art und Ergebnis des richtigen Handelns als Eingriff in gegebene Zustände. Erfolgreiche soziale Praxis setzt Erkenntnis der gesellschaftlichen Bedingungen, Verfügbarkeit und Beherrschung zweckmäßiger Mittel, angebbare Ziele sowie Überprüfung der Ergebnisse voraus"[39]. Hier ist mehreres problematisch, weil die Wirklichkeit als Feld der Praxis zu sehr vermengt wird mit dem wissenschaftlich analysierenden oder außerwissenschaftlich bewertenden Betrachten der Wirklichkeit. Zuerst einmal geht es nicht nur um richtiges Handeln. Denn das Handeln, das die Wirklichkeit beeinflußt, ist jedes Handeln, das dort eine Wirkung hervorruft, also jedes „mögliche" Handeln; ob es nun nach irgendwelchen Maßstäben richtig oder falsch ist, ist hier nicht maßgebend. Zweitens geht es nicht nur um „Eingriff in gegebene Zustände", also um Induktion von Wandel u. ä.; vielmehr ist wohl der größte und wohl auch lebenswichtigste Teil der Praxis schon mit der Aufrechterhaltung gegebener Zustände beschäftigt. Deshalb braucht drittens die Praxis auch gar nicht die anspruchsvollen Voraussetzungen zu erfüllen, welche diese Definition vor den Erfolg setzt; hier wurde viel zu sehr an nur eine einzige Form von Praxis gedacht, an die geplante Veränderung der Wirklichkeit. Bei diesem Praxisbegriff wurde vermutlich zu einseitig an das Konzept der „Aktionsforschung" gedacht, das sowohl unter dem Gesichtspunkt der Wissenschaft wie auch unter dem der Praxis eine höchst zweifelhafte Mixtur aus Erkenntnisgewinnung und Wirklichkeitsgestaltung ist[40].

3.2 Zum Verhältnis von Praxis und Wissenschaft

Bei einem so weiten Praxisbegriff ist es gar nicht übertrieben, zu meinen, Praxis sei „der menschliche Lebensprozeß"[41] überhaupt. Für die meisten Menschen besteht das Leben nur aus Praxis, und auch der Wissenschaftler verbringt den größten Teil seines Lebens mehr mit Praxis als mit Wissenschaft.

Praxis wird hier also aufgefaßt als Nicht-Wissenschaft. Praxis ist Handeln in der Wirklichkeit, Wissenschaft als Theorie und Empirie ist dagegen Reden und Forschen über die Wirklichkeit. Beide haben damit die Wirklichkeit als Gegenstand ihres Tuns, aber in verschiedener Weise. Die Praxis beschäftigt sich mit der Wirklichkeit zum Zwecke der Erhaltung oder Veränderung, die Wissenschaft zum Zwecke der Erkenntnis, also der genaueren Beschreibung und funktionalen, möglichst kausalen Analyse, auch wenn alles das am Ende doch der besseren praktischen Gestaltung der Wirklichkeit dienen soll und nicht nur der „reinen Wissenschaft".

Will oder soll Wissenschaft Praxishilfe leisten, so braucht sie dazu empirisch überprüfte Theorien[42]. Je mehr sich eine Theorie an der Wirklichkeit bewährt hat, je validierter sie also ist, desto eher taugt sie zur Praxisberatung, also zu einer Handlungsorientierung, die den gewünschten Erfolg mit möglichst hoher Wahrscheinlichkeit erreicht.

Die Anwendung einer nichtüberprüften Theorie in der Praxis hat keine höhere Erfolgswahrscheinlichkeit als der Zufall. Der Nutzen der Wissenschaft für die Praxis liegt einzig und allein darin, daß die Wissenschaft die Wirklichkeitsanalyse mit besonderen Methoden und systematisch betreibt. Denn etwas Paralleles zur wissenschaftlichen Theorie und Empirie findet man auch in den Maximen und Erfahrungen der meisten Praktiker, die ihr Tun nicht programmiert-maschinell, sondern als Menschen lernend und kritisch verrichten. Aber diese Theorien und Erfahrungen des Praktikers sind Nebenprodukte aus lediglich seiner eigenen Praxis, und sie sind nicht mit der professionellen Methodik des Wissenschaftlers gesammelt; daher sind sie eher unsystematisch, unüberprüft, individuell, zufällig und bestenfalls subjektiv sicher. Je weitgehender die Arbeitsteilung einer Gesellschaft, je größer die Komplexität der sozialen Zusammenhänge, je beschränkter im Vergleich zur Gesamtgesellschaft daher der Praxishorizont des einzelnen ist, desto mehr braucht man Wissenschaft als professionelle Praxisanalyse durch empirisch erhärtete Theorien, um Praxis effizient gestalten zu können.

4 Zusammenhänge zwischen Theorie, Empirie und Praxis

Die bisherigen Ausführungen haben schon gezeigt, daß es eine „Verkettung von Empirie, Theorie und Praxis"[43] gibt. Dabei hat sich auch erwiesen, daß die Empirie das Bindeglied zwischen Theorie als Wissenschaft und Praxis als Wirklichkeit ist[44], so daß sich die von uns nicht zu beantwortende Frage ergibt, wie denn das Verhältnis der nichtempirischen Wissenschaften zur Wirklichkeit wohl aussehen mag. Jedenfalls ist das empirisch bewährte Wissen, das Theoretiker oder Praktiker z. B. im Experiment sammeln (wenn etwa ein Physiker den Theoriesatz $\gamma \to e^+ + e^-$ in der Wilsonschen Nebelkammer beobachtet oder wenn ein Kaufmann die Akzeptanz eines neuen Produkts auf einem Testmarkt untersucht), stets auch Wissen darüber, ob theoretische Überlegungen praktisch zu verwirklichen sind (wenn man einmal von evtl. verfahrenstechnischen Fragen absieht). Dabei ist natürlich immer zu beachten, daß die Objekte der Wissenschaft, sowohl die Begriffe der Theorie wie auch die Stichproben, Experimentgruppen usw. der Empirie, Konstrukte, also Kunstgebilde, sind, die der Wirklichkeit nur möglichst angenähert werden können; aber „beide – die empirischen oder die theoretischen Objekte – dürfen nicht mit der Realität selbst identifiziert werden"[45].

Nach einer wissenschaftstheoretisch funktionalen Systematik wäre es wohl geboten, das Verhältnis von Theorie, Empirie und Praxis vom Zentralpunkt der Empirie aus zu betrachten. Da es hier aber um die Beziehungen der Theorie zu den beiden anderen Gesichtspunkten wissenschaftlicher Erkenntnis geht, muß die Betrachtung sich danach richten.

4.1 Theorie und Empirie

Immer noch ist es gerechtfertigt, in der Soziologie „the prevailing bifurcation of theory and empirical research"[46] zu beklagen. Auch heute noch werden Theorien so formuliert, als ob sie niemals Gegenstand empirischer Forschung sein sollen, und viele Theoretiker nehmen empirische Ergebnisse keineswegs zum Anlaß einer Revision ihrer Theorie. Empiriker dagegen beginnen manche Projekte wie Meinungsforscher ohne jeglichen theoretischen Ansatz und beschränken sich auf verbale Beschreibung ihrer Tabellen, das Ganze dann fälschlich für Wissenschaft ausgebend. Dazu kommt dann noch gegenseitiger Hochmut. Während der Theoretiker etwa behauptet, „to test a hypothesis is a kind of handicraft, to make a theory is a kind of art"[47], weisen Empiriker gegenüber den Schreibtischwissenschaftlern vielleicht auf die drei Hauptgefahren der empirischen Forschung hin: sie kostet viel Zeit; sie kostet viel Geld; und sie bringt eventuell noch die Wahrheit ans Licht.

So hält sich durchaus noch die falsche Vorstellung, „daß es, wenn schon nicht gegeneinander, so doch nebeneinander, zwei intellektuelle Tätigkeits- und Wissensbereiche gäbe, nämlich den der Empirie einerseits und jenen der Theorie andererseits"[48]. Bei der inzwischen recht hohen Komplexität beider Bereiche wird man zwar nicht von jedem Soziologen verlangen können, daß er in beiden Sphären selbst gleichermaßen aktiv tätig ist. Es ist durchaus legitim und oft gar sehr nützlich, sich auf fremde Arbeiten aus dem anderen Bereich zu stützen. Wer jedoch meint, er brauche den anderen Sektor gar nicht zur Kenntnis zu nehmen und seine Arbeit nicht nach ihm auszurichten, der hat noch nicht verstanden, was eine empirische Wissenschaft ist. Dabei meinte schon Kant, Gedanken ohne Inhalt seien leer, Anschauungen ohne Begriffe blind[49].

Nach dieser Konzeption von empirischer Wissenschaft sind Theorie und Empirie die zwei Seiten ein und derselben Medaille, also der Wissenschaft. Beide sind gleichermaßen notwendige Bestandteile des sozialwissenschaftlichen Forschungs- und Erkenntnisprozesses[50]; sie sind dabei „keineswegs Gegensätze, sondern verschiedene Stadien"[51] desselben Prozesses. In diesem Prozeß fängt zwar jede wissenschaftliche Überlegung mit einer Theorie an, auch wenn diese noch so primitiv ist wie viele erste Klassifizierungs- und Erklärungsversuche. Diese Theorie besteht aber so lange aus bloßen Vermutungen, bleibt so lange im vor-„wissen"-schaftlichen Bereich wie sie sich nicht wenigstens einmal in der empirischen Konfrontation mit der Wirklichkeit bewährt hat. Je öfter sie sich dabei bewährt hat, je öfter Falsifizierungsversuche mißlangen, desto mehr stellt die Theorie wissenschaftlich gesicherte Erkenntnisse dar.

Das sieht nun so aus, als mache erst die Empirie die Theorie zur Wissenschaft. Das ist auch richtig. Aber umgekehrt ist es genauso: auch Empirie wird erst durch Theorie vom Datenhaufen zur wissenschaftlichen Erkenntnis; denn Zahlen für sich bieten keine cognitio certa per causas. Das gilt bereits für rein deskriptive Empirie. Wer die Schichtensegregation in den Wohnvierteln einer Großstadt untersuchen will, fängt mit Theorie an; denn „Schichten" gibt es nicht als solche in der Wirklichkeit, sie sind ein rein theoretisches Konstrukt. Viele derartige Untersuchungen sind allein deshalb unbrauchbar, weil sie die Schichtenzuordnung lediglich nach dem ausgeübten Beruf des Haushaltsvorstandes oder dessen von ihm selbst mitgeteilten Einkommen (ob netto oder brutto, erfährt man oft als Leser nicht) treffen, ohne dabei auch nur mit einem Wort zu erklären, was diese Korrelation denn nun für eine theoretische Bedeutung haben soll, so daß nun auch kein Leser weiß, was für einen über eine statistische Momentaufnahme hinausgehenden Wert eine solche Untersuchung haben soll. Selbst dort, wo vorhandene empirische Daten einen heuristischen Wert durch Sekundäranalyse haben sollen, haben sie ihn nicht aus empirischen, sondern aus theoretischen Gründen. Wer die Einwohnermeldeamtskartei über Zu- und Fortzüge durchforstet, wird nur dann einen über den Inhalt der einzelnen Karten hinausgehenden Erkenntnisgewinn haben, wenn er einen theoriegespeisten Raster zur Auswertung benutzt, also etwa untersucht, ob nach einer Sukzessionstheorie in herabgewirtschafteten Innenstadtvierteln ausländische Familien einheimische ablösen, ob nach Wohnwerttheorien Sanierungsmaßnahmen andere Mieter oder Käufer anziehen, ob nach Nutzungskonkurrenztheorien Dienstleistungsbetriebe die Wohnfunktionen verdrängen usw. Erst recht ist Theorie eine Existenzbedingung für die Empirie, wenn es um Kausalanalysen geht: wer nach den Gründen für die Entscheidung zwischen Ferntourismus und Naherholung forscht, muß ohne Theorie nicht nur Variablen wie Familienstand, Einkommen, Renommiergehabe usw. prüfen, sondern auch den möglichen Einfluß von Schuhgröße und Buttermilchkonsum.

Grundsätzlich ist die gegenseitige Ergänzung von Theorie und Empirie auch dann gegeben, wenn man ihr Verständnis nicht so auffaßt wie in den bisherigen Ausführungen. Sie setzten voraus, daß Theorie und Empirie qualitativ gleichwertig seien und beide zusammen erst Wissen im wissenschaftlichen Sinne produzieren. Dagegen sehen – darauf wurde schon unter 2.1 a. E. hingewiesen – marxistische Soziologen öfter einen qualitativen Unterschied zwischen Empirie und Theorie, der Theorie dabei die tiefere Erkenntnis zuschreibend: „Der Übergang von der empirischen zur theoretischen Ebene stellt somit einen qualitativen Sprung dar, den unsere Erkenntnis in dem unendlichen Prozeß des Fortschreitens ‚von den Erscheinungen zum Wesen und vom weniger tiefen zum tieferen Wesen' (Lenin) vollzieht"[52]. Eine geradezu positivistische Gegenposition meint mit der Behauptung, „les méthodes empiriques s'efforcent de constituer une science positive des faits sociaux appuyée sur la quantification"[53], daß erst die Empirie das eigentliche Wissen liefere und damit tiefere Erkenntnis. Wie immer man auch diese und die zuvor vorgetragene „Gleichgewichtsposition" aufgrund der ihnen jeweils zugrunde liegenden wissenschaftstheoretischen Axiome beurteilt, so ist doch in allen Fällen klar, daß sowohl Theorie ohne Empirie wie auch Empirie ohne Theorie nur Stückwerk ist, noch keine vollständige Wissenschaft.

4.2 Theorie und Praxis

Zum Verhältnis von Theorie und Praxis gibt es kaum Einschlägigeres als den Satz, den man dem Sozialpsychologen Kurt Lewin zugeschrieben hat[54], obwohl dieser damit nur einen Geschäftsmann, also einen Praktiker, zitierte, der sagte, „es sei nichts so praktisch wie eine gute Theorie"[55]. Die im Alltagsverständnis immer noch oft implizit verneinte „Frage, ob nicht die Gegenüberstellung Wissenschaftler – Praktiker einem veralteten Vorstellungsmodell folgt"[56], ist wohl bei einem sozial adäquaten Verständnis von Theorie und Praxis eher zu bejahen. Das wird auch nicht dadurch anders, daß viele Soziologen eine große Distanz zur Praxis wahren; denn „wenn Soziologen keinen Sinn für die praktischen Anwendungen unserer eigenen Schlüsse haben – von wem können wir dann erwarten, daß er diesen Sinn besitzt?"[57]

Nachdem sich schon gezeigt hat, daß ein modernes Theorieverständnis stets praxiszugewandt sein muß, ist nun der Praxisbegriff dem gegenüberzustellen. Bereits Kant nennt „diejenige Bewirkung eines Zwecks Praxis, welche als Befolgung gewisser im allgemeinen vorgestellten Prinzipien des Verfahrens gedacht wird"[58]. Er folgert daraus, daß Praxis ohne Theorie gar nicht zu betreiben sei: „Es kann also niemand sich für praktisch bewandert in einer Wissenschaft ausgeben und doch die Theorie verachten, ohne sich bloß zu geben, daß er in seinem Fache ein Ignorant sei = indem er glaubt, durch Herumtappen in Versuchen und Erfahrungen, ohne sich gewisse Prinzipien (die eigentlich das ausmachen, was man Theorie nennt) zu sammeln, und ohne sich ein Ganzes (welches, wenn dabei methodisch verfahren wird, System heißt) über sein Geschäft gedacht zu haben, weiter kommen zu können, als ihn die Theorie zu bringen vermag"[59]. Diese Folgerung erscheint bei dem vorangestellten Praxisbegriff zwangsläufig.

Indessen ist dieser Begriff enger als der, den wir unter 3. benutzen. Unser Praxisbegriff würde nicht nur die „bewußte" Praxis, die zielgerichtete, nach Zweck-Mittel-Relationen vorgehende Gestaltung der Wirklichkeit umfassen, die in der Tat auf theoretischen Kenntnissen beruhen muß. Der weitere Praxisbegriff würde auch das umfassen, was spielerisch, zufällig, aus Übermut, Intuition, im Trial-and-error-Verfahren bewirkt wurde. Während die Realitätsgestaltung aufgrund der Führung durch die „Spürnase" oder das „Fingerspitzengefühl" immerhin noch ein dunkel geahntes Prinzip oder halbbewußte Prinzipienerfahrung als Quelle haben kann, würden die eben genannten „Verfahren" der Wirklichkeitsgestaltung ganz und gar ohne Prinzipienwissen auskommen, auch wenn man an dessen Bewußtheit kaum Anforderungen stellt. Das kann aber nicht darüber hinwegtäuschen, daß die nicht bewußte Praxis nicht gegen die Prinzipien möglich ist, die eine Theorie zu erkunden pflegt. Eine solche Zufallspraxis ist nur dann möglich, wenn sie sich eben zufällig „nach der Theorie" richtet oder richtiger: nach den theoretisch notwendigen Prinzipien. Der Ingenieur oder der Chemiker mag manches nach Bastlermanier entdecken oder erfinden, also durch einen Versuch im Sinne eines bloßen Herumprobierens; funktionieren wird es nur dann, wenn es den Naturgesetzen entspricht, auch wenn diese als solche noch gar nicht entdeckt sind[60]. Das ist in den Sozialwissenschaften kein bißchen anders. Nur merkt man es da nicht so deutlich, weil es „Sozialgesetze" von der Stringenz der Naturgesetze nicht gibt, da die Gesellschaft und der Mensch ein viel komplexerer, wandelbarerer und eigenreaktionsfähigerer Gegenstand sind als die simplen Dinge, mit denen es die meisten Naturwissenschaften zu tun haben, so daß darin auch der Unterschied in der „Exaktheit" von Natur- und Sozialwissenschaften begründet ist.

Wohin gesellschaftliche Praxis ohne gesellschaftliche Theorie führt, erkennt man u. a. an Hitler. Er war ein großer Praktiker, der extrem auslotete, was sozial möglich ist. Er tat es aber ohne soziale Theorie, sondern stellte seine Ideologie gegen alle auch nur halbwegs validierten Theorien und anderen Erfahrungen und scheiterte schließlich mit seiner Praxis, weil er die Manipulierbarkeit der Welt überschätzte und dabei die Grenzen des sozial dauerhaft Möglichen überschritt, so wie der Schneider Berblinger 1811 in Ulm mit seinen Flugversuchen an den Naturgesetzen scheiterte.

Es ist also schon eine lohnende Unternehmung, das sozial Mögliche in Unter- und Obergrenzen durch Forschung zu erkunden, also durch Theorie und Empirie die bisherige Praxis auf Regelmäßigkeiten zu untersuchen und damit zugleich die Möglichkeiten zukünftiger Praxis zu ermitteln. Solche Erkundungen gehen innerhalb und außerhalb der Wissenschaft fast automatisch in Theorie über.

Wir können als lernfähige Wesen kaum vermeiden, daß die Früchte der Erfahrung in die Scheuer des Wissens eingebracht werden, m. a. W., daß Empirie zur Theorie wird und daß auch Theorie die Empirie steuert. Auch „unsere Alltagssprache ist voll von Theorien; Beobachtung ist stets Beobachtung im Licht von Theorien"[61]. Wenn wir zu sehen meinen, eine vierköpfige Familie gehe gerade in die Kirche, dann ist das, falls wir nicht alle Mitglieder als solche kennen, pure Theorie. Was wir „wirklich" beobachten, ist nur, daß zwei Erwachsene verschiedenen Geschlechts und zwei Kinder, die auch nur evtl. dem einen oder anderen Erwachsenen etwas ähnlich sehen, zusammen eine Kirche betreten.

Es ist lediglich unsere bisher in der Regel bestätigte Erfahrung, daß solche Personenkombinationen in solchen Situationen auch eine Familie im Rechtssinne sind, es ist also eine recht gut validierte Theorie, die uns auch in diesem Einzelfall zu dem doch „eigentlich" recht gewagten Schluß führt. Hätten wir eine solche Theorie nicht, müßte pure Wahrscheinlichkeit zu dem Schluß führen, daß in dichtbesiedelten Gebieten eher nichtverwandte als verwandte Menschen in der Öffentlichkeit räumliche Nähe teilen. Es ist also nicht übertrieben zu meinen, „in gewisser Weise ist jeder Mensch ein soziologischer Theoretiker"[62].

Zwar ist unsere Deutung der Beobachtung als familiärer Kirchgang methodologisch nur eine Hypothese, also eine Vermutung, die sich im konkreten Fall auch als falsch erweisen könnte. Weil sie sich aber bisher (so gut wie) ausnahmslos als richtig erwiesen hat, dient sie uns zur im Regelfall hinreichenden Deutung des Beobachteten. Erst wenn es im Einzelfall auf die ja generell methodologisch zweifelhafte Subsumierbarkeit der konkreten Beobachtung unter den allgemeinen Erfahrungssatz ankommt, also etwa bei der polizeilichen Personenfeststellung, wird man sich nicht mit der Interpretation der Beobachtung im Lichte von Alltagstheorien begnügen, sondern zu eindeutigeren Methoden greifen, etwa zur Dokumentenanalyse in Gestalt der Ausweiskontrolle.

Damit erkennen wir auch den entscheidenden Unterschied zwischen Alltagstheorien und wissenschaftlichen Theorien. Alltagstheorien sind im Grunde Häufigkeitsverteilungen der meist recht zufälligen Alltagserfahrungen. Erst dort, wo sich Erfahrungen überindividuell zu Redensarten und Sprichworten verdichten, verlieren sie etwas den Charakter der Zufälligkeit. Trotzdem beruhen sie mehr auf der Quantität der einschlägigen Erfahrung als auf der Systematik der Erfahrungssammlung. Daher benötigt Alltagserfahrung viel Zeit und kostet manchen Irrtum, bis sich endlich ein Median oder gar ein monomodaler häufigster Wert herausschält, den wir dann als summa peritiae zum Interpretationsraster für Einzelfälle machen. Wissenschaftliche Theorie als summa scientiae dagegen versucht, den erforderlichen höheren Gründlichkeitsgrad vor allem durch Systematik der Empirie zu erreichen. Nicht nur die vom einzelnen zufällig beobachteten Häufigkeiten oder Zusammenhänge von Phänomenen sollen festgestellt werden, sondern der Zufall soll durch systematischen Ansatz der Beobachtung schnurstracks durch die wirklichkeitsadäquate Verteilung überholt werden. Damit können nicht nur die äußerlich beobachtbaren Phänomene erfaßt werden und die Häufigkeit ihres Auftretens, sondern man versucht auch, die Randbedingungen des Eintritts einer Folge von Ursachen oder überhaupt den Kausalzusammenhang von Ursachen und Wirkungen zu erfassen.

Während Alltagstheorien aufgrund von Alltagserfahrungen in der Regel nur in der Lage sind, die bisherige Praxis fortzusetzen, weil sie ihre Validität eben aus dieser beziehen, haben wissenschaftliche Theorien auch die Chance, zu einer „revolutionären" Veränderung der bisherigen Praxis verhelfen zu können. Alltagstheorien sind im Normalfall Rationalisierungen der Alltagspraxis und damit im Grundsatz konservativ. Auch Tradition ist eine Art von Theorie der Alltagspraxis; sie stellt jedenfalls fest, daß das Bisherige sich immerhin nicht als falsch erwiesen hat, ohne daß sie sagen kann, warum es möglich war und ob es das einzig Mögliche ist. Demgegenüber hat Wissenschaft üblicherweise die Erforschung aller funktionalen Möglichkeiten zum Ziel, also auch der Alternativen zum Bisherigen. Indem sie die kausalen Zusammenhänge untersucht, bietet sie auch Möglichkeiten zur Veränderung der Praxis auf systematischer Grundlage an, wobei Wissenschaft sich von der Utopie eben gerade durch die systematische Grundlage unterscheidet, von der praxisinduzierten Theorie jedoch dadurch, daß sie nicht vom bisher praktisch Genutzten abhängt. Darin liegt manches Mißtrauen begründet, das der Praktiker gegenüber der Theorie gelegentlich hegt, aber auch manche Chance, die sie ihm bietet.

5 Zur Natur des Theorie-Empirie-Praxis-Verhältnisses

Mit dem hier skizzierten Verhältnis von Theorie, Empirie und Praxis wurde zugleich ein bestimmtes Verständnis von Wissenschaft überhaupt beschrieben. Abschließend ist daher kurz die Natur dieses Verständnisses zu diskutieren. Das ist im wesentlichen die Frage: Ist das, was hier als Wissenschaft beschrieben wurde, nun Theorie im Sinne von 1.1 oder Wissenschaftstheorie, wie sie unter 1.2 angedeutet wurde?

Sollte es eine echte Theorie sein, dann müßte sie eine Wirklichkeitsbehauptung aufstellen. Die Theorie müßte also behaupten, was hier als Theorie, Empirie und Praxis beschrieben wurde, komme genau so in der Wirklichkeit vor. „Wirklichkeit" wäre dann alles das, was soziologische Theorie oder Empirie „ist". Die dahinterstehende Definition von Soziologie müßte also etwa sein: „Let sociology be defined as that which is taught under that name in colleges and universities, that which is contained in periodicals, books, monographs, and dissertations which profess to treat of sociology"[63]. Bei einem solchen Soziologiebegriff könnte man auch eine echte Theorie über soziologische Theorie und Empirie aufstellen, die also Hypothesen enthält, welche sich angesichts der so bestimmten Wirklichkeit der Soziologie bewähren oder nicht bewähren können.

Aber so etwas ist bei den hier vorgestellten Begriffen von Theorie, Empirie und Praxis nicht gemeint. Diese Begriffe sollen selbst dann noch „richtig" sein, wenn alle Soziologen Theorie und Empirie anders betreiben. Darum sind sie nicht wissenschaftliche, sondern wissenschaftstheoretische Begriffe. Wenn die Wirklichkeit anders ist als eine wissenschaftliche Theorie, dann ist stets die Theorie falsch; wenn die Wirklichkeit anders ist als eine Maxime der Wissenschaftstheorie, dann kann durchaus die Wirklichkeit „falsch" sein. Hier könnte Hegels Meinung, wenn sich die Realität als anders erweise als die „Theorie" behauptet, dann sei es „um so schlimmer für die Realität"[64], auch einmal richtig sein – aber nur, weil es eben nicht um eine wissenschaftliche Theorie geht, sondern um Forderungen (und nichts anderes ist deren Inhalt) der Wissenschaftstheorie.

Damit sieht die Wissenschaftstheorie aus wie ein rechter Tummelplatz für Monomanen, Ideologen und Weltverbesserer, weil ihnen nie durch Falsifizierung der Wind aus den Segeln genommen werden kann. Das kann auch so sein; aber dabei ist doch im Auge zu behalten, daß auch in der Wissenschaftstheorie Geltung – nun nicht im Sinne von Richtigkeitsnachweis (wenn auch nur durch mißlungene Gegenbeweise), sondern im Sinne von Beachtung – nur das erlangt, was auch von anderen als „richtig" i. S. von zweckmäßig anerkannt wird. Und dafür reicht dann nicht die Rechthaberei eines einzelnen, sondern es muß Argumente geben, welche die wissenschaftstheoretischen Konsequenzen plausibel und intersubjektiv akzeptabel machen.

Hier wurden die wissenschaftstheoretischen Konsequenzen aus der gerade für die Sozialwissenschaften nicht abwegigen Annahme abgeleitet, daß die Wissenschaft sich sozial rechtfertigen müsse. Wissenschaft als Nicht-Praxis, vielleicht sogar als Befreiung von Praxiszwang, ist ein Kind der Arbeitsteilung. Insofern ist sie eine soziale Institution, die ihre Existenzberechtigung daraus bezieht, daß sie in einer die vielen Praxisbereiche ergänzenden Weise zum Bruttosozialprodukt im weitesten Sinne beiträgt. Das kann sie nur, wenn sie anders arbeitet als die Praxis; denn sonst brauchte man sie ja nicht als eigene Institution. Sie kann es aber auch nur wiederum gesellschaftlich nützlich machen, indem sie wie die Praxis zur Erhaltung der Gesellschaft beiträgt. Und das geht am zweckmäßigsten mit dem hier vorgetragenen Konzept. Oder nicht?

Als praktische Einstellung gegenüber Theorien empfiehlt sich dann: „The theories are not to be taken as unchangeable dogmas. Learning sociological theory means much more than simply memorizing the ideas of a group of people known as social theorists, as though their ideas were final or conclusive truths. ... We should not be content just to learn the ideas of the various theorists; instead, we should continually evaluate their relevance as we apply them to our analysis of the social world today"[65].

Anmerkungen

1 Kant, S. 127–172.
2 Turner, S. 2 m. w. N.
3 Popper, S. 31.
4 Hondrich, S. 14.
5 Wallner/Pohler-Funke, S. 11 („ein insgesamt miteinander verknüpfter überprüfbarer Aussagen zur Erklärung von Wirklichkeit") m. w. N.; Wallace, S. 3 („any set of symbols that is claimed verifiably to represent and make intelligible specified classes of phenomena and one or more of their relationships") m. w. N.; Cohen, S. 13 („eine allgemeine, empirische Feststellung über einen Kausalzusammenhang zwischen zwei oder mehreren Typen von Ereignissen"); Assmann u. a., S. 665 („systematisch geordnete Menge von Aussagen über den Gegenstand der Soziologie bzw. über Objekte der soziologischen Forschung"); Hartfiel/Hillmann, S. 758 („jede wissenschaftliche Wissenseinheit, in der in einem bestimmten Zusammenhang und mit bestimmten Grenzen eine Anzahl von Hypothesen über die Beziehungen und Wirkungen von ‚Tatsachen' zusammengefaßt sind"); Raymond Aron nach Brimo, S. 303 („un système hypothético-déductif constitué par un ensemble de propositions dont les termes sont rigoureusement définis, système élaboré à partir d'une conceptualisation de la réalité perçue et observée"); Mendras, S. 249 („synthèse réunissant en un ensemble cohérent des propositions permettant d'expliquer un grand nombre de faits, et admise à titre hypothétique par les savants"); Berger/Jetzschmann, S. 14 („ein System von Aussagen, insbesondere von Gesetzesaussagen über einen Bereich der objektiven Realität bzw. des Denkens") m. w. N.; Giner, S. 18 („une théorie est un ensemble de propositions générales liées dans un ordre logique, et qui tente d'expliquer une zone du réel"); Galtung, S. 451 („A theory, T, is a structure (**H, I**) where **H** is a set of hypotheses and I ist a relation in **H** called ‚implication' or ‚deducibility', so that **H** is weakly connected by I"). Vgl. weiter auch Goldthorpe, S. 49–58; Götschl bei Speck, S. 636–646; Albert, S. 6–10.
6 Dazu u. a. Esser/Klenovits/Zehnpfennig, S. 167 m. w. N.
7 Vgl. Dahrendorf, S. 19.
8 Marx, Karl/Engels, Friedrich: Werke, Band 3, Berlin: Dietz 1978, S. 7.
9 Popper, S. 31.
10 Turner, S. 2 m. w. N.
11 Friedrichs, S. 62; vgl. auch weiter Popper, S. 41/42, und Esser/Klenovits/Zehnpfennig, S. 122.
12 Man mache sich einmal den Spaß, an Alltagsbeispielen sich das zu vergegenwärtigen; man wird erstaunt sein, wie dürr die meisten A-Begriffe in der Soziologie sein müssen.
13 Grawitz, S. 3.
14 Brockhaus-Enzyklopädie, 20. Band, 17. Auflage, Wiesbaden: Brockhaus 1974, S. 416, Stichwort „Wissenschaftstheorie".
15 Esser/Klenovits/Zehnpfennig, S. 12 m. w. N.
16 Popper, S. 31.
17 Grawitz, S. 3.
18 Vgl. auch Hartfiel/Hillmann, S. 413.
19 Etwas anderes als hier ist die Einteilung von Theorien in ebenfalls drei Gruppen bei Hondrich, S. 20, der aber die Wissenschaftstheorien ebenfalls aus dem Bereich der wissenschaftlichen Theorien als Wirklichkeitserklärungen ausgliedert.
20 Dazu auch Endruweit 1985, S. 44.
21 König, S. 305.
22 Vgl. dazu Hondrich, S. 14.
23 Dazu Luhmann, Niklas: Stichwort „Weltgesellschaft", bei Fuchs u. a., S. 857.
24 Friedrich, S. 63.
25 Merton, S. 9.
26 Galtung, S. 458–465.
27 Hondrich, S. 21–24.
28 Siehe z. B. Stinchcombe, Arthur L.: Constructing Social Theories, New York: Harcourt, Brace & World 1968, und Dublin, Robert: Theory Building, rev. ed., New York/London: Free Press/ Collier-Macmillan 1978.

29 Kromrey, S. 13. Vgl. auch die Definition von „empirical" bei Theodorson, George A. and Achilles G.: A Modern Dictionary of Sociology, London: Methuen 1979, S. 130: „based on experience, observation, or experimentation"; und das Stichwort „Erfahrung" bei Speck, S. 166–171.
30 Mendras, S. 243.
31 Lucian Kern bei Fuchs u. a., S. 186.
32 Theodor W. Adorno bei Hochkeppel, S. 76.
33 Berger/Jetzschmann, S. 14.
34 Popper, S. 15.
35 Adorno, S. 93.
36 1. Moses 3, 19.
37 Vgl. auch die Abbildung bei Endruweit 1985, S. 46.
38 Hartfiel/Hillmann, S. 599; etwas enger Marković bei Speck, S. 511.
39 Hartmut Lüdtke bei Fuchs u. a., S. 586/587.
40 Siehe dazu u. a. Endruweit 1981, S. 268.
41 Dieter Wittich bei Friedrich/Hennig, S. 43, der als Marxist diesen Prozeß aber als durch die Produktion determiniert ansieht und ihn damit nach meiner Ansicht trotz der weiten Formulierung immer noch zu eng sieht, weil es eine Menge produktionsunabhängiger sozialer Prozesse gibt, wie z. B. die Wahl zwischen dem/der einen oder anderen Freund/Freundin bzw. Mann/Frau, die nachweislich oft in geradezu revolutionärer Verkennung der ökonomischen Opportunitäten getroffen wird.
42 Vgl. auch Dahrendorf, S. 21/22.
43 Rosenmayr, S. 449.
44 Vgl. auch Hahn, Erich: Historischer Materialismus und marxistische Soziologie, Berlin: Dietz 1968, S. 163: „Das Wechselverhältnis von Theorie und Empirie ist nicht zu klären, wenn die Empirie nicht als jenes Glied der wissenschaftlichen Erkenntnis verstanden wird, welches die Theorie mit der objektiven Realität verbindet."
45 V. A. Smirnow: Wissensebenen und Etappen des Erkenntnisprozesses, in: Sandkühler, Hans Jörg (Hrsg.): Marxistische Wissenschaftstheorie, Frankfurt: Athenäum Fischer 1975, S. 224.
46 Merton, S. 96; ähnlich Goldthorpe, S. 50.
47 Zitiert bei Galtung, S. 451.
48 Rosenmayr, S. 443.
49 Kant, Immanuel: Kritik der reinen Vernunft, I, Zweiter Teil I, hier zit. nach Kant: Werke, Band 3, Darmstadt: Wiss. Buchgesellschaft 1968, S. 98. Vgl. weiter: Friedrich Kaulbach: Art. „Anschauung", in: Ritter, Joachim (Hrsg.): Historisches Wörterbuch der Philosophie, Band 1, Darmstadt: Wissenschaftliche Buchgesellschaft 1971, S. 342 m. w. N. Dazu auch Schoeck, Helmut: Kleines soziologisches Wörterbuch, Freiburg: Herder 1969, S. 89/90: „Empirische Sozialforschung ohne Theorie ist blind, auf jeden Fall verschwenderisch mit Forschungsmitteln und Zeit", wozu man aber hinzufügen müßte, daß Theorie ohne empirische Sozialforschung reine Spekulation bleibt und ebenfalls Geld und Zeit verschwendet, weil sie mit hohem Aufwand nicht mehr hervorbringt als das, war mir mein Friseur beim Haareschneiden nebenbei und kostenlos liefert: eine ganz persönliche Meinung und nicht etwa wissenschaftlich gesicherte Erkenntnis. Bei Richard Münch: Theorie des Handelns, Frankfurt: Suhrkamp 1982, S. 623, wird das Kantzitat sinnentsprechend mit „Theorie ohne Empirie ist leer und Empirie ohne Theorie blind" wiedergegeben.
50 Vgl. dazu Endruweit 1981, Abb. 1 auf S. 267; siehe auch Giner, S. 16–19.
51 Erwin K. Scheuch bei König, S. 203.
52 Berger/Jetzschmann, S. 19 m. w. N. Nicht ganz so extrem, aber im wesentlichen entsprechend Dieter Dohnke bei Assmann u. a., S. 157–160. Zur Unterscheidung von zwei marxistischen Empiriebegriffen auch Koch, Ursula: Bürgerliche und sozialistische Forschungsmethoden, Frankfurt: Campus 1976, S. 53/54.
53 Brimo, S. 23.
54 Graumann bei Lewin, S. 235.
55 Lewin, S. 217.
56 Rosenmayr, S. 448.
57 Richard Kurtz, in: The American Sociologist I/2, Februar 1966, S. 85, hier zitiert nach Dahrendorf, S. 11.

58 Kant, S. 127.
59 Kant, S. 128.
60 Vgl. auch Endruweit 1985, S. 45.
61 Popper, S. 31, Fn. 1.
62 Eberle/Maindok, S. 1.
63 Furfey, Paul Hanley: The Scope and Method of Sociology, New York: Cooper Square Publishers 1965, S. 2, der allerdings vorsichtig hinzufügt, „in so far as such material can be classified as science", und die ganze Definition als didaktisch vorläufig hinstellt. Vgl. weiter zu den Begriffen von Soziologie: Endruweit, Günter: Le concept de sociologie, in: Revue de l'Institut de Sociologie, Université Libre de Bruxelles, No. 3/4, 1977, S. 443–467. Theodor Geiger: Arbeiten zur Soziologie, Neuwied: Luchterhand 1962, S. 45, meinte, die Bezeichnung von Soziologie als „das, was die Soziologen treiben", sei ein „dreistes Bonmot".
64 Hegel, hier zit. nach Esser/Klenovits/Zehnpfennig, S. 168. Ich habe den Satz bei Hegel nicht finden können und vermute, daß er im Laufe von stümperhaftem Sekundärzitieren Hegel langsam untergeschoben wurde. Vielleicht ist das „Zitat", stets ohne Quellenangabe, eine Verballhornung aus Hegels Brief vom 28. 10. 1808 an Niethammer: „Die theoretische Arbeit bewegt mehr Zustände in der Welt als die praktische. Ist erst das Reich der Vorstellungen revolutioniert, so hält die Wirklichkeit nicht aus." Hier ohne Quellenangabe, um zu zeigen, wie asozial die Autorenfaulheit sein kann, wenn die Leser nun alle suchen müssen, was der Autor ihnen leicht hätte ersparen können.
65 Johnson, S. 6.

Literatur

Adorno, Theodor W.: Aufsätze zur Gesellschaftstheorie und Methodologie, Frankfurt: Suhrkamp 1970.
Albert, Hans (Hrsg.): Theorie und Realität, 2. Auflage, Tübingen: Mohr 1972.
Assmann, Georg, u. a. (Hrsg.): Wörterbuch der marxistisch-leninistischen Soziologie, Berlin: Dietz 1973.
Berger, Horst/Jetzschmann, Horst: Der soziologische Forschungsprozeß, Berlin: Dietz 1973.
Brimo, Albert: Les méthodes des sciences sociales, Paris: Montchrestien 1972.
Cohen, Percy S.: Moderne soziologische Theorie, Wien/Köln/Graz: Böhlau 1972.
Dahrendorf, Ralf: Die Soziologie und der Soziologe – Zur Frage von Theorie und Praxis, Konstanz: Universitätsverlag o. J.
Eberle, Friedrich/Maindok, Herlinde: Einführung in die soziologische Theorie, München/Wien: Oldenbourg 1984.
Endruweit, Günter: Beratungsforschung in wissenschaftstheoretischer Sicht, in: Kaiser, Heinz Jürgen/Seel, Hans-Jürgen (Hrsg.): Die Sozialwissenschaft als Dialog, Weinheim/Basel: Beltz 1981, S. 264–280.
Ders.: Der soziologische Forschungsprozeß – Natur- oder Geisteswissenschaft?, in: Wechselwirkungen, Aus Lehre und Forschung der Universität Stuttgart, Jahrbuch 1984, Stuttgart: Universität Stuttgart 1985, S. 42–47.
Esser, Hartmut/Klenovits, Klaus/Zehnpfennig, Helmut: Wissenschaftstheorie, Band 1, Stuttgart: Teubner 1977.
Friedrich, Walter/Hennig, Werner (Hrsg.): Der sozialwissenschaftliche Forschungsprozeß, Berlin: Deutscher Verlag der Wissenschaften 1975.
Friedrichs, Jürgen: Methoden empirischer Sozialforschung, Reinbek: Rowohlt 1973.
Fuchs, Werner/Klima, Rolf/Lautmann, Rüdiger/Rammstedt, Otthein/Wienold, Hanns (Hrsg.): Lexikon zur Soziologie, 2. Auflage, Opladen: Westdeutscher Verlag 1978.
Galtung, Johan: Theory and Methods of Social Research, London: Allen & Unwin 1967.
Giner, Salvador: Initiation à l'intelligence sociologique, Toulouse: Edouard Privat 1970.
Goldthorpe, J. E.: An Introduction to Sociology, London: Cambridge University Press 1968.
Grawitz, Madeleine: Méthodes des sciences sociales, Paris: Dalloz 1972.
Hartfiel, Günter/Hillmann, Karl-Heinz: Wörterbuch der Soziologie, 3. Auflage, Stuttgart: Kröner 1982.

Hochkeppel, Willi (Hrsg.): Soziologie zwischen Theorie und Empirie, München: Nymphenburger Verlagshandlung 1970.

Hondrich, Karl Otto: Entwicklungslinien und Möglichkeiten des Theorievergleichs, in: Lepsius, M. Rainer: Zwischenbilanz der Soziologie, Verhandlungen des 17. Deutschen Soziologentages, Stuttgart: Enke 1976, S. 14–36.

Johnson, Doyle Paul: Sociological Theory, New York: Wiley 1981.

Kant, Immanuel: Werke in zehn Bänden, hrsg. von Wilhelm Weischedel, Band 9, Darmstadt: Wissenschaftliche Buchgesellschaft 1970.

König, René (Hrsg.): Soziologie, Neuausgabe, Frankfurt: Fischer 1967.

Kromrey, Helmut: Empirische Sozialforschung, 2. Auflage, Opladen: Leske + Budrich 1983.

Lewin, Kurt: Kurt-Lewin-Werkausgabe, hrsg. von Carl-Friedrich Graumann, Band 4: Feldtheorie, Bern/Stuttgart: Huber/Klett-Cotta 1982.

Mendras, Henri: Eléments de sociologie, Paris: Colin 1967.

Merton, Robert K.: Social Theory and Social Structure, rev. ed., Glencoe, Ill: Free Press 1957.

Popper, Karl R.: Logik der Forschung, 6. Auflage, Tübingen: Mohr 1976.

Rosenmayr, Leopold: Über das wechselseitige Verhältnis von Empirie, Theorie und Praxis, in: Kölner Zeitschrift für Soziologie und Sozialpsychologie 1967, S. 440–453.

Speck, Josef (Hrsg.): Handbuch wissenschaftstheoretischer Begriffe, Göttingen: Vandenhoeck und Ruprecht 1980.

Turner, Jonathan H.: The Structure of Sociological Theory, rev. ed., Homewood, Ill.: Dorsey 1978.

Wallace, Walter L. (ed.): Sociological Theory, Chicago: Aldine 1969.

Wallner, Ernst M./Pohler-Funke, Margret: Soziologische Hauptströmungen der Gegenwart, Heidelberg: Quelle und Meyer 1977.

B Die strukturell-funktionale Theorie

Hansjürgen Daheim

Vorbemerkung

Im Rahmen des Funktionalismus in den Sozialwissenschaften bezeichnet "strukturell-funktionale Theorie" vielfältige und verschiedenartige Versuche in der Soziologie, ein systematisches Modell gesellschaftlicher Strukturen i. S. relativ stabiler Konfigurationen sozialer Tatbestände zu entwickeln und Strukturen relativ unabhängig von den Motiven der Menschen, die sie tragen, aus ihren Funktionen für oder ihren Wirkungen auf andere, umfassendere Strukturen zu verstehen.

Vom Kriegsende bis weit in die 60er Jahre war der „Strukturfunktionalismus" auf handlungs- und/oder systemtheoretischer Grundlage das die amerikanische und in geringerem Maß die „westliche" Soziologie insgesamt dominierende theoretische Modell. Das ergab sich sicher in erster Linie aus der Entwicklung des Werkes von Talcott Parsons als Vorbild für die Theoriebildung wie als zentralem Gegenstand der fachlichen Kritik. Damit einher gingen erfolgreiche Bemühungen um die Bildung einer Schule der strukturell-funktionalen Theorie mittels der Kontrolle wichtiger Publikationsorgane usw., durch die sich die Soziologie gegenüber anderen sozialwissenschaftlichen Disziplinen abgrenzte. Schließlich war auch die politisch-ökonomische Situation der USA wie der übrigen westlichen Länder von Bedeutung; ihr Wandel in der zweiten Hälfte der 60er Jahre gab der Kritik aus der Sicht anderer grundlagen-theoretischer Ansätze Auftrieb, die die strukturell-funktionale Theorie entschieden zurückdrängten. Im Vergleich zur Nachkriegszeit scheint sich die Soziologie in den 80er Jahren in einer „Krise der Fragmentierung" zu befinden[1]. Allerdings ist bei einer solchen Lagebeschreibung zu beachten, daß sehr früh schon innerhalb des soziologischen Funktionalismus, etwa von Robert K. Merton, aus gegenstandsbestimmten Gründen für einen Pluralismus der Ansätze plädiert wurde[2].

Die Vielfalt der gegenwärtigen Richtungen des Theoretisierens in der Soziologie macht die Beschäftigung mit der funktionalistischen Perspektive und der durch sie ausgelösten Theoriedebatte nicht obsolet: Für die Vertreter der erwähnten Ansätze war die kritische Rezeption der strukturell-funktionalen Theorie notwendiges Durchgangsstadium und damit eine wichtige Grundlage ihrer eigenen Arbeit. Das bezieht sich vor allem auf das Werk von Parsons und findet sich besonders ausgeprägt bei zeitgenössischen Theoretikern in Westdeutschland, etwa Jürgen Habermas. Daneben kann man so etwas wie eine Parsons-Renaissance feststellen, für die etwa Richard Münch und in den USA Jeffrey C. Alexander stehen. Auch wenn der letztere seine Bemühungen unter die Überschrift „Neofunktionalismus" stellt, ist damit keine Erneuerung des Funktionalismus in der Soziologie in dem gemeinten Sinn beabsichtigt[3].

Nun scheint sich die heutige Bedeutung des Funktionalismus in der Soziologie aber darin nicht zu erschöpfen: Als Heuristik und als deskriptive Theorie dürfte sie, gerichtet auf bestimmte gesellschaftliche Ebenen und auf bestimmte Arten von Problemen und Daten keineswegs überholt oder in anderen Ansätzen aufgehoben sein. Das gilt, wenn der Soziologe Daten nicht über Handeln, sondern über Strukturmuster als Handlungsergebnisse zu interpretieren hat, und es gilt auf der intermediären Ebene von Organisationen und Institutionen. Hier kann das heuristische Potential dieses Modells entfaltet werden, indem für Bestandsprobleme alternative Lösungsmöglichkeiten aufgewiesen werden und in einer (gesonderten) Kausalanalyse die strategische Überlegenheit einer Alternative über eine andere dargetan wird. In einer vergleichenden Erfordernisanalyse auf der intermediären Ebene sind vermutlich auch Teile der strukturell-funktionalen Theorie als deskriptive Theorie sinnvoll einsetzbar. Wir lassen es bei diesen Hinweisen auf die fortdauernde, aber eingeschränkte Bedeutung der funktionalistischen Perspektive in der Soziologie bewenden, die in den nachfolgenden Ausführungen einsichtig zu machen ist.

„Strukturell-funktionale Theorie" wird in den Rahmen des Funktionalismus in der Soziologie gestellt. Das ist im ersten, im engeren Sinn theoriegeschichtlichen Teil der Ausführungen selbstverständlich; im Abschnitt über die gegenwärtigen Grundzüge verlangt das die Darlegung einer weiteren Richtung des funktionalen Theoretisierens: der funktionalen Theorie selbstreferentieller Systeme Niklas Luhmanns als „Supertheorie" oder theoretischer Grundlegung der Sozialwissenschaften, weniger als auf bestimmte gesellschaftliche Ebenen und auf bestimmte Arten von Problemen und Daten gerichtete Theorie.

1 Zur Geschichte des Funktionalismus in der Soziologie

Die strukturell-funktionale Theorie ist eine relativ späte Erscheinungsform des Funktionalismus in der Soziologie. Deren Entstehung als eigenständiger akademischer Disziplin ist eng mit der Übernahme der funktionalen Perspektive verknüpft; daß es Soziologie der Sache nach auch außerhalb dieses Zusammenhangs gab, muß hier nicht weiter ausgeführt werden. Dem Zusammenhang von Soziologie und Funktionalismus nachzugehen, lohnt sich unter zwei Gesichtspunkten.

Der eine Gesichtspunkt ist gesellschaftshistorisch. König hat ihn mit der Charakterisierung von Soziologie als Krisenwissenschaft entfaltet[4]; neuestens wird er von Giddens ausgeführt[5]. Soziologie ist danach eine Antwort auf die Krise der westeuropäischen Gesellschaften, die durch die französische und die industrielle Revolution ausgelöst wurde. Die erstere ist Ergebnis einer Bewegung für die säkularen Ideale von Freiheit und Gleichheit und ihrerseits Anstoß für den grundlegenden Wandel traditioneller, vor allem politischer Institutionen. Die andere Revolution lebt vom gleichen Ideengut und verändert mit kapitalistischer Industrialisierung und mit Urbanisierung weit mehr als nur die wirtschaftlichen Institutionen. Beide Revolutionen führen zu krisenhaften Erscheinungen, die in den Ursprungsländern Frankreich und England bis weit in das 19. Jahrhundert hinein immer wieder manifest geworden sind. Soziologie ist nun ein Versuch, die Ursachen dieser Revolutionen und ihre Auswirkungen nicht nur zu verstehen, sondern gleichzeitig die wissensmäßigen und moralischen Grundlagen für eine Restabilisierung der Gesellschaft zu legen. Wissenschaftlich generalisiert ist das die Frage nach der Möglichkeit sozialer Ordnung. Soziologie zielt also auf die national-staatlich verfaßten Gemeinwesen im Übergang zur Modernität und wird in gesellschaftspolitisch „konservativer" Absicht betrieben. Die Namen von Comte und Durkheim stehen für dieses Programm. Der gegen den Strukturfunktionalismus gerichtete Vorwurf des Konservativismus setzt hier ein.

In diesem Rahmen kommt ein anderer Gesichtspunkt zur Geltung, unter dem man den Zusammenhang von Soziologie und Funktionalismus betrachten kann: der wissenschaftshistorische, wie er etwa von Kingsley Davis[6] und danach von Brigitte Steinbeck[7] vorgetragen wird. Wenn sich diese neue Wissenschaft der Soziologie als Einzeldisziplin etablieren wollte, mußte sie sich zunächst gegen die dominierenden historischen und individuell-beschreibenden Disziplinen absetzen. Das geschah durch Übernahme der naturwissenschaftlichen Methodologie: Erkenntnisziel der Soziologie ist danach, über die Zusammenhänge des sozialen Lebens generalisierende Aussagen von gesetzesmäßigem Charakter zu machen. In diesem Rahmen mußte sie sich weiter gegenüber der Psychologie abgrenzen. Das geschah durch Beanspruchung eines besonderen Gegenstandsbereichs: Soziologie befaßt sich mit dem Sozialen, einer besonderen Klasse von Erscheinungen, die aus dem Zusammenleben der Menschen hervorgehen und nicht auf individuelles Verhalten oder individuelles Bewußtsein zurückgeführt werden können. Auf Durkheim und Radcliffe-Brown sei verwiesen.

Die Ausgrenzung von Soziologie als Einzelwissenschaft erfolgte unter Rückgriff auf ein vorwissenschaftliches Verständnis von Gesellschaft als einer durch unterscheidbare Elemente konstituierte und funktionierende Ganzheit. Eine solche kannten Biologie und Physiologie als Organismus. Und mit der Übernahme des Organismus-Modells wurde der Funktionsbegriff eingeführt und zwar als Aufforderung, einzelne soziale Erscheinungen nicht isoliert, sondern in ihrer Beziehung zum umfassenden Ganzen als dessen Elemente zu untersuchen. Damit wurde die substantielle und evolutionistische Perspektive des sozialen Ganzen zugunsten einer Sicht aufgegeben, die dieses als Ergebnis des Zusammenwirkens seiner Teile aufgrund latenter Teleologien begreift. Nicht aufgegeben wurde die in der evolutionistischen Sicht enthaltene Idee des Fortschritts. Allerdings hatte das Organismusmodell des Sozialen bereits damals, um die Jahrhundertwende, verglichen mit der vormodernen Gesellschaft, an Brauchbarkeit verloren, wie Luhmann feststellt[8].

Die Entwicklung der Verbindung von Soziologie und Funktionalismus soll im folgenden an einigen ihrer hervorragendsten Vertreter im 19. und frühen 20. Jahrhundert nachgezeichnet werden: Comte, Spencer und Durkheim[9].

Auguste Comte (1789–1858) systematisierte die von Saint-Simon entwickelten Grundlagen der neuen Wissenschaft und gab ihr den Namen „Soziologie" (Cours de philosophie positive, 1830–1842). Er sieht die conditio humana evolutionistisch: Alle Gesellschaften entwickeln sich gemäß dem Drei-Stadien-Gesetz vom theologischen über das metaphysische zum positiven Stadium gesellschaftlicher Zustände und deren Erklärung. Im positiven Stadium dominiert Wissenschaft als Erfahrungswissenschaft: Nur über Beobachtung und Experiment kann man die Gesetze der gesellschaftlichen Entwicklung entdecken. Und diese müssen den „Männern der Tat" bekannt sein, wenn sie sich „gegen die anarchistischen Tendenzen der revolutionären Prinzipien" (in Frankreich) wenden, um eine stabile soziale Ordnung zu schaffen, die die moralische Verpflichtung des Individuums akzentuiert.

Es gibt nun unter den Wissenschaften eine Rangordnung nach der Komplexität ihres Gegenstandes: Auf den unteren Stufen stehen Mathematik und die klassischen Naturwissenschaften, darüber die Biologie und an der Spitze die Soziologie. Sie wächst aus der Naturwissenschaft des Lebendigen heraus und hat die Natur der Gesellschaft mit ihren Eigengesetzlichkeiten zum Gegenstand. Über das Organismusmodell bleibt sie mit der Biologie verbunden. Die Biologie untersucht die Strukturen des individuellen Organismus und als seine Komponenten: Elemente, Gewebe und Organe. Das gleiche tut die Soziologie, wenn sie den „sozialen Organismus" untersucht und als Komponenten die Familie, die Macht und die Städte identifiziert. Dies geschieht im Rahmen der sozialen Statik oder Morphologie; daneben untersucht die Soziologie auch die soziale Dynamik oder den Fortschritt.

Von „Funktion", etwa der Macht, ist bei Comte noch nicht die Rede, doch arbeitet er durch die analoge Behandlung von individuellem und sozialem Organismus der funktionalen Analyseweise vor.

Herbert Spencer (1820–1903) ist einerseits von Comte wohl stärker beeinflußt als er zugegeben hat, steht aber auf der anderen Seite in der englischen Diskussion um den Utilitarismus und den biologischen Evolutionismus; im übrigen hat er nach der Mitte des 19. Jahrhunderts in England die erste Gesellschaft vor Augen, in der die industrielle Revolution erfolgreich abgeschlossen worden ist. Spencer (Social Statics, 1851; Principles of Sociology, 1876–96) überwindet den individualistischen Ansatz der utilitaristischen Gesellschaftslehre in seiner elaborierten Analogie individuellem und sozialem Organismus: In beiden Fällen besteht zwischen den Teilen des Organismus eine „funktionale

Abhängigkeit". Die Individuen sind die Einheiten des wirklichen sozialen Organismus, an dessen Entwicklung sie mitarbeiten, ohne es zu wissen.

Diese Entwicklung steht unter dem allgemeinen evolutionären Gesetz der Bewegung vom Aggregat gleichartiger zum System ungleichartiger Elemente. Differenzierung und Integration sind die evolutionären Prozesse, die ausgelöst werden durch Änderungen in der Umwelt; die gesteuert werden durch Brauch, Macht und Recht; und die durch den Konflik und das „survival of the fittest" vorangetrieben werden. Das Ergebnis ist die industrielle Gesellschaft als ein Typus, der auf die militärische und die primitive Gesellschaft folgt; auf der Ebene unterhalb von Gesellschaft ist es die Herausbildung von Bereichen wie Wirtschaft, Politik und Ideologie. In diesem Kontext führt Spencer die Begriffe „Struktur" und „Funktion" ein, indem er darauf verweist, daß Strukturwandel nicht ohne Wandel der Funktion erfolgen kann, die die Struktur für das umgreifende Ganze hat. Von diesen Grundbegriffen des Funktionalismus ausgehend, erweitert er den begrifflichen Apparat um das „funktionale Bedürfnis" des sozialen Organismus, dessen Entstehung und Entwicklung nur verstanden werden kann, wenn man das „Bedürfnis" kennt, das durch Struktur erfüllt wird.

Über eine Reihe von Grundbegriffen des Funktionalismus hinaus wird in Ansätzen damit bereits die Grundfigur der funktionalistischen Argumentation deutlich wie auch ihre Problematik erscheint: das Verhältnis von causa finalis und causa efficiens. Dahinter steht wie bei Comte eine naturwissenschaftlich orientierte Methodologie, die hier aber induktiv zu Entwicklungsgesetzen kommen will, um die „Organisation" der Gesellschaft zu verbessern.

Emile Durkheim (1857–1917) hat in Frankreich eine Gesellschaft vor Augen, die die Auswirkungen der Revolution von 1789 noch nicht überwunden und in der die Industrialisierung erst wenige Jahrzehnte zuvor den Durchbruch erzielt hatte. Die Krise ist für ihn zuerst eine moralische Krise, und Soziologie ist die Wissenschaft, die zur Stabilisierung der französischen Gesellschaft einen unentbehrlichen Beitrag zu leisten hat. Frankreich gilt Durkheim aber immer auch als exemplarischer Fall des Übergangs von der traditionellen zur modernen Gesellschaft. Als Soziologe sieht sich Durkheim in der französischen wie in der britischen Tradition, die er kritisch rezipiert und weiterentwickelt.

Aus beiden Traditionen übernimmt er die organizistische und evolutionäre Perspektive, kritisiert aber gleichzeitig die implizierte „wirkliche Analogie" von Organismus und Gesellschaft, die Fixierung auf die Evolution[10] sowie Spencers Utilitarismus. Aus beiden Traditionen übernimmt er auch die methodologische Orientierung an den Naturwissenschaften: Soziologie ist Erfahrungswissenschaft. Aber anders als diese will er nicht durch Induktion, sondern über den Vergleich von Erfahrungstatsachen zu Aussagen mit Gesetzescharakter kommen[11]. Anders als seine Vorgänger betont Durkheim die Interaktion von Daten und Theorie für die Erklärung. Aus beiden Traditionen, vor allem aber aus der französischen, übernimmt er die Vorstellung von Theoriebildung in praktischer Absicht. In der französischen Tradition stützt er sich auf Saint-Simon und Comte, vor allem was die Vorstellung von der Gesellschaft als emergenter Wirklichkeit sui generis betrifft. Diese Vorstellung entwickelt er in der Explikation des Gegenstandes von Soziologie, des „sozialen Tatbestandes"[12], der objektive Gegebenheit und moralische Verpflichtung zugleich ist, sowie des grundlegenden Ziels, Soziales nur durch Soziales zu erklären. Aus der britischen Tradition, von Spencer, übernimmt Durkheim die Unterscheidung von Struktur und Funktion im Rahmen eines organizistischen Ansatzes, die er mehr oder weniger genau in seinen klassischen Analysen über Arbeitsteilung, Selbstmord, Religion und Erziehung immer wieder verwendet. Er war dabei nie auf die französische Gesellschaft fixiert, hatte vielmehr ausgedehnte anthropologische Interessen, was nicht zuletzt dazu beigetragen hat, daß sein nicht-historischer funktionalistischer Ansatz von einigen wichtigen Anthropologen rezipiert wurde.

Durkheims Analyse soll an seinem Werk über die Arbeitsteilung (1893) exemplifiziert werden. Arbeitsteilung wird beim Übergang zum Kapitalismus problematisch, wenn traditionelle Regelungen außer Kraft gesetzt sind, ohne daß sich schon neue ergeben hätten. Durkheim beginnt mit einer Explikation des Funktionsbegriffs[13]: Funktion erfüllt ein Bedürfnis, stiftet einen Nutzen. Die Frage nach der Funktion der Arbeitsteilung beantwortet er mit Verweis auf das „Gefühl der Solidarität", das sie bei einer Personenmehrheit fördert. In den „Regeln" bestimmt er den Ausgangspunkt genauer[14]: Das Bedürfnis ist ein normaler („gesunder") Gesellschaftszustand, der als den materiellen Milieubedingungen, besonders Volumen und Dichte der Bevölkerung, entsprechend bestimmt wird. Durkheim spricht dann von Arbeitsteilung als „Struktur" und unterscheidet zwei Typen, die segmentäre und die organische Struktur[15]. Von ihnen ist die letztere oder „organische Solidarität", nämlich die Kooperation in der Verschiedenheit, der modernere Typ. Die Erklärung des Übergangs zur organischen Solidarität ist deutlich an Spencer angelehnt. Sie geht aus dem Bevölkerungswachstum („Volumen") auf der einen und der durch den Einsatz der neuen Verkehrstechniken erreichten Zunahme an Kontakten zwischen den Menschen („moralische Dichte") auf der anderen Seite hervor. Beides bringt eine Steigerung der Konkurrenz mit sich und führt in Verbindung mit der Auflösung des tradierten „Kollektivbewußtseins" wie tradierter Formen von Sozialbeziehungen zu Arbeitsteilung als Konkurrenzbeschränkung. Diejenigen, die sich in den alten Tätigkeiten nicht halten können, spezialisieren sich neu: Die Verschiedenheit in der Kooperation nimmt zu. Trotz der Kritik an Spencer bleibt der logische Status dieser Erklärung unklar, zumal das Bedürfnis der Gesellschaft nach einer neuen Integrationsgrundlage ebenfalls als Ursache für die Arbeitsteilung herangezogen wird. Und das bedeutet dann eine Substitution des kausalen durch ein funktionales Argument, den Fehler der ungerechtfertigten Teleologie.

Den entscheidenden Beitrag zur Weiterentwicklung des Funktionalismus leistet Durkheim in den „Regeln" (1895): Den Bezugspunkt einer funktionalistischen Analyse diskutierend, weist er darauf hin, daß ein sozialer Tatbestand seine Funktion ändern oder auch ganz verlieren kann, entwickelt er die Vorstellung von „funktionalen Alternativen" (wie Merton später sagte) und macht er Aussagen zum Verhältnis von funktionaler und kausaler Analyse. Namentlich gegen Comte und Spencer gewendet, stellt er kategorisch fest: „Den Nutzen eines Tatbestandes aufzuweisen, bedeutet nicht, seine Entstehung und sein Wesen zu erklären; ..."[16]. Er erkennt die Bedeutung der Motivkausalität, weist aber am Beispiel der Arbeitsteilung darauf hin, daß Tatbestände entstehen, bevor die Menschen eine Vorstellung von ihrer Funktion haben. Damit kommt er Mertons Unterscheidung von manifesten und latenten Funktionen recht nahe[17]. Nun gehören zu einer „vollständigen Erklärung" eines Tatbestandes beide, die funktionale wie die kausale Analyse, doch hat die letztere Priorität. Die funktionale Analyse stellt dabei fest, „ob zwischen den betrachteten Tatbeständen und den allgemeinen Bedürfnissen des Organismus eine Korrespondenz besteht und worin diese Korrespondenz besteht, ..."[18]. Zwischen „Ursache" und „Wirkung" eines Tatbestandes postuliert Durkheim ein Reziprozitätsverhältnis, wonach die Funktion eines Tatbestandes meist darin besteht, die „sozialen Phänomene, die ihm zeitlich vorangehen"[19], zu erhalten. Das stellt eine frühe Formulierung dessen dar, was man später „Selbstregulierung" eines Systems genannt hat[20]. Abschließend sei wenigstens darauf hingewiesen, daß für Durkheim Teleologie und psychologischer Reduktionismus zusammen auftreten. Das veranlaßt ihn, einerseits zu betonen, daß die Individuen „die einzigen Elemente sind, aus denen die Gesellschaft gebildet ist"[21], und andererseits die emergenten Eigenschaften des sozialen Lebens herauszustellen.

Im englisch- wie im deutschsprachigen Raum wurde Durkheims Soziologie im ersten Drittel des 20. Jahrhunderts kaum rezipiert, jedenfalls nicht als Funktionalismus in der

Soziologie. Zwischen ihn und die strukturell-funktionale Theorie schoben sich die englischen Anthropologen Radcliffe-Brown und Malinowski: Über sie kam der Funktionalismus in den 40er Jahren an Soziologen wie Merton, Davis oder Parsons, die aber immer auch direkt an Durkheim angeknüpft haben. Dieser ist daher für die strukturell-funktionale Theorie nicht nur als „Vorläufer" wichtig, was bei der Besprechung einzelner Aspekte dieser Theorie deutlich werden wird.

Für die Anthropologen war der Funktionalismus die Alternative zum Diffusionismus wie zur historischen Rekonstruktion primitiver Gesellschaften. Der Diffusionismus wandte sich gegen einen spekulativen Evolutionismus, demgegenüber er die Bedeutung der materiellen und immateriellen Elemente einer bestimmten Kultur für die Entwicklung einer anderen betonte. Gegen den Diffusionismus wandte sich ein Ansatz, der die primitiven Gesellschaften als je einzigartige soziale Ganze behandelte und die historischen Ereignisse, die zu ihrem Entstehen geführt haben, zu rekonstruieren versuchte. Dieses Vorhaben erwies sich bei schriftlosen Gesellschaften als fast undurchführbar. Radcliffe-Brown und Malinowski hatten das als Feldforscher bei australischen Ureinwohnern feststellen können. Sie benutzten überdies das gleiche ethnographische Material wie Durkheim, dessen „Elementare Formen des religiösen Lebens" (1912) bereits im Jahr nach seinem Erscheinen von Malinowski besprochen wurde. Radcliffe-Brown hat in einem Artikel aus dem gleichen Jahr die Bedeutung Durkheims für seine Arbeit anerkannt[22].

Alfred R. Radcliffe-Brown (1881–1955) geht von einer erfahrungswissenschaftlichen Methodologie aus: Die „Naturwissenschaft der Gesellschaft" hat die Aufgabe, durch Beobachtung die Gesetze herauszuarbeiten, die die sozialen Beziehungen zwischen Individuen regeln. Das ist eine klare Absage an jede evolutionistische Perspektive. Gesellschaften haben wegen dieser sozialen Beziehungen den Charakter einer emergenten Realität sui generis. Der synchrone Vergleich ganzer Gesellschaften mit Blick auf deren Funktionsweise führt zur Formulierung von Gesetzen[23]. Untersucht werden dabei zunächst „Strukturen" als konkrete Muster sozialer Beziehungen zu einem bestimmten Zeitpunkt, was nur durch Beobachtung ihres Funktionierens in den Interaktionsprozessen der Individuen geschehen kann: Hier „funktionieren" Strukturen, werden sie produziert und verändert. Man hat daher auch von einem „interpersonalen Funktionalismus" gesprochen[24]. „Funktion" bedeutet den Beitrag einer Aktivität zur Strukturerhaltung; der Begriff wird in ausgesprochener Analogie zum organischen Leben gebildet, aber nicht auf ein Bedürfnis als Bezugspunkt hin formuliert. Radcliffe-Brown ersetzt das Bedürfnis vielmehr durch den Begriff der „notwendigen Existenzbedingungen", den er im Anschluß an Durkheim als Integration, näherhin als „Konsistenz" und „Kontinuität" der Struktur bestimmt[25]. Impliziert ist natürlich ein Bild von Gesellschaft, das diese als System harmonisch kooperierender Teile zeichnet – ein Werturteil, das mit Radcliffe-Browns prinzipieller Forderung nach Werturteilsverzicht in Widerspruch steht[26]. Dazu kommt der teleologische Fehler, den Beitrag einer Institution zur Erreichung der notwendigen Existenzbedingungen als sozialen Ursprung der Institution zu bezeichnen[27]. Radcliffe-Browns Stärke liegt eher in empirischen Strukturanalysen vor allem des Verwandtschaftssystems.

Das ist ähnlich bei Bronislaw Malinowski (1884–1942), bei dem der Anspruch, den Funktionalismus zu systematisieren, zu einer schärferen Trennung von Feldforschung und Theoretisieren führt. Letzteres aber war Anlaß für die Soziologen in den 40er Jahren, sich mit dem Funktionalismus zu befassen, weil Malinowskis Arbeiten die wesentlichen Grundzüge des modernen Funktionalismus ansatzweise enthalten, und zwar in einer Form, die man vielleicht als „individualistisch" charakterisieren kann[28]. Methodologisch geht es auch Malinowski um die Entwicklung des Funktionalismus zu einem Ansatz, der Beobachtungen über verschiedene Gesellschaften anleiten kann und über vergleichende

Analysen zu Gesetzen der sozialen Organisation kommt. Den Vergleichsmaßstab soll dabei ein Begriffssystem, eine „Kulturtheorie" liefern, die vor allem Bedürfnisse, Institutionen und Funktionen verbindet[29]: Den Institutionen muß Funktionalität zukommen; es muß von institutionenspezifischen Bedürfnissen gesprochen werden können; die Bedürfnisse müssen in verschiedenen Kulturen gleich sein. Funktion meint dabei eine bedürfnisbefriedigende Wirkung.

Ausgangspunkt von Malinowskis Kulturtheorie sind also biologische oder organische Bedürfnisse des Menschen. Kultur nimmt die organischen Lebensabläufe in sich auf, und dabei werden Sozialstruktur und Kultursymbole entwickelt. Für die Analyse der Sozialstruktur ist der Institutionenbegriff zentral, dessen Elemente von Personen, Zielen, Normen, Aktivitäten und einem materiellen Apparat gebildet werden. Strukturen bringen abgeleitete Bedürfnisse mit sich, die stets erfüllt werden müssen, wenn die Struktur überdauern soll. Malinowski zählt vier instrumentelle Imperative auf, denen auf jeder Ebene der Vergesellschaftung vier Institutionen entsprechen, die sie erfüllen: Wirtschaft, soziale Kontrolle, Erziehung, politische Organisation[30]. Es sind dies offensichtlich Frühformen des Parsonsschen Vier-Funktionen-Modells. Elemente und Funktionen der Institutionen sind vergleichend zu beschreiben. Um eine Kultur verstehen zu können, muß man zusätzlich zu den Institutionen das Symbolsystem verstehen, das die verschiedenen Institutionen zu einem komplexen Ganzen integriert. Malinowski unterscheidet drei Typen von abgeleiteten integrativen Bedürfnissen und diese erfüllenden Symbolsystemen: Wissen, Religion und Zeremonien[31]. Die einzelnen Bestandteile von Kultur sind durch ihre direkte oder indirekte Funktion der Bedürfnisbefriedigung der Menschen aufeinander bezogen, wobei diesen das Kultursystem über seine abgeleiteten Bedürfnisse wieder als bestimmende Tatsache gegenübertritt, die sich die Menschen dann als Werte zueigen machen.

Der Ansatz hat aber eine Schwäche: Wenn die menschlichen Bedürfnisse so plastisch sind wie Malinowski annimmt, können sie nicht über den Funktionsbegriff zum „Bezugspunkt für die Bestimmung des konstanten Wesens einzelner Institutionen" werden[32]. Impliziert ist im übrigen die Behauptung des universellen Funktionalismus, daß nämlich jede Institution als solche eine Funktion hat: „... jeder Brauch, jedes materielle Objekt, jede Idee und jeder Glaube hat irgendwie eine vitale Funktion" für das umfassende Ganze[33]. Merton nimmt diese Aussage für bare Münze und formuliert sie in das Postulat des universellen Funktionalismus um. Turner/Maryanski machen dagegen darauf aufmerksam, daß diese Aussage, in der Encyclopedia Britannica veröffentlicht, auch als Mahnung an Kolonialverwaltungen und Missionare zu verstehen ist, daß man nicht einzelne Elemente aus einer Kultur herausbrechen kann, ohne sie zu zerstören[34].

2 Gegenwärtige Grundzüge des soziologischen Funktionalismus

Durch Gegenüberstellung von grundlegenden Systemstrukturen und -funktionen bildet Bühl „Formen des soziologischen Funktionalismus": Den Bestandsfunktionalismus in zwei Versionen, nämlich als Erfordernis-Funktionalismus etwa von Levy oder Parsons, und als Äquivalenz-Funktionalismus etwa von Merton oder Gouldner; ferner den „Evolutions-Funktionalismus ... von Parsons bis Luhmann"; und schließlich den historischen Funktionalismus, als dessen Vertreter wiederum Parsons und Luhmann genannt werden[35]. Eine andere Typologie des Strukturfunktionalismus leitet Cancian mit der Bemerkung ein, daß die vielen funktionalistischen Ansätze nur eine Gemeinsamkeit aufweisen, nämlich „ein Interesse daran, einen Teil einer Gesellschaft oder eines gesellschaftlichen Systems zu einem anderen Teil oder Aspekt des Ganzen in Beziehung zu setzen"[36]. Auf Giesens Versuch, Grundzüge des Funktionalismus (aller Richtungen) aufzuzeigen, kann hier nur verwiesen werden[37].

Angesichts der Sachlage dürfte an dieser Stelle ein Versuch am informativsten sein, an einigen hervorragenden Vertretern des Funktionalismus die Entwicklung des Theoretisierens nachzuzeichnen und dabei verschiedene Formen der strukturell-funktionalen Theorie darzustellen. Wir beginnen diesen Abschnitt also mit den Hauptvertretern des amerikanischen Funktionalismus in der Soziologie, Merton und Parsons, und berücksichtigen zusätzlich Levy. Danach referieren wir die Grundzüge der Kritik an der stukturell-funktionalen Theorie, die über weite Strecken Parsons-Kritik ist; dabei werden wir besonders die europäischen und westdeutschen Kritiker berücksichtigen. Im letzten Abschnitt soll von der Entwicklung des Funktionalismus in Westdeutschland die Rede sein, nämlich von Luhmanns Verbindung von funktionaler Methode und der Theorie sinnhaft-selbstreferentieller Sozialsysteme.

2.1 Robert K. Merton

Merton (geb. 1910) war in den 40er Jahren der wohl einflußreichste Vertreter des soziologischen Funktionalismus in den USA. In der Verbindung von „Theorie, Methode und empirischen Daten" sieht er den vermutlich fruchtbarsten, aber noch kaum systematisierten Ansatz in der Soziologie[38]. Damit direkt in der Durkheim-Tradition stehend, will er den Funktionalismus nicht zu einer allgemeinen soziologischen Theorie, sondern zu einem theoretischen Modell entwickeln, in dem zahlreiche „Theorien mittlerer Reichweite" formuliert und auf Teilprobleme der Sozialstruktur angewendet werden können[39].

Funktionalismus, oder wie Merton sagt: „funktionale Analyse", ist eine Art „geregelten Interpretationsverfahrens". Merton will vor allem den methodischen Aspekt behandeln: zeigen, wie man funktionale Analyse betreibt, und damit die Darlegung wesentlicher „Vorstellungen funktionaler Theorie" verbinden. Das Ergebnis ist ein „analytisches Paradigma", das die wesentlichen Begriffe, Verfahren und Schlußfolgerungen „kodifiziert" und geeignet ist, Phänomene zu beschreiben und „Hypothesen für ... funktionale Interpretationen" zu formulieren sowie auf die „politischen und ideologischen Voraussetzungen" und die „Folgen für die ‚Soziotechnik'" aufmerksam machen[40].

Den für den Ansatz zentralen Funktionsbegriff definiert Merton wie folgt: „Soziale Funktion bezieht sich auf beobachtbare, objektive Konsequenzen, nicht auf subjektive Dispositionen (Ziele, Motive, Zwecke)"[41]. Funktionen werden also von einem Beobachter einem „Objekt" unterstellt, das generell Verhaltensmuster von Menschen darstellt. Deren „subjektive Disposition" variiert unabhängig von der „objektiven Folge" ihres regelmäßig wiederkehrenden Verhaltens. In einer ausführlichen Diskussion der „Vorstellungen funktionaler Theorie", in der er die funktionalistische Tradition bei Radcliffe-Brown und Malinowski aufnimmt, aber auch direkt an Durkheim anschließt und im übrigen auch Mead, Freud, Weber und Marx zitiert, entwickelt Merton die weiteren Grundbegriffe der funktionalen Analyse.

Von dem, was er „das Postulat der funktionalen Einheit" nennt, ist bei Radcliffe-Brown die Rede: „Die Funktion eines bestimmten sozialen Brauches besteht in seinem Beitrag zum gesamten sozialen Leben, ..."[42]. Merton wendet dagegen ein, daß die Annahme der vollständigen Integration für die von den Anthropologen untersuchten kleinen schriftlosen Gesellschaften richtig sein mag, für moderne komplexe Gesellschaften aber nicht einmal heuristischen Wert haben dürfte. Für diese Gesellschaften muß die funktionale Analyse vielmehr genau spezifizieren, für welche anderen Elemente ein bestimmtes Strukturelement bestimmte Auswirkungen hat. Merton führt damit den Begriff des „Bezugspunktes" in die funktionale Analyse ein.

Mit dem Postulat des „universellen Funktionalismus" bezieht sich Merton auf Malinowskis „Prinzip, daß jeder Brauch ... irgendeine lebenswichtige Funktion erfüllt ..."[43].

Hiergegen wendet er ein, daß für moderne Gesellschaften so viele gegenwarts- wie vergangenheitsbezogene Daten verfügbar sind, daß man mit Bestimmtheit sagen kann: es gibt Strukturelemente, die eine positive, andere, die eine negative, und wieder andere, die gar keine Auswirkungen für bestimmte andere Elemente haben. Damit wird die begriffliche Unterscheidung von Funktionen, „Dysfunktionen" und Nicht-Funktionen eingeführt: „Funktionen sind diejenigen beobachtbaren Folgen, die die Anpassung eines gegebenen Systems fördern; Dysfunktionen ... die Anpassung des Systems mindern. Außerdem sind nichtfunktionale Folgen empirisch möglich, ..."[44]. „System" und „Anpassung" bleiben undefiniert; es wird aber bereits deutlich, daß Vorstellungen von einem System in einer Umwelt impliziert sind und daß Bezugspunkt der Analyse die „Bestandserhaltung" eines Systems ist. Im übrigen ist mit der Klassifizierung die Annahme verbunden, daß fortbestehende Strukturelemente per Saldo eine positive Funktion haben, wenigstens für die mächtigen Teilstrukturen, zu deren Erhaltung sie einen Beitrag leisten. Im Anschluß führt Merton eine weitere Unterscheidung ein: „manifeste" und „latente" Funktionen. Manifeste sind „von den Teilnehmern im System sowohl beabsichtigt als auch wahrgenommen; latente sind dementsprechend solche, die weder beabsichtigt sind noch wahrgenommen werden."[45] In einer Anmerkung verweist Merton auf „unvorhergesehene Folgen zweckorientierten sozialen Handelns" und damit auf einen Zentralbegriff der Strukturanalyse: Struktur als einem bestimmten Handeln stets Vorgängiges, das gleichzeitig Chance und Begrenzung für dieses Handeln und damit für unabhängige strukturelle Effekte gut ist. Ähnlich faßt übrigens der Begriff der „Dysfunktion" das, was zu Konflikt und Strukturwandel führt; er wird zum zentralen Begriff des Konflik-Funktionalismus (vgl. dazu den Beitrag von Giesen in diesem Band).

Das „Postulat der funktionalen Unentbehrlichkeit" ist in der schon zitierten Äußerung von Malinowski enthalten, wonach jedes Strukturelement „einen unentbehrlichen Teil innerhalb eines funktionierenden Ganzen dar(stellt)". Merton präzisiert diese Aussage durch den Aufweis von zwei Implikationen: Es gibt Funktionen, die für den Fortbestand einer Struktur unerläßlich sind. Und: bestimmte Strukturelemente sind zur Erfüllung jedes dieser Erfordernisse unentbehrlich. Hier setzt der Erfordernis-Funktionalismus an. Im Anschluß an Durkheim betont Merton gegen dieses Postulat mit Nachdruck, daß jedes Strukturelement mehr als eine Funktion haben kann und daß eine bestimmte Funktion häufig nicht nur durch ein bestimmtes Strukturelement erfüllt werden kann. Er führt hier den Begriff der „funktionalen Äquivalente" (Alternativen oder Substitute) ein, der Ausgangspunkt für den Äquivalenz-Funktionalismus wurde, und bemerkt sofort, daß die Alternativen natürlich durch „strukturelle Zwänge" eingeschränkt sind. Der hier verwendete „Begriff der strukturellen Beschränkung" weist auf die bei Merton von Anfang an vorhandene starke struktursoziologische Orientierung hin[46].

Im Anschluß an die Entwicklung der Grundbegriffe befaßt sich Merton mit der Logik des Verfahrens. Funktionale Analyse meint die Interpretation von Daten über Strukturelemente durch Herausarbeiten ihrer Auswirkungen für die umfassende Struktur. Eine solche Vorgehensweise ist in allen Wissenschaften vom Menschen gebräuchlich, und die Erfahrungen etwa der Physiologen können den Soziologen Verfahrensweisen geben, ohne daß dabei notwendigerweise deren substantielle Konzepte und Techniken mit übernommen werden müssen. Bezeichnenderweise zitiert Merton dann einen seinerzeit bekannten Physiologen zur funktionalen Analyse und macht damit deutlich, wie stark selbst diese neuere Version des Funktionalismus dem Organismus-Modell verpflichtet ist, nachdem er sich zuvor von der einfachen Analogie distanziert hatte.

Mit der Übertragung dieser Vorgehensweise in die Soziologie tut sich Merton aber schwer: den zur Beschreibung in Gleichgewichtsbedingungen des Systems verwendeten Begriff der „funktionalen Erfordernisse" hält er für „undurchsichtig" und empirisch umstritten und nimmt damit wichtige Teile der Funktionalismus-Kritik vorweg[47]. Damit dürfte zusammenhängen, daß Merton die funktionale Analyse nie auf die Gesellschaft als Ganzes angewendet hat. Zentrale Begriffe des soziologischen Verfahrens sind die Mechanismen, durch die eine Funktion erfüllt wird, die funktionalen Äquivalente und der strukturelle Kontext. Dazu kommen, vom Begriff der Dysfunktion ausgehend, die Begriffe von Spannung und Strukturwandel[48]. Daß hier in der Verbindung von Bezugspunkt und Dysfunktion Ansätze zu einer Art „kritischen" Theorie gegeben sind, hat Merton später ausdrücklich hervorgehoben[49]. Für die mit diesem Verfahren gewonnenen Hypothesen verlangt er Überprüfung mit Techniken, die der Logik des Experiments nahekommen, sowie vergleichende Analysen.

Auf dieser grundlegenden Orientierung fußend, hat Merton dann eine Vielzahl von empirisch-theoretischen Arbeiten zu Problemen der Massenkommunikation, der Bürokratie, der beruflichen Sozialstation und der Wissenschaftssoziologie durchgeführt, wobei er den Funktionalismus mit nicht-funktionalistischen theoretischen Ansätzen verbindet. Die Probleme untersucht er als strukturelle, immer mit Blick auf die umfassendere Sozialstruktur, wobei er vom sozialen Handeln einzelner ausgeht: Menschen wählen zwischen einer Reihe von (funktionalen) Alternativen, die durch frühere Entscheidungen Handelnder und eine Vielzahl gleichzeitig Handelnder einen bestimmten, mehr oder weniger großen Spielraum bieten. Ähnlich Marx geht er davon aus, daß die Menschen durch ihr Handeln Geschichte machen, aber doch nicht nach Gutdünken, insofern ihnen nur bestimmte Handlungsalternativen offenstehen und diese mit bestimmten latenten Funktionen verbunden sind. Die Vorstrukturierung erfolgt so, daß einerseits externe soziale Tatbestände kognitiver und normativer Art in das Bewußtsein der Handelnden eingehen und ihre Entscheidungen beeinflussen und daß zum andern die Handelnden zwar auf externe Zwänge Rücksicht nehmen müssen, durch sie aber nicht determiniert werden. Hierin schließt sich Merton an Mead an. Diese in den rein theoretischen Arbeiten nicht systematisierten Elemente des theoretischen Ansatzes von Merton hat Stinchcombe (1975) zu einem kohärenten theoretischen Schema als Kausalmodell zusammengefaßt, das spezifische funktionale Elemente allerdings nur mehr impliziert enthält.

2.2 Marion J. Levy jun.

Systematisch gesehen, arbeitet Levy solche Aspekte des soziologischen Funktionalismus aus, die Merton aus gutem Grund beiseite gelassen hatte: die Erfordernisanalyse, die gerade auf der Gesellschaftsebene besonders geeignet sein soll[50]. Hier ist sein (und einer Gruppe jüngerer Harvard-Professoren) Programm die Kodifizierung eines „allgemeinen Begriffsapparats und eines theoretischen Systems" auf dem Hintergrund einer Fülle von empirischem Material und mit dem Ziel einer vergleichenden „strukturell-funktionalen Analyse" von Gesellschaften.

Nachdem die Grundbegriffe des soziologischen Funktionalismus bereits eingeführt worden sind, dürfte es sinnvoll sein, hier vor allem auf die Vorgehensweise der strukturellfunktionalen Analyse einzugehen[51]; für den umfassenden und differenzierten Begriffsapparat sei auf die „erweiterten Grundzüge" bei Levy verwiesen[52].

Die Erfordernis-Analyse geht in vier Schritten vor. Im ersten wird die konkrete Einheit der Analyse bestimmt. Konkrete Einheiten werden begrifflich als Muster oder Systeme sozialen Handelns einer Anzahl von Individuen definiert; für die Einheit „Gesellschaft" z. B. gilt, daß sie ihr Personal wesentlich durch biologische Reproduktion erhält, den Personalwechsel in der Generationenfolge überdauert und wenigstens theoretisch autark bezüglich des Handelns ihres Personals ist. Hier wird die für die strukturell-funktionale Analyse besonders im Gesellschaftsvergleich wichtige Unterscheidung von „analytischen" und „konkreten" Einheiten, Strukturen oder Mustern eingeführt. Konkrete Einheiten sind wenigstens grundsätzlich in Raum und Zeit unterscheidbar, aber nicht notwendig empirisch gegeben. Analytische Muster bezeichnen Aspekte von konkreten Einheiten[53]. So stellen z. B. die Muster der Allokation von Gütern und Diensten den wirtschaftlichen Aspekt der Gesellschaft der Bundesrepublik Deutschland dar. Konkrete Einheiten weisen immer mehrere analytische Aspekte auf, von denen in der Regel einer vorherrschend oder dominant ist. So hat etwa die konkrete Wirtschaftsorganisation der Bundesrepublik (die Betriebe und ihre interorganisatorischen Verflechtungen) neben dem dominanten wirtschaftlichen auch politische und kulturelle Seiten.

Im zweiten Schritt wird die „Umgebung" der Einheit bestimmt. Deutlicher als bei Merton finden wir bei Levy Vorstellungen, die in der Systemtheorie als „System in einer Umwelt" gefaßt werden, wenn auch der Systembegriff selbst nicht definiert wird. Der Begriff der Umgebung enthält die Faktoren, die die hauptsächliche Variation der für die Einheit charakteristischen Muster bestimmen. Auf der Ebene jeder Gesellschaft sind das Erbgut und physische Umwelt, auf der Ebene einer bestimmten Gesellschaft kommt die „menschliche Umgebung" dazu.

Im dritten Schritt sind die funktionalen Erfordernisse der Einheit zu bestimmen, nämlich die Bedingungen für ihre Existenz in der Umgebung. Als Bezugspunkt der Analyse ist gelegentlich auch von der „Aufrechterhaltung" der Einheit in ihrer Umgebung die Rede. Im Anschluß an Aberle u. a. diskutiert Levy zehn funktionale Erfordernisse jeder Gesellschaft in ihrer Umgebung[54]: Die biologische Reproduktion des Personals; die gesellschaftliche Arbeitsteilung; eine gemeinsame kognitive und normative Orientierung; Kommunikation des Personals; Regulative für die Wahl von Mitteln zur Zielerreichung wie auch für den Ausdruck von Affekten; Kontrolle abweichenden Verhaltens; angemessene Sozialisation und schließlich Institutionalisierung. Es sind dies die Bedingungen, deren Nichterfüllung dazu führt, daß eine Gesellschaft in ihrer Umgebung zu existieren aufhört. Der Bezugspunkt „Überleben" wird also ex negativo definiert: Eine Gesellschaft „stirbt", wenn ihr Personal biologisch ausgelöscht wird, wenn es apathisch wird, wenn es sich im Krieg aller gegen alle befindet und wenn die Gesellschaft von einer anderen absorbiert wird. Ein wesentliches Argument der Funktionalismus-Kritik setzt hier an.

En passant sei bemerkt: Bei der Besprechung der Intentionen und Perzeptionen der Handelnden systematisiert Levy, von den unterschiedlichen Perspektiven des Beobachters und des Handelnden ausgehend, Mertons Begriffe der latenten und manifesten Funktionen[55]. Den normativen Aspekt des Handelns bringt er mit dem Begriff der „Institution" zusammen, der sich hier auf die Frage nach der Bewertung eines Phänomens aus der Sicht der Handelnden richtet[56]: Eine Institution ist ein besonderer Typ von normativem Muster, mit dem Konformität erwartet und sanktioniert wird; sie ist ein vom Personal der Einheit akzeptiertes Wertmuster, das dessen Handeln normiert.

Im vierten Schritt schließlich werden die strukturellen Erfordernisse der Einheit bestimmt, nämlich die beobachtbaren Muster, deren Auswirkungen die funktionalen Erfordernisse erfüllen. Funktionale Erfordernisse leiten die Suche nach strukturellen Erfordernissen an, doch lassen sich diese wegen der Tatsache der funktionalen Äquivalenz nicht Punkt für Punkt zuordnen. Praktisch kann man als strukturelle Erfordernisse fünf analytische Strukturen benennen: Rollendifferenzierung; Solidarität; wirtschaftliche und politische Allokation; Integration und Expression („Erholung"). Levy meint, daß es in jeder Gesellschaft konkrete Strukturen gibt, die in ihrem Verhalten primär auf eines der analytischen strukturellen Erfordernisse ausgerichtet sind[57].

Hier werden die Grenzen dieser Version der strukturell-funktionalen Theorie deutlich: Die Liste funktionaler Erfordernisse enthält nur das Minimum der Bedingungen für das Überleben der Einheit. Wichtiger ist, daß die Strukturen, die diese Bedingungen erfüllen, darüber hinausgehende Wirkungen haben[58]. Dagegen ist die Erfordernis-Analyse keine rein statische: Wie Levy zeigt, ist sie durchaus in der Lage, sozialen Wandel zu fassen[59].

Was nun abschließend den methodologischen Status der Erfordernis-Analyse betrifft, stellt Levy fest, daß Aussagen über die funktionalen Erfordernisse einer bestimmten Art von Einheit in ihrer Umgebung eine „empirische Theorie" darstellen. Nämlich generalisierte Aussagen, in denen über Konzepte mit empirischem Bezug die empirischen Phänomene hypothetisch in bestimmter Weise miteinander in Beziehung gesetzt werden. Bei der Überprüfung strukturell-funktionaler (theoretischer) Aussagen ist es erforderlich, die Abstraktionsebenen strikt auseinander zu halten. Aussagen auf hoher Abstraktionsebene werden auf niedrigerer Ebene zum Test gestellt, es werden also z. B. Aussagen auf der Ebene jeder Industriegesellschaft an Daten aus einem Ländervergleich überprüft; dabei ist dieser Übergang zu niedrigeren Abstraktionsstufen mit empirischer Anreicherung der Aussagen verbunden: die Aussagen auf der niedrigeren Abstraktionsebene können also nicht einfach von denen auf der höheren abgeleitet werden. Festzuhalten ist, daß sich funktionale Aussagen immer auf die Beziehungen zwischen Einheiten richten und daher eine klare Absage an die Ontologisierung von Merkmalen der Einheiten darstellen[60].

2.3 Talcott Parsons

In den Lehrbüchern wird Parsons (1902–1979) vielfach als Hauptvertreter der strukturell-funktionalen Theorie vorgestellt. Als solcher hat er sich selbst nicht verstanden: Strukturell-funktionale Theorie war für ihn lediglich eine Phase der Theoriebildung, wenn er auch bestimmte Elemente dieser Theorie bis in seine letzten Arbeiten hinein beibehalten hat. Ähnlich wie Durkheim entwickelt Parsons seine Sozialtheorie auf dem Hintergrund einer bestimmten gesellschaftlichen Situation, nämlich der amerikanischen Gesellschaft der großen Depression der 30er Jahre und der Prosperitätsphase in den 50er und 60er Jahren[61]. Wie Durkheim ist er gleichzeitig in eine innerwissenschaftliche Diskussion eingebunden, in der er vor allem an Weber, Durkheim, Freud, aber auch an Malinowski anknüpft[62]; für die Entwicklung seiner Position war daneben auch seine Ausbildung in der Biologie und den Wirtschaftswissenschaften wichtig. Methodologisch bezieht sich Parsons auf den „Methodenstreit" in den Wirtschaftswissenschaften (Neoklassik vs. Institutionalismus), wie er auch in der kantischen Tradition und unter dem Einfluß von Whitehead[63] steht. Im folgenden werden wir vor allem auf die strukturell-funktionalen Elemente Parsons' Sozialtheorie, aber natürlich auch auf die handlungs- und systemtheoretischen eingehen. Doch auch damit können wir der Komplexität von Parsons' Werk nicht gerecht werden[64].

Wir beginnen mit einigen methodologischen Bemerkungen. Parsons allgemeine Theorie des Handelns und des Sozialsystems wird zumeist als ein System abstrakter Begriffe bezeichnet, das man „Theorie" nennen kann, wenn logische Kohärenz deren einziges Kriterium ist. Nicht immer wird hinzugefügt, daß Parsons dies als eine notwendige Vorstufe zu einem System an der Realität überprüfter theoretischer Annahmen verstand. So weist er in der „Structure of Social Action" im Anschluß an Whitehead darauf hin, daß die wissenschaftliche Analyse konkreter Phänomene zuerst deren begriffliche Rekonstruktion verlangt: Aus der Fülle der möglichen Aspekte werden, angeleitet durch den theoretischen Bezugsrahmen, wesentliche ausgewählt und zu einem Ganzen zusammengefaßt. In diesem Rahmen können die Aspekte dann getrennt in Kausalbeziehungen gebracht und empirisch untersucht werden. Parsons nennt das „analytischen Realismus"; heute würde man von einer im Kern post-positivistischen Wissenschaftsauffassung sprechen. Eine vollständige Theorie liegt erst dann vor, wenn empirische Phänomene als Kombination allgemeiner analytischer Begriffe angesehen werden können, wobei sich die Kombinationen aus analytischen Gesetzen ergeben[65].

Dieses Theorieverständnis wird in „Toward a General Theory of Action" verdeutlicht. Von den **drei „Problemen" einer Theorie:** Allgemeinheit und Komplexität der Begriffe, Geschlossenheit des Begriffsapparats sowie dessen **Systematisierung,** befaßt sich Parsons mit dem zuletzt genannten näher und unterscheidet eine Reihe von „Ebenen": Auf der untersten sind die „Ad-hoc-Klassifikationen"; darüber stehen „Kategoriensysteme" als aufeinander bezogene Begriffe mit empirischem Bezug; es folgen „theoretische Systeme", bei denen noch die Gesetzmäßigkeiten angegeben werden können, die die begrifflich bestimmten Beziehungen regeln; auf der obersten Ebene befinden sich die „empirisch-theoretischen Systeme", die Voraussagen über die Variation der empirischen Gegenstände erlauben. Eine „‚strukturell-funktionale' Theorie" genügt nach Parsons (lediglich) den Erfordernissen eines Kategoriensystems; aber da das sozialwissenschaftliche Wissen über Gesetze vage und fragmentarisch ist, hält er selbst „theoretische Systeme" für noch kaum erreichbar[66].

Daraus ergibt sich Parsons' **Theoriebildungsstrategie** als Differenzierung weniger Grundbegriffe, was analytische Schärfe bei sparsamer Begriffsbildung erlaubt. Am deutlichsten wird das in der Anwendung des vierdimensionalen Handlungsraums auf verschiedenen Systemebenen und der Kategorisierung der vier Dimensionen mittels der Pattern-Variables im Rahmen einer strukturell-funktionalen Theorie. Hier ist auch die **„Grundannahme"** der Theorie verortet: Handeln ist zu begreifen als eine bestimmte Art von Beziehung zwischen analytisch differenzierten Systemen – eine Beziehung, die man als gegenseitige Durchdringung oder Interpenetration beschreiben kann[67].

Parsons' strukturell-funktionale Theorie ist inhaltlich also **Handlungstheorie.** Ausgangspunkt ist dabei der einzelne Handlungsakt, in dessen Grundmodell, entwickelt in der „Structure of Social Action", die Arbeiten von Durkheim, Weber, Marshall und Pareto konvergieren sollen. Elemente des Handlungsakts sind zunächst der „Handelnde", der Ziele verfolgt; die „Situation", in der er das tut, und deren Elemente, die er teils als Mittel kontrolliert, teils als Bedingungen für seine Ziel- und Mittelwahl in Betracht ziehen muß; schließlich die „Normen", an denen er sein Wählen orientiert[68].

Dieses **Grundmodell** hat Parsons in „Toward a General Theory of Action" in mehrfacher Hinsicht entfaltet. Zunächst hat er die Orientierung des Handelnden auf die Situation analytisch in ihre kognitiven und motivationalen Aspekte differenziert: Der Handelnde muß die Objekte der Situation wahrnehmen (Kognition), und er muß ein Interesse an ihnen nehmen (Kathexis); er tut das gemäß bestimmten Normen. Hier führt Parsons nun ein weiteres Element ein, das die Qualifizierung seiner Handlungstheorie als voluntaristisch nahelegt: Häufig hat der Handelnde zwischen Alternativen der Interpretation, der Zielsetzung und der Zielerreichung in der Situation zu wählen. Dann integriert er die verschiedenen Erkenntnisse und Interessen so, daß sich ein Höchstmaß an Befriedigung für ihn ergibt. Das stellt den bewertenden Aspekt der Orientierung dar[69]. In diesem Zusammenhang führt Parsons die Pattern-Variables oder Orientierungsalternativen ein[70]: Bevor die Situation für den Handelnden eindeutig ist, hat er vier Entscheidungen zu fällen: Seine Einstellung auf die Objekte der Situation beurteilt er als „affektiv" oder „affektiv neutral" und als „spezifisch" oder „diffus"; die Eigenschaften der Objekte beurteilt er als „universelle" oder „partikuläre" und als „zugeschriebene" oder als durch Leistung „erworbene". Die Pattern-Variables sind für Parsons ein vielfältig verwendbares analytisches Instrument zur Beschreibung von Handlungs- und Strukturaspekten sowie der Verbindung zwischen Systemen verschiedener Ebenen.

Parsons hat das Grundmodell ferner durch Differenzierung verschiedener Kategorien von Handelnden und die Bestimmung der Elemente des sozialen Handelns erweitert[71]. Der Handelnde trifft in der Situation auf soziale Objekte, also andere Handelnde, und auf physische Objekte, die entweder Teil der natürlichen Umwelt, einschließlich des Organismus des Handelnden selbst sind, oder die Symbole als Elemente der kulturellen Umwelt, wie Glaubens- oder Normensysteme, darstellen. Trifft der Handelnde auf ein soziales Objekt, versuchen beide, in der Interaktion ihre jeweiligen Interessen durchzusetzen. Das ist die Grundlage für die reziproke oder komplementäre Orientierung jedes Handelnden an den Erwartungen und am konkreten Handeln des jeweils anderen. Die Interaktion ist damit „doppelt kontingent": Für die Handelnden ist es wichtig, sich über die wechselseitigen Situationsdefinitionen und das entsprechende Handeln zu verständigen. Sie beziehen sich dabei auf Symbole, die die konkrete Situation als Anwendungsfall eines allgemeineren deuten und damit Erwartungen und Alternativen des jeweils anderen Handelnden kenntlich machen. An die Symbole knüpfen sich auch normative Momente, insofern die Beachtung der Zeichen zur Bedingung dafür wird, daß der Handelnde mit günstigen Reaktionen des jeweils anderen rechnen kann. Es ist dies übrigens kein Versuch, die Entstehung einer normativen Ordnung in der Interaktion beim Verfolg der Interessen unter Beachtung der Maxime der klugen Anpassung durch die Handelnden zu begründen[72].

Schon in der „Structure of Social Action" ist der Handlungsakt eingebunden in ein komplexeres **Handlungssystem,** neben dem ein natürliches und ein kulturelles System unterschieden werden[73]. Diese Vorstellung wird in „Toward a General Theory of Action" und im „Social System" weiterentwickelt[74]. Parsons unterscheidet hier Persönlichkeits-, Sozial- und Kultursystem als qualitativ verschiedene Typen von empirischen Handlungssystemen, die sich in der Realität überschneiden und durchringen. Dabei stellen nur die beiden erstgenannten Handlungssysteme i. e. S. dar, das Kultursystem liegt auf einer anderen Ebene. Das Sozialsystem steht „in Interaktion" mit dem Persönlichkeits- und mit dem Kultursystem. In den „Grundzügen des Sozialsystems" wird diese Interaktion als **„kybernetische Hierarchie"** bestimmt. Gemeint ist, daß das jeweils höherrangige vom jeweils niedrigeren Energie zugeführt erhält und damit eine bestimmte Steuerungskapazität entwickelt, während das Handeln des niedrigeren durch die Eingabe von Informationen kontrolliert wird[75]. Danach stellt sich die Integration der drei Subsysteme des allgemeinen Handlungssystems wie folgt dar:

- Beim **Kultursystem** geht es um ein System von verbindlichen Ideen, Werten und Symbolen, die die Orientierung an der Situation und daher die Beziehungen der Handelnden regulieren und formen; Ideen, Werte und Symbole bilden kulturelle Muster für das in einem bestimmten sozialen System typische Handeln. Diese Muster sind institutionalisiert und wandeln sich nur langfristig.
- Das **Sozialsystem** meint den Zusammenhang der Beziehungen (oder die interdependenten Handlungen) mehrerer Handelnder, die hinsichtlich der wechselseitigen Situationsorientierung von Belang sind. Die Handelnden sind tendenziell motiviert durch ihr Interesse an der Befriedigung ihrer Bedürfnisse (Persönlichkeitssystem), und ihre Beziehung zur Situation ist vermittelt durch gemeinsame kognitive und normative Vorstellungen sowie durch gemeinsame Symbole (Kultursystem).
- Als **Persönlichkeitssystem** wird die Organisation von Motiven und Wertorientierungen um die Bedürfnisse eines handelnden Individuums herum bezeichnet. Es wird geformt durch die Internalisierung von gemeinsamen Ideen, Werten und Symbolen in der Interaktion und ist seinerseits ein formendes Element für die Bedürfnisse des **Verhaltensorganismus,** die als „Bedürfnisdispositionen" (gerichtete Energien) stets kulturell überformt in Erscheinung treten. Sozial- und Persönlichkeitssystem werden vermittelt durch die Rollen als kanalisierte Motivationen und durch Gruppen, die das Rollenverhalten kontrollieren.

Nun hatte Parsons schon in der „Structure of Social Action" nachdrücklich bemerkt, daß **Handeln ein Prozeß in der Zeit** ist. Mit Einführung der Systemvorstellung in die Analyse wird soziales Handeln empirisch als systemisch organisiert gesehen und analytisch als System**prozeß** behandelt. Dies ist der Ort, um Parsons als Strukturfunktionalist einzuführen: Struktur und Funktion, bezogen auf das System, dienen als zentrale Begriffe der dynamischen Analyse sozialen Handelns.

Parsons hat die **strukturell-funktionale Analyse als Methode** bereits in „Systematische Theorie in der Soziologie" dargelegt und sich dabei auf die bekannten Physiologen seiner Zeit sowie ausdrücklich auf Durkheim und Malinowski bezogen[76]. Systematischer Ausgangspunkt ist das Dilemma des Sozialwissenschaftlers bei der Analyse sozialer Prozesse: Die Bestimmung der wirksamen Variablen gelingt ihm nur schwer oder gar nicht, da sie, anders als in den Naturwissenschaften, kaum experimentell kontrollierbar sind. Um Prozeßphänomene der Analyse zugänglich zu machen, werden nun die Begriffe Struktur und Funktion eingeführt. Das Verfahren ist mit der komparativen Statik in der Wirtschaftstheorie vergleichbar: In beiden Fällen betrachtet man den Prozeß so, als ob er zu einem bestimmten Zeitpunkt in eine feste Struktur geronnen sei. Eine Strukturanalyse eruiert die Funktion, also den Beitrag, den einzelne Teile zur Erhaltung der Stabilität der Struktur leisten. Je nachdem, ob der Beitrag geleistet wurde oder nicht, ist die Struktur stabil geblieben oder hat sich geändert, wenn man sie zu einem späteren Zeitpunkt betrachtet. Es werden dann zwischen den beiden Zeitpunkten bestimmte Prozesse unterstellt, die an den Funktionen der Teilstrukturen festgemacht werden und deren Auswirkungen der Strukturvergleich zu den beiden Zeitpunkten sichtbar werden läßt.

Zwanzig Jahre später kommt Parsons darauf in „Die jüngsten Entwicklungen der strukturell-funktionalen Theorie" noch einmal zurück und besteht darauf, daß die strukturell-funktionale Theorie nicht eine theoretische Schule, sondern ein Stadium in der Entwicklung einer allgemeinen Theorie ist. Über das skizzierte einfache Modell hinaus wird in der Analyse sinnhaften oder motivierten Verhaltens ein „fortgeschritteneres" Modell entwickelt. Struktur ist hier zweidimensional gefaßt: Sie besteht einmal aus normativen und zum anderen aus motivationalen Mustern. Beide Arten von Strukturmustern werden spezifisch soziologisch konzipiert als institutionalisierte Normen einerseits und als Motivation kanalisierende Rollen andererseits. Der Funktionsbegriff wird in der Analyse sinnhaften Verhaltens durch den Prozeßbegriff ersetzt. Prozesse des Strukturwandels werden in den Strukturbegriffen beschrieben, wobei „steuernde" und „bedingende" Elemente unterschieden werden (kybernetische Hierarchie): Bedingend für das Handeln sind Motivationen der Handelnden in einer Gruppe; die Gruppe steuert das Handeln durch das Festlegen von Normen, die sich auf den Beitrag des Mitgliedes zum Funktionieren der Gruppe beziehen. Steuernde und bedingende Elemente werden in komplexen Sozialstrukturen durch **„allgemeine Medien"**, wie Geld, Macht und Einfluß, untereinander in Beziehung gesetzt. Sie „integrieren" normative Muster und Interessen und organisieren damit das soziale Handeln in dem in Rede stehenden Kontext. Von einer Ersetzung des Funktionsbegriffs durch den Prozeßbegriff kann aber kaum die Rede sein: In „Some Problems of General Theory in Sociology"[77] betont Parsons, daß Handlungssysteme eine Teilmenge von lebenden Systemen sind und der Funktionsbegriff das zentrale Konzept des Ansatzes zur Analyse von lebenden Systemen in ihrer Umgebung ist. Funktion wird sogar mit funktionalem Erfordernis gleichgesetzt, und es wird betont, daß Struktur und Prozeß in funktionalen Begriffen analysiert werden. Man hat den Eindruck, daß Parsons sich immer noch im Strukturfunktionalismus als Stufe der Theoriebildung bewegt. Münch dürfte das unterschätzen[78].

Den Frühformen der strukturell-funktionalen Theorie in „Toward a General Theory of Action" und im „Social System" fehlt noch eine **präzise Systemvorstellung**[79]. Bezugspunkt ist das Systemgleichgewicht, der durch soziale Interpenetration erfüllt wird. Diese erfolgt strukturell durch die Institutionalisierung gemeinsamer Werte und durch deren Internalisierung über Sozialisation und Kontrolle. Das faktische Gleichgewicht des Sozialsystems ergibt sich dann als Resultante der konformen und abweichenden Handlungstendenzen.

In der Zusammenarbeit mit Bales und mit Smelser erhält Parsons' strukturell-funktionale Theorie dann ihre eigentümliche Form als (Verbindung von Bestands- und) Erfordernisfunktionalismus.

Aus der allgemeinen Systemtheorie bildet Parsons die Vorstellung vom **Sozialsystem** aus, das aus Status-Rollen als Einheiten beteht, die in der Weise interagieren, daß das System seinen Bestand erhält. Bestandserhaltung wird durch die Vorstellung vom System bestimmt, das in einer Umgebung operiert, in dem es mit dieser in Austauschbeziehungen steht. Offenes System, Grenze und Grenzaustausch beschreiben die Beziehung zwischen System und Umgebung. **Bestandserhaltung** heißt für das Sozialsystem Aufrechterhaltung der Grenze gegenüber der sozialen und nicht-sozialen Umwelt, die in Begriffen der drei anderen Teilsysteme des allgemeinen Handlungssystems gefaßt wird.

Die **funktionalen Erfordernisse** für die Aufrechterhaltung der Grenze des Sozialsystems wurden zuerst in Laboratoriumsexperimenten zum Systemprozeß in kleinen Diskussionsgruppen entwickelt: „Goal-Attainment" (G), „Adaptation" (A), „Integration" (I) und „Latent Pattern Maintenance and Tension Management" (L) sind in den „Working Papers" Phasen eines Interaktionsprozesses (A-G-I-L); in „Economy and Society" werden sie auf Makrosysteme ausgedehnt und schließlich in den „Grundzügen des Sozialsystems" als Funktion aufgefaßt, deren Reihung sich aus ihrer Bedeutung für die Beziehung zwischen System und Umgebung ergibt (L-I-G-A). Ob Parsons, wie Alexander meint[80], hier nur eine „funktionalistische Sprache" verwendet, im Kern aber ein Modell formuliert, das die Antinomie von soziologischem Materialismus und Idealismus überwinden soll, kann dahingestellt bleiben. **Erfordernis-funktionalistisch** bestimmt Parsons vier „Hauptprobleme", die jedes Sozialsystem lösen muß, damit es in den Austauschbeziehungen zu seiner Umgebung sich (seinen Bestand) behauptet[81]:

- Das Problem der Zielorientierung und Zielerreichung **(Goal-Attainment:** „Politik"): In den Beziehungen zur Umgebung muß sich das Sozialsystem an diese aktiv anpassen. Zur Überwindung der Diskrepanz zwischen den Bedürfnissen des Systems und den Bedingungen, die die Umgebung wie das System selbst zu ihrer Realisierung bereithalten, müssen Ziele des kollektiven Handelns formuliert werden. Diese müssen in ein flexibles, an den Wandel der Umgebung anpaßbares und nach der Dringlichkeit ihrer Realisierung geordnetes System eingebracht werden. Es muß ferner der Prozeß der Erreichung dieser Ziele organisiert werden.
- Das Problem der Anpassung **(Adaptation:** „Wirtschaft"): Es sind die zur Erreichung der Ziele erforderlichen Mittel (Güter- und Dienstleistungen) bereitzustellen. Diese Mittel sind stets knapp. Entsprechend der Rangordnung der Ziele werden sie in ein möglichst effektives und flexibles System organisiert (Allokation der Mittel).
- Das Problem der Erhaltung der normativen Muster **(Latent Pattern Maintenance and Tension Management:** „Motivation"): Das System würde handlungsunfähig, wenn sich die wechselseitigen Erwartungen der Systemeinheiten dauernd unkontrolliert ändern würden. Die relative Stabilität der normativen Muster ist also sicherzustellen. Das geschieht einmal durch die Sozialisation der Handelnden: Vor allem die neu in das System Kommenden werden veranlaßt, sich die normativen Muster zu eigen zu machen. Aber auch wenn dieser Prozeß erfolgreich abgelaufen ist, bleiben gewisse Spannungen zwischen den Zielen der Handelnden und den Rollenerwartungen. Es muß also Mechanismen der Spannungsminderung geben, die die Motivation der Handelnden zu erhalten geeignet sind, den erwarteten Betrag zum Funktionieren des Systems zu leisten.
- Das Problem der Integration **(Integration:** „Soziale Kontrolle"): Kein System kann der Umgebung gegenüber handlungsfähig bleiben, das nicht ein Minimum an Solidarität der Handelnden sichert: Es muß sichergestellt werden, daß die relevanten Einheiten ihren Beitrag zum Funktionieren des Systems leisten. Sofern sie das nicht aus „innerem Antrieb" tun, werden sie durch „äußere Kontrollen" dazu gebracht.

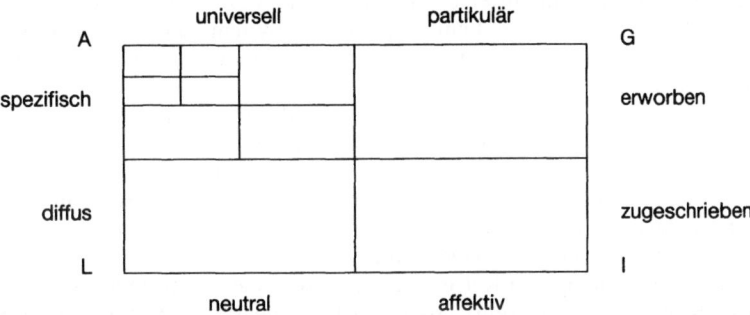

Die Struktur des Sozialsystems geht Parsons von den funktionalen Hauptproblemen her an, doch ist die Behandlung nicht einheitlich. In „Economy and Society" entsprechen den vier Erfordernissen **strukturelle Subsysteme,** die nur analytisch zu unterscheiden sind und denen die Handelnden nach ihrem hauptsächlichen Beitrag zur Erreichung der Subsystemziele zugeordnet sind. In den „Grundzügen des Sozialsystems"[82] unterscheidet Parsons **strukturelle Komponenten** des Sozialsystems: Werte, Normen, Gruppen und Rollen. Das verweist auf die Verbindung des Sozialsystems zum Kultur- bzw. Persönlichkeitssystem. Strukturelle Subsysteme werden nun von den Gruppen gebildet, zu denen die Rollen als Mitgliedschaftsrollen gehören. Sie leisten jeweils im Schwerpunkt einen Beitrag zu einem der vier Hauptprobleme des Sozialsystems in einer konkreten Gesellschaft. Die Beiträge richten sich nach bestimmten Normen und werden durch bestimmte Werte legitimiert. Anders: Das Individuum oder die Person ist Träger vieler Status-Rollen und partizipiert als solche in vielen Gruppen und damit in mehreren Subsystemen und unterliegt natürlich auch verschiedenen Normsystemen.

Die Beziehungen der strukturellen Teilsysteme zueinander werden von Parsons als **Austauschprozesse** zur Erhaltung des gesamten Systemprozesses verstanden, die **symbolisch vermittelt** werden, wobei die im Bereich des Wirtschaftens bekannte Vorstellung vom Geld als Medium des Warentauschs generalisiert wird. Ob Parsons in der Beschäftigung mit diesen „**Medien**" das strukturfunktionalistische Stadium der Theoriebildung verlassen hat, wie Jensen meint[83], ist hier nicht zu entscheiden: Die Entwicklung der allgemeinen Medien gehört zu dem von Parsons stets funktionalistisch und systemtheoretisch fundierten Bezugsrahmen zur Analyse sozialen Handelns. Die Prozesse werden nicht direkt analysiert, sondern es werden die Funktionen von Einheiten des Sozialsystems für andere sowie die diese vermittelnden Medien bestimmt. Parsons hat sich in den 60er Jahren mit den Medien als Analyseinstrument befaßt, nachdem er den Systemprozeß zuvor mittels der kybernetischen Hierarchie zu erfassen versucht hatte. Die Ausarbeitung der Medienvorstellung erfolgte als Reaktion auf die Kritik, daß Parsons die Machtphänomene vernachlässige. In „Social Structure and the Symbolic Media of Interchange" unterscheidet er nun **vier Medien, die den Teilsystemen entsprechen**[84]: Rollenverpflichtungen, Geld, Einfluß und Macht. In der modernen kapitalistischen Gesellschaft z. B. werden **Rollenverpflichtungen** durch vertragliche Regelungen abgesichert und machen damit systemrelevantes Handeln berechenbar. Das ergibt sich natürlich aus dem in dieser Gesellschaft dominanten Wertmuster der „Leistung im universellen Rahmen". Mit Hilfe des Geldes werden die zur Erhaltung des Systems notwendigen Mittel in funktionaler Weise auf Rollen und Gruppen verteilt, und zwar in einem institutionellen normativen Rahmen, weswegen man auch von einem Mittel zur Integration von Normen und Interessen sprechen kann. **Einfluß** ist die Fähigkeit, kollektive Solidarität unter den Systemeinheiten herzustellen. Und **Macht** erlaubt, die Ressourcen der Gesellschaft in effektiver Weise zur Verwirklichung der kollektiven Ziele zu mobilisieren. Macht ist bei

Parsons stets Autorität: Ein Mittel, das Systemeinheiten zur Verfügung steht, um den von ihnen erwarteten Beitrag zum Funktionieren des Systems angemessen erbringen zu können. Zur „Pathologie sozialer Macht" kommt es, wenn Akteure ihre Macht über dieses Maß hinaus ausbauen.

Diese symbolisch vermittelten Austauschprozesse des Sozialsystems bezeichnet Parsons in „Grundzüge des Sozialsystems" als **Gleichgewichtsprozesse:** Das System entwickelt dabei eine gewisse Dynamik, es gibt einen gewissen Strukturwandel der Subsysteme in Anpassung an Veränderungen der Umgebung[85]. Prozesse des **Strukturwandels** auf Systemebene dagegen werden durch den Wandel in der sozialen, psychischen, physischen und kulturellen Umgebung ausgelöst; die Anstöße setzen sich im Sozialsystem in unterschiedliche Richtung und Reichweite fort, wobei die Umstrukturierungen auch die normative Kultur nicht unberührt lassen[86]: Über eine Wertgeneralisierung werden in Verbindung mit Kontrollprozessen strukturelle Anpassungen des Sozialsystems erreicht. Es gibt nun bestimmte Prozesse des Strukturwandels, die Parsons als **evolutionär"** bezeichnet: wenn nämlich Wandel zur Ausbildung von Strukturen führt, die langfristig die Anpassungsfähigkeit des Systems an die Umgebung steigern[87]. In „Gesellschaften" werden damit die in den Grundzügen des Sozialsystems erstmals formulierte Theorie der Gesellschaft als Sozialsystem und die Theorie des Strukturwandels[88] entscheidend weiterentwickelt. Gleichzeitig wird in der Abkehr von der komparativen Statik und der Übernahme einer evolutionären und vergleichenden Perspektive[89] der Übergang zum **historischen Funktionalismus** vollzogen[90].

2.4 Die Kritik an der strukturell-funktionalen Theorie

In den 50er Jahren setzte etwa für zwei Jahrzehnte eine kritische Debatte strukturell-funktionaler Positionen ein, vor allem von Parsons, aber in bestimmten Punkten auch von Merton, Levy und anderen. Wesentliche angelsächsische Beiträge zu dieser Debatte sind von Demerath/Peterson zusammengestellt worden. Grundlage der Kritik waren auf der einen Seite handlungstheoretische, und auf der anderen Seite strukturtheoretische Ansätze, die alle wesentlich der europäischen Tradition verbunden waren und die den Strukturfunktionalismus teils zu überwinden, teils zu verbessern versuchten. Einige der Kritiker wie vor allem Gouldner, aber auch K. Davis hatten selbst Beiträge zur strukturell-funktionalen Theorie geleistet[91]. Für die Vertreter anderer Ansätze, speziell für die in der Marxschen Tradition, war die Debatte auch eine Chance, sich im akademischen Bereich besser zu etablieren, wobei die inhaltlichen Argumente häufig nicht besonders stark waren[92]. So wie spätestens Merton zwischen der strukturell-funktionalen **Theorie** und der strukturell-funktionalen **Analyse** als Methode unterschied, arbeitete sich die Kritik auf der einen Seite an Sachproblemen ab, wie z. B. der Brauchbarkeit des Strukturfunktionalismus zur Analyse des sozialen Wandels, und auf der anderen an erkenntnis-logischen Problemen, wie etwa der Erklärungskraft der funktionalen Analyse. Zum Teil war die Kritik abstrakt auf den Strukturfunktionalismus als Ansatz gerichtet, wie etwa wesentliche Teile der Parsons-Kritik; teils setzte sie an der theoretischen Bearbeitung konkreter sozialer Probleme an, wie z. B. der funktionalistischen Schichtungstheorie oder der Modernisierungstheorie. Immer standen nicht nur der theoretische und methodische Ansatz, sondern auch die gesellschaftstheoretischen Implikationen auf dem Prüfstand. Im Zuge der Kritik verlor der Strukturfunktionalismus seine scharfen Konturen: Einige ursprünglich vernachlässigte Aspekte wurden von seinen Vertretern inkorporiert, und es ergaben sich neue Entwicklungen, die teils funktionalistischer Art sind wie etwa bei Luhmann, teils nicht-funktionalistischer Art wie etwa bei Rex oder Giddens[93]. Dabei muß man natürlich im Auge behalten, daß Theoretiker wie Durkheim, Parsons oder auch

Merton schon immer „Paradigma-Überbrücker"[94] waren. Nach der Debatte wird der Strukturfunktionalismus als theoretisches Modell für überwunden erklärt, etwa von Giddens. Aber auch die neuerlich intensivere Beschäftigung mit Parsons' Werk verzichtet auf dieses Modell, wie es auch in der Diskussion des Luhmannschen Ansatzes keine Rolle spielt. Wenn nach der Zukunft des soziologischen Funktionalismus gefragt wird, wie etwa von Turner/Maryanski, dann ist doch eher der Methodenaspekt gemeint.

2.4.1 Inhaltliche Probleme der strukturell-funktionalen Theorie

Als inhaltliche theoretische Probleme der strukturell-funktionalen Theorie werden eine Reihe von Kritikpunkten behandelt, die als gesellschaftstheoretisch unerwünschte Implikationen einen Zusammenhang bilden: der „Konservativismus" der Perspektive; die Ausrichtung auf soziale Integration, und zwar als Wertintegration vor allem bei Parsons; und, besonders mit Blick auf Merton, die Randstellung der Motive des Handelns; sowie schließlich die mangelnde Brauchbarkeit des Ansatzes für die Analyse von Wandel.

Der **Konservativismus-Vorwurf,** vor allem von „radikalen" und marxistisch orientierten Kritikern erhoben, formuliert die Kritik an der integrationistischen, idealistischen und statischen Perspektive auf der ideologischen Ebene[95]: Die strukturell-funktionale Theorie impliziere in ihrem Begriffsapparat ein Werturteil zugunsten des Status quo der Verhältnisse in den westlichen Gesellschaften. Gestützt wird der Vorwurf durch den Hinweis auf die gesellschaftspolitische Zielsetzung der Begründer des Funktionalismus in der Soziologie, Comte und Durkheim. Der Vorwurf wird durch den Hinweis belegt, daß die Funktionalisten allgemein die integrativen Auswirkungen von Teilen auf das Ganze untersuchen und das Ganze vorwiegend auf der Ebene von Gesellschaft ansiedeln, so wie etwa Parsons nach den Auswirkungen von Strukturelementen auf die Bestandserfordernisse der Gesellschaft als Sozialsystem fragt und Merton eine insgesamt positive Nettobilanz von Funktionen und Dysfunktionen vermutet. Dazu fragt Rex, ob wirklich alle Werturteile ausgeschaltet sind, wenn eine Beziehung zwischen menschlichem Handeln und Systemerfordernissen hergestellt wird[96].

Mit dem Konservativismus-Vorwurf haben sich Merton und Levy bereits in ihren den soziologischen Funktionalismus grundlegenden Arbeiten auseinandergesetzt[97] und dargelegt, daß die strukturell-funktionale Analyse mit Blick auf die wesentlichen Ideologien unserer Zeit „neutral" ist. Beide wenden sich dabei gegen eine Version des Vorwurfs, die die konservative Perspektive mit dem logischen Fehler der Teleologie zusammenbringt: Institutionen zu analysieren bedeute, existierende Strukturen als funktional notwendig zu behandeln. Merton bestätigt ausdrücklich die Gefahr der „konservativen Teleologie", betont aber, daß das Konzept der funktionalen Äquivalente den Fehler zu vermeiden erlaubt: Konkrete Strukturen sind nie notwendig; denn funktionale Erfordernisse können immer von einer Mehrzahl konkreter Strukturelemente erfüllt werden. Stinchcombe unterstreicht das, betont aber gleichzeitig, daß Konservativismus zur „Rhetorik" des Strukturfunktionalismus gehört: Der Stabilitätsbezug der Analysen führe leicht zum Unterschieben des Werturteils, daß eine Gleichgewichtsstörung nicht erstrebenswert ist[98].

Der Vorwurf des Konservativismus hängt eng mit dem der **Überbetonung der normativen Elemente** des Handelns zusammen, der die frühe Parsons-Kritik beherrscht. Parsons selbst hat ihr dadurch Vorschub geleistet, daß er sich als Kulturdeterminist bezeichnete[99]. Dazu kommt, daß er von der für die Sozialtheorien des 18. Jahrhunderts zentralen Frage nach der Möglichkeit sozialer Ordnung ausging und in seiner Antwort auf die Kontrolle der individuellen Motivation durch Institutionalisierung und Internalisierung gemeinsamer Werte abstellt: weil zwischen den Menschen ein Wertkonsens besteht, ordnen sie ihre Interessen dem Gemeinwohl unter. Parsons hat diese Position später durch die Betonung des Machtaspekts sozialer Kontrolle erweitert, aber den Vorrang der normativen Elemente beibehalten[100].

Die Kritik versucht zunächst verständlich zu machen, wie es zu diesem „Normativismus" bei Parsons kommen konnte. Da wird zuerst auf das organizistische Gesellschaftsmodell der Funktionalisten verwiesen, das anleitet, nach dem Gegenstück für die -relativ fixierte Struktur des Organismus zu suchen, in Bezug auf die die Physiologen von Krankheit, Normalität usw. sprechen und Mechanismen der Homöostase, also der Aufrechterhaltung eines relativ stabilen Gleichgewichts, suchen. Diese stabile Struktur ist für Parsons im gemeinsamen Wertsystem gegeben, das sich sehr viel langsamer als andere Elemente der Sozialstruktur ändert. Einen anderen Hinweis gibt Lockwood[101], wenn er auf Parsons' Auffassung von Soziologie als einer speziellen Sozialwissenschaft verweist, die ihren Gegenstand dort hat, wo andere spezielle Sozialwissenschaften nicht arbeiten. So befassen sich die Politik- wie die Wirtschaftswissenschaft mit der politischen bzw. der wirtschaftlichen Macht, so daß die Soziologie auf die Probleme der Integration durch Werte verwiesen ist. Horowitz schließlich meint, daß sich die Vorherrschaft der sogenannten Konsens-Theorie auf dem Hintergrund des „bürokratischen Zeitalters" ergibt, in dem Effektivität der Organisationsprozesse und innere Harmonie unterstellt wird; daß sie mit der größeren, vor allem methodischen Schwierigkeit zusammenhängt, Konfliktsituationen als transitorische zu untersuchen; wie sie sich (in den USA) schließlich auch aus der empiristischen Revolte gegen die europäischen Systeme der Soziologie ergibt.

Gegen den „normativen Funktionalismus"[102] richtet sich der Einwand Lockwoods, daß er die soziale Integration der Handelnden mit der Integration der Teile des Sozialsystems konfundiere, ein Konfliktpunkt, der aber erst viel später aufgenommen wurde. Die Kritik bleibt zunächst wesentlich Diskussion der Sozialintegration. Hier wendet Carlsson gegen die Konsensus-Theorie ein, daß letzte Werte nicht integrieren, vielmehr der Legitimation beim Verfolg konfligierender Interessen dienen, wobei Knappheit und ungleiche Verteilung der erforderlichen Mittel unterstellt sind. Fruchtbarer als die Konsensusannahme sei die Idee der „Gemeinsamkeit der Mittel"[103]: Der Beobachter solle sein Augenmerk auf die Ziele oder vorletzten Werte richten, auf die sich viele Handelnde einigen können, weil sie als Mittel zur Erreichung anderer Ziele erstrebenswert sind. Andere Kritiker stellen noch deutlicher auf die nicht-normativen Elemente sozialen Handelns ab. So kritisiert Lockwood[104] die Vernachlässigung der „faktischen Substrate", also unterschiedlicher Lebenschancen als Verfügung über knappe Mittel. Diese Lebenschancen konstituieren Interessen, die neben den Normen das Handeln bestimmen. Bergmann führt diese Kritik im Anschluß an Marx weiter, indem er den Machtcharakter der Verfügung über knappe Mittel und die ungleiche Verfügung als durch Klassenverhältnisse bedingt darstellt; Normen ergeben sich dann als „Waffenstillstandsbedingungen im Kampf um knappe Mittel"[105]. Von da aus kritisiert er die unzureichende Analyse von Macht bei Parsons, nämlich als Autorität oder auf Konsens beruhender Macht, sowie den inhaltlichen Bezug der Normen auf die Erhaltung des Systemgleichgewichts. Die Einseitigkeit dieser Parsons-Interpretation wurde bereits in der Debatte der 60er Jahre gerügt: Ritsert macht darauf aufmerksam, daß Parsons' Ego-Alter-Modell der Interaktion Substratvorstellungen enthält und daß das Konzept der Wertorientierung des Handelns den Versuch darstellt, Interessen und Normen zusammenzubringen wie sich auch das Verhältnis von Motiv- und Wertorientierung durchaus als Verhältnis von Konflikt und Integration interpretieren läßt[106]. Insgesamt hat die Debatte dennoch einen schwachen Punkt von Parsons' Sozialtheorie herausgearbeitet, und Giddens[107] betont abschließend zu Recht: Macht wird bei Parsons immer als Sekundärproblem behandelt, und der Charakter der Normen als Ergebnis von Verhandlungen wird nicht angemessen erfaßt.

Der Vorwurf, daß die strukturell-funktionale Analyse den **prozessualen Charakter der sozialen Wirklichkeit** nicht adäquat zu erfassen in der Lage sei, wurde schon Mitte der 50er

Jahre von Dahrendorf gegen Merton wie Parsons gerichtet. Merton hatte den Begriff der Dysfunktion eingeführt, um eine Brücke von der Stabilität des Sozialsystems zu dessen Wandel zu schlagen. Dahrendorf bestreitet, daß der Begriff auf der Gesellschaftsebene anwendbar ist, und nennt ihn „residual", insofern man mit ihm lediglich die Pathologie von Sozialsystemen, nicht aber deren fortwährenden Wandel beschreiben könne[108]. Gegen Parsons argumentiert Dahrendorf in die gleiche Richtung: Die Begriffe von Struktur und Funktion können im Rahmen der komparativen Statik nur Tendenzen im sozialen System erfassen, die sich auf die bestehende Ordnung beziehen, sei es als Beitrag zu ihrer Aufrechterhaltung, sei es als „pathologische Abweichung"[109]. Auf Parsons' Sozialtheorie eingehend wird der Vorwurf von Bergmann so formuliert[110]: Strukturveränderung kann nur durch abweichende Motivation erklärt werden, wenn die Bedürfnisse der Handelnden und die Rollenerwartungen auseinanderfallen. Diese Vorstellung aus der Kleingruppenforschung dürfe nicht auf die Gesellschaftsebene übertragen werden; denn es muß darüber hinaus der „materielle Reproduktionsprozeß" in Betracht gezogen werden. Ritsert sieht das auch hier anders, wenn er ausführt, daß aus der Diskrepanz von Bedürfnissen und Rollenerwartungen, also aus in den Konsens nicht integrierten Bedürfnissen, über Neuanpassungen der Handelnden ein Prozeß von „Anpassung und Wiederanpassung" in Gang gesetzt wird, der allerdings nur dann zu grundlegendem Wandel führen kann, wenn die Handelnden ein „Interesse an der Emanzipation vom Status quo" entwickeln[111]. Schmid spricht aus der Rückschau auf diese Diskussion von der „Haltlosigkeit" der Kritik, von Thesen, die heute kaum noch vertreten werden[112].

Dahrendorf entwickelt aus seiner Kritik am Strukturfunktionalismus parallel zu Coser[113] einen **konflikttheoretischen Ansatz,** der Konflikt als „Strukturprinzip" anerkennt und die Einzelphänomene nicht nur im Hinblick auf das gegebene System, sondern darüber hinaus auf dem „umfassenden Prozeß der gesellschaftlichen Entwicklung" untersucht. Das Verhältnis von Konflikt- und Konsensustheorie sieht er ähnlich wie Horowitz: beide sollen soziales Handeln erklären: aber unter „gesellschaftsähnlichen" Bedingungen ist die Konflikttheorie überlegen, weil sie für Phänomene wie Zwang, sozialen Druck, kulturelle Zusammenstöße usw. offen ist. Die grundlegenden Positionen der Konflikttheorie bleiben nicht unbestritten. Ob Parsons im Vergleich zu Coser und Dahrendorf eine brauchbarere Konflikttheorie formuliert hat, wie Alexander meint[114], kann hier dahingestellt bleiben. Für die Details dieses Konfliktfunktionalismus sei auf den Artikel von Giesen verwiesen.

Diese grundsätzliche Debatte über die strukturell-funktionalen Ansätze zur Analyse sozialen Wandels wurde nicht fortgeführt, als Ende der 50er Jahre Smelser einen strukturfunktionalistischen Ansatz auf eine Phase der Industrialisierung in England anwendete und Parsons in den 60er Jahren langfristigen Wandel in einem neoevolutionistischen Ansatz analysierte. Die Kritik richtete sich vielmehr auf einzelne Anwendungen, wie vor allem die strukturell-funktionale Modernisierungstheorie[115]. Wir kommen weiter unten auf strukturell-funktionale Analysen sozialen Wandels zurück und werden die Reichweite solcher Analysen aufzeigen sowie dartun, daß Strukturfunktionalismus nicht notwendig zur Analyse von Wandel unbrauchbar ist.

Der Vorwurf schließlich, daß der Strukturfunktionalismus die Motive oder **Intentionen der Handelnden** nicht angemessen berücksichtigt, wird von Handlungstheoretikern vor allem gegen Merton gerichtet. So hat schon Rex darauf hingewiesen, daß die Ausschaltung der individuellen Motive eine wichtige Datenquelle für den Forscher verstopft und dieser daher die Auswirkungen menschlichen Handelns wohl beschreiben, aber nicht erklären kann[116]. Diese Kritik hat Giddens[117] spezifiziert: Wenn Merton manifeste und latente Funktionen unterscheidet, so will er damit die Teleologie zweckhaften oder intentionalen Handelns von deren verborgener Teleologie der Auswirkungen trennen. Trotzdem wird er der Bedeutung intentionalen Handelns nicht gerecht, weil er in der Definition der manifesten Funktion nicht unterscheidet zwischen dem Handeln und dem Intendieren einer- und dem Handeln und dem Antizipieren (oder Erkennen) seiner Ergebnisse andererseits: Merton habe damit implizit deutlich gemacht, daß er Intentionen als irrelevant für die Kausalerklärung von Handeln betrachtet. Giddens kommt im Folgenden, ausgehend von der Frage, welche Kategorien von Handelnden welche Auswirkungen antizipieren, zu einer weiteren, über Levy hinausgehenden Spezifizierung der mit den Begriffen der manifesten und latenten Funktionen angesprochenen Phänomene. Gegen Parsons wendet Giddens ein[118], daß dieser Intentionen als Internalisierung der Werte und Normen des Sozialsystems, nicht aber als in der Interaktion **„aktiv konstituiert"** behandelt.

Von dieser Kritik kommen Rex wie Giddens zu einer **nichtfunktionalistischen Handlungs-Struktur-Theorie**. Rex zielt auf eine historische Theorie, deren Kern ein Modell des konfliktorientierten komplexen Sozialsystems ist, in dem sich zielorientiertes soziales Handeln verschiedener Art in Beziehung setzt zu den Systemproblemen der Verteilung knapper Ressourcen an Gütern und an Macht, der legitimierenden Werte und der diese stützenden Rituale[119]. Giddens' Theoriebildung[120] wendet sich in mehrfacher Hinsicht radikal vom Strukturfunktionalismus ab: Es gibt keine von den Zielen der Handelnden unabhängigen Bestandserfordernisse des Sozialsystems; damit wird die Vorstellung der Funktion des Handelns für das System „überflüssig": Es gibt nur die Teleologie der Handelnden in Verbindung mit der Berücksichtigung unbeabsichtigter Konsequenzen, die in einen homöostatischen Prozeß eingebettet sein können. Grundsätzlich sind Sozialsysteme durch „reflexive Selbstregulierung" charakterisiert: Die Handelnden behalten den Systemprozeß im Auge, vergleichen ihn mit ihren Intentionen und richten ihr Handeln entsprechend ein. Struktur und System dürfen nicht gleichgesetzt werden: Systeme **haben** Strukturen, die im Prozeß des sozialen Handelns dauernd „produziert und reproduziert" werden. Mit Struktur sind „Regeln" und „Ressourcen" gemeint, deren sich die Handelnden in der Interaktion bedienen: Struktur ist daher gleichzeitig Bedingung und Auswirkung der Interaktion im Zeitablauf, in einem Prozeß, den Giddens „Strukturierung" nennt.

Diesen Teil der Debatte bewertend, wird man zunächst feststellen können, daß die Kritik die Parsonssche Version der strukturell-funktionalen Theorie am Maßstab einer Strukturhandlungstheorie mißt und von daher die Angemessenheit der Berücksichtigung von Reflexivität und Kreativität des Handelns in Frage stellt. Gegenüber Merton dürfte die Kritik fehlplaziert sein: Seine Version des Strukturfunktionalismus ist deutlich strukturtheoretisch orientiert, will relative Häufigkeiten von Handlungsergebnissen analysieren und kann dabei den Handlungsprozeß selbst nicht zum Thema machen. Wieweit übrigens der Giddenssche Ansatz zur Analyse von Phänomenen auf der Gesellschaftsebene geeignet ist, muß sich erst noch erweisen. In einer Hinsicht ist Giddens' Kritik allerdings für die Weiterentwicklung der strukturell-funktionalen Theorie bemerkenswert: Wenn man dem Vorschlag von Münch folgen und die Identität von Sozialsystemen aus dem Sinn der in ihnen ablaufenden Interaktionen bestimmen will[121], wird man den Intentionen der Handelnden eine selbständigere Bedeutung einräumen müssen als das Parsons tut.

2.4.2 Methodologische Probleme des Strukturfunktionalismus

Folgt man der Diskussion der methodologischen Probleme des Strukturfunktionalismus, so könnte man meinen, daß K. Davis, Goode, Levy, Merton, Parsons und andere weder ihre Arbeit methodologisch reflektiert, noch Beschreibung und Erklärung auseinandergehalten, noch den Versuch gemacht haben, ihre Theorie empirisch zu fundieren. Die Schwierigkeiten ergeben sich daraus, daß unterschiedliche methodologische Grundpositionen zusammentreffen: Die Strukturfunktionalisten stehen wesentlich in der antiindividualistischen, „kollektivistischen" Tradition der Sozialtheorie, während Kritiker wie Hempel, Nagel, Stegmüller, Schütte, Esser strikt die Position des logischen Positivismus und des methodologischen Individualismus vertreten. Bezeichnend ist Schüttes Vorwurf, daß Strukturfunktionalisten heute beschreiben statt erklären, was auch damit zusammenhänge, daß sie den Kontakt zu den gesellschaftlichen Problemen der Zeit verloren hätten[122]. Schütte wird damit etwa Parsons' Auffassung von Theoriebildung als Prozeß überhaupt nicht gerecht. Die Kritik Schüttes jedoch, daß die Formulierungen der Strukturfunktionalisten nicht eindeutig sind, so daß eine methodologische Kritik stets zuerst eine interpretierende Rekonstruktion verlange, ist sehr bedenkenswert[123].

Eine solche Rekonstruktion stellt das einfache **Modell eines strukturfunktionalistischen Arguments** dar, mit dem die methodologische Kritik in der Regel beginnt: Ein System (S) erreicht unter bestimmten inneren und äußeren Bedingungen (Zi; Zu) einen Zustand des angemessenen Funktionierens (R), wenn das oder die funktionalen Erfordernisse (N) erfüllt sind. Das System enthält die relativ dauerhaften Muster von Merkmalen und Aktivitäten der Einheiten, Strukturelemente (X), die die Funktion haben, die funktionalen Erfordernisse (N) zu erfüllen[124]. Die funktionale Analyse untersucht also die Funktion eines Strukturelements für das System, bezogen auf dessen funktionale Erfordernisse, und hat im einzelnen nachzuweisen, daß die Systemerfordernisse für das angemessene Funktionieren unerläßlich sind; daß es ein Strukturelement gibt, das den wesentlichen Beitrag zur Erfüllung der funktionalen Erfordernisse leistet; daß die inneren Bedingungen das erwähnte Strukturelement nicht schon enthalten; daß das funktionale Erfordernis nur durch das erwähnte und kein anderes Strukturelement erfüllt wird. Diese Nachweise sind nicht einfach zu führen, woraus sich die nachfolgend besprochenen logischen Probleme der funktionalen Analyse ergeben[125]: Die funktionale Teleologie, der Bezugspunkt „Überleben", das Verhältnis von funktionaler und kausaler Analyse.

Der Fehler der **ungerechtfertigten Teleologie** ist seit Durkheim der vielleicht am häufigsten problematisierte Punkt funktionaler Analyse. Formal geht es darum, daß unterstellt wird, ein bestimmtes Strukturelement x existiert, weil es für das System S funktional notwendig ist. Aber: nicht weil x für S notwendig ist, besteht x, sondern: Wenn x für S notwendig ist, dann besteht eine angebbare Wahrscheinlichkeit für die Existenz von x. Das Element x kann auch existieren, wenn es für S nicht mehr funktional erforderlich ist oder wenn es für S dysfunktional ist. Eine funktionale Notwendigkeit ist also keine zureichende Erklärung der Existenz eines Strukturelements. Zu der kurzschlüssigen Argumentation kann es aus vielerlei Anlässen kommen. So weist Schütte darauf hin, daß das (konservative) Ordnungsschema von Individuum-Gruppe-Gesellschaft dazu „verführe", nach der Notwendigkeit von Gruppen (Institutionen) mit Blick auf die Stabilität der sozialen Ordnung zu fragen, was dann häufig zur Erklärung der Existenz der Gruppen aus ihrer Notwendigkeit für die Gesellschaft führt[126]. Giddens sieht die Gefahr des entelechetischen Fehlschlusses mit der Anwendung des Organismusmodells auf Sozialsysteme gegeben[127].

Ausgehend von dieser Organismus-Analogie, hat **„Überleben"** als Bezugspunkt einer strukturell-funktionalen Analyse eine eingehende Kritik erfahren. Diese Kritik fällt zunächst hinter das bisherige Niveau der Formalisierung zurück: Levys Argumentation ist noch nicht systemtheoretisch ausgefeilt, und die Kritik argumentiert „in erster Linie inhaltlich", um den Bezugspunkt als unzulänglich zu erweisen. Wie erwähnt, haben Aberle u. a. vier Bedingungen formuliert, unter denen eine Gesellschaft „untergeht": Die biologische Vernichtung ihrer Mitglieder; die Leistungsverweigerung ihrer Mitglieder; der Kampf aller gegen alle; und die Verschmelzung der Gesellschaft mit einer anderen[128]. Carlsson sieht nun im Zusammenhang mit der dritten Bedingung das soziologische Problem des Überlebens, und zwar als Kampf einiger gegen andere, etwa in Bürgerkrieg und Revolution[129]. Dazu fragt er, wie drastisch ein Wandel sein muß, damit man von einer

„neuen" Gesellschaft reden könne. Die Antwort kann nur tautologisch sein: Die strategische Institution, deren Wandel die neue Gesellschaft anzeigt, ist stets schon in der Definition der „alten" Gesellschaft enthalten. Geht man davon aus, daß eine Gesellschaft, anders als ein Organismus, keine innere Zweckbestimmung zu überleben hat, dann läßt sich die Tautologie nur vermeiden, wenn man die Handelnden mit ihren Interessen einbezieht: Zustände, die den Interessen genügend mächtiger Gesellschaftsmitglieder entgegenstehen, werden verändert, so daß ein Auseinanderbrechen der Gesellschaft vermieden wird.

In dieser Argumentation wird auch auf den Fehler der **Reifizierung** aufmerksam gemacht: Oft läßt die sprachliche Wendung, daß die Gesellschaft oder eine Organisation etwas tut, unterläßt oder plant, z. B. Positionen im Schichtgefüge „zuweist", nicht mehr erkennen, daß es stets Individuen oder auch kleine Gruppen sind, die für eine Vielzahl anderer Handelnder die Aktivitäten vorstrukturieren. Die Redeweise von der Gesellschaft, die handelt, hat übrigens wohl in der funktionalen Analyse kleiner schriftloser Gesellschaften eine gewisse Berechtigung, geht man von der Annahme eines Wertkonsens der Gesellschaftsmitglieder aus, der gleichförmiges Handeln aller sichert. Eine solche Annahme ist für komplexere Gesellschaften, auch bei Vorhandensein eines dominanten Wertmusters, ganz ungerechtfertigt. Mit Carlsson kann man festhalten, daß die gesamtgesellschaftliche Variante strukturell-funktionaler Analyse mit dem Bezugspunkt „Überleben" vor unlösbaren Schwierigkeiten steht, nicht aber die intermediäre oder Organisationsvariante: Das „Überleben" einer Organisation ist eindeutig feststellbar, da Alternativen zur Mitgliedschaft bestehen und es so etwas wie einen Markt mit Konkurrenz für Organisationsleistungen gibt. Das bedeutet aber auch hier, daß die Analyse auf die Handelnden abstellen muß.

In der neueren funktionalen Analyse deutet sich ein anderer Bezugspunkt an, nämlich die Konstanz des Sinns, der den Interaktionen der Handelnden und den Institutionalisierungen im System unterliegt. Die bestandsfunktionalistische Ausgangsfrage ist dann auf die Erfordernisse der Sinnkonstanz des Systems und die entsprechenden Leistungen von Strukturelementen gerichtet [130]. Ansätze zu dieser Erweiterung der funktionalen Analyse finden sich im Verfolg Weberscher Vorstellungen über die Verbindung von Verstehen und Erklären bei Habermas, Luhmann und Münch: Soziale Phänomene sind gleichzeitig von den Handelnden sinnhaft konstituiert und als Handlungsergebnisse objektiv gegeben. Auf Probleme bei der Operationalisierung weisen Esser/Klenovits/Zehnpfennig hin, doch dürfte dieser Einwand auf der intermediären Ebene weniger schwerwiegend sein als auf der Ebene von Gesellschaft als Sozialsystem.

Die Diskussion des **Verhältnisses von funktionaler und kausaler Analyse** läßt sich bis Durkheim zurückverfolgen: Er hielt beides methodologisch strikt auseinander, wobei er die kausale Analyse für die historisch-genetische Erklärung sozialer Phänomene reservierte. Nun kann man in Analogie zur Physiologie natürlich sagen, daß die Erklärung eines sozialen Phänomens aus seiner Funktion für ein anderes Phänomen von der Erklärung seiner Existenz unabhängig ist. Wenn jedoch Funktion als „Auswirkung" begriffen wird, muß man die funktionale Analyse als Sonderfall der Kausalerklärung behandeln und ihre Durchführung muß deren Kriterien entsprechen.

In diesem Sinn hat Hempel schon früh das Problem der funktionalen Analyse als Schluß von der Wirkung auf die Ursache diskutiert [131]. In dem eingangs erwähnten einfachen Systemmodell formuliert er das funktionale Argument wie folgt:

– System S ist unter gegebenen Bedingungen Z_i und Z_u im Zustand R, wenn N gegeben.
– Wenn ein Element der Klasse X zur Zeit t in S wirksam wäre, wäre N erfüllt.
– Zu t ist S in R.
– Also ist zu t ein Element von X in S wirksam.

Da alternative Ursachen nicht getrennt werden können, kommt man mit diesem Argument immer nur zur Klasse der X-Äquivalente, aber nicht zum Strukturelement x selbst. Dessen Existenz zu erklären, sieht Hempel nur eine Möglichkeit: in das Argument eine präzise und empirisch-prüfbare Hypothese der Selbstregulierung einzubauen[132]. Das Strukturelement x bewirkt dann als Selbstregulierung N: Unter gegebenen internen und externen Bedingungen (Zi; Zu) kehrt das System S in einen der spezifizierten Zustände der Klasse R zurück, wenn einer der Zustände von R vorher nicht mehr gegeben war. Als Beispiel zitiert Hempel Mertons Beschreibung der „politischen Maschine" im New York der 20er Jahre, die eine solche Hypothese enthält: „Functional deficiencies of the official structure generate an alternative (unofficial) structure to fulfill existing needs somewhat more effectively". Mit der Selbstregulierungshypothese lautet das funktionale Argument wie folgt:

- System S ist bzw. kehrt unter gegebenen internen und externen Bedingungen (Zi; Zu) in einen der Zustände der Klasse R zurück, wenn N gegeben ist.
- Nur Strukturelement x kann N bewirken.
- Zur Zeit t ist S in R oder tendiert S nach R.
- Also ist zu t das Element x in S wirksam.

Was Selbstregulierung im funktionalen Argument bedeutet, hat Stinchcombe im Detail ausgeführt[133], wobei er von der Vorstellung der causa finalis ausgeht: Die Auswirkungen eines Strukturelements sind wesentliche Elemente seiner Existenz, und solcher Elemente gibt es mehrere gleichwertige. Beispiele werden übrigens nur für die intermediäre Ebene gegeben: So verfolgt etwa eine Organisation ihre Ziele in der Umgebung unter Ungewißheitsbedingungen, wobei ihr eine Reihe gleichwertiger Strategien zur Verfügung steht, die Ungewißheit reduzieren. Systematisch ausgeführt, sind dies die wesentlichen Elemente einer funktionalen Erklärung: (1) Eine homöostatische Variable (H), nämlich eine Auswirkung oder ein Zustand, der aufrechterhalten wird oder indirekt als Ursache für das Strukturelement wirkt, das zu erklären ist. (2) Das Strukturelement (x), das die Wirkung oder den Zustand zu erreichen in der Lage ist. (3) Andere Strukturelemente, die den Zustand H zu ändern in der Lage sind (T). (4) Und schließlich eine „Kausalschleife" mit einem Mechanismus, der bewirkt, daß x die Störung von H durch eine Aktivität beantwortet, die den Zustand aufrechterhält. Ein homöostatischer Prozeß ist also ein Anpassungsprozeß, in welchem der Wandel in einem Element (H) Wandel in einem anderen (x) verursacht, was seinerseits einen anpassenden Wandel in H verursacht. Unklar bleibt die Beziehung des Zustands H zu einem umfassenderen System, für den er ein funktionales Erfordernis ist[134].

Stinchcombe spricht von Homöostase, wenn er sich auf selektive Prozesse wie Evolution, Konkurrenz, Befriedigung, Belohnung durch andere, Planen und Wünschen bezieht, die teils nach Art der „verborgenen Hand", teils nach Art zielgerichteten sozialen Handelns operieren. Hier trägt Giddens Unterscheidung von Homöostase, Selbstregulierung und reflexiver Selbstregulierung zu größerer Klarheit bei[135]. Homöostase i. e. S. ist ein Prozeß der „blinden" Anpassung von Teilsystemen aneinander, etwa nach Art des kumulativen Prozesses, der Armut, schlechte Schulbildung und Arbeitslosigkeit verknüpft. Selbstregulierung meint demgegenüber eine Homöostase nach Art der kybernetischen Kontrolle, wobei ein Kontrollapparat Information zur Prozeßsteuerung benutzt. Im Beispiel wäre das der Versuch des Staates, die Beziehungen zwischen den genannten drei Faktoren zu steuern. Reflexive Selbstregulierung schließlich ist die Steuerung durch Handelnde im Verfolg ihrer begründeten oder doch begründbaren Ziele: Die Teleologie des feed-back wird dem eigenen telos untergeordnet. Im Beispiel: Die Armen organisieren sich. Giddens diskutiert das an anderer Stelle als **„Aktorkausalität"** im Unterschied zur „Ereigniskausalität"[136].

Die funktionale Analyse als Sonderfall der kausalen hat eine Reihe von problematischen Stellen[137]: Es ist schwierig, das System unabhängig von den Strukturelementen mit funktionaler Bedeutung zu definieren. Und schwierig ist auch, die Zustandsklasse R des angemessenen Funktionierens des Systems aus den Bedingungen Zi auszusondern: Dazu müssen der Begriff der Systemidentität operational definiert und auf sein Vorliegen überprüft sowie die Bedingungen Z quasi-experimentell variiert werden. Im übrigen bedeutet das Vorliegen selbstregulativer Mechanismen nicht, daß das System überleben muß: Systeme, die in einer komplexer werdenden Umwelt sich behaupten wollen, brauchen evolutionäre Mechanismen, die die Möglichkeit zur Steigerung der Eigenkomplexität geben, wie z. B. Differenzierung; deren Wirken müßte empirisch nachgewiesen werden. Schließlich gilt auch hier die Warnung vor der Reifizierung: Aus störenden Anstößen aus der Umwelt lernen Individuen als Handelnde und reagieren innovativ.

Von funktionalen Äquivalenten ausgehend, hat Luhmann schon früh einen Versuch der Neuorientierung der funktionalen Analyse vorgetragen[138]. Er geht davon aus, daß der Strukturfunktionalismus die Besonderheit sozialen Handelns und sozialer Systeme in der funktionalen Analyse als Kausalerklärung verfehlt: Sinnorientierung und Voluntarismus des Handelns drücken sich in den funktionalen Alternativen aus. Erforderlich ist eine „radikalere" Form des Funktionalismus, bei der ein sozialer Tatbestand im Hinblick auf seine problematischen Auswirkungen auf andere Tatbestände untersucht wird und selbst wieder als Wirkung einer Reihe von Tatbeständen mit äquivalenten Leistungen gilt. Tatbestände, Ereignisse und Handlungen werden als alternative Problemlösungsmöglichkeiten analysiert; ein bestimmter Tatbestand als Problemlösung wird als zwischen Alternativen getroffene strategische Wahl durch Handelnde interpretiert. Als Bezugspunkte der Analyse gilt es solche Probleme zu finden, die „die Variationsmöglichkeiten des Systems steuern"[139]. Eine solche „Problemstufenordnung" ist sicher eine optimale Entfaltung des heuristischen Potentials des Funktionalismus in einer Analyse, die Tatbestände, Ereignisse und Handeln auf verschiedenen Ebenen in einem vom Bezugspunkt her gespannten Netz äquivalenter Leistungen bzw. Handlungsmöglichkeiten verortet, weswegen man auch von „Äquivalenzfunktionalismus" spricht. In vielen Fällen dürfte auch die Bedingung einer vollständigen Bestimmung der funktionalen Alternativen zu erfüllen sein. Den Problemgesichtspunkt könnte man von gesellschaftspraktischen oder -theoretischen Überlegungen mittlerer Reichweite her wählen. Eine solche Vorgehensweise dürfte „einfallsloser empiristischer Sozialforschung" nomologischer Art überlegen sein[140].

Für den Einsatz des heuristischen Potentials im Rahmen einer eher „konventionellen" strukturell-funktionalen Analyse, allerdings auf dem Hintergrund eines „reduktionistischen" Programms, zeigen Esser/Klenovits/Zehnpfennig einige Ansatzpunkte auf[141]: Wenn es gelingen würde, die universellen Bestandserfordernisse sinnstabiler Sozialsysteme zu ermitteln, könnte die funktionale Bedeutung je bestimmter Strukturelemente aus den historischen Randbedingungen gewonnen werden. Dadurch bliebe die Chance einer „überhistorischen soziologischen Theorie" gewahrt. Von der Frage nicht nach der Sozial-, sondern der Systemintegration her, in Anlehnung an die Reziprozitätsvorstellung könnte man zu einer operationalen Definition von Systemidentität kommen: Systemteile stehen in intendierten und nichtintendierten wechselseitigen Abhängigkeitsbeziehungen, für die sich unter angebbaren Bedingungen Zustände der Systemintegration ergeben.

2.5 Neuere theoretische Versuche: Niklas Luhmann

Einige der umfassenden neueren Theorieentwürfe knüpfen in der einen oder anderen Weise an Parsons an. Das gilt einerseits für Bemühungen, die davon ausgehen, daß die durch ihn eröffneten Möglichkeiten der Theoriebildung noch nicht erschöpft und kritische

Weiterentwicklungen möglich sind. Beispiele dafür sind besonders Alexanders und Münchs Arbeiten zur Handlungstheorie. Es gilt andererseits auch für Habermas' Theorie des kommunikativen Handelns, die als Versuch einer Theorie der gegenwärtigen Gesellschaft weit über Parsons' Absichten der Theoriebildung hinausgreift. Für diese beiden Versuche ist charakteristisch, daß sie über Parsons an die Klassiker (nicht nur Weber und Durkheim) anschließen und von Parsons die handlungs- und systemtheoretischen Aspekte der Theoriebildung aufgreifen. Der funktionalistische Aspekt aber ist bei Habermas als „funktionalistische Vernunft" noch Gegenstand der Kritik, bei Alexander bleibt er theoretisch und bei Münch ist er eher ohne Bedeutung.

Auf Parsons gründet auch Luhmanns Theorie sozialer Systeme, doch unterscheidet sich dieser Versuch in zwei Hinsichten deutlich von den vorerwähnten: Zunächst hat funktionale Analyse für seine theoretischen Bemühungen noch einen hohen Stellenwert. Und dann behauptet Luhmann, daß die Möglichkeiten des Theoretisierens in der Soziologie im bisherigen Rahmen definitiv an ihre Grenzen gestoßen seien („Theoriekrise"). Der „Neuanfang" solle, vom Paradigmawechsel in der Systemtheorie ausgehend[142], die theoretischen Bemühungen in der Soziologie an diese Entwicklung in Physik und Biologie, Informatik und Kybernetik anschließen und der Soziologie zu einer facheinheitlichen Theorie verhelfen. Soziologie ist hier nicht mehr im klassischen Sinn Wissenschaft von der Gesellschaft, sondern wird als Theorie sinnhaftselbstreferentieller Sozialsysteme, als funktionale Systemtheorie begründet. Luhmanns Versuch hat sich im Verlauf der beiden vergangenen Jahrzehnte entwickelt und bereits in der ersten Hälfte der 70er Jahre zu einer Theoriekontroverse in der westdeutschen Soziologie geführt. Wir beziehen uns hier nur auf die diese Entwicklung zusammenfassende Darstellung Luhmanns („Soziale Systeme", 1984) und heben dabei vor allem auf die funktionalistischen Elemente ab. Diese Arbeit war inzwischen Gegenstand kritischer Einschätzung durch westdeutsche Sozialwissenschaftler. Wir können auf diese Kontroversen nur sehr selektiv zu sprechen kommen. Es ist inzwischen ein weiteres Buch der Kritik erschienen.

2.5.1 Luhmanns Theorie sozialer Systeme

Luhmann knüpft deutlich an seine Version des **Äquivalenzfunktionalismus** an. Er betont die „Vorteile einer bewußtgehaltenen funktionalen Perspektive", formuliert die Systemtheorie in der „Sprache von Problemen und Problemlösungen"[143] und macht die so aufbereitete Systemtheorie zum Ausgangspunkt für **funktionale Analysen**[144]. Ausgangspunkt ist also immer noch die Relation von Problem und möglichen Problemlösungen: Gegebene Zustände oder Ereignisse werden auf Problemgesichtspunkte bezogen, und es wird nach funktional gleichwertigen Problemlösungsmöglichkeiten gesucht; jedes dieser Äquivalente kann dann wieder zum Ausgangspunkt einer solchen Relation von Problem und möglichen Lösungen werden. Anders: Derartige Relationierungen werden verwendet, um Gegebenes als „kontingent" (als nicht notwendig so, wie es ist) auszuweisen und um Verschiedenartiges vergleichbar zu machen. Der Funktionsbegriff bezeichnet dabei eine „Vergleichsdirektive". Sind die funktionalen Äquivalente aufgewiesen, dann können die Bedingungen, unter denen die eine oder andere Lösung wahrscheinlich ist, empirisch spezifiziert werden. Funktionale Erklärung heißt also, gleichwertige Problemlösungen aufzuweisen und miteinander zu vergleichen; in diesem Vergleich steckt der Erkenntnisgewinn der funktionalen Analyse. Daran könnte dann eine kausale Erklärung der Existenz der verschiedenen Lösungen anschließen[145]. Diese Bestimmung des Verhältnisses von funktionaler und kausaler Analyse folgt prinzipiell Durkheim.

Die funktionale Analyse hat nun davon auszugehen, daß Probleme stets in systemischen Zusammenhängen stehen; sie behält so den holistischen Charakter des älteren Funktionalismus bei, bezieht ihn aber nicht mehr auf den Organismus: Die Problemkonstruktion wird von der Systemtheorie angeleitet. Problematisch sind anders als bei Parsons nicht zu bewahrende Bestände von Systemen, sondern zwei **„Leitdifferenzen"**: System/Umwelt und Element/Relation. Sie machen deutlich, daß es kein System ohne Umgebung und keine Systemelemente ohne relationale Verknüpfungen gibt; die Differenz stellt jeweils deren Einheit dar. Was System und was Umgebung und was ihre Einheit ist, ist nicht wie ein Ding ein für allemal gegeben, sondern ergibt sich aus der „Operation des Beobachtens" (des Erkennens von Differenzen). Systeme produzieren und reproduzieren sich durch die Erzeugung und Erhaltung einer Differenz zu ihrer Umwelt, die ein mehr oder weniger kompliziertes Gefüge von wechselseitigen System-Umwelt-Beziehungen darstellt und ihre Einheit als Umwelt nur relativ zu dem beobachtenden System behält. System/Umwelt-Differenzen werden auch system-intern begründet: Es werden Teilsysteme ausdifferenziert, für die das Gesamtsystem eine Art „interner Umwelt" darstellt. Die Theorie der Systemdifferenzierung befaßt sich mit diesem Phänomen und reformuliert dabei das Schema vom Ganzen und Teil. Ihm gegenüber werden unterschiedliche Gesichtspunkte für die Ausdifferenzierung von Teilsystemen eingebracht[146]. Die Leitdifferenz von Element und Relation wird von der Theorie der Systemkomplexität erfaßt. Element, wie z. B. ein Ereignis als Element des Sozialsystems, ist für das System ein nicht weiter auflösbar komplex Zusammengesetztes, das als Einheit dem System nicht dingartig vorgegeben ist, sondern durch seine Funktion im Zusammenhang anderer Elemente konstituiert wird. Durch diese Produktion und Reproduktion des Relationsgefüges der Elemente konstituiert und wandelt sich das System. Die Relationierung ist „konditioniert" durch das Vorhandensein bestimmter Elemente oder durch bereits gegebene Relationen (Struktur); erfolgreiche Konditionierungen wirken als Einschränkungen der Relationierung, was den Begriff der „structural constraints" neu formuliert[147].

Der zentrale Begriff der **„Komplexität"** knüpft an das aus der allgemeinen Systemtheorie bekannte Konzept der „organisierten Komplexität" als Auswahl aus der Menge der möglichen Relationen zwischen den Elementen an: Bei einer Vielzahl von Elementen kann nicht mehr jedes mit jedem in Verbindung stehen, weil die Verknüpfungskapazität durch die „Binnenkomplexität" der Elemente beschränkt ist. Unter den möglichen Verknüpfungen muß also ausgewählt werden, wobei stets auch die für das System optimale Selektion verfehlt werden kann (Risiko). Die Selektion der Relationen wird durch die jeweils gegebene System/Umwelt-Differenz angeleitet. Umgekehrt ist diese aber auch von den Selektionen abhängig; denn ihre Aufrechterhaltung ist stets problematisch, „weil die Umwelt für jedes System komplexer ist als das System selbst"[148]. Dieses „Komplexitätsgefälle" ist eine plausible Annahme, vor allem weil die Umwelt aus einer Vielzahl von mehr oder weniger komplexen Systemen besteht. Das Gefälle wird für das System als „Kontingenz" der Umweltbeziehungen problematisch, genauer: als Abhängigkeit erfahren. Die Komplexitätsunterlegenheit wird durch Selektion einer „Ordnung", einer bestimmten Relationierung der Elemente ausgeglichen: „Reduktion von Komplexität". Im einzelnen geht es darum, daß das Relationsgefüge der Umwelt als Gefüge von weniger Relationen im System rekonstruiert wird. Die Allgemeine Systemtheorie spricht hier von „Abbilden der Vielfalt" der Umwelt[149]. Von daher läßt sich nun der Begriff der **Systemgrenze** funktional bestimmen: Sie hat die „Doppelfunktion der Trennung und der Verbindung von System und Umwelt": Die Grenze trennt Elemente, aber nicht notwendig Relationen; sie trennt also mit Bezug auf das Sozialsystem Ereignisse, läßt aber deren Wirkungen passieren. Die Grenze selbst gehört immer zum System; sie ist kein Drittes mit Blick auf System und Umwelt: denn ihre Funktion ist die der Stabilisierung der System/Umwelt-Differenz, die nur durch Operationen des Systems erfolgen kann[150].

Bis hierhin war von Systemen schlechthin die Rede; im folgenden geht es um die Grundzüge des **Sozialsystems**. Auf dessen Interpenetration mit dem Organismus und dem psychischen System wie auch auf Gesellschaft und Interaktion als Grundformen des Sozialsystems werden wir nur hinweisen können[151].

Soziale Systeme sind (wie psychische Systeme und Organismen) selbstreferentielle Systeme. „Selbstreferenz" meint die Bezugnahme auf die Einheit, die ein System, ein Element oder ein Prozeß für sich selbst ist im Unterschied zu Anderem. So bezeichnet ein System sich selbst durch Definition einer System/Umwelt-Differenz. Ein System wird selbstreferentiell oder „autopoietisch" genannt, wenn es seine Elemente selbst konstituiert und diese **„Selbstkonstitution"** in allen Relationierungen, also Bemühungen um Ordnung der Elemente, präsent hält; solche Systeme „lassen die Verweisung auf die Selbstkonstitution in allen Beziehungen mitlaufen"[152]. Dabei meint Selbstkonstitution oder Selbstselektion, etwa von Ereignissen, nicht einfach deren Wiederholung, sondern die Sicherung ihrer „Anschlußfähigkeit", was die Fortdauer der Reproduktion der Ordnung bezeichnet: „wie man von einem Elementarereignis zum nächsten kommt".

Diese selbstreferentielle Geschlossenheit des Systems ist Vorbedingung für die Umweltbeziehungen. Als „Operation" liegt selbstreferentieller Reproduktion „Selbstbeobachtung" zugrunde, was über andere Elemente laufenden Rückbezug auf sich selbst meint[153]. Selbstbezug ist also ohne Fremdbezug nicht möglich, was auch grenzüberschreitend mit Blick auf die Systemumwelt gilt. Die Selbstkonstitution, etwa des Sozialsystems, nimmt die Ereignisse in der Umwelt nach Maßgabe seiner Ordnung auf.

Diese „Grundbegriffe" der Theorie selbstreferentieller Systeme weichen in mehreren Beziehungen sowohl von denen der älteren allgemeinen Systemtheorie wie der handlungstheoretischen soziologischen Ansätze ab. Von der ersteren, insofern der Selbstbezug von der Strukturbildung auf die Konstitution der Elemente verlagert wird und als Problem nicht die Wiederholung eines Ereignisses, sondern seine Anschlußfähigkeit, die Fortdauer der Reproduktion also, zählt. Von den handlungstheoretischen Ansätzen weicht sie ab durch die Verlagerung des Selbstbezugs vom Handlungssubjekt auf ein System: Selbstreferenz und deren fortgeschrittenste Form, die „Reflexion", bedürfen des Subjekts nicht mehr.

Soziale (und psychische) Systeme sind im Unterschied zu Organismen und Maschinen nicht nur selbstreferentiell, sondern auch sinnkonstituierend: Sie rechnen Systemgrenze und Umwelt für Selektionen **„Sinn"** zu; Differenzen werden als sinnhafte erfahren. Sinn konstituiert einen Ausschnitt aus den Ereignismöglichkeiten (letztlich „Welt") und blendet andere aus dem gegebenen Aufmerksamkeitsbereich aus, hält sie aber für spätere Aktualisierungen verfügbar. Damit hat Sinn eine Sicherheitsfunktion für das System: Fehler in der Selektion sind nicht irreparabel. Selbstreferentiell ist Sinn auch für sich selbst, eine Selektion unter mehreren. Sinn bestimmt schließlich, was zum System und was zur Umwelt gerechnet wird: Systemgrenzen sind Sinngrenzen; das System kann Umwelt nicht sinnfrei erfahren[154].

Für Parsons beruhen Sozialsysteme auf Handlungen, von denen einige soziale oder kommunikative sind. Aus der Sicht der Theorie selbstreferentieller Systeme ist **„Kommunikation"** der grundlegende Prozeß sozialer Systeme. Kommunikation koppelt drei sinnübertragende Selektionen, nämlich Information als Ereignis, das Systemzustände auswählt; Mitteilung an die Beteiligten; und Erfolgserwartung; dazu kommt als Annahme die Anschlußselektion. Die „Beteiligten" werden dabei sozial schematisiert: Ego und Alter **sind** nicht (wie etwa bei Parsons), sondern fungieren als „Prozessoren" der Systemoperationen, die sich aufeinander und darüber jeweils auf sich selbst beziehen. Wie die Möglichkeit von sozialer Ordnung zunächst einmal unwahrscheinlich ist, so fragt es sich auch bei der Kommunikation, ob die Beteiligten einander verstehen, ob der Adressat erreicht und ob die Kommunikation angenommen wird[155]. An diesen „Bruchstellen" wird

Sinn von **Medien** übertragen: Von der Sprache, von den Verbreitungsmedien und schließlich von den symbolisch generierten Kommunikationsmedien Wahrheit, Liebe, Eigentum/Geld, Macht/Recht[156]. Kommunikation muß nun, damit sie gesteuert werden kann, zurechenbar gemacht werden. „Steuerung" bedeutet, daß das System eine Selbstbeschreibung anfertigt und auf dieser Grundlage seine Reproduktion mitvollzieht. Nun ist Kommunikation aber der Selbstanalyse nicht unmittelbar zugänglich, da nicht beobachtbar; das sind nur Handlungen als zurechenbare Einzelselektionen. Mitlaufende Selbstkontrolle setzt daher Anschlußhandeln voraus, das erkennen läßt, ob Selektionen verstanden und akzeptiert wurden. So konstituiert sich das Sozialsystem (doch noch) als Handlungssystem auf der Basis von Kommunikation[157].

Selektion aus Möglichkeiten ist erforderlich, weil **Zeit** knapp ist: es können nicht alle Möglichkeiten ausprobiert werden. Selektion braucht aber auch Zeit, weil sie eine Sequenz von Ereignissen ist. Luhmann diskutiert die Probleme, die die Zeit für Systeme schafft unter der Überschrift „Temporalisierung der Komplexität" und reformuliert dabei die früher gebrauchte Formel von der Reduzierung von Komplexität durch Struktur und Prozeß.

„**Temporalisierung der Komplexität**" meint die Anpassung des Systems an die als irreversibel erfahrene Zeit: Die Dauerhaftigkeit der Elemente und ihre Relationen werden mehr oder weniger drastisch vermindert, was ein „anspruchsvolleres internes Arrangement"[158], Strukturbildung, verlangt. „*Struktur*" hält Wahlmöglichkeiten offen und daher die Zeit reversibel fest; sie faßt die offene Komplexität der Möglichkeit, jedes Element mit jedem anderen zu verbinden, „in ein engeres Muster ‚geltender', üblicher, erwartbarer... Relationen". „*Prozesse* kommen dadurch zustande, daß konkrete selektive Ereignisse aufeinander aufbauen..., also vorherige Selektionen... als Selektionsprämissen in die Einzelselektionen einbauen". Über Struktur wird die Reproduktion der Elemente gesteuert[159]. Struktur legt damit die Relationierung der Elemente über Zeitdistanzen fest und fungiert als Voraussetzung für die Selbstreproduktion. Das macht deutlich, daß die Theorie selbstreferentieller Systeme den Strukturbegriff zwar braucht, ihn aber nicht mehr an zentraler Stelle einsetzt wie etwa die strukturell-funktionale Theorie von Parsons. Es ist vor allem nicht so, daß der Strukturbegriff schon den Realitätsbezug der Theorie sichert, eher umgekehrt: Es gibt in der Wirklichkeit Systeme, aber nicht notwendig Strukturen[160].

Was nun **Struktur** in Sozialsystemen betrifft, entsteht diese zunächst in einer Situation doppelter Kontingenz: Komplexe, sinnverwendende, für einander zunächst nicht kalkulierbare Systeme, schematisiert als Ego und Alter, stehen sich gewissermaßen als black boxes gegenüber. Beide versuchen, das was sie am andern beobachten können, zu beeinflussen, und lernen dabei am feed-back. Durch Stabilisierung wechselseitiger Erwartungen entsteht ein **Sozialsystem:** Sinneinheit ist dabei die Handlung (als beobachtbare und den Beteiligten zurechenbare Kommunikation), die sich als Selektion aus den Möglichkeiten des Handelns konstituiert[161]. Strukturen können nur Erwartungsstrukturen sein: Als generalisierte Verweisungsstrukturen schränken Erwartungen den Möglichkeitsspielraum des Systems ein, stellen sie Selbstfestlegungen des Systems für seine Operationen dar. Erwartungen sind also anders als bei Parsons etwa nicht Eigenschaft von Handlung, sondern bilden das Zentrum von Struktur, welche die Handlung ermöglicht wie sie selbst durch sie ermöglicht wird: Ein Sozialsystem **hat,** ist aber nicht Struktur[162]. Die emergente Ordnung durch Strukturbildung bleibt jedoch problematisch: Sie ist störanfällig und wird durch weitere Strukturbildung gesichert[163].

In der humanistischen Tradition der Sozialtheorie steht der Mensch in der sozialen Ordnung und nicht außerhalb, ist er als Individuum „Element" und „Maß der Gesellschaft"[164]. Mit den Begriffen Rolle, Bedürfnis, Internalisierung, Institutionalisierung usw. wird dieses Verhältnis zu fassen versucht. Gegen diese Tradition setzt sich Luhmann ab, indem er das **„Sonderding Mensch"**[165] als psychisches und organisches System der Umwelt sozialer Systeme zuordnet und das wechselseitige Verhältnis zwischen den drei Systemen als „Interpenetration" bestimmt. Da angenommen wird, daß die Umwelt stets komplexer ist als das System, hat diese Problemfassung aus Luhmanns Sicht den Vorteil, daß der Mensch als „komplexer und ungebundener" gesehen werden kann, daß ihm also größere Freiheiten zugeschrieben werden können, auch zu „unvernünftigem Verhalten"[166]. Man kann das als Begründung für die Ersetzung des Subjektbegriffs durch ein Interpenetrationsverhältnis lesen. Es ist dies eine radikale Soziologisierung des Sozialsystems, die bereits bei Parsons mindestens angelegt ist. Interpenetration[167] meint hier den Beitrag, den Umweltsysteme zum Aufbau eines Systems leisten, und zwar in der Weise, daß nicht nur die ersteren Komplexität zur Verfügung stellen, sondern daß auch das aufnehmende System auf die Strukturbildung der abgebenden oder penetrierenden Systeme einwirkt. Dieser wechselseitige Beitrag zur Systementwicklung läßt sich als Input von Ressourcen, wie etwa in Parsons' kybernetischer Hierarchie der Systeme des allgemeinen Handlungssystems, nur unzulänglich fassen. Interpenetration als nicht-hierarchisches Verhältnis selbstreferentieller Systeme setzt die Verbindungsfähigkeit verschiedener Arten von Autopoiesis voraus. „Autopoiesis qua Leben und qua Bewußtsein ist Voraussetzung der Bildung sozialer Systeme." Es fragt sich danach bezüglich des Lebens, wie die Komplexität des Körperlichen im Sozialsystem zur Ordnung eigener Komplexität in Anspruch genommen wird und wieweit der Körper mit Blick auf Bewußtsein dazu diszipliniert wird. Ein Beispiel für diese Interpenetration und ihre Problematik ist die Sozialisation.

Für die Theorie sozialer Systeme ist die Differenz von **Gesellschaft und Interaktion** grundlegend insofern, als sie zwei verschiedene Arten der Systembildung bezeichnet. Anders als im symbolischen Interaktionismus wird die Unterscheidung nicht in psychische Systeme „zurückverlagert", sondern bleibt auf der Ebene des Sozialsystems. Gesellschafts- und Interaktionssystem haben zueinander ein wechselseitig problematisches Verhältnis: Interaktionssysteme setzen stets Gesellschaft voraus, aber diese ist für sie nicht Umwelt, weil Interaktion gesellschaftliches Geschehen ist. Gesellschaft ist als System der füreinander relevanten Kommunikationen nicht die Summe der Interaktionssysteme, doch sind Interaktionen Episoden des Gesellschaftsvollzuges. Gesellschaft ist umfassend, so daß sie keine **soziale** Umwelt hat, bleibt aber natürlich System in einer Umwelt: Umweltoffen ist sie auf einer nicht-kommunikativen Ebene in der Interpenetration mit Menschen als Körpern und als Bewußtsein. So gibt es auch keine Beschreibung von außen, nur Selbstbeschreibung der Gesellschaft als System[168]. Interaktion als Sozialsystem ist so etwas wie ein System der Face-to-face-Kommunikation: Seine Grenzen „schließen alles ein, was als anwesend behandelt werden kann". Hier ist Wahrnehmung, ein psychisches Phänomen, also wichtig[169].

Aus der Differenz zu Interaktion ergibt sich für Gesellschaft die Möglichkeit von Kommunikation ohne Interaktion: es gibt „interaktionsfreies soziales Handeln", also Handeln unter Abwesenden, das einen Sinnbezug auf Gesellschaft hat. Diese Möglichkeit hat sich im Laufe der historischen Entwicklung als Ausdifferenzierung von Gesellschaft aus dem Eingebettetsein in Interaktion ergeben: Die „moderne Gesellschaft" trennt ihre Systembildung deutlich von den Möglichkeiten der Interaktion[170]. Lockwoods Unterscheidung von Systemintegration und Sozialintegration ist ein anderer Ausdruck für diese Ausdifferenzierung. Auf einer anderen Ebene ermöglicht die Differenzierung von Gesellschaft und Interaktion sozialkulturelle Evolution: „einen ohne Plan bewirkten Aufbau von hochunwahrscheinlicher Komplexität"[171]. Neuerungen als zunächst relativ unwahrscheinliche Relationen von Handlungsereignissen im Gesellschaftssystem werden dadurch erleichtert, daß das Risiko von Interaktionssystemen getragen wird.

Ausgehend von den beiden Leitdifferenzen von System/Umgebung und Element/Relation enthält Luhmanns Systemtheorie eine Reihe von Problemen auf verschiedenen Ebenen, die letztlich Aspekte des zentralen Problems der fortdauernden Selbstreproduktion des Systems in seiner Umwelt sind. Auf sie richtet sich **funktionale Analyse**. Für die Sozialsysteme ist diese Fremdanalyse, deren Ergebnisse sie als Information über sich selbst aufnehmen und die ihnen mehr Komplexität in der Verknüpfung ihrer Elemente sichtbar macht als die Selbstbeobachtung[172]. Funktionale Analyse untergräbt damit systemeigene Selbstverständlichkeiten: Wenn sie etwa über latente Funktionen „aufklärt", versetzt sie manifeste Funktionen in den Kontext anderer Handlungsmöglichkeiten. Das „überfordert" das System hinsichtlich Latenz und Kontingenz, insofern als nicht ausnutzbare Möglichkeiten aufgewiesen werden. Die funktionale Analyse kompensiert nun diese „Realitätsüberschätzung", wenn sie sie zum Problemgesichtspunkt ihrer Analyse macht: Die Differenz von beobachtetem und beobachtendem System wird reflektiert[173]. Luhmann sieht in der Wahl eines Problems, „das die Einheit der Differenz von Erkenntnis und Gegenstand formuliert"[174] die Rechtfertigung für die Orientierung der funktionalen Analyse am Problem der Komplexität statt an dem des Bestandes. Gleichzeitig will er damit den Funktionalismus auf das Niveau bringen, das dem der Theorie selbstreferentieller Systeme entspricht. Der Funktionalismus beansprucht damit „Theorie der Erkenntnis", nicht (wie etwa bei Merton) nur Methode zu sein.

2.5.2 Zur Kritik

Die Grundzüge dieser Systemtheorie lösten in den 70er Jahren die „Habermas-Luhmann-Kontroverse" aus. Die Diskussionsbeiträge von Soziologen, Politologen, Pädagogen, Philosophen, Linguisten sind in drei Supplementbänden erschienen[175]. Hondrich sprach 1973 von der „Zweiten großen Kontroverse in der westdeutschen Soziologie nach dem Kriege", während andere den Ertrag eher in den gesetzten Fragezeichen sehen wollen[176]. Die Beiträge lassen einige wichtige Kritikpunkte auch schon an der Theorie autopoietischer Systeme erkennen, die sich in besonderer Schärfe aus der Perspektive einer Soziologie als kritischer Theorie der Gesellschaft stellen, zum Teil aber auch von jeder Version der Handlungstheorie geteilt werden können.

Aus der Sicht der kritischen Theorie läßt sich zunächst einwenden, daß Luhmanns theoretischer Entwurf von den Anfängen der Soziologie als Gesellschaftstheorie völlig absieht: Der Anspruch, Gesellschaft im Ganzen oder auch nur in Teilen zu erklären, ist aufgegeben. Reduktion von Komplexität ist das Problem, mit Blick auf daß Soziologie sich als gesellschaftliche Praxis begreift. Als Ideologie der modernen Gesellschaft, als Hochform eines technokratischen Bewußtseins kann, wie Habermas meint, die funktionalistische Systemtheorie dem Anspruch auf „Soziologische Aufklärung" nicht gerecht werden[177].

In handlungstheoretischer Sicht findet zunächst die Begriffsverwendung von „Sinn" und „Kommunikation" Kritik. Sinn ist der zentrale Begriff der klassischen Versuche in der Soziologie, sich von einem verhaltenstheoretischen Programm abzusetzen – ein Anspruch, den auch Luhmann hat. Seiner Begriffsverwendung macht Habermas den Vorwurf der „Verkürzung"[178]: Nämlich der Funktionalisierung von Sinn auf Selektivität zur Komplexitätsreduktion. Dabei werde vor allem nicht berücksichtigt, daß Sinn an umgangssprachliche Kommunikation gebunden ist. Gleiches gilt auch für soziales Handeln: Handlungssysteme bedürften der Fundierung durch umgangssprachliche Kommunikation. Genau daran fehle es aber Luhmanns zentralem Begriff der Kommunikation: Da er das Handlungssubjekt verabschiedet hat, ist Sprache lediglich das Medium, das Selektionsleistungen in der Zeit überträgt.

Die neuere kritische Auseinandersetzung erfolgte im Rahmen einer Art Symposium zu Luhmanns „Soziale Systeme" im Jahre 1986[179]. Wir nehmen hier nur wenige Argumente auf. Daneben gibt es eine laufende Diskussion von Luhmanns Arbeiten, die teils Kritik ist

(z. B. in Habermas 1985), teils Ausarbeitung von Einzelheiten einer Theorie autopoietischer Systeme (z. B. Baecker 1988 oder Willke 1989)*. Bemerkenswert ist, daß die funktionalistische Grundlage von Luhmanns Theorie von der Kritik kaum zur Kenntnis genommen, jedenfalls nicht systematisch diskutiert wird.

In handlungstheoretischer Sicht hat die Frage nach der Genese und vor allem die nach dem Wandel des Sozialsystems als Ansatzpunkt der Kritik eine gewisse Prominenz. Luhmann wird hier vorgeworfen, sich auf die „Leitfrage nach den Bedingungen der Möglichkeit von Anschlußhandeln" zu konzentrieren, aber zu wenig über die Dynamik der Systemprozesse auszuführen. Die Kritik ist hier ziemlich einhellig der Meinung, daß Zentrum der Dynamik Akteure sind, diese daher notwendig zur kommunikativen Selbstkonstitution des Systems gehören. Unterstützend wird auch empirisch durch Verweis auf die Kleingruppen- und die Subkulturforschung argumentiert. Nur en passant sei bemerkt, daß die Kritik auf gewisse Schwierigkeiten eines objektivistischen Sinnbegriffs verweist [180].

Einer der Kritiker macht auch eine gesellschaftstheoretische Implikation der „subjektlosen Analyse" deutlich. Das „nötige Ja zur Gesellschaft" (Luhmann) ließe sich ohne Verständigung über gemeinsame Werte nicht stabilisieren. Im Konzept der Autopoiesis blieben Konsens und Verständigung eher ausgeblendet, was die Diskussion über gesamtgesellschaftliche Rationalität erschwere [181].

Daß die Vorstellung der Autopoiesis auch in systemtheoretischer Sicht nicht unproblematisch ist, wird von der Kritik verschiedentlich betont. Das betrifft vor allem den Aspekt der geschlossenen Selbstorganisation. Versuche einer Weiterentwicklung des Konzepts verweisen auf Maturanas „Kopplung von Selbst- und Fremdreferenz" oder stellen die „Komplementarität von Auto- und Allopoiesis" heraus [182]. Interessanterweise wird das Interpenetrationskonzept in diesem Zusammenhang nicht bemüht. Man könnte im übrigen auf die Schwierigkeiten einer angemessenen Konzeptualisierung der Selbstkonstituierung des sozialen Systems unter Einwirkung des organischen und des psychischen Systems hinweisen [183].

Als letzter Kritikpunkt sei das Verhältnis von Theorie und Empirie angesprochen. Hier hatte Münch[184] schon an Parsons' Theorieentwurf die aprioristische Begriffsbildung mit der Konsequenz einer mangelhaften empirischen Entsprechung kritisiert. Eine ähnliche Kritik übt Haferkamp[185] an Luhmanns Theorie, ja er spricht sogar davon, daß diese Art der Theoriebildung „Empirie-Vermeidung" fördere. Das sei um so schlimmer, als die Soziologie, anders als etwa die Biologie, über keine solide empirische Forschung als Basis verfüge. Insgesamt ist die Einschätzung von Luhmanns „Soziale Systeme" unter den Teilnehmern des Symposiums geteilt. Systemtheoretiker arbeiten sozusagen konstruktiv an der Weiterentwicklung dieses Theorieentwurfs. In handlungstheoretischer Sicht gibt es eine gewisse Konvergenz der Kritik, die im ganzen eher negativ ist [186]. Zu fragen ist aber, ob der methodologische Status von Luhmanns facheinheitlicher „Supertheorie" und der verschiedenen Versionen der Handlungstheorie nicht verschieden ist.

3 Einzelne Aspekte

3.1 Individuum und Gesellschaft

Die Frage nach dem Verhältnis von Individuum und Gesellschaft oder, umfassender, nach der Möglichkeit sozialer Ordnung war das zentrale sozialtheoretische Problem der Gesellschaftslehre des 18. Jahrhunderts und anfänglich auch der im 19. Jahrhundert entstehenden Soziologie. Dabei betrachten wir die Lehre vom Gesellschaftsvertrag, mit

---

* Die kritische Auseinandersetzung mit den „Sozialen Systemen" bei Krawietz/Welker kam erst während der Drucklegung zur Kenntnis des Verfassers.

der (älteren) eher kollektivistischen Variante bei Hobbes und der eher individualistischen bei Rousseau als Vorläufer. Die utilitaristische Lehre ging davon aus, daß das Individuum, aus den feudalen und korporatistischen Einbindungen gelöst, autonom seine Ziele verfolgt. Über Arbeit und den Tausch der Arbeitsprodukte tritt es mit den anderen in eine vertragliche Beziehung und konstituiert über den Markt die bürgerliche Gesellschaft. Diese ist Bedingung der Freiheit der Individuen, bringt aber auch extreme soziale Ungleichheit mit sich. Im Frühsozialismus wird dann eine kollektivistische Lehre vom Verhältnis zwischen Individuum und Gesellschaft entwickelt. Nach Abschaffung der bürgerlichen Gesellschaft ordnet sich die communauté bien réglée (Meslier) die Individuen mit dem Ziel der materialen und formalen Gleichheit unter und sichert den moralischen Fortschritt.

Diese Entgegensetzung von Individuum und Gesellschaft in den extremen Varianten der Gesellschaftslehre wird von der Soziologie nicht akzeptiert: Sie sucht zwischen beiden Positionen eine begründete Vermittlung. Individuum und Gesellschaft sind danach konkret nur in der „Verschränkung" gegeben, sind zwei Aspekte eines Prozesses, die der Beobachter lediglich akzentuieren kann[187]. Eine erste, immer noch anregende Formulierung in einer Perspektive sozialen Wandels findet diese Vermittlung bei Durkheim, der funktionalistisch eine Art Solidarismus mit einer Staatstheorie verbindet[188]: Die Gesellschaft tritt dem Individuum als übermächtig gegenüber, eine Erinnerung an das Kollektivbewußtsein, und das Individuum macht sich die Forderungen der Gesellschaft zu eigen.

Mit steigender Bevölkerungszahl gehen nun die Kontrollmöglichkeiten der Gesellschaft zurück, aber mit zunehmender Einbeziehung des Individuums in mehr Sekundärgruppen steigt der Druck wieder. Jetzt sichert der Staat dem Individuum einen gewissen Freiheitsspielraum, indem er die Gruppen gesetzlichen Regelungen unterwirft; gleichzeitig kann er jedoch wegen der größeren Distanz die Individuen nur über Zwangsmittel kontrollieren. Die Freiheitssicherung für das Individuum bedarf daher einer Machtbalance zwischen Staat und Gesellschaft. Das Gleichgewicht wird kulturell gestützt durch den „Kult des Individuums": Gleiche Rechte für alle und Respekt vor der Würde des andern, abgesichert durch Rituale und Symbole. Diese funktionale Analyse des Verhältnisses von Individuum und Gesellschaft hat also die Autonomie des Einzelnen als (normativen) Bezugspunkt.

Auf Durkheims Analyse beruft sich Parsons' „institutionalisierter Individualismus"[189], freilich mit charakteristischen Abweichungen. Als Trend sieht er in der modernen differenzierten Gesellschaft, daß „Freiheit und Verantwortung des Individuums innerhalb eines Gefüges normativer Ordnung und kollektiver Organisation" sich entwickeln können; Gesellschaft ist die „Instanz", die etwa verschiedenartige Berufe bereit hält und Wahlmöglichkeiten in kulturellen Bereichen schafft bzw. eine Vielfalt der wirtschaftlichen Organisation erlaubt. Dahinter steht Parsons' analytische Grundidee der sozialen Ordnung, die durch soziale Integration via Sozialisation und sozialer Kontrolle aufrecht erhalten wird. Ausgangspunkt ist das Sozialsystem; es befindet sich dann im Gleichgewicht, wenn die Bestandserfordernisse mit den Bedürfnissen der Akteure und den gegebenen Umweltbedingungen übereinstimmen. Individuelle Akteure sind konkrete Individuen, die zielorientiert in ihren Statusrollen im Rahmen des Sozialsystems handeln und deren relevante Bedürfnispositionen in der Sozialisation an die Wertmuster und die fundamentalen Rollenerwartungen im System angepaßt werden. Auch wenn der individuelle Akteur zwischen Konformität und Abweichung wählen kann und soziale Kontrolle Auswege läßt, wird er letztlich für die Bestandserhaltung des Sozialsystems funktionalisiert. Wrong kritisiert das als „oversocialized conception of man"[190]. Bergmann[191] verweist auf eine Klassifikation von Bedürfnisdispositionen und stellt fest, daß bei Parsons das Gesamt der Bedürfnispositionen Sinn und Ursprung im Kollektiv (im Sozialsystem) hat. Der institutionalisierte Individualismus ist bei Konfundierung von analytischem

System und konkreter moderner kapitalistischer Gesellschaft die Freiheit, zwischen gegebenen Jobs zu wählen, sowie die Verantwortlichkeit für eine angemessene Leistung[192]. Gegen diese Parsons-Interpretation macht Münch geltend, daß Parsons' voluntaristische Ordnung in jeder Periode seines Werkes zwischen den Extremen der „existentialistischen Autonomie" und der „kollektivistischen Konformität" vermitteln wollte. Durch „Interpenetration von Systemebenen und Handlungsmustern" vor allem in der Sozialisation wird die Bindung des Einzelnen an die normative Kultur fester, zugleich aber auch allgemeiner: Der Einzelne gewinnt an Handlungsautonomie[193].

Von der funktionalistischen Konzipierung des Verhältnisses von Individuum und Gesellschaft entfernt sich auch Luhmann, aber in systemtheoretischer Richtung. Er knüpft, in Abkehr vom Handlungssubjekt, an Parsons' Subsysteme des allgemeinen Handlungssystems an, behandelt aber die Beziehung zwischen Sozialsystem, psychischem System und Organismus nicht als Verhältnis kybernetischer Steuerung, sondern als Interpenetrationsverhältnis selbstreferentieller Systeme. Auf bestimmte, vielleicht sachlich bedingte Schwächen bei der Durchführung dieses Ansatzes weist das sprachliche Alternieren zwischen psychischem System, individuell psychischem System, individuellem System und Individuum hin[194]. Dabei kann die „klassische Diskussion von Mensch und Gesellschaft" nur z. T. reformuliert werden. Ausgangspunkt ist das psychische System, das selbstreferentiell Vorstellungen als Elemente aus Vorstellungen reproduziert. Die Geschlossenheit dieses Prozesses wird als „Individualität" bezeichnet[195]. Nun kann die Selbstreferenz in der Form der Selbstbeschreibung gesteigert werden, und es fragt sich, welche sozialen Anregungen ein psychisches System braucht, um sich selbst beschreiben zu können. Das ist im Grunde die Frage nach der Interpenetration von psychischem und sozialem System aus der Perspektive des ersteren: Das psychische System orientiert sich über Erwartungen auf seine Umwelt, besonders auf Gesellschaft als Sozialsystem, und bezieht über Sprache als Medium neue Elemente aus der Umwelt in den autopoietischen Prozeß ein. Solche Erwartungen an die Umwelt lassen sich zu Ansprüchen verdichten, die dann sozial zu legitimieren, d. h. von „kommunikativen Behinderungen" freizustellen sind. In diesem Legitimationsprozeß gründet das Individuum seine Ansprüche nicht nur auf Verdienste für die Gesellschaft, sondern auch auf sich selbst: Es muß „über sich selbst reden" und dazu braucht es Selbstbeschreibungen. Wesentlich ist nun, daß es in dem Maß, in dem eigene Ansprüche durchgesetzt werden können, zu einer „sozialstrukturellen Außenstellung des Individuums" kommt. Hier schließen Luhmann Überlegungen zur Instabilität von moderner Gesellschaft und zur verstärkten Reflexionsleistung der Individuen an[196].

3.2 Werte und Normen

Werte und Normen haben in der strukturell-funktionalen Theorie eine zentrale Stellung. Die Funktionalisten, fast alle Schüler oder Kollegen Parsons', gehen vom Ergebnis der Auseinandersetzung mit dem Utilitarismus aus: soziale Ordnung entsteht nicht spontan, wenn der Einzelne sich in Verfolg seiner Interessen den anderen Handelnden klug anpaßt; sie entsteht nur, wenn die Anpassung auf der Grundlage einer moralischen Verpflichtung erfolgt. Die theoretische Begründung für diese zentrale Stellung generalisierter normativer Muster greift durchweg, ausgeprägt bei Parsons, weniger ausgeprägt bei Davis[197], auf ein fortgeschrittenes Organismus-Modell zurück: Parsons bringt sie als „kulturelles Erbe" in eine Analogiebeziehung zur „genetischen Konstitution des Organismus". Es wird damit ein gemeinsames Wertmuster mit integrierender Funktion unterstellt: aus ihm sind für bestimmte Bereiche des Handelns Normen und Rollenerwartungen als strukturelle Komponenten spezifiziert.

Für diese starke Stellung normativer Elemente im funktionalistischen Modell war Durkheims Analyse der Arbeitsteilung und der organischen Solidarität grundlegend[198]. Gegen Spencer stellt er fest, daß Kooperation in der Verschiedenheit, Arbeitsteilung, noch keine (organische) Solidarität ergibt. Der Austausch ist vertraglich auf der Grundlage individueller Interessen geregelt, doch vereinigen diese die Individuen nur kurzfristig und nur von außen: Die Bewußtseine der Beteiligten „penetrieren" sich nicht, die Beziehungen bleiben instabil, Gesellschaft kann daraus nicht entstehen. Gesellschaft ist aber immer schon vorgegeben: Die Kooperierenden sind in das regelnde Handeln der Gesellschaft einbezogen, insofern diese die Vertragsgrundlagen vorgibt, so daß die Verträge immer schon Verpflichtungen enthalten, die in ihnen selbst nicht ausbedungen sind. Dynamisch gesehen, macht Durkheim das am Beispiel des Familienrechts deutlich: Werden familiäre Verpflichtungen zahlreicher, erhalten sie einen öffentlichen Charakter und unterliegen zunehmend formalisierten gesellschaftlichen Kontrollen. Heiratsverträge werden dann in differenziertere rechtliche Rahmenbedingungen eingebunden. Vorausgesetzt ist die Eingliederung der Individuen in eine relativ geschlossene Gruppe, die das interessenorientierte Handeln des Einzelnen mit Autorität reguliert.

Auf Durkheim bauen Levy und Merton ziemlich selbstverständlich auf, wobei sie die normative Orientierung des Handelns in unterschiedlicher Weise mit dem funktionalistischen Bezugsrahmen verbinden. Levy macht die normativen Muster zu funktionalen Erfordernissen jeder Gesellschaft[199]: Unter den zehn Erfordernissen werden sie aufgeführt als gemeinsame Wert- oder Zielorientierung, als Regulierung der Wahl der Mittel zur Zielerreichung und weiter im Zusammenhang von Institutionalisierung, Sozialisation und sozialer Kontrolle. Knapp zusammengefaßt: Die Muster der Rollendifferenzierung geben an, wer handeln soll; die der gemeinsamen Werte, was getan werden soll; und die regulativen Muster für die Mittelwahl, wie es geschehen soll. Nicht in einer rein theoretischen Analyse, sondern in der empirisch-theoretischen Untersuchung eines konkreten Phänomens unterscheidet Merton[200] zunächst zwischen Sozialstruktur als Gelegenheitsstruktur und als kultureller Struktur. Diese definiert für alle Beteiligten verbindliche „Ziele, Zwecke, Interessen" sowie die Regeln oder institutionalisierten Normen für eine akzeptable Zielerreichung. Darauf baut dann eine äquivalenzfunktionalistische Analyse der verschiedenen Anpassungsweisen an eine Diskrepanz von Gelegenheitsstruktur und normativer Struktur auf, die im weiteren auch auf die Bedingungen der einzelnen Anpassungsmodi eingeht. Stillschweigend unterstellt ist ein gemeinsames Leistungswertmuster[201].

Parsons' Lösung des Problems von sozialer Ordnung und Handeln läßt sich vom Schema des allgemeinen Handlungssystems und der Interpenetration seiner Subsysteme her zusammenfassen[202]: In der Handlung durchdringen sich Persönlichkeits-, Sozial- und Kultursysteme in der Form, daß sich Elemente des einen Systems im anderen auswirken. Dem Kultursystem kommt dabei eine hervorragende Bedeutung zu: die normative Kultur wird im Sozialsystem institutionalisiert und im Persönlichkeitssystem internalisiert. Hier ist nur von der „Institutionalisierung" zu sprechen. Damit ist der Prozeß gemeint, in welchem die im Kultursystem als generalisiertem Wertmuster formulierte normative Kultur im Sozialsystem in für alle Handelnden verbindliche Regeln spezifiziert und systematisiert und in sanktionierten Status-Rollen festgelegt wird. Aus dem gemeinsamen Wertmuster werden also für bestimmte Situationen in sich mehr oder weniger konsistente Normen „abgeleitet" und in verschiedene Rollenerwartungen gefaßt; umgekehrt werden Normen und Erwartungen durch die Werte legitimiert[203]. Man hat Parsons' Lösung des Ordnungsproblems als normativistisch und idealistisch bezeichnet. Die Vorstellung der Interpenetration der drei Systeme, zu denen später noch das physische trat, läßt aber auch eine Interpretation zu, für die eine dialektische Verbindung von Normen und materiellen Bedingungen zentral ist. In der neueren Diskussion beharrt Alexander auf dieser Lesart.

Parsons beschreibt Wertmuster und Rollenerwartungen mittels der Modalitätenreihe der Orientierungsalternativen: Partikularismus vs. Universalismus und Eigenschaften vs. Leistung[204]. So ist z. B. das dominante Wertmuster der modernen westlichen Gesellschaft durch die Kombination von Leistung und Universalismus charakterisiert: „Integrale Bestandteile dieses Wertmusters bilden die Verpflichtung auf Vernunft, aktive normativ begründete Formung der Welt, individuelle Selbstentfaltung und universalistische Solidarität"[205]. Dieses Muster hat Implikationen für die Institutionalisierung von Normen und Statusrollen, wie Parsons besonders deutlich in seinem revidierten Ansatz der Schichtungsanalyse betont: Die individualistische Komponente vor allem führt zu einer gewissen Unbestimmtheit der Maßstäbe und einem gewissen Mangel an Konsistenz der Normensysteme in den einzelnen Handlungsbereichen[206].

Dem „allgemeinen Wertmuster" kommt nun bei Parsons für das Handlungs- wie für das Sozialsystem eine zentrale bestandsichernde Funktion zu: Statisch gesehen, sichert es die Identität des Systems durch Spezifizierung der Maßstäbe für die Leistung der dazu erforderlichen Beiträge. Dynamisch gesehen, ermöglicht es als relativ stabiles Muster den übrigen Aspekten der normativen Kultur Variationen im Rahmen der Systemidentität. Es muß dazu ausreichend generalisiert sein, um bei Wandel der internen und externen Umgebung des Systems die Spezifizierung neuer Normen und Status-Rollen zu ermöglichen.

Aus der Sicht der Theorie selbstreferentieller Systeme sind die von den Strukturfunktionalisten (und nicht nur von diesen) formulierten Theorien „normzentriert". Das impliziert eine einfache Gegenüberstellung von faktischem Verhalten und Verhaltensnorm, die aber der zunehmenden Komplexität der gesellschaftlichen Sachverhalte nicht mehr angemessen ist. Luhmann „nimmt" daher den Norm- wie den Wertbegriff „zurück" und führt beide als Lösung für das Bezugsproblem „sinnimmanentes Generalisierungsrisiko" in seine Theorie ein[207]. Die dazu erforderliche funktionale Analyse von Werten und Normen geht von der Bildung von Erwartungserwartungen durch Ego und Alter in der Situation vorstrukturierter doppelter Kontingenz aus. Solche Erwartungszusammenhänge werden generalisiert, damit sie in weiteren Situationen von den Beteiligten identifiziert werden können. Das Bezugsproblem für die funktionale Analyse von Normen und Werten ist also ein Ordnungsproblem, das mit Strukturbildung gegeben ist: Die Erwartung von Erwartungen ist zu ordnen. Dabei werden Normen in der zeitlichen, Werte in der sachlichen Dimension der Identifikation von Erwartungszusammenhängen relevant[208]. Werte sind auf der allgemeinsten Ebene der Identifikation, also oberhalb von Personen, Rollen und Programmen, angesiedelte „symbolische Kürzel, die hochkomplexe Erwartungslagen in der laufenden Orientierung vertreten"[209]. Sie erlauben den Beteiligten den Verzicht auf zeitraubende Proben, ob bestimmte Erwartungen gelten, fungieren also in der Weise von „Pauschalunterstellungen" zur Steigerung des Tempos der Kommunikation: Sind Bewertungen von Handeln, wie z. B. „friedensfördernd", allgemein akzeptiert, dann können einschlägige Erwartungen mit einer bestimmten Wahrscheinlichkeit als geltend unterstellt werden. Enttäuschungsanfällige Erwartungen abzustützen, ist die Funktion von Normierung[210]: Durch Evolution werden Erwartungen in das „erwartbar Unsichere" gelegt; Normierung heißt nun, daß sich die Beteiligten am Enttäuschungsfall orientieren, und zwar in der Weise, daß sie kontrafaktisch an der Erwartung festhalten, diese also in der Zeit perpetuieren und die für diesen Fall mögliche Sanktion bereithalten.

3.3 Sozialisation

Sozialisation meint den Prozeß, in dessen Verlauf vor allem Werte und Normen, aber auch Kognitionen internalisiert, also in der Persönlichkeit handelnder Individuen verankert werden. Die strukturell-funktionale Analyse hat dabei als Bezugpunkt in erster Linie die

Persistenz der Gesellschaft, für die ein funktionales Erfordernis die Tradierung der Kulturmuster in der Generationenfolge ist. Das geschieht im Rollenhandeln, vorzugsweise in der Kleinfamilie, wobei die Eltern ihren Kindern gegenüber als „Sozialisationsagenten" der Gesellschaft fungieren. Der Prozeß selbst und seine Mechanismen werden in der Analyse zumeist ausgespart, nur hinsichtlich der Bedingungen und Auswirkungen betrachtet. Soweit das nicht geschieht, wie etwa bei Parsons, werden Elemente der Lerntheorie sowie von Freud und Mead zur Beschreibung und Interpretation herangezogen.

Daneben steht ein anderer Typus funktionaler Analyse der Sozialisation, für den Mertons empirisch-theoretische Arbeiten charakteristisch sind. Als Befürworter des Einsatzes von „Theorien mittlerer Reichweite"[211] untersucht Merton die latenten Funktionen der familialen Sozialisation im Zusammenhang des Problems von Sozialstruktur und abweichendem Verhalten, der antizipatorischen Sozialisation im Rahmen der Bezugsgruppentheorie sowie der beruflichen Sozialisation in den Professionen[212]. Daneben haben sich empirische Untersuchungen der Sozialisation vor allem mit der Plazierungsfunktion der Familie sowie mit der schichtspezifischen Sozialisation in der modernen westlichen Gesellschaft befaßt, nämlich der Vermittlung von Werten, Motivationen und kognitiven Fertigkeiten, die dem Einzelnen unterschiedliche Chancen eröffnen[213].

Auch wenn Durkheims Sozialisationstheorie in der modernen Soziologie keine Schule gemacht hat, ist seine diesbezügliche funktionale Analyse interessant[214], weil sie als Bezugspunkt sowohl die Gesellschaft wie das Individuum hat: ohne Ausbildung des „sozialen Wesens" im Einzelnen kann Gesellschaft nicht aufrechterhalten werden; gleichzeitig aber ermöglicht dessen Ausbildung ihm Individualität im Umgang mit konkret zugemuteter Konformität[215]. Dahinter steht die Vorstellung des homo duplex: der einzelne hat ein doppeltes Zentrum der Persönlichkeit, nämlich mentale Zustände, die sich allein auf ihn selbst beziehen und letztlich im Organismus wurzeln, sowie Ideen, Gefühle, Gewohnheiten, die die verschiedenen Gruppen repräsentieren, denen er angehört. Erziehung bildet das soziale Wesen in ihm aus. In diesem Prozeß, dessen Mechanismus Durkheim allenfalls andeutet, lernt der Einzelne, seinen spontanen Strebungen selbst zu widerstehen, erwirbt er die Fähigkeit zu „moralischem" Handeln. Das geschieht, indem er sich an die Gruppe bindet, den Geist ihrer Disziplin respektiert und schließlich ihren Normen aus Einsicht und in freier Willensentscheidung folgt[216]. In der Bindung an eine zunehmende Zahl von Gruppen gewinnt der Einzelne Individualität in einer Art aufgeklärter Konformität.

Erfordernisfunktionalistisch analysiert Levy die Sozialisation. Bezugspunkt ist die Gesellschaft: Ein funktionales Erfordernis ihrer Persistenz ist, daß jedem Individuum als Gesellschaftsmitglied soviel an gesellschaftlichen Handlungsmustern vermittelt wird, damit es seine verschiedenen Rollen im Lebenszyklus „angemessen" ausführen kann[217], nämlich ein ausreichendes Wissen von Verhalten und Attitüden der relevanten Rollen, sowie die Identifikation mit den gemeinsamen Werten der zugehörigen gesellschaftlichen Bereiche. Die strukturellen Erfordernisse werden erfüllt durch konkrete Solidaritätsstrukturen, nämlich Beziehungen zwischen Individuen als Träger von Alters-, Generationen- und Geschlechtsrollen, die sich in der Kleinfamilie als konkreter Einheit der primären Sozialisation finden[218]. Wie das Verhalten gelernt wird, führt Levy nicht aus. In der primären Sozialisation werden die Grundlagen für lebenslanges Rollenlernen gelegt.

Parsons' Analyse der Sozialisation baut vor allem auf den Arbeiten von Freud und Durkheim auf[219] und hat beträchtliche Wandlungen durchgemacht von einer struktur-funktionalistisch auf das Sozialsystem bezogenen Analyse, über eine Analyse, die Phasen der Sozialisation, Funktionen der Kleinfamilie und Persönlichkeitsbildung in der Terminologie der Orientierungsalternativen zusammenbringt, bis hin zu einer Reformulierung der Sozialisationstheorie als Interpenetration der Subsysteme des Handlungssystems über allgemeine Medien[220].

In der erfordernisfunktionalistischen Version ist Sozialisation einer der für das Gleichgewicht des Sozialsystems entscheidenden Prozesse: Sozialisation und soziale Kontrolle motivieren individuelle Akteure zu Konformität mit den Rollenerwartungen und vermindern Tendenzen zu abweichendem Verhalten; soziale Kontrollmechanismen werden verinnerlicht und Abwehrmechanismen entwickelt, die auch bei Frustration individueller Bedürfnisse für ein Gleichgewicht im Persönlichkeitssystem sorgen. Im einzelnen geht es darum, die Bedürfnisdispositionen als Einheiten des Persönlichkeitssystems zu bilden, die eine generalisierte Bereitschaft enthalten, die wesentlichen Muster von Rollenerwartungen zu erfüllen, mit denen die agierenden Individuen konfrontiert werden. Das geschieht in der Interaktion: Der Sozialisand wird in ein System von komplementären Rollenerwartungen einbezogen, wobei durch affektive Bindung an den bzw. die Sozialisationsagenten eine Verpflichtung auf die grundlegenden Wertorientierungen erfolgt. Dabei werden die Symbole manipuliert, die die Verbundenheit der Gruppe von Sozialisand und Sozialisationsagenten repräsentieren. Es sind vor allem zwei Lernmechanismen wirksam: die Verstärkung/Löschung durch Belohnung bzw. Strafe und die Identifikation mit der Bezugsperson. Mit zunehmender Ausweitung der Gruppenmitgliedschaft über die Familie hinaus werden die Rollenerwartungen und Wertorientierungen, die der Sozialisand internalisiert, universeller; das gilt natürlich auch für die Internalisierung der Objektwelt, den Prozeß des "cognitive mapping".

Bei Parsons wird nun auch der Prozeß der (primären) Sozialisation selbst analysiert und zwar in der Verbindung des rollentheoretischen Ansatzes mit Elementen der Theorien von Freud und Piaget. In vier Stufen erfolgt die Ausbildung der Bedürfnisdispositionen beim Kind in der Interaktion mit den anderen Mitgliedern der Kleinfamilie, die verschiedene Rollen ausführen. Dabei wird die Abhängigkeit des Kindes hinsichtlich der Befriedigung seiner Bedürfnisse von der Mutter bzw. der Familie zunehmend gelockert. Gleichzeitig verschieben sich Orientierungs- und Verhaltensmuster zunehmend von dem affektiven, diffusen, eigenschaftlichen und partikulären Komplex zum eher neutralen, spezifischen, leistungsmäßigen und universellen; die Verpflichtungen wie die zugehörigen Sanktionen werden spezifischer und leistungsbezogener; und die mit den Rollen gegebenen Bindungen werden neutraler und universeller. Das Kind lernt, sich als Selbst von anderen Rollenträgern zu unterscheiden und seine Bedürfnisbefriedigung selbst zu kontrollieren. Es lernt Erwachsenenrollen samt den zugehörigen Orientierungen und Mechanismen und die Bewältigung der mit dem Rollenwechsel verbundenen Krisen. Im Verlauf dieses Prozesses gewinnt es zunehmend Handlungsautonomie[221].

Die Grundannahme der strukturell-funktionalen Sozialisationstheorie, daß die soziale Ordnung durch ihre Agenten das Individuum formt, wird von Luhmann aufgrund der Ergebnisse der Sozialisationsforschung als zu einfach in Frage gestellt. Dem späten Parsons ähnlich, ist Sozialisation für die Theorie selbstreferentieller Systeme ein Kommunikationsprozeß, der das psychische System (und das von ihm kontrollierte Körperverhalten) des Menschen durch Interpenetration bildet[222]. Das psychische System wird über eine Reihe von Differenzschemata auf die soziale Umwelt hin geordnet, was durch Zurichtung der Elemente des psychischen und des sozialen Systems, Vorstellungen bzw. Handlungen, für die Verwendung im jeweils anderen geschieht. Die Kommunikation wird also durch die Differenzen „Zuwendung/Abwendung der Bezugsperson, Verstehen/Nichtverstehen, Konformität/Abweichung, Erfolg/Mißerfolg" gesteuert[223]. Über die Schemata werden die Vorentscheidungen über die möglichen Optionen getroffen; gleichzeitig steigt die Wahrscheinlichkeit der Akkumulation von bestimmten Erfahrungen. Für die Ausbildung von Eigenkomplexität im psychischen System ist wichtig, daß mehrere Schemata Verwendung finden, damit verschiedene Erfahrungsdimensionen abgedeckt werden. Sozialisation wird

damit nicht nur über Zuwendung/Abwendung, Konformität/Abweichung gesteuert, sondern auch über Verstehen/Nichtverstehen, was Aha-Effekte möglich macht.
Luhmann unterscheidet Sozialisation und Erziehung. Erstere geschieht bei bloßer Teilnahme an der Kommunikation, sofern nur das Verhalten anderer Teilnehmer als Information (nicht nur als Tatsache) aufgefaßt wird. „Erziehung" meint dagegen einen zielgerichteten Prozeß: Es soll ein bestimmtes Verhalten erreicht werden[224]. Dabei erfolgt die Differenzbildung nur über die Kombination von zwei Schemata: Konformität/ Zuwendung und Abweichung/Ablehnung. Erziehung ist unter Bedingungen erforderlich, in denen Wissen und Fertigkeiten in besonderen Sequenzen erworben, spezialisierte Rollen zugewiesen werden und die Hinordnung des psychischen Systems auf die soziale Umwelt sehr spezifisch ist. Erziehung kann durch Sozialisation unterlaufen werden: kommunikatives Geschehen sozialisiert schon als solches, aber nicht notwendig wie in der Erziehung beabsichtigt. Damit gewinnt der Sozialisand Autonomiespielräume; er kann also nach anderen Möglichkeiten suchen[225].

3.4 Abweichendes Verhalten

Für den am Organismusmodell orientierten soziologischen Funktionalismus ist die Schematisierung von Verhalten nach Konformität und Abweichung theoretisch wie empirisch immer von erstrangiger Bedeutung gewesen. Wenn soziale Ordnung auf freiwilliger Normenkonformität beruht: Was sind die Funktionen abweichenden Verhaltens für die Gesellschaft? Diese Frage hat alle Funktionalisten beschäftigt und zwar zumeist nicht nur in der theoretischen, sondern auch in der empirischen Analyse.

Durkheims empirisch-theoretische Untersuchung von Konformität und Abweichung ist hier von grundlegender und neuerdings zunehmender Bedeutung, nicht zuletzt als Anregung von empirischer Forschung[226]. Verbrechen und Selbstmord als bestimmte Formen abweichenden Verhaltens gelten ihm unter bestimmten Umständen als „normale" Phänomene und haben für die Gesellschaft nicht nur negative, sondern auch positive Funktionen. Normal, weil es keine Gesellschaft ohne Verbrechen gibt und sofern sich dessen relative Häufigkeit (die Rate) im Rahmen des für alle Gesellschaften dieses Typus und deren Entwicklungsstand Durchschnittlichen hält[227]. Die normale Verbrechensrate ist nun für die Gesellschaft dadurch von „Nutzen", daß durch die kollektive Reaktion, die sie hervorruft, Normen eingeschärft und die Autorität der Gesellschaft gestärkt wird[228]. Dazu kommt, daß sich mit den „Bedingungen der gesellschaftlichen Existenz" in der Regel auch die kollektiven Vorstellungen über das Verbrechen verändern, so daß Verbrechen häufig zu einer „Antizipation der zukünftigen Moral" wird[229]: Abweichung als Ansatz sozialen Wandels.

In der funktionalen Analyse des Suizids hat Durkheim die Anomietheorie abweichenden Verhaltens formuliert, die Grundlage von Mertons Anomietheorie ist und danach erst eigenständig rezipiert wurde. Ihr zufolge steigt die Suizidrate, wenn die „kollektive Ordnung" gestört ist, sei es, daß es „im sozialen Körper ein plötzliches Wachstum", sei es, daß es „unerwartete Erschütterungen" gab[230]. Die Gesellschaft kann ihre überlegene Autorität zeitweise nicht zur Geltung bringen: Es sind Kräfte freigesetzt worden, die überkommene Vorstellungen in Frage stellen, und man weiß nicht mehr sicher, was möglich ist und welche Erwartungen erlaubt sind[231]. Das ist der Zustand der Anomie, der in der modernen Gesellschaft normal ist: Sie wird als Wirtschaftsgesellschaft durch die „Welt von Handel und Industrie" dominiert und die Entwicklung der Industrie und der Märkte entfesselt „Leidenschaften" und „Begierden". Dabei ist die Anomie klassenspezifisch geprägt: Die „Wohlhabenden in Handel und Industrie" sind am meisten suizidgefährdet; bei ihnen ist die Selbstmordrate am höchsten[232]. Zunächst in der Mertonschen

Form hat die Anomietheorie eine fruchtbare empirisch-theoretische Diskussion hervorgerufen, in der sie sich im wesentlichen hat behaupten können, wenn auch die Konzeptualisierung von Struktur, Anomie und Abweichung wie die Messung von Anomie gewisse Schwierigkeiten macht[233].

Durkheim untersuchte Anomie als eine Beziehung zwischen dem Wandel der Sozialstruktur und der Verbindlichkeit der normativen Kultur. Merton faßt das strukturfunktionalistisch enger als Diskrepanz zwischen geltenden Werten und Gelegenheitsstruktur oder zwischen Standards und gesellschaftlichen Realisierungsbedingungen[234]. Eine anomische Situation konstituiert für die Inhaber verschiedener sozialer Status in unterschiedlichem Maß ein (objektives) soziales Problem. Dieses ist aber auch ein Bewußtseinsphänomen: Die Diskrepanz wird bewertet; es wird „definiert", ob und in welcher Hinsicht ein Problem vorliegt, wobei die Inhaber von „strategischen Positionen von Macht und Autorität" ein größeres Gewicht haben als die Inhaber anderer Status[235]. Entspechend unterscheidet Merton manifeste und latente soziale Probleme. Demonstrationen u. ä. sind Mittel („funktionale Äquivalente"), um die Sichtbarkeit der Diskrepanz und die Definition als soziales Problem zu beeinflussen. Diskrepanzen sind im Zeitablauf nicht stabil: Das Ausmaß vergrößert sich durch Erhöhung der Standards und/oder Verschlechterung der Bedingungen. Von besonderer Bedeutung ist natürlich der Fall der Verbesserung der Bedingungen bei überproportional steigenden Standards („Ansprüche")[236]. Merton unterscheidet nun „Desorganisation" und „abweichendes Verhalten" als Formen sozialer Probleme. Desorganisation bezieht sich auf das technische Funktionieren sozialer Systeme, wobei ausdrücklich auf Parsons' Funktionsimperative hingewiesen wird: Ein Systemzustand, in dem die Beziehung zwischen den verschiedenen Status so organisiert ist, daß kollektive und individuelle Ziele nur suboptimal erreicht werden. Im Unterschied dazu wird abweichendes Verhalten auf der Interaktionsebene definiert als ein Handeln, das von den Normen eines bestimmten Status abweicht; eine Person kommt also den Rechten und Pflichten des von ihr eingenommenen Status nicht ausreichend nach. Abweichendes Verhalten ist ein relationaler, nämlich auf den jeweiligen Status bezogener Begriff[237].

Aus der Reaktion der Individuen als Statusinhaber auf die anomische Situation entwickelt Merton eine Reihe von Anpassungsmustern, je nachdem welche Aspekte der Situation abgelehnt bzw. akzeptiert werden. Daneben steht Konformität in der nichtanomischen Situation[238].

Arten der Anpassung	Kulturelle Ziele	Institutionelle Mittel
Konformität	+	+
Innovation (Neuerung)	+	–
Ritualismus	–	+
Apathie (Rückzug)	–	–
Rebellion (Auflehnung)	(±)	(±)

Cloward hat diesen Ansatz zur Erklärung kriminellen Verhaltens in direktem Anschluß an Durkheim erweitert[239]. Er unterscheidet legitime und illegitime Mittel der Zielerreichung und fragt nach dem Zugang zu illegitimen Mitteln, also etwa zur Mitgliedschaft in einer kriminellen Vereinigung. Aus dieser Sicht ist „Rückzug" die Reaktion auf ein doppeltes Scheitern: sowohl beim legitimen wie auch beim illegitimen Versuch der Erreichung etwa des in der US-amerikanischen Gesellschaft allgemein akzeptierten Erfolgsziels.

Die Anomietheorie soll nun unterschiedliche Raten von abweichendem Verhalten erklären. Merton hat dazu u. a. die Vermutung formuliert, daß die Rate krimineller

Innovation in den USA in den unteren städtischen Schichten höher ist als in den mittleren: Sie werden durch das Erfolgsziel motiviert, illegitime Mittel einzusetzen, wenn die Gelegenheitsstruktur keine legitimen Wege zum Erfolg bietet. Diese Hypothese hat eine Fülle von empirischen Untersuchungen über die Werte verschiedener Schichten[240] und vor allem über Jugenddelinquenz sowie über Delinquenz und Sozialstruktur[241] angeregt. Neben methodischen Schwierigkeiten hat sich dabei vor allem gezeigt, daß der Zusammenhang von Erfolgsziel (in den USA), ungünstiger Gelegenheitsstruktur und Einsatz illegitimer Mittel komplexer ist als die Theorie annimmt. Das wird etwa deutlich, wenn man Mertons „institutionalisierte Vermeidungsmuster" in die Diskussion einbezieht. So werden bei Diskrepanzen zwischen individuellen Bedürfnissen und gesellschaftlichen Normen diese unterlaufen oder ignoriert. Verschiedene Vermeidungsmechanismen werden in der Diskussion der Verarbeitung von Rollenkonflikten diskutiert[242].

Parsons kritisiert Mertons anomie-theoretischen Ansatz als kulturgebunden und versucht in seiner strukturell-funktionalen Handlungssystemtheorie einen allgemeineren Zugang zur Analyse abweichenden Verhaltens zu gewinnen. Mit Merton betont er dabei die Bedeutung des institutionalisierten Wertmusters und im deutlichen Unterschied zu Durkheim die Dysfunktionalität der Abweichung für das Sozialsystem. Erklärt werden soll zunächst der Ursprung der abweichenden Motivation der Handelnden[243]. Wenn in der Interaktion Erwartungen frustriert werden, können die entstehenden Spannungen durch Anpassungslernen überwunden werden. Es ist aber auch eine andere Lösung möglich: Wenn in der sozialen Beziehung die affektive Bindung an einen Interaktionspartner oder an eine Norm bestehen bleibt, aber gleichzeitig Erwartungen frustriert werden, wird die Beziehung ambivalent: Es gibt Tendenzen sowohl zur Konformität wie zur Entfremdung. In der Interaktion muß zur Erhaltung der Handlungsfähigkeit eine der Tendenzen einem der Partner gegenüber unterdrückt werden. Daraus ergibt sich als Reaktion Über- bzw. Unterkonformität oder „zwanghafte Konformität" bzw. „zwanghafte Entfremdung". Und aus der letzteren ergibt sich in einem kumulativen Prozeß die abweichende Motivation[244]. Zur Erklärung der Richtung der Abweichung führt Parsons zwei Motivationsdimensionen ein, von denen die eine bei Merton im Zusammenhang der Anpassungsform der Rebellion bereits angesprochen wurde: Aktivität oder Passivität. Entfremdung drückt sich z. B. in flagranter Normverletzung oder in Krankheit aus. Die andere Dimension betrifft das Zielobjekt der oder den Brennpunkt für die Entfremdung: Personen als Handelnde oder Normen[245]. Aus der Kombination dieser beiden Motivationsdimensionen gewinnt Parsons folgende Formen abweichenden Verhaltens[246]:

	Aktivität		Passivität	
	Schwergewicht auf soziale Objekte	Schwergewicht auf soziale Normen	Schwergewicht auf soziale Objekte	Schwergewicht auf soziale Normen
Dominanz konformer Komponenten	zwanghafte konforme Handlungsorientierung		zwanghafte Ergebung	
	Beherrschung	zwanghafte Durchsetzung	Unterwerfung	perfekte Normbeachtung (Mertons Ritualismus)
Dominanz der abweichenden Komponenten	Auflehnung		Ausweichen	
	Aggressivität	Unverbesserlichkeit	zwanghafte Unabhängigkeit	Rückzug aus normativen Beziehungen

Von dieser Klassifikation abweichenden Verhaltens sollten nun überprüfbare Hypothesen formuliert werden. Parsons gibt dazu nur Anregungen: Einmal, indem er auf sozialstrukturelle Bedingungen aufmerksam macht, die die Herausbildung einer abweichenden Motivation fördern, wie z. B. strukturbedingte Rollenkonflikte oder relativ unbestimmte Werte, die Legitimierung abweichenden Verhaltens erlauben[247]. Zum andern durch systematische Begründung von abweichenden Strukturmustern wie Krankheit und Delinquenzgruppen-Bildung aus einer abweichenden Motivation und der Erreichbarkeit einer Status-Rolle, in der beide Seiten der erwähnten Ambivalenz ausgedrückt werden können[248]. Systematische empirisch-theoretische Forschung wie die Anomietheorie hat der Parsonssche Ansatz nicht angeregt.

3.5 Ungleichheit und soziale Schichtung

Für die funktionalistische Analyse der unterschiedlichen Verteilung von Macht, Reichtum, Qualifikation, Prestige usw. ist bezeichnend, daß der Terminus „Ungleichheit" lange Zeit vermieden oder über Prestigedifferenzen definiert wurde. Das läßt sich aus Parsons' Analyse von Ungleichheit verstehen: Gegen Marx stellt er fest, daß die Schichtung in modernen Gesellschaften sich nicht mehr vom kapitalistischen Betrieb her aufbaut, daß dieser vielmehr als Struktur von Berufsrollen ebenso wie die soziale Schichtung vom „generalisierten Sozialsystem" her analysiert wird[249]. 25 Jahre danach diskutiert er unter der Überschrift der „Ungleichheit" den langfristigen Trend zu mehr Gleichheit samt der institutionellen Basis und kommt unter Beibehaltung wesentlicher Züge seines „revidierten Ansatzes" auf die Integration der Ungleichheiten hinsichtlich wirtschaftlicher Produktivität, politischer Autorität und kulturell begründeter Kompetenz mit dem Anspruch aller Gesellschaftsmitglieder auf Respekt zu sprechen. Die Frage nach den integrativen Mechanismen beantwortet er wieder mit dem Hinweis auf eine akzeptable Prestigeschichtung[250]. Ungleichheiten werden grundsätzlich als Bedingung oder als Entschädigung für einen funktionalen Beitrag von Handelnden zum Funktionieren des Sozialsystems gesehen. Im übrigen gibt es verschiedene Versionen dieses Ansatzes: Schon Durkheim hat im Rahmen der Anomiediskussion eine Version formuliert, die die wesentlichen Elemente der prominenten Versionen von Davis/Moore und von Parsons enthält, nämlich Arbeitsteilung und Bewertung gemäß akzeptierten Kriterien. Daneben haben sich in der Debatte der funktionalistischen Schichtungstheorie in den 50er und 60er Jahren weitere Versionen ergeben, so vor allem die von Simpson und die von Tumin.

Durkheims Schichtungstheorie setzt berufliche Arbeitsteilung voraus und geht von zwei Annahmen aus: Daß bei prinzipiell unbegrenzten Bedürfnissen die Mittel zu ihrer Befriedigung stets begrenzt sind; und daß ein Gleichgewicht zwischen Bedürfnissen und Mitteln zu ihrer Befriedigung erforderlich ist für menschliche Zufriedenheit[251]. Gesellschaft als funktionaler Bezugspunkt der Analyse bleibt implizit. Gesellschaft mit öffentlicher Meinung als Sanktionsinstanz bewertet die Dienste der verschiedenen Berufe, definiert angemessene Belohnungen und setzt den Wünschen der Individuen Grenzen: Im „sittlichen Bewußtsein der Gesellschaft" gibt es ein „vages Gefühl" für den Wert der Leistungen und für die Angemessenheit der Belohnungen, und die öffentliche Meinung „schlägt Alarm", wenn die Grenzen für die Lebensführung der verschiedenen Gruppen überschritten werden; unter diesem Druck „macht sich jeder ein Bild für die Grenzen seines Ehrgeizes"[252]. Die Gesellschaft hat weiter Vorkehrungen für die Zuweisung der Positionen getroffen: Es gibt Regeln, „wann die verschiedenen Stellungen den einzelnen jeweils offenstehen", nämlich ererbtes Vermögen oder „Verdienst" und daneben „Begabung"[253]. Hier werden Ungleichheiten aufgrund der Zuweisung nach zugeschriebenen bzw. erworbenen Eigenschaften angesprochen. Eine stabile Ordnung dieser Ungleichheiten setzt voraus, daß sie von den einzelnen anerkannt wird: „Der Mensch erhält Gesetze ... aus einem Bewußtsein, das dem seinen überlegen ist und dessen Überlegenheit er spürt", und er reagiert mit „moralischer Disziplin"[254].

Diese Schichtungsanalyse, die sich noch der Dynamik der Ungleichheitsordnung bewußt ist, wird in der Theorie von Davis/Moore auf die Schichtung von sozialen Positionen und auf den Bezugspunkt des Persistierens („Überlebens") der Gesellschaft verengt. Zunächst wird die Universalität sozialer Ungleichheit als Schichtung dieser Positionen erklärt: Jede Gesellschaft oder Sozialsystem (die Termini werden alternierend gebraucht) hat als funktionales Erfordernis, ihre Mitglieder zu motivieren, bestimmte Positionen einzunehmen, d. h. sich für diese zu qualifizieren und sich um sie zu bewerben; ferner als Inhaber dieser Positionen den damit verbundenen Erwartungen gewissenhaft nachzukommen. Dieses Erfordernis wird dadurch erfüllt, daß die Positionen unterschiedlich mit Entschädigungen ausgestattet sind. Das Ausmaß der Entschädigung ergibt sich für die Positionen aus ihrer Bedeutung für das Überleben der Gesellschaft als notwendiger und der Knappheit entsprechend qualifizierter Bewerber als hinreichender Bedingung. Soziale Schichtung ist danach ein System differenziell auf die Positionen verteilter Entschädigungen, die aus wirtschaftlichen, ästhetischen und symbolischen Anreizen bestehen. Daß die gleiche Position im Schichtungssystem verschiedener Gesellschaften einen unterschiedlichen Rang hat, wird unter Rückgriff auf die relative Bedeutung der Probleme erklärt, die eine Gesellschaft zum Überleben erfolgreich bearbeiten muß (und die Vorformen des Parsonsschen Vier-Funktionen-Schemas darstellen): Integration durch Herstellung eines Wertkonsenses; die Organisation von Autorität und Recht sowie die Orientierung auf die Umwelt; die Allokation von Reichtum und Arbeit; die Bereitstellung von generalisiertem technischen Wissen. Die auf die Leistung dieser Beiträge gerichteten Positionen haben daher einen unterschiedlichen Rang. Diese Theorie gilt für mehr oder weniger „offene" Gesellschaften: Es muß also wenigstens etwas Konkurrenz der Gesellschaftsmitglieder um die Positionen geben.

Eine mehr als ein Jahrzehnt dauernde inhaltliche und methodologische Debatte, die auch empirische Forschung angeregt hat, wurde Anfang der 50er Jahre durch Tumin ausgelöst[255]; eine kritische Zusammenfassung bieten Wiehn und Huaco. Die methodologische Kritik wird aus der Sicht des logischen Positivismus geführt und von Huaco dahingehend zusammengefaßt[256], daß er funktionalistische Charakter der Theorie am fragwürdigsten ist: Der Bezugspunkt „Überleben" ist sehr problematisch, ebenso die Behauptung einer unterschiedlich funktionalen Bedeutung der Positionen. Tatsächlich scheint diese Behauptung nicht prüfbar zu sein. Das bedeutet aber auch, daß die Notwendigkeit ungleicher Belohnungen eine analytische, aber keine empirische ist. Der Aufweis funktionaler Äquivalente für die Schichtung, vor allem am Beispiel der Kibbuzim, verweist auf den bekannten Mangel an Prognosekraft funktionalistischer Argumente. Schließlich wird das Fehlen einer historischen Perspektive angemerkt. Die inhaltliche Debatte macht besonders darauf aufmerksam, daß es zumindest fragwürdig ist, daß Gesellschaften mit Konkurrenz um hochrangige Positionen sich in ihrer Umwelt besser behaupten als Gesellschaften mit Positionszuschreibung. Nach Huaco verbleiben einige „wertvolle Einsichten", die aber nicht zu einer Schichtungstheorie reichen: Daß hochrangige Positionen wegen der in sie eingebauten Entschädigungen angestrebt werden; daß die unterschiedliche Verfügbarkeit von qualifizierten Bewerbern eine Ursache der Schichtung ist, und zwar wenn zwischen verfügbarer und positional angeforderter Qualifikation eine Diskrepanz besteht; und schließlich, daß sich Positionszuschreibungen in allen Gesellschaften als Auswirkung von Familie und Macht ergeben. Zu einer im Ganzen etwas positiveren Kritik kommt Abrahamson in Diskussion einer Reihe von empirischen Untersuchungen zur Überprüfung der Davis-Moore-Theorie: Sie konnte nicht widerlegt werden. Aber auch er räumt gravierende Meßprobleme ein und meint abschließend, daß sich neben dieser Theorie andere Schichtungstheorien entwickeln werden[257].

Parsons' Ansatz in der revidierten Fassung[258] ist als Verbindung von Handlungstheorie und funktionaler Systemtheorie sehr kompliziert, obwohl das Erkenntnisinteresse gegenüber Davis/Moore noch einmal eingeschränkt ist: Parsons will nur die Rangordnung von Status-Rollen als Einheiten der Gesellschaft als Sozialsystem erklären. Dabei werden die Funktion und die Ursache von Schichtung deutlich auseinandergehalten. Wie schon Durkheim geht er von der Annahme der Bewertung der Komponenten des Handelns aus. Zunächst werden die Einheiten nach ihrem Beitrag zur Lösung eines der vier Hauptprobleme des Sozialsystems – also „Wirtschaft", „Politik", „Kontrolle", „Motivation" – direkt bewertet und zwar jeweils am Maßstab des dem entsprechenden Subsystems zugehörigen Wertmusters. Diese Wertmuster werden vom „dominanten" Wertmuster her integriert. Parsons Schichtungstheorie wird nun im weiteren historisiert, auf die moderne westliche Gesellschaft bezogen: Deren dominantes Wertmuster ist das der „Leistung im universellen Rahmen". Aus seiner Dominanz ergeben sich einige der Schwierigkeiten der „direkten" Bewertung, nämlich die relative Unbestimmtheit aus den Wertmustern abgeleiteter Maßstäbe; die mangelnde Vergleichbarkeit der Einheiten und die eingeschränkte Kompetenz der Bewertenden. Die Prestigerangordnung der Berufe ist Ausdruck dieser direkten Bewertung. Der Schwierigkeiten wegen ist eine „indirekte" Bewertung der Einheiten nach dem Ausmaß ihrer Kontrolle über „nichtrelationale Besitzobjekte" nötig, die die Einheiten als Mittel bzw. Entschädigung für ihre Leistung erhalten haben. Ausdruck dieser Bewertung ist der Besitz von Statussymbolen, aber auch Amtsautorität. Direkte und indirekte Bewertung ergeben den „idealen" Rang einer Einheit. Von ihm kann der „tatsächliche" Rang abweichen, was dann der Fall ist, wenn Autorität zur illegitimen Kontrolle von Besitzobjekten zweckentfremdet wurde.

Die gründlichste Kritik hat Parsons' Schichtungstheorie theoretisch wie empirisch in einer Untersuchung von Tumin über Schichtung und Wandel in Puerto Rico erfahren. Neuere kritische Interpretationen wurden von Bergmann und von Münch[259] vorgelegt. Zentraler Punkt der Kritik Tumins ist die Beobachtung, daß es in Gesellschaften mehrere dominante Wertmuster geben kann: In Puerto Rico etwa ein modernes und ein traditionales. Daran wird einmal deutlich, daß das Modell eines stabilen Sozialsystems, das er Parsons unterstellt, für die Analyse einer Gesellschaft im Wandel wenig geeignet erscheint und daß zum anderen ein hierarchisches Modell der Interaktion von Wertmustern mindestens nicht das einzig brauchbare ist[260]. Das bekannte Problem der standortspezifischen Bewertung von (beruflichen) Positionen diskutiert Tumin als Problem von Konsens/Dissens über Bewertungsmaßstäbe und über positionalen Rang. Anders als Parsons annimmt, ist danach nicht Konsens, sondern Dissens der Einheiten die Regel: Wer von hochbewerteten Eigenschaften, z. B. formaler beruflicher Kompetenz, nur wenig vorzuweisen hat, spielt diese Eigenschaft herunter und betont Eigenschaften, die, wie z. B. Ehre, prinzipiell nicht knapp sind[261]. Das hat aber für den Beitrag dieser Einheiten zur Bearbeitung der verschiedenen Systemprobleme wenig Bedeutung: Der Beitrag wird auch dann erbracht, wenn die gängigen Bewertungskriterien abgelehnt werden. Dafür ist vor allem förderlich, wenn die offizielle Ideologie Gleichheit betont[262]. Übergehend zu Prestige als Entschädigung entfernt sich Tumin von der funktionalistischen Argumentation, wenn er die Ausformung des Prestigesystems in Abhängigkeit sieht nicht nur von konkurrierenden Rangordnungen der Systemprobleme, sondern auch von dahinterstehenden konkurrierenden Machtgruppen, konkurrierenden Prestigekriterien und schließlich von der Chance der Einheiten, ein positives Selbstbild zu bewahren[263]. Tumin schlägt schließlich eine einfache Macht- und Sozialisationstheorie der Schichtung vor[264], die in vielem an Popitz' Prozesse der Machtbildung erinnert.

3.6 Sozialer Wandel und Konflikt

Die funktionale Analyse des sozialen Wandels unterscheidet zwischen Wandel im und Wandel des Systems oder zwischen Gleichgewichtsprozessen und Strukturwandel. Wir befassen uns hier nur mit dem Strukturwandel, der im Unterschied zu Anpassungsprozessen Verschwinden, Neuschaffung und Reorganisation der Rollenstruktur des Sozialsystems, also der Organisationsmuster der Systemeinheiten, bedeutet und damit einen größeren Zeitbedarf hat. Das **Analysemodell** ist das der „**strukturellen Differenzierung**", das eine Tradition von Spencer über Durkheim zu Parsons/Smelser hat [265] und im Spätwerk von Parsons wie auch bei Luhmann in einen allgemeinen evolutionstheoretischen Rahmen eingebracht wird. Demgegenüber sind die Beiträge anderer Funktionalisten als weniger umfassend und/oder systematisch zu charakterisieren, wenn es auch bemerkenswerte Beiträge zur allgemeinen funktionalen Theorie des Wandels etwa von Merton, Levy, Moore und Cancian und zu einer speziellen Version mit der Modernisierungstheorie etwa von Eisenstadt gibt. Der am deutlichsten strukturell-funktionale Ansatz von Smelser enthält zugleich die für diesen charakteristische Konflikttheorie: latente, strukturbedingte Konflikte als Grund für manifestes Konflikthandeln und seine Überwindung durch Strukturwandel. Im übrigen scheint strukturelle und funktionale Differenzierung die Form von sozialem Wandel zu sein, zu deren Analyse der strukturell-funktionale Ansatz besonders geeignet ist: Auch Smelser geht zu einem nicht-funktionalistischen Ansatz über, wenn er in einer allgemeinen Theorie des Wandels auch andere Formen erklären will [266].

In Spencers Theorie vollzieht sich Wachstum einer Gesellschaft wie jedes Organismus über strukturelle Differenzierung auf der Grundlage von „Größenwachstum" [267]. Strukturelle Differenzierung bedeutet Spezialisierung der Einheiten und ihre gegenseitige Abhängigkeit entlang von vier „sozialen Zwängen": Der externen und internen Bestandssicherung, des Austauschs spezialisierter Leistungen und der Regelung dieses Austausches vorzugsweise durch vertragliche Übereinkunft. Dabei scheint diese Anordnung der Zwänge auch die Reihenfolge des evolutionären Erscheinens der spezialisierten Strukturkomplexe anzugeben. Zu Strukturwandel kommt es bei Wechsel der Dominanz der Bereiche. Wenn also z.B. im Kriegsfall externe Sicherung wichtiger als vertraglich geregelter Austausch wird, tritt statt der industriellen die militärische Gesellschaftsform in den Vordergrund.

Wie Spencer entwickelt Durkheim am Fall der Gesellschaft seiner Zeit eine allgemeine Theorie evolutionären Wandels vom segmentären zum komplexen Typus durch Differenzierung der Arbeitsteilung, von der wesentliche Elemente bereits weiter oben angesprochen wurden. Zunehmende Arbeitsteilung ist das Gesetz aller komplexen Gebilde, mit denen sich Soziologie und Biologie befassen: Gesellschaften gewinnen zahlenmäßig an Größe und sozial an Dichte der Beziehungen zwischen ihren Mitgliedern, was die Konkurrenz um knappe Mittel verschärft. Diesen Druck zu mindern ist Spezialisierung geeignet. Zunahme der Arbeitsteilung wirkt sich zunächst in der Lockerung tradierter Integrationsweisen aus: Das Kollektivbewußtsein wird geschwächt, und die Vererbung sozialer Stellungen geht zurück. Das löst den Einzelnen vom Gruppendruck und von der Kausalität des Organismus. Eine differenziertere Arbeitsteilung wirkt sich so in einem erhöhten Regelungsbedarf auf der gesellschaftlichen Ebene aus [268]. Der Staat, weder als politische Gesellschaft noch als Regierungsapparat, sondern als Organ reflektierten gesellschaftlichen Denkens verstanden, gibt in dieser Situation vor allem moralische Orientierung und grenzt den Raum ein, in dem die Berufsgruppen als Träger der Moral der Arbeitsteilung und der sozialen Integration fungieren.

Die evolutionäre Perspektive steht unausgesprochen auch im Hintergrund des **strukturell-funktionalen Ansatzes.** Charakteristisch für diese Version des historischen Funktionalismus ist Smelsers **Theorie des Wandels,** die an entsprechend orientierte Arbeiten von Parsons anschließt und dessen Theorietechnik in bestimmter Weise ausbaut. Parsons will ein theoretisch-analytisches System als Voraussetzung für die Formulierung eines Systems empirisch-theoretischer Aussagen entwickeln. Diese Absicht führt Smelser in der Analyse eines konkreten Phänomens des sozialen Wandels, nämlich der Veränderung von Betriebs- und Familienformen und begleitenden strukturellen Veränderungen im Zuge der Industrialisierung in England in der ersten Hälfte des 19. Jahrhunderts, in einer Weise weiter, die an Lakatos' Methodologie erinnert. Die Analyse erfolgt in drei Schritten; im ersten wird ein analytischer Bezugsrahmen formuliert, der im zweiten auf das konkrete Phänomen hin spezifiziert ("filling the empty boxes") empirische Vermutungen ergibt, die im dritten Schritt in der Untersuchung des Phänomens einer begrenzten Überprüfung unterzogen werden[269]. Wir befassen uns hier zunächst und vor allem mit dem analytischen Theoriebezugsrahmen.

Zentral für diesen Rahmen ist das Sozialsystem, dessen Einheiten: Praktiken, Rollen und Kollektivitäten, im Austausch von Leistungen und Sanktionen stabile wechselseitige Erwartungen aufbauen, wobei sie auf verschiedenen Abstraktionsebenen Kontrollen unterliegen: Werten, Normen, funktionalen Imperativen. Die Gleichgewichtsbedingungen des Sozialsystems werden durch die bekannten vier funktionalen Probleme definiert; hier: Erhaltung des Wertsystems, Definition von kollektiven Zielen, Mobilisierung vielfältig verwendbarer Mittel und Integration der Einheiten[270]. Um diese Bedingungen der strukturellen Bestandserhaltung herum werden die Rollen usw. in Subsysteme organisiert, die in internen und externen „Grenzaustauschbeziehungen" stehen[271]. Gleichgewichtsstörungen werden vom System ohne oder durch langfristigen (zeitaufwendigen) Wandel der Rollenstruktur einreguliert[272]. Wandel der Rollenstruktur bedeutet Differenzierung der Einheiten: Funktionen, die zu Beginn von einer Einheit erbracht wurden, sind am Ende mehreren spezialisierten Einheiten mit vergleichsweise höherer Effektivität zugeordnet. Die Differenzierung ist Ergebnis eines Handlungsprozesses, der mehrere Stufen durchläuft, wobei die jeweils vorangehende notwendige Bedingung für die nachfolgende ist. Smelser nennt diese Art Kausalmodell "value-added process", verwendet also eine Art Zuwachsmodell: Die einzelnen Stufen sind spezifische Umstände für Handlungssequenzen, die zur Differenzierung der Einheiten Anlaß geben, wobei sich die Wirkungen kumulieren[273].

Kernstück von Smelsers analytischem Theoriebezugsrahmen ist ein **siebenstufiges Schema für die Analyse eines Prozesses des sozialen Wandels,** das dann in Fortgang der theoretischen Arbeit erweitert wird[274]. Auf der ersten Stufe des Prozesses kommt es zur „Unzufriedenheit" der Einheiten mit der Zielerreichung des Sozialsystems; die bestehende Rollenstruktur ist also zum sozialen Problem geworden, wobei im Hintergrund die Ansicht steht, daß es Mittel für eine Verbesserung gibt. Auf der zweiten Stufe äußert sich die Unzufriedenheit in verschiedenen Formen von „Unruhe", also manifesten Konflikten, die auf der nächsten Stufe von den Repräsentanten des Status quo, den „Autoritäten", in traditioneller Weise zu kontrollieren versucht werden: Konfliktaustragung und „Waffenstillstand". In einer Situation relativer Beruhigung werden dann Ressourcen für die Reorganisation der Struktur mobilisiert: Auf der vierten Stufe wird Ausprobieren „neuer Ideen" zur Problemlösung ermutigt; auf der fünften werden zur Spezifizierung der neuen Ideen auf die Situation Verbindlichkeiten eingegangen. Auf der sechsten Stufe werden schließlich bestimmte Neuerungen eingeführt und im Erfolgsfall belohnt, im Mißerfolgsfall bestraft. Auf der letzten Stufe des Wandels endlich wird eine erfolgreiche Neuerung als Lösung des Problems schrittweise routinisiert. Das Schema impliziert keine Fixierung der Stufenfolge: Es können Stufen zeitlich gedehnt und/oder übersprungen werden, wie auch eine Regression des Prozesses möglich ist[275].

Bei der Analyse der Quellen der Unzufriedenheit wird der Bezugsrahmen durch die Verbindung zu den vier Funktionen als Gleichgewichtsbedingungen erweitert. Die Unzufriedenheit mit der Zielerreichung und die Perzeption von Verbesserungsmöglichkeiten richtet sich auf Rollen und die von diesen kontrollierten Ressourcen als Strukturdimensionen, wobei die letzteren zum Ausgangspunkt der Analyse genommen werden[276]. Die Ressourcen werden mit Blick auf die vier Funktionen klassifiziert als Werte, die Handeln legitimieren; Motivationen der Handelnden (G); Mittel zur Zielerreichung (A); und Solidarität der Handelnden (I). Die Werte bleiben außer Betracht, weil sie **während einer Sequenz** des Strukturwandels als Bezugspunkte für Bewertungen fungieren. Bezüglich der übrigen drei Ressourcenarten werden jeweils sieben Abstraktionsebenen unterschieden: bei der Motivation z. B. etwa auf der allgemeinsten Ebene „sozialisierte Motivation", auf einer mittleren Ebene die Motivation, am Erwerbsleben teilzunehmen, und auf der untersten Ebene die Motivation, eine bestimmte Arbeitsaufgabe zu erledigen[277]. Die Unzufriedenheit mit der Ressourcennutzung richtet sich auf die unteren Ebenen der drei Arten von Ressourcen, wobei die verschiedenen „Brennpunkte" der Unzufriedenheit miteinander in Beziehung stehen[278]: Unzufriedenheit mit der Motivation ist nicht unabhängig von Unzufriedenheit mit der Mittelnutzung, und Unzufriedenheit mit der Motivation zu arbeiten impliziert auch Unzufriedenheit mit der Motivation, eine bestimmte Aufgabe zu erledigen.

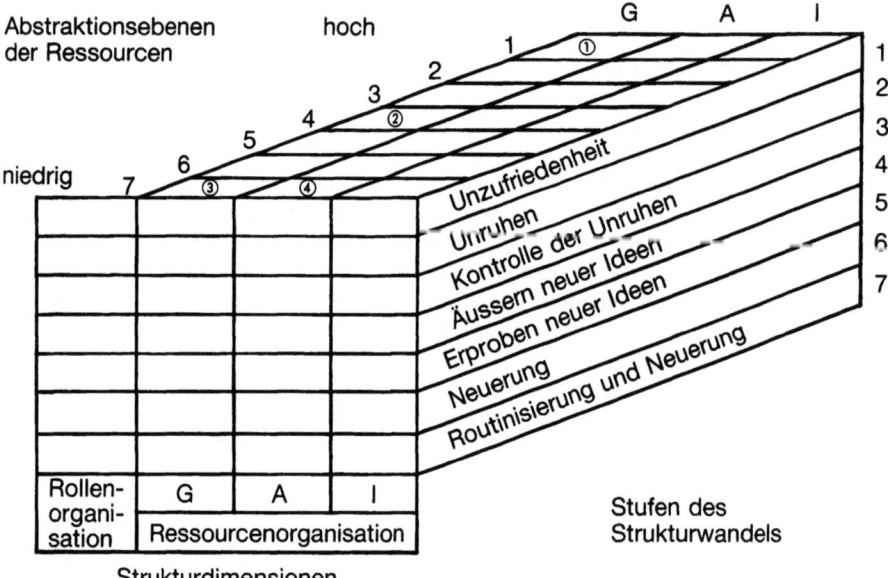

Strukturwandel erfolgt nun als **Ressourcen-Reorganisation,** welche eine Reorganisation der Rollenstruktur mit sich bringt. Formal gesehen geschieht das durch Rekurs auf eine Abstraktionsebene der betreffenden Ressourcenart, die von der Unzufriedenheit unberührt geblieben ist; von daher wird eine befriedigendere Spezifikation für die unteren Ebenen dieser wie auch der beiden Ressourcenarten erarbeitet. Wenn also im Fall der englischen Spinner und Weber im 19. Jahrhundert durch Einführung des Fabriksystems der Vater seine Kinder nicht mehr im Arbeitsprozeß en passant wie in der Hausindustrie erziehen kann, wird Unzufriedenheit mit der Motivation zur konkreten Aufgabenerledigung deutlich. Reorganisationsbemühungen „der Autoritäten" können von einer fortbestehenden Motivation zum Erwerb ausgehen. Bei der Spezifizierung der Motivation auf die neue Situation der Fabrikarbeit müssen dann auch Veränderungen in den Mitteln und in der Solidarität eintreten. Die Lösung besteht in der Einführung des 10-Stunden-Arbeitstages und eines rudimentären Schulsystems; das führt zur Differenzierung der diffusen Rolle des Vaters in die spezifischere Rolle des Vaters und in die davon getrennte Rolle des Lehrers. Das Beispiel muß hier genügen; für eine Zusammenfassung und für eine Kritik sei auf Schmid und auf Stinchcombe verwiesen[279].

Parsons' theoretischer Ansatz zur Analyse sozialen Wandels hat sich vom „Social System" über eine Version in den „Grundzügen des Sozialsystems", die in mancher Hinsicht Smelsers Ansatz ähnlich ist, bis zu „Gesellschaften" entwickelt. In dieser letzten Version behält sie Elemente des Stukturfunktionalismus bei, macht aber, gegenüber Smelser eingeschränkt auf die Gesellschaft als Sozialsystem, die **evolutionistische Perspektive** explizit: Strukturelle Differenzierung ist zentrales Element einer Theorie der Evolution von Gesellschaft. Unter **Gesellschaft**[280] wird hier das Sozialsystem verstanden, das als System den höchsten Grad an Autarkie oder Selbständigkeit in Bezug auf seine Umgebung aus Kultur, Persönlichkeit, Verhaltensorganismus und physisch-organischem System aufweist; das also alle zur Selbstreproduktion erforderlichen Funktionsbereiche enthält[281]. Gesellschaftlicher Strukturwandel wird als strukturelle Differenzierung bestimmt, durch die, bezogen auf die funktionalen Hauptprobleme jeden Sozialsystems, die „adaptive Kapazität" der Gesellschaft, die Autarkie oder die Kontrollfähigkeit gegenüber der Umgebung steigt: Das ist der Fall, „wenn jede sich neu differenzierende Substruktur ... eine verbesserte Anpassungsfähigkeit zur Erfüllung ihrer **primären** Funktion im Vergleich zur Erfüllung **dieser** Funktion innerhalb der vorhergehenden, diffusen Struktur aufweist"[282].

Evolutionäre Universalien sind die Voraussetzungen der Evolution der Gesellschaft, genauer: sie sind Bedingung „entwicklungsmäßiger ‚Durchbrüche'"[283], also weiterer Differenzierung auf der Ebene der kulturellen und sozialen Organisation von Gesellschaft. Charakteristisch für sie ist, daß sie als „Erfindungen" nicht in einer einzelnen, sondern stets in mehreren Gesellschaften auftreten. Minimumvoraussetzungen jeder, auch der einfachsten Gesellschaft, sind eine einfache Technologie, eine Verwandtschaftsorganisation, sprachliche Kommunikation und Religion. Die Formulierung von Minimumvoraussetzungen erinnert deutlich an Levys erfordernisfunktionalistische Analyse sozialen Wandels, die aber nicht evolutionär, sondern komparativ-statisch ansetzt[284]. Zwei weitere organisatorische Komplexe sind für den Ausbruch aus dem „Primitivzustand" der Gesellschaft Voraussetzung: Ein System sozialer Schichtung, das die verwandtschaftliche Zuschreibung ablöst, und Institutionen der kulturellen Legitimierung, die sich aus der religiösen Tradition herauslösen. Vier weitere Komplexe schließlich sind Grundlage der modernen Gesellschaft, nämlich bürokratische Organisationsformen zur Zielerreichung, Geld und Markt als Austauschmedien, ein universalistisches Rechtssystem und demokratische Zusammenschlüsse mit gewählter Führung. Als ähnlich bedeutsame kulturelle Entwicklung führt Parsons die Institutionalisierung von Wissenschaft und Technik an[285]. Die Anordnung der evolutionären Universalien auf mehreren Ebenen als Voraussetzung weiterer Differenzierung zeigt Anklänge an Smelsers "value-added process", doch macht Parsons keinen Versuch, ein Kausalmodell zu formulieren.

Zunehmende Differenzierung als Grundprozeß des gesellschaftlichen Wandels hat strukturverändernde Weiterungen, die alle zum gesellschaftlichen Wandel beitragen: Die Ausbildung von Subsystemen. Auf der organisatorischen Ebene von Gesellschaft wächst bei steigender Anzahl und steigendem Umfang von Rollen, Kollektiven usw. der Integrationsbedarf: zunehmend mehr Einheiten müssen als Mitglieder der Gesellschaft Anerkennung, Zugehörigkeit finden. Parsons nennt diesen Prozeß der Konsolidierung von Strukturwandel „Inklusion"[286]. Zwei weitere Prozesse ergeben sich auf der kulturellen Ebene: durch Strukturdifferenzierung gerät das Wertsystem unter Druck. Es muß einerseits genereller werden, um eine Vielzahl von Handlungen in verschiedenen Situationen steuern und die neuen Konstellationen legitimieren zu können. Und andererseits ist Spezifizierung auf die veränderten Handlungssituationen hin erforderlich, wodurch die rechtfertigungsfähigen Handlungen eingegrenzt werden. Beides ist wichtig für die Kontrolle der Austauschbeziehungen zwischen den Einheiten entsprechend den funktionalen Imperativen.

Die Behauptung, daß durch die Ausdifferenzierung relativ selbständiger Subsysteme in diesen Prozessen die Anpassungskapazität der Gesellschaft erhöht wird, hat in verschiedener Hinsicht Kritik gefunden. Giddens wendet auf der konzeptuellen Ebene ein, daß der Begriff der adaptiven Kapazität „vage" bleibt, weil der Analogieschluß von der Funktion der Gene im Organismus auf die Werte als Steuerung sozialen Wandels in der Gesellschaft unbegründet sei. Wird die Anpassung als Reduzierung von Ungewißheit mit Blick auf Natur und zukünftige Ereignisse bestimmt, bleibt eine Steigerung der Anpassungsfähigkeit der modernen gegenüber früheren Formen von Gesellschaft durchaus fraglich[287]. Schmid weist in diesem Zusammenhang darauf hin, daß die Analyse so etwas wie einen Zielzustand für die Evolution der Gesellschaft anzugeben scheint, der andere Arten von gesellschaftlichen Wandel als dysfunktional nicht mehr zuläßt und damit die empirische Brauchbarkeit des Ansatzes fragwürdig macht[288]. Dazu kommen die bekannten Mängel des Evolutionismus, vor allem der Ethnozentrismus des Westens, hier der USA. Giddens verlangt als Konsequenz, den Evolutionismus ebenso wie den Funktionalismus bei der Analyse sozialen Wandels zugunsten seiner Vorstellung von der Produktion und Reproduktion der Gesellschaft in der geregelten Interaktion verständiger Handelnder aufzugeben: Schon die routinisierte alltägliche Interaktion im Rahmen von Assoziationen und Organisationen reproduziert die Struktur nicht nur, sondern modifiziert sie auch. Die reflektierten Aktivitäten der Handelnden in sozialen Bewegungen sind auf langfristigen Strukturwandel gerichtet: Sie stellen „kollektive Unternehmungen zur Errichtung einer neuen Lebensordnung" dar[289]. Eine neuere systematische Bestandsaufnahme und Würdigung der Kritik gibt Schmid[290].

In mancher Hinsicht ähnlich, wenn auch natürlich nicht gegen die evolutionäre Perspektive gerichtet, ist die Kritik von Luhmann wie auch sein Neuorientierungsvorschlag für die Theorie des sozialen Wandels. Die Kritik richtet sich vor allem gegen die von den Strukturfunktionalisten behauptete generelle Prozeßförmigkeit des Wandels. Dagegen stellt Luhmann die Vorstellung, daß „Systeme mit temporalisierter Komplexität ... gewissermaßen automatisch dynamische Systeme sind, da sie ihre Elemente als Ereignisse konstituieren ..."[291]. Er unterscheidet **drei Formen des Strukturwandels,** die sich aus drei Differenzen ergeben. Gehen wir von der System/Umwelt-Differenz aus, so haben Probleme in der Systemumwelt keinen direkten Zugriff auf das Sozialsystem, da solche Systeme geschlossen sind. Die Anstöße werden nur in Kombination mit Systemereignissen wirksam; alle Strukturveränderungen, auch die in Anpassung an die Umwelt, sind daher „Selbständerung". Gehen wir von der Element/Relation-Differenz aus, ist diese Selbständerung Selbstanpassung an systeminterne Probleme der Relationierung der Elemente. Eine dritte Form der Strukturänderung ergibt sich nicht aus Anpassungszwängen; sie wird in Anlehnung an den Sprachgebrauch der allgemeinen Systemtheorie „Morphogenese" genannt. Ihr liegt die Differenz von Aktivierung und Inhibierung zugrunde: Bislang inhibierte, also nicht aktivierte Möglichkeiten, aufbewahrte Elementverknüpfungen, werden reaktiviert. Morphogenese ergibt „neue" Strukturen, ist aber natürlich auch ein Fall der Strukturänderung. Sie ist als Ereignissequenz auch eine Prozeßform, also eine Verkettung von Ereignissen mit der Eigenschaft der Selektivitätsverstärkung. Solche Prozesse kommen als teleologischer Prozeß vor, der Folgeereignisse antizipiert und durch Auslöseereignisse herbeiführt, wie auch als evolutionärer Prozeß – der Fall der Morphogenese –, der Strukturänderungen aneinander ohne Orientierung an Zielen anschließt[292]. Für das Sozialsystem gilt, daß alle Formen des Strukturwandels sich auf Veränderungen der Kommunikationsmodi beziehen. Das macht gewisse Schwierigkeiten für die Analyse des Strukturwandels. Die Kritik hat darauf am Beispiel des Konflikt/Widerspruchs-Begriffs hingewiesen[293].

Anmerkungen

1 Johnson, Terry/Dandeker, Christoph/Ashworth, Clive: The Structure of Social Theory. London: Macmillan 1984, S. 1.
2 Merton, Foreword. In: Merton, Robert K./Blau, Peter M. (Hrsg.): Continuities in Structural Inquiry. London: Sage 1981, S. I.
3 S. dazu Alexander, Introduction. In: Alexander, Jeffrey C. (Hrsg.): Neofunctionalism. London: Sage 1985, S. 9–14. Funktionalismus als breite „Tradition" in der Soziologie konzipiert Gesellschaft als intelligibles System, richtet sich auf Handeln wie auf Struktur, auf Sozialintegration wie auf Abweichung, sieht Persönlichkeit, Struktur und Gesellschaft als Strukturelemente, soziale Differenzierung als Weise des sozialen Wandels und unterscheidet Theoretisieren von anderen „Ebenen" soziologischer Analyse. „Neofunktionalismus" kritisiert bestimmte Aspekte der originären Theorie und nimmt bestimmte Elemente nicht-funktionalistischer Traditionen auf; er bemüht sich vor allem um die Inkorporierung interaktionistischer und konfliktorischer Elemente. Eine amerikanische Form des Neo-Parsonianismus.
4 König, Kritik der historisch-existentialistischen Soziologie, S. 17 f.
5 Giddens, Anthony: Sociology. London: Macmillan 1982, S. 19 ff.
6 Davis, Der Mythos der funktionalen Analyse, S. 194 f.
7 Steinbeck, S. 97 ff.
8 Luhmann, Soziale Systeme, S. 288.
9 S. auch Turner/Maryanski, Kap. 1 und 2.
10 Sociology in France in the Nineteenth Century. Giddens weist darauf hin, daß in der Trennung von Evolution und Funktion die Grundlage für den Strukturfunktionalismus gelegt wird (Functionalism – Après la lutte, S. 327).
11 Regeln, S. 209.
12 Regeln, S. 107.
13 Teilung der sozialen Arbeit, S. 89, 96.
14 Regeln, S. 141/142.
15 Teilung der sozialen Arbeit, S. 268 f.
16 Regeln, S. 176 ff.
17 Vgl. Giddens, Functionalism – Après la lutte, S. 340.
18 Regeln, S. 181/182, 200.
19 Regeln, S. 193.
20 Steinbeck, S. 102.
21 Regeln, S. 186.
22 S. auch Turner/Maryanski, S. 32 ff.
23 Vgl. A Natural Science of Society.
24 Abrahamson, S. 28.
25 Vgl. Structure and Function in Primitive Society.
26 Steinbeck, S. 110.
27 Structure and Function in Primitive Society, S. 32–48.
28 Abrahamson, S. 25.
29 S. Eine wissenschaftliche Theorie der Kultur.
30 Eine wissenschaftliche Theorie der Kultur, S. 153 ff.
31 Eine wissenschaftliche Theorie der Kultur, S. 158 ff. S. vor allem: The Group and the Individual in Functional Analysis.
32 Steinbeck, S. 105. Hervorhebungen im Original.
33 Anthropology, S. 132.

34 Turner/Maryanski, S. 55 f.
35 Bühl, S. 12–35, 17. Nach ihrer Komplexität unterscheidet Sztompka, S. 57, folgende Typen funktionaler Analyse: einfache funktionale Analyse, teleologische Systemanalyse, Erfordernisanalyse (Malinowski), funktional-motivationale Analyse (Levy, Merton), funktional-systemische Analyse (Parsons).
36 Cancian, S. 29a, Übersetzung vom Verfasser. Cancian unterscheidet einen traditionalen Funktionalismus, der mit soziologischer Analyse gleichzusetzen ist, und einen formalen, der entweder auf einem integrationistischen oder auf einem selbstregulativen Systemmodell beruht.
37 Giesen, Funktionalismus und Systemtheorie.
38 Funktionale Analyse, S. 171.
39 Alexander (Theoretical Logic in Sociology, Bd. I, S. 60) sieht den Funktionalismus auf der Ebene eines Modells zwar richtig plaziert, kritisiert aber an der Ausgestaltung des Modells, daß der Bezug zu den allgemeinen Grundannahmen (über das Verhältnis von sozialem Handeln und Ordnung) verloren gegangen seien.
40 Funktionale Analyse, S. 193 f., 201, 200.
41 Funktionale Analyse, S. 176, 195.
42 On the Concept of Function in the Social Sciences, S. 397.
43 S. Anm. 33.
44 Funktionale Analyse, S. 195.
45 Ebd.
46 Funktionale Analyse, S. 197.
47 Funktionale Analyse, S. 196.
48 Funktionale Analyse, S. 196–198.
49 Social Problems and Sociological Theory, S. 799 f., 803 ff.
50 The Structure of Society, S. 34.
51 The Structure of Society, S. 34–43.
52 The Structure of Society, S. 543–568.
53 The Structure of Society, S. 89.
54 The Structure of Society, S. 149–198, 137–140. Aberle, David F./Cohen, Albert K./Davis, Arthur K./Levy, Marion J., Jr./Sutton, Francis X: The Functional Requisits of a Society (in: Demerath, Peterson: System, Change, and Conflict, S. 317–331), stellt den ersten Beitrag zu dem erwähnten Programm der Harvard-Gruppe dar.
55 The Structure of Society, S. 83–87.
56 The Structure of Society, S. 101–108.
57 The Structure of Society, S. 202.
58 The Structure of Society, S. 42/43.
59 The Structure of Society, S. 71–76.
60 The Structure of Society, S. 41, 230, 49 ff.
61 Gouldner, Die westliche Soziologie in der Krise, I, S. 178–202.
62 Die Entstehung der Theorie des sozialen Systems, S. 23–31. Giddens (Functionalism – Après la lutte, S. 237) meint allerdings, daß Radcliffe-Brown für die Entwicklung der strukturell-funktionalen Sozialtheorie Parsons' wichtiger war als Malinowski.
63 Münch, Theorie sozialen Handelns, S. 17–26.
64 Wir können hier nur auf die mehr oder weniger anspruchsvollen Parsons-Interpretationen und -Rekonstruktionen verweisen, etwa von Alexander, Jensen, Münch, Miebach, Schmid.
65 Structure of Social Action, S. 29/30, 622 ff.
66 Toward a General Theory of Action, S. 49–52. Wie der Titel schon andeutet, haben wir es hier mit einem von mehreren Versuchen zu Anfang der 50er Jahre in den USA zu tun, ein einheitswissenschaftliches Programm durchzusetzen. Einen derartigen Versuch hat erst Luhmann wieder gemacht. – Als Beispiel für unzureichende Gesetzeskenntnis führt Parsons interessanterweise die Beziehung von Lernen und Belohnung an.
67 Münch, Theorie des Handelns, S. 59/60, 112.
68 Structure of Social Action, S. 44.
69 S. 4–6, 55–60. Zur Auseinandersetzung Parsons' mit den Traditionen des Utilitarismus, Positivismus und Idealismus s. Structure of Social Action, S. 89–94. Zu den Kriterien einer Handlungstheorie s. Devereux, S. 19/20.

70 Toward a General Theory of Action, S. 77. Die 5. Alternative: Selbst- vs. Kollektivitätsorientierung, hat Parsons später fallengelassen, s. Pattern Variables Revisited. Zur Herkunft der Pattern Variables aus Parsons' Kritik an Webers Idealtyp der Vergemeinschaftung s. Structure of Social Action, S. 689-694. Zur Verwendung der Pattern Variables in der Berufssoziologie vgl. Rüschemeyer, Einleitung, Beiträge zur soziologischen Theorie. Zur Kritik an Parsons' Verwendung der Pattern Variables vgl. z. B. Black, Max: Some Questions about Parsons' Theories. In: Ders. (Hrsg.): The Social Theories of Talcott Parsons. Englewood Cliffs: Prentice-Hall 1961, S. 268-288.
71 Toward a General Theory of Action, S. 14/15, 105-107.
72 Vgl. Structure of Social Action, S. 82. Münch, Theorie des Handelns, S. 38/39, 44.
73 Structure of Social Action, S. 731 ff. und 762 ff.
74 Toward a General Theory of Action, S. 7.
75 Zur kybernetischen Hierarchie der Subsysteme des allgemeinen Handlungssystems s. Zur Theorie sozialer Systeme, S. 171/172.
76 Systematische Theorie in der Soziologie, S. 45 f., 60. Vgl. The Social System, S. 20.
77 Some Problems of General Theory in Sociology, S. 35.
78 Theorie des Handelns, S. 75.
79 Toward a General Theory of Action, s. Anm. 5.
80 S. Alexander, Jeffrey C., Theoretical Logic in Sociology, Bd. IV, S. 76-84. Wir interpretieren das Vier-Funktionen-Schema strukturfunktionalistisch; andere Interpretationen sind möglich. Alexander „rekonstruiert" es als „grundlegendes Modell", das durch die theoretischen Grundannahmen über das Verhältnis von Handeln und Ordnung angeleitet ist: es verbindet dialektisch Normen und externe Bedingungen des Handelns und gibt zunehmende Grade von Unabhängigkeit von den letzteren an.
81 Zur Theorie sozialer Systeme, S. 172-176.
82 Zur Theorie sozialer Systeme, S. 177-183.
83 Zur Theorie der sozialen Interaktionsmedien, S. 8.
84 Social Structure and the Symbolic Media of Interchange, S. 205-220.
85 Zur Theorie sozialer Systeme, S. 220-243.
86 Zur Theorie sozialer Systeme, S. 246, 250.
87 Evolutionäre Universalien, S. 16. Gesellschaften, S. 39.
88 Zur Theorie sozialer Systeme, S. 184-192, 243-262.
89 Gesellschaften, S. 10.
90 Zum „Begriff" der Gesellschaft s. Gesellschaften, S. 14-36. Zum „Paradigma" evolutionären Wandels s. a.a.O., S. 39-53.
91 Gouldner: Reziprozität und Autonomie in der funktionalen Theorie. A. Davis: Der Mythus der funktionalen Analyse.
92 Vgl. z. B. Mertons Diskussion kritischer Einwände in: Social Problems and Sociological Theory, S. 795-798.
93 S. vor allem Luhmanns Buch: Soziale Systeme, und Giddens' Buch: The Construction of Society, sowie Giddens, Interpretative Soziologie, Kap. 3.
94 Vgl. Ritzer, George: Sociology – A Multiple Paradigm Science, in: The American Sociologist 10 (1975), S. 160.
95 Z. B. Bergmann, bes. Kap. 6 u. 7, oder Horowitz.
96 S. 75.
97 Merton, Social Theory and Social Structure, S. 35-42. Levy, The Structure of Society, S. 52-55. In einem Vergleich funktionalistischer Aussagen mit Passagen aus Marx' Werk weist Merton einen anderen Vorwurf zurück: daß funktionale Analyse „radikal" sei (S. 39 ff.).
98 Constructing Social Theories, S. 91 ff.
99 Gesellschaften, S. 175. Parsons bezieht sich an dieser Stelle sowohl auf das allgemeine Handlungssystem wie auf das Sozialsystem.
100 Das ist i. S. von Alexander (Theoretical Logic in Sociology, Bd. IV) die Ebene der „grundlegenden theoretischen Annahmen", auf der er seine Parsons-Interpretation ansetzt.
101 Some Remarks on the Social System, S. 141.
102 Lockwood, Soziale Integration und Systemintegration, S. 125.
103 Carlsson, S. 247 ff.

104 Some Remarks on the Social System, S. 136–140.
105 Bergmann, S. 141.
106 Ritsert, S. 130 f., 125.
107 Interpretative Soziologie, S. 23.
108 Die Funktion sozialer Konflikte, S. 120 ff. Vgl. aber auch Alexander, Theoretical Logic in Sociology, IV, S. 88.
109 Struktur und Funktion, S. 80.
110 Bergmann, S. 53.
111 Ritsert, S. 132–134.
112 Schmid: Sozialtheorie und soziales System, S. 115.
113 Dahrendorf: Die Funktionen sozialer Konflikte, und: Class and Class Conflict in Industrial Society. Coser: Die Funktionen sozialer Konflikte.
114 Alexander: Theoretical Logic in Sociology, IV, S. 142–146.
115 S. z. B. Roxborough, Ian: Theories of Underdevelopment. London: Macmillan 1979, bes. S. 13–26.
116 Rex, S. 75 ff., 88.
117 Functionalism – Après la lutte, S. 338 ff., 365.
118 S. Anm. 107.
119 Rex. S. 129–131. In mancher Hinsicht ähnlich den von Coser und Dahrendorf angestrebten Konflikttheorien.
120 Functionalism – Après la lutte, S. 343–353. S. auch: Interpretative Soziologie, und: The Constitution of Society.
121 Münch, Theorie sozialer Systeme, S. 21. Esser/Klenovits/Zehnpfennig, S. 20/21.
122 Schütte, S. 3, 5.
123 S. 2. Der Vorwurf trifft Levy nicht; bezeichnend ist, daß sich die methodologische Kritik auf Merton und Parsons konzentriert.
124 Mayntz, S. 14. Esser/Klenovits/Zehnpfennig, S. 12.
125 Esser/Klenovits/Zehnpfennig, S. 46 f.
126 Schütte, S. 15.
127 Functionalism – Après la lutte, S. 343. Vgl. Esser/Klenovits/Zehnpfennig, S. 45, 47.
128 Aberle/Cohen/Levy/A. Davis/Sutton, S. 322 f.
129 S. 239 f., S. 241 f.
130 Esser/Klenovits/Zehnpfennig, S. 19 ff., im Anschluß an Münch.
131 Hempel, S. 277 ff., 285 ff.
132 Hempel, S. 290 f. S. auch Esser/Klenovits/Zehnpfennig, S. 40 f.
133 Constructing Social Theories, S. 80 ff., 87 ff.
134 S. Anm. 127.
135 Functionalism – Après la lutte, S. 349 ff.
136 Zur Unterscheidung von Aktor- und Ereigniskausalität (agent bzw. event causality) s. Interpretative Soziologie, S. 100–102, und The Constitution of Society, S. 345/6. Vgl. auch Craib, Ian: Modern Social Theory. Brighton: Harvester Press 1984, S. 24–26.
137 Esser/Klenovits/Zehnpfennig, S. 38/39, 42 f.
138 Funktion und Kausalität. Funktionale Methode und Systemtheorie.
139 Funktionale Methode und Systemtheorie, S. 630.
140 Esser/Klenovits/Zehnpfennig, S. 47, 16.
141 Esser/Klenovits/Zehnpfennig, S. 25, 52.
142 Soziale Systeme 1985. S. dazu Schmid, Michael/Haferkamp, Hans: Einleitung. In: Dies. (Hrsg.): Sinn, Kommunikation und soziale Differenzierung, S. 7–11.
143 Soziale Systeme, S. 33.
144 Soziale Systeme, S. 83, Die „Methode funktionaler Analyse" ist in Luhmanns Entwurf „durchgängig vorausgesetzt".
145 Soziale Systeme, S. 83–87.
146 Soziale Systeme, S. 35, 37, 23.
147 Soziale Systeme, S. 41, 42, 44.
148 Soziale Systeme, S. 47, 46.
149 Soziale Systeme, S. 48–50, 249, 252.

150 Soziale Systeme, S. 52 f.
151 Zum Schema der Systemebenen s. Soziale Systeme, S. 16, 64.
152 Soziale Systeme, S. 59.
153 Soziale Systeme, S. 60–62.
154 Soziale Systeme, S. 93–96, 106.
155 Zum Kommunikationsbegriff s. Soziale Systeme, S. 191, 196 f., 203, 217 f.
156 Soziale Systeme, S. 221 ff.
157 Soziale Systeme, S. 193, 226 ff., 240 f.
158 Soziale Systeme, S. 80, 78, 390.
159 Soziale Systeme, S. 73/74.
160 Soziale Systeme, S. 384 f., 379 f., 30.
161 Soziale Systeme, S. 156 f., 160.
162 Soziale Systeme, S. 397, 417 f., 398. Auf Giddens wird verwiesen.
163 Soziale Systeme, S. 451 ff.
164 Soziale Systeme, S. 286, 289.
165 Soziale Systeme, S. 427.
166 Soziale Systeme, S. 289.
167 Zum Interpenetrationsbegriff s. Soziale Systeme, S. 289 f., 295, 293, 332, 355 f.
168 Soziale Systeme, S. 551, 552 f., 555, 558.
169 Soziale Systeme, S. 560.
170 Soziale Systeme, S. 577, 580.
171 Soziale Systeme, S. 590.
172 Vgl. Soziale Systeme, S. 245–248.
173 Soziale Systeme, S. 88/89.
174 Soziale Systeme, S. 90.
175 Habermas/Luhmann: Theorie der Gesellschaft oder Sozialtechnologie?, 1971. Maciejewski (Hrsg.): Theorie der Gesellschaft oder Sozialtechnologie – Supplement 1–3, 1973–1975.
176 Hondrich, Karl-Otto: Systemtheorie als Instrument der Gesellschaftsanalyse. In: Maciejewski, Supplement 1, S. 88. Narr, Wolf-Dieter/Runze, Dieter H.: Zur Kritik der politischen Soziologie. In: Maciejewski, Supplement 2, S. 7/8.
177 Theorie der Gesellschaft oder Sozialtechnologie?, S. 142, 170, 145.
178 Theorie der Gesellschaft oder Sozialtechnologie?, S. 186, 195, 202.
179 Haferkamp/Schmid (Hrsg.): Sinn, Kommunikation und soziale Differenzierung.
180 Vgl. Berger, Johannes: Autopoiesis – Wie „systemisch" ist die Theorie sozialer Systeme?, In: Haferkamp/Schmid, S. 132, 147 f. Haferkamp, Hans: Autopoietisches soziales System oder konstruktives soziales Handeln?, In: Haferkamp/Schmid, S. 63, 66 f., 71 f. Schmid, Michael: Autopoiesis und soziales System – eine Standortbestimmung. In: Haferkamp/Schmid, S. 35–42.
181 Vgl. Berger, a.a.O., S. 146 f.
182 Vgl. Willke, S. 45, und Berger, a.a.O., S. 143–145.
183 Vgl. Giegel, Hans-Joachim: Interpenetration und reflexive Bestimmung von psychischem und sozialem System. In: Haferkamp/Schmid, bes. S. 232–235.
184 Theorie sozialer Systeme, S. 149.
185 Haferkamp, a.a.O., S. 60 f.
186 Vgl. Haferkamp, a.a.O., S. 83, und Berger, a.a.O., S. 132.
187 Vgl. König: Soziologie, S. 102.
188 Durkheim: Professional Ethic and Civic Morals, S. 55–75, bes. S. 62, 64, 69.
189 Social Strains in America – A Postscript, S. 237.
190 Wrong, Dennis H.: The Oversocialized Concept of Man in Modern Sociology. In: American Journal of Sociology (1961), S. 184–193. Dt. in: Mühlfeld, Claus/Schmid, Michael (Hrsg.): Soziologische Theorie. Hamburg: Hoffmann und Campe 1974, S. 281–290.
191 S. 150. Die Klassifikation der Bedürfnisdispositionen bei Parsons/Bales, S. 149.
192 Bergmann, S. 179.
193 Theorie des Handelns, S. 70–75, 190–205, bes. 72, 192. Münch bezieht sich auf Parsons' „Social System". Vgl. auch die Parsons-kritischen Überlegungen zum „institutionalisierten Individualismus" bei Alexander, Theoretical Logic in Sociology, IV, S. 129–133.
194 Soziale Systeme, Kap. 7, bes. S. 360 ff. S. auch S. 332 ff., 348 ff.

195 Soziale Systeme, S. 357/358.
196 Soziale Systeme, S. 360, 365, 373.
197 Parsons, Die Entstehung der Theorie des sozialen Systems, S. 7, 30 f.; K. Davis, Der Mythos der funktionalen Analyse, S. 176.
198 Über die Teilung der sozialen Arbeit, S. 240–265.
199 The Structure of Society, S. 549 ff., 182.
200 Funktionale Analyse, S. 132 f., 139–157.
201 Darauf hat Parsons aufmerksam gemacht: Social Systems, S. 258, und Sozialstruktur und Persönlichkeit, S. 250.
202 Toward a General Theory of Action, S. 109, 146–158, 176–183.
203 Toward a General Theory of Action, S. 153–155, 172–175. Vgl. Münch, Theorie des Handelns, S. 239, 243.
204 Toward a General Theory of Action, S. 183–189, 258, 251.
205 Münch, Theorie des Handelns, S. 227, 68.
206 A Revised Analytical Approach to the Theory of Social Stratification, S. 406–411. S. auch Sozialstruktur und Persönlichkeit, S. 244 ff.
207 Soziale Systeme, S. 434, 444/445.
208 Soziale Systeme, S. 428/429.
209 Soziale Systeme, S. 416.
210 Soziale Systeme, S. 444, 436.
211 Der Rollen-Set, S. 319.
212 Social Theory and Social Structure, Kap. IV, V, VIII, IX; ferner Merton, Robert K./Reader, George G./Kendall, Patricia I. (Hrsg.): The Student Physician. Cambridge, Mass.: Harvard Univ. Press 1957.
213 Zur empirisch-theoretischen Analyse der Sozialisation im Strukturfunktionalismus, s. auch Goode, William: Die Struktur der Familie, Opladen: Westdeutscher Verlag 1960, S. 33 ff., 37 ff. sowie den Reader von Bell, Norman W./Vogel, Ezra F. (Hrsg.): A Modern Introduction to the Family. Glencoe: Free Press 1960. Zur Forschung über die familiale Situation s. z. B. Neidhardt, Friedhelm: Strukturbedingungen und Probleme familialer Sozialisation. In: Mühlfeld, Claus/Schmid, Michael (Hrsg.): Soziologische Theorie. Hamburg: Hoffmann u. Campe 1974, S. 291–313. Über die berufliche Sozialisation s. z. B. Heinz, Walter R.: Berufliche Sozialisation. In: Hurrelmann, Klaus/Ulich, Dieter (Hrsg.): Handbuch der Sozialisationsforschung. Weinheim: Beltz 1980, S. 499–519.
214 Durkheim ist natürlich nicht ausschließlich Funktionalist. Vgl. Münch, Theorie des Handelns, S. 369, Anm. 3.
215 The Dualism of Human Nature and Its Social Conditions, S. 152. Erziehung, Moral und Gesellschaft, S. 105 f. Vgl. auch Münch, Theorie des Handelns, S. 384 f.
216 Erziehung, Moral und Gesellschaft, S. 164.
217 The Structure of Society, S. 189.
218 The Structure of Society, S. 308–315, 358 ff.
219 Die Entstehung der Theorie des sozialen Systems, S. 16/17.
220 Social System, Kap. 4. Toward a General Theory of Action, S. 17 ff., 227 ff. Family, Socialization, and Interaction Process, Kap. 1 u. 2. Sozialstruktur und Persönlichkeit, Kap. 1 u. 4. Some Problems of General Theory in Sociology, bes. S. 51 ff.
221 Family, Socialization, and Interaction Process, Kap. 2. Vgl. Johnson, Sociology, Kap. 5. Vgl. auch Slater, Philip E.: Social Bases of Personality. In: Smelser, Neil J. (Hrsg.): Sociology. New York: Wiley 1967, S. 548–600.
222 Soziale Systeme, S. 326 ff.
223 Soziale Systeme, S. 327/328.
224 Soziale Systeme, S. 280 ff.
225 Soziale Systeme, S. 330.
226 Albrecht, Günter: Zwerge auf den Schultern eines Riesen?, In: Alemann, Heine von/Thurn, Hans Peter (Hrsg.): Soziologie in weltbürgerlicher Absicht. Opladen: Westdeutscher Verlag 1981, S. 323–358, bes. S. 324 f.
227 Regeln, S. 148 f., 155, 157, 159.
228 Teilung der sozialen Arbeit, S. 144.

229 Regeln, S. 160, 159. Durkheim ist in seinen Ausführungen über die „Notwendigkeit" und die „Nützlichkeit" des Verbrechens mißverständlich, über Macht und Staat als Träger der gesellschaftlichen Autorität sowie über die Motivation der Individuen unvollständig. S. dazu Albrecht: Zwerge auf den Schultern eines Riesen?, S. 347 ff.
230 Selbstmord, S. 278/279.
231 Selbstmord, S. 287 ff.
232 Selbstmord, S. 295.
233 Untersuchungen zu Suizid und Kriminalität z. B. von Gibbs, Jack P./Martin, Walter T.: Status, Integration and Suicide. Univ. of Oregon Books 1964. Danigelis, Nick/Pope, Whitney: Durkheim's Theory of Sucide as Applied to the Family. In: Social Forces 57 (1979), S. 1081–1106. Marshall, James R.: Political Integration and the Effect of War on Suicide – United States 1933–1976. In: Social Forces 59 (1981), S. 771–785. Für einen Überblick s. Bohle, Hans Hartwig: Soziale Abweichung und Erfolgschancen. Neuwied: Luchterhand 1975. S. auch Albrecht, Zwerge auf den Schultern eines Riesen?, S. 338.
234 Sozialstruktur und Anomie, S. 292.
235 Social Problems and Sociological Theory, S. 803, 806.
236 Social Problems and Sociological Theory, S. 817. Vgl. zur „Revolution der steigenden Erwartungen" (de Tocqueville) auch Davies, James C.: Toward a Theory of Revolution. In: American Sociological Review 27 (1962), S. 5–19. Dt. in: Zapf, Wolfgang (Hrsg.): Theorien des sozialen Wandels. Köln: Kiepenheuer 1969, S. 399–417. Und Johnson, Chalmers: Revolutionary Change. New York: Little, Brown 1966. Dt. Revolutionstheorie. Köln: Kiepenheuer 1971.
237 Social Problems and Sociological Theory, S. 819 f., 823, 820, Anm. 31.
238 Das Schema folgt im wesentlichen der Übersetzung in: Sozialstruktur und Anomie, S. 293.
239 Cloward, Richard A.: Illegitimate Means, Anomie, and Deviant Behavior. In: American Sociological Review 24 (1959), S. 164–176. Dt. in: Sack, Fritz/König, René (Hrsg.): Kriminalsoziologie. Frankfurt: Akad. Verlagsges. 1968, S. 314–338. Bes. S. 317–323.
240 Hyman, Herbert H.: The Value Systems of Different Classes. In: Bendix, Reinhard/Lipset, Seymour M. (Hrsg.): Class, Status and Power. Glencoe: Free Press 1953, S. 426–442.
241 Z. B. Cohen, Albert K.: Delinquent Boys. Glencoe: Free Press 1955. Dt. Kriminelle Jugend. Reinbek: rde 121, 1961; Cloward, Richard A./Ohlin, Lloyd E.: Delinquency and Opportunity. Glencoe: Free Press 1960; Clinard, Marshall B.: The Sociology of Deviant Behavior. New York: Holt ³1968. S. auch Merton, Social Problems and Sociological Theory, S. 826, Anm. 34.
242 Social Problems and Sociological Theory, S. 834 ff. S. z. B. Merton, Der Rollen-Set, und Goode, Theorie des Rollen-Stress.
243 Social System, S. 252.
244 Social System, S. 254/255.
245 Social System, S. 257/258.
246 Das Schema ist gegenüber Social System, S. 259, etwas verändert. Die Übersetzung folgt im wesentlichen: Entstehung und Richtung abweichenden Verhaltens, S. 19.
247 Social System, S. 280 f., 293.
248 Social System, S. 288, 286 f.
249 Klassen und Klassenkonflikt im Lichte der neueren soziologischen Theorie, S. 208/209.
250 Equality and Inequality in Modern Society. S. 50 ff.
251 Selbstmord, S. 279, 280/281.
252 Selbstmord, S. 283/284.
253 Selbstmord, S. 285, 287.
254 Selbstmord, S. 287.
255 Tumin, Some Principles of Stratification – A Critical Analysis. Simpson, Richard L.: A Modification of the Functional Theory of Stratification. In: Social Forces 35 (1956), S. 132–137. Tumin, Melvin M.: On Inequality. In: American Sociological Review 28 (1963), S. 19–26. Huaco: Die funktionalistische Schichtungstheorie. Wiehn, Erhard: Theorien der sozialen Schichtung, München: Piper 1968.
256 Huaco, Die funktionalistische Schichtungstheorie, bes. S. 508, 528–530.
257 Abrahamson, S. 69/70, bes. S. 74.
258 A Revised Analytical Approach to the Theory of Social Stratification, bes. S. 386–412.
259 Münch, Theorie des Handelns, S. 174 ff. Bergmann, S. 94–99.

260 Social Class and Social Change in Puerto Rico, S. 472 ff.
261 Social Class and Social Change in Puerto Rico, S. 481.
262 Social Class and Social Change in Puerto Rico, S. 488.
263 Social Class and Social Change in Puerto Rico, S. 492.
264 Social Class and Social Change in Puerto Rico, S. 508.
265 S. Rüschemeyer, Spencer und Durkheim über Arbeitsteilung und Differenzierung.
266 Processes of Social Change, bes. S. 689 ff. Toward a General Theory of Social Change.
267 Principles of Sociology, I, S. 465, 577 ff.
268 Teilung der sozialen Arbeit, bes. S. 262–265, 388, S. auch Anm. 188.
269 Social Change in Industrial Revolution, S. 8. S. Lakatos, Imre: Die Methodologie der wissenschaftlichen Forschungsprogramme. Braunschweig: Vieweg 1982, S. 4/5.
270 Social Change in Industrial Revolution, S. 10 ff.
271 Social Change in Industrial Revolution, S. 14.
272 Social Change in Industrial Revolution, S. 15, 342.
273 Theorie des kollektiven Verhaltens, S. 44 ff.
274 Social Change in Industrial Revolution, S. 14–17, 29–42, 402–408. Theorie des kollektiven Verhaltens, S. 43–92.
275 Social Change in Industrial Revolution, S. 31.
276 Social Change in Industrial Revolution, S. 15, 33.
277 Social Change in Industrial Revolution, S. 35.
278 Social Change in Industrial Revolution, S. 37.
279 Schmid, Sozialer Wandel, S. 154–158, 169–174. Das Fazit der Kritik: Der Ansatz erweckt den Eindruck einer „gerichteten Evolution" mit der Auswirkung zunehmender Komplexität der sozialen Welt. Stinchcombe, Arthur: Theoretical Methods in Social History, S. 77–104.
280 Gesellschaften, S. 19 f.
281 S. auch im einzelnen: Gesellschaften, S. 19–36, oder: Zur Theorie sozialer Systeme, S. 121–142.
282 Gesellschaften, S. 40. Hervorhebungen im Original.
283 Gesellschaften, S. 42.
284 Structure of Society, S. 71–76.
285 Evolutionäre Universalien, S. 58, 71/72.
286 Gesellschaften, S. 40.
287 Constitution of Society, S. 263–274, bes. 264, 270–274.
288 Schmid: Sozialer Wandel, S. 172, 175 f.
289 Constitution of Society, S. 204.
290 Schmid: Sozialtheorie und soziale System, S. 115–198.
291 Soziale Systeme, S. 471.
292 Soziale Systeme, S. 478–485.
293 Vgl. Berger, in: Haferkamp/Schmid, S. 138–141.

Literatur

Gesamtdarstellungen und Klassiker der strukturell-funktionalen Theorie

Abrahamson, Mark: Functionalism. Englewood Cliffs: Prentice-Hall 1978.
Alexander, Jeffrey C. (Ed.): Neofunctionalism. London: Sage 1985.
Davis, Kingsley: Human Society. New York: Macmillan 1949.
Ders.: The Myth of Functional Analysis. In: American Sociological Review 24 (1959), S. 757–772. Dt. in: Mühlfeld, Claus/Schmid, Michael (Hrsg.): Soziologische Theorie. Hamburg: Hoffmann, Campe 1974, S. 175–198.
Ders./Moore, Wilbert E.: Some Principles of Stratification. In: American Sociological Review 10 (1945), S. 242–249. Dt. in: Hartmann, Heinz (Hrsg.): Moderne amerikanische Soziologie. Stuttgart: Enke ²1973, S. 396–410.

Giesen, Bernhard: Funktionalismus und Systemtheorie. In: Reimann, Horst/Giesen, Bernhard/ Goetze, Dieter/Schmid, Michael (Hrsg.): Basale Soziologie – Theoretische Modelle. Opladen: Westdeutscher Verlag ²1979, S. 146–174.
Ders.: Makrosoziologie. Hamburg: Hoffmann, Campe 1980.
Hempel, Carl G.: The Logic of Functional Analysis. In: Gross, Llewellyn (Hrsg.): Symposium on Sociological Theory. Evanston, Ill.: Row 1959, S. 271–307. Dt. in: Giesen, Bernhard/Schmid, Michael (Hrsg.): Theorie, Handeln, Geschichte. Hamburg: Hoffmann, Campe 1975, S. 134–168.
Huaco, George A: The Functional Theory of Stratification. In: Inquiry 9 (1966), S. 215–240. Dt. in: Mühlfeld, Claus/Schmid, Michael (Hrsg.): Soziologische Theorie. Hamburg: Hoffmann, Campe 1974, S. 505–531.
Jensen, Stefan: Talcott Parsons. Stuttgart: Teubner 1980.
Ders.: Einleitung. In: Ders. (Hrsg.): Talcott Parsons – Zur Theorie der sozialen Interaktionsmedien. Opladen: Westdeutscher Verlag 1980, S. 7–55.
Levy, Marion J. Jr.: The Structure of Society. Princeton: Princeton Univ. Press 1952.
Ders.: Comparative Analysis of Societies in Terms of Structural-Functional Requisits. In: Civilisations 4 (1954), S. 191–197.
Ders.: Modernization and the Structure of Societies. Princeton: Princeton Univ. Press 1965.
Ders.: Functional Analysis – Structural-functional Analysis. In: Sills, David L. (Hrsg.): International Encyclopedia of the Social Sciences. London: Macmillan 1968, Bd. 6, S. 21–29.
Luhmann, Niklas: Funktion und Kausalität. In: Ders.: Soziologische Aufklärung. Opladen: Westdeutscher Verlag 1970, S. 9–30.
Ders.: Funktionale Methode und Systemtheorie. In: Soziologische Aufklärung. Opladen: Westdeutscher Verlag 1970, S. 31–53.
Ders.: Soziologie als Theorie sozialer Systeme. In: Soziologische Aufklärung. Opladen: Westdeutscher Verlag 1970, S. 113–136.
Ders.: Talcott Parsons – Die Zukunft eines Theorieprogramms. In: Zeitschrift für Soziologie 9 (1980), S. 7–17.
Ders.: Soziale Systeme. Frankfurt: Suhrkamp 1984.
Malinowski, Bronislaw: Crime and Custom in Savage Society. London: Routledge 1926.
Ders.: Anthropology. In: Encyclopedia Britannica. 1. Suppl. Vol. New York 1936.
Ders.: The Group and the Individual in Functional Analysis. In: American Journal of Sociology XLVI (1939), S. 938–964.
Ders.: A Scientific Theory of Culture and Other Essays. Chapel Hill: Univ. of North Carolina Press 1944. Dt. Eine wissenschaftliche Theorie der Kultur. Zürich: Pan 1949.
Merton, Robert K.: Manifest and Latent Functions. In: Social Theory and Social Structure. Glencoe: Free Press ²1957, S. 19–84. Dt. in: Hartmann, Heinz (Hrsg.): Moderne amerikanische Soziologie. Stuttgart: Enke ²1973, S. 169–214.
Ders.: Social Structure and Anomie. Und: Continuities in the Theory of Social Structure and Anomie. In: Social Theory and Social Structure. Glencoe: Free Press ² 1957. S. 131–194. Dt. Auswahl in: Sack, Fritz/König, René (Hrsg.): Kriminalsoziologie. Frankfurt: Akad. Verlagsges. 1968, S. 283–313.
Ders.: The Role-Set. In: British Journal of Sociology 8 (1957), S. 106–120. Dt. in: Hartmann, Heinz (Hrsg.): Moderne amerikanische Soziologie. Stuttgart: Enke ²1973, S. 316–333.
Ders.: Social Problems and Sociological Theory. In: Ders./Nisbet, Robert A. (Hrsg.): Contemporary Social Problems. New York: Harcourt ³1971, S. 793–845.
Parsons, Talcott: The Structure of Social Action. Glencoe: Free Press 1949 (zuerst 1937).
Ders.: The Social System. Glencoe: Free Press 1951.
Ders.: The Social System. Glencoe: Free Press 1951. Kap. VII. Deviant Behavior and the Mechanisms of Social Control. S. 249–325. Dt.: Entstehung und Richtung abweichenden Verhaltens. In: Sack, Fritz/König, René (Hrsg.): Kriminalsoziologie. Frankfurt: Akad. Verlagsges. 1968, S. 9–20.
Ders.: The Present Position and Prospects of Systematic Theory in Sociology. In: Essays in Sociological Theory. Glencoe: Free Press ²1954, S. 212–237. Dt. In: Beiträge zur soziologischen Theorie. Rüschemeyer, Dietrich (Hrsg.). Neuwied: Luchterhand 1964, S. 31–64.
Ders.: Classes and Class Conflict in the Light of Recent Sociological Theory. In: Essays in Sociological Theory. Glencoe: Free Press ²1954, S. 323–335. Dt. in: Beiträge zur soziologischen Theorie. Rüschemeyer, Dietrich (Hrsg.). Neuwied: Luchterhand 1964, S. 206–222.

Ders.: A Revised Analytical Approach to the Theory of Social Stratification. In: Essays in Sociological Theory. Glencoe: Free Press ²1954, S. 386-439.
Ders.: Pattern Variables Revisited. In: American Sociological Review 25 (1960), S. 467-483.
Ders.: An Outline of the Social System. In: Ders./Shils, Edward A./Naegele, Caspar D./Pitts, Jesse R. (Hrsg.): Theories of Society. New York: Free Press 1961, Bd. I, S. 30-79. Dt. in: Zur Theorie sozialer Systeme. Jensen, Stefan (Hrsg.). Opladen: Westdeutscher Verlag 1876, S. 166-274.
Ders.: On the Concept of Political Power. In: Proceedings of the American Philosophical Society 107 (1963), S. 232-262.
Ders.: Die jüngsten Entwicklungen in der strukturell-funktionalen Theorie. In: Kölner Zeitschrift für Soziologie und Sozialpsychologie 16 (1964), S. 30-49.
Ders.: Evolutionary Universals in Society. In: American Sociological Review 29 (1964), S. 339-357. Dt. in: Zapf, Wolfgang (Hrsg.): Theorien des sozialen Wandels. Köln: Kiepenheuer 1969, S. 55-74.
Ders.: Social Strains in America - A Postscript 1962. In: Bell, Daniel (Hrsg.). The Radical Right. New York: Doubleday 1964, S. 231-238.
Ders.: Social Structure and Personality. New York: Free Press 1964. Dt. Sozialstruktur und Persönlichkeit. Frankfurt: EVA 1968.
Ders.: Societies. Englewood Cliffs: Prentice-Hall 1966. Dt. Gesellschaften. Frankfurt: Suhrkamp 1975.
Ders.: Some Problems of General Theory in Sociology. In: McKinney, J. C./Tyriakian, E. A. (Hrsg.): Theoretical Sociology. New York: Meredith 1970, S. 27-68.
Ders.: Equality and Inequality in Modern Society or Social Stratification Revisited. In: Sociological Inquiry 40 (1970), S. 13-72.
Ders.: Die Entstehung der Theorie des sozialen Systems - Ein Bericht zur Person. In: Ders./Shils, Edward/Lazarsfeld, Paul F.: Soziologie - autobiographisch, Stuttgart 1975.
Ders.: Social Structure and the Symbolic Media of Interchange. In: Social Systems and the Evolution of Action Theory. New York: Free Press 1977, S. 204-228.
Ders./Bales, Robert F./Shils, Edward A: Working Papers in the Theory of Action. New York: Free Press 1953.
Ders./Bales, Robert F.: Family, Socialization, and Interaction Process. Glencoe: Free Press 1955.
Ders./Shils, Edward A.: Values, Motives and Systems of Action. In: Dies. (Hrsg.): Toward an General Theory of Action. London: Oxford Univ. Press 1951.
Ders./Smelser, Neil J.: Economy and Society. London: Routledge 1956.
Radcliffe-Brown, Alfred R.: On the Concept of Function in Social Science. In: American Anthropologist 35 (1935), S. 394-402.
Ders.: A Natural Science of Society. New York: Free Press 1948.
Ders.: Structure and Function in Primitive Society. London: Cohen 1952.
Turner, Jonathan H./Maryanski, Alexandra: Functionalism. London: Benjamin, Cummings 1979.

Weitere wichtige Literatur

Alexander, Jeffrey C.: Theoretical Logic in Sociology. 4 Bde. Berkeley: Univ. of California Press 1982/83.
Ders.: The New Theoretical Movement. In: Smelser, Neil J. (Hrsg.): Handbook of Sociology. London: Sage 1988, S. 77-102.
Almond, Gabriel A.: A Functional Approach to Comparative Politics. In: Ders./Coleman, James S. (Hrsg.): The Politics of Developing Areas. Princeton: Princeton Univ. Press 1960, S. 3-64.
Baecker, Dirk: Information und Risiko in der Marktwirtschaft. Frankfurt: Suhrkamp 1988.
Bergmann, Joachim: Die Theorie des sozialen Systems von T. Parsons. Frankfurt: EVA 1967.
Blau, Peter M.: Introduction. In: Ders./Merton, Robert K. (Hrsg.): Continuities in Structural Inquiry. London: Sage 1981.
Ders.: Parameters of Social Structure. In: Ders. (Hrsg.): Approaches to the Study of Social Structure, New York: Free Press 1975.
Boskoff, Alvin: Functional Analysis as a Source of a Theoretical Repertory and Research Tasks in the Study of Social Change. In: Zollschan, George K./Hirsch, Walter (Hrsg.): Explorations in Social Change. London: Sage 1964, S. 213-243.

Buckley, Walter: Sociology and Modern Systems Theory. Englewood Cliffs: Prentice-Hall 1967.
Bühl, Walter L.: Funktionalismus und Strukturalismus. In: Ders. (Hrsg.): Funktion und Struktur. München: Piper 1975.
Cancian, Francesca M.: Functional Analysis of Change. In: American Sociological Review 25 (1960), S. 818–826. Dt. in: Tjaden, K. H. (Hrsg.): Soziale Systeme. Neuwied: Luchterhand 1971, S. 194–213.
Dies.: Functional Analysis – Varieties of Functional Analysis. In: Sills, David L. (Hrsg.): International Encyclopedia of the Social Sciences. London: Macmillan 1968, Bd. 6, S. 29–43.
Carlsson, Gösta: Reflections on Functionalism. In: Acta Sociologica 5 (1962), S. 201–224. Dt. in: Topitsch, Ernst (Hrsg.): Logik der Sozialwissenschaften, Köln: Kiepenheuer 1965, S. 236–261.
Comte, Auguste: Cours de philosophie positive. 6 Bde. Paris: Baillière[4] 1811. Dt. Auswahl Leipzig: Kröner 1933.
Coser, Lewis A.: The Functions of Social Conflict. London: Routledge 1956. Dt. Theorie sozialer Konflikte. Neuwied: Luchterhand 1965.
Dahrendorf, Ralf: Struktur und Funktion. In: Gesellschaft und Freiheit. München: Piper 1961. S. 49–84.
Ders.: Die Funktionen sozialer Konflikte. In: Gesellschaft und Freiheit. München: Piper 1961, S. 112–132.
Ders.: Class and Class Conflict in Industrial Society. Stanford: Stanford Univ. Press 1959.
Ders.: Über den Ursprung der Ungleichheit unter den Menschen, Tübingen: Mohr, Siebeck[2] 1966.
Demerath III, Nicholas J./Peterson, Richard A (Hrsg.): System, Change, and Conflict. London: Macmillan 1967.
Devereux, Edward C., Jr.: Parsons' Sociological Theory. In: Black, Max (Hrsg.): The Social Theories of Talcott Parsons. Englewood Cliffs: Prentice-Hall 1961, S. 1–63.
Dore, Ronald Philip: Function and Cause. In: American Sociological Review 26 (1961), S. 843–853.
Dubin, Robert: Parsons' Actor: In: American Sociological Review 30 (1960), S. 457–466.
Durkheim, Emile: Les règles de la méthode sociologique. Paris: Presses Universitaires de France 1895. Dt. Regeln der soziologischen Methode. König, René (Hrsg.). Neuwied: Luchterhand 1961.
Ders.: De la division du travail social. Paris: Presses Universitaires de France 1893. Dt. über die Teilung der sozialen Arbeit. Frankfurt: Suhrkamp 1977.
Ders.: Le suicide. Paris: Presses Universitaires de France 1897. Dt. Der Selbstmord. Frankfurt: Suhrkamp 1983.
Ders.: Les formes élémentaires de la vie religieuse. Paris: Presses Universitaires de France 1912. Dt. Die elementaren Formen des religiösen Lebens. Frankfurt: Suhrkamp 1981.
Ders.: L'éducation morale. Paris: Presses Universitaires de France 1925. Dt. Erziehung, Moral und Gesellschaft. Neuwied: Luchterhand 1973.
Ders.: Sociology in France in the Nineteenth Century. In: On Morality and Society. Bellah, Robert N. (Hrsg.): London: Univ. of Chicago Press 1973, S. 3–24. Zuerst 1900.
Ders.: The Dualism of Human Nature and Its Social Conditions. In: On Morality and Society. Bellah, Robert N., (Hrsg.). London: Univ. of Chicago Press 1973, S. 149–166. Zuerst 1914.
Eberle, Friedrich/Maindok, Herlinde: Einführung in die soziologische Theorie. München: Oldenbourg 1984.
Emmet, Dorothy: Function, Purpose and Power. London: Macmillan 1958.
Esser, Hartmut/Klenovits, Klaus/Zehnpfennig, Helmut: Wissenschaftstheorie. Stuttgart: Taeubner 1977, Bd. 2.
Giddens, Anthony: Functionalism – Après la lutte. In: Social Research 43 (1976), S. 325–366.
Ders.: New Rules of Sociological Method. London: Hutchinson 1976. Dt. Interpretative Soziologie. Frankfurt: Campus 1984.
Ders.: The Constitution of Society. Cambridge: Polity Press 1984. Dt. Die Konstitution der Gesellschaft. Frankfurt: Campus 1988.
Giesen, Bernhard/Schmid, Michael: Basale Soziologie – Wissenschaftstheorie. München: Goldmann 1976.
Gikas, Michael/Vierke, Wolfgang: Methodologische Probleme des soziologischen Funktionalismus. München: Minerva 1981.
Goode, William J.: A Theory of Role Strain. In: American Sociological Review 25 (1960), S. 483–496. Dt. in: Hartmann, Heinz (Hrsg.): Moderne Amerikanische Soziologie. Stuttgart: Enke 1973, S. 336–360.

Ders. Mobilität und Revolution. In: Kölner Zeitschrift für Soziologie und Sozialpsychologie 18 (1966), S. 227-252.
Gouldner, Alvin W.: Reciprocity and Autonomy in Functional Theory. In: Gross, Llewellyn (Hrsg.): Symposium on Sociological Theory. Evanston, Ill.: Row 1959, S. 241-270. Dt. Reziprozität und Autonomie. Frankfurt: Suhrkamp 1984, und in: Hartmann, Heinz (Hrsg.): Moderne amerikanische Soziologie. Stuttgart: Enke ²1973, S. 371-391.
Ders.: The Coming Crisis of Western Sociology. London: Basic Books 1970. Dt. Die westliche Soziologie in der Krise. 2 Bde. Reinbek: Rowohlt 1974.
Gouessous, Mohammed: Probleme der Instabilität sozialer Systeme. In: Tjaden, K. H. (Hrsg.): Soziale Systeme. Neuwied: Luchterhand 1971, S. 226-246.
Habermas, Jürgen: Theorie des kommunikativen Handelns. 2 Bde. Frankfurt: Suhrkamp 1981.
Ders.: Der philosophische Diskurs der Moderne. Frankfurt: Suhrkamp 1985.
Ders./Luhmann, Niklas: Theorie der Gesellschaft oder Sozialtechnologie? Frankfurt: Suhrkamp 1971.
Haferkamp, Hans/Schmid, Michael (Hrsg.): Sinn, Kommunikation und soziale Differenzierung. Frankfurt: Suhrkamp 1987.
Hondrich, Karl O./Matthes, Joachim (Hrsg.): Theorienvergleich in den Sozialwissenschaften. Neuwied: Luchterhand 1978.
Horowitz, Irving Louis: Consensus, Conflict and Cooperation. In: Demerath III. Nicholas J./ Peterson, Richard A. (Hrsg.): System, Change, and Conflict. New York: Free Press 1967, S. 265-279.
Johnson, Harry M.: Sociology. London: Routledge 1961.
Jonas, Friedrich: Geschichte der Soziologie. Reinbek: Rowohlt 1976, Bd. 2, bes. S. 296-332.
Kellermann, Paul: Kritik einer Soziologie der Ordnung. Freiburg: Rombach 1967.
Kohn, Melvin L.: Class and Conformity. Homewood: Dorsey 1969.
König, René (Hrsg.): Soziologie. Frankfurt: Fischer 1958.
Ders.: Kritik der historisch-existentialistischen Soziologie. München: Piper 1975.
Ders.: Emilie Durkheim zur Diskussion. München: Hanser 1978.
Kopp, Manfred/Schmid, Michael: Individuelles Handeln und strukturelle Selektion. In: Kölner Zeitschrift für Soziologie und Sozialpsychologie 33 (1981), S. 257-272.
Krawietz, Werner/Welker, Michael (Hrsg.): Kritik der Theorie sozialer Systeme. Frankfurt: Suhrkamp 1992.
Lockwood, David: Some Remarks on „The Social System". In: British Journal of Sociology 7 (1956), S. 134-146.
Ders.: Social Integration and System Integration. In: Zollschan, George K./Hirsch, Walter (Hrsg.): Explorations in Social Change. London: Routledge 1964, S. 244-257. Dt. in: Zapf, Wolfgang (Hrsg.): Theorien des sozialen Wandels. Köln: Kiepenheuer 1969, S. 124-146.
Loubser, Jan, J./Baum, Rainer C./Effrath, Andrew/Meyer Lidz, Victor: Allgemeine Handlungstheorie. Frankfurt: Suhrkamp 1981.
Maciejewski, Franz (Hrsg.): Theorie der Gesellschaft oder Sozialtechnologie. Theoriediskussion – Supplement 1, 2 und 3. Frankfurt: Suhrkamp 1973, 1974, 1975.
Mayntz, Renate: Kritische Bemerkungen zur funktionalistischen Schichtungstheorie. In: Glass, David V./König, René (Hrsg.): Soziale Schichtung und soziale Mobilität. Opladen: Westdeutscher Verlag 1961, S. 10-28.
Miebach, Bernhard: Strukturalistische Handlungstheorie. Opladen: Westdeutscher Verlag 1984.
Mills, C. Wright: The Sociological Imagination. New York: Grove Press 1959. Dt. Kritik der soziologischen Denkweise. Neuwied: Luchterhand 1963.
Moore, Wilbert E.: Social Change. Englewood Cliffs: Prentice-Hall 1968.
Münch, Richard: Theorie sozialer Systeme. Opladen: Westdeutscher Verlag 1976.
Ders.: Theorie des Handelns. Frankfurt: Suhrkamp 1982.
Nagel, Ernest: The Structure of Science. New York: Harcourt 1961, Kap. 14/II. Dt. in: Giesen, Bernhard/Schmid, Michael (Hrsg.): Theorie, Handeln, Geschichte. Hamburg: Hoffmann, Campe 1975, S. 169-184.
Rex, John: Key Problems of Sociological Theory. London: Routledge 1961.
Popitz, Heinrich: Prozesse der Machtbildung. Tübingen: Mohr/Siebeck ²1969.
Ritsert, Jürgen: Substratbegriff in der Theorie des sozialen Handelns. In: Soziale Welt 19 (1968), S. 119-137.

Roshier, Bob: The Function of Crime Myth. In: Sociological Review 25 (1977), S. 309–323.
Rueschemeyer, Dietrich: Power and the Division of Labour. Cambridge: Polity Press 1986.
Ders.: Spencer und Durkheim über Arbeitsteilung und Differenzierung – Kontinuität oder Bruch? In: Luhmann, Niklas (Hrsg.): Soziale Differenzierung. Opladen: Westdeutscher Verlag 1985, S. 163–180.
Scheuch, Erwin K./Kutsch, Thomas: Grundbegriffe der Soziologie. Stuttgart: Taeubner 1975.
Schluchter, Wolfgang: Verhalten, Handeln und System. Frankfurt: Suhrkamp 1979.
Schmid, Michael: Theorie sozialen Wandels. Opladen: Westdeutscher Verlag 1982.
Ders.: Sozial-Theorie und soziales System. Versuche über Talcott Parsons. München: Univ. d. Bundeswehr 1989.
Schütte, Hans Gerd: Der empirische Gehalt des Funktionalismus. Meisenheim: Hain 1971.
Schwanenberg, Enno: Soziales Handeln. Stuttgart: Huber 1970.
Smelser, Neil J.: Social Change in Industrial Revolution. London: Routledge 1959.
Ders.: Theory of Collective Behavior. New York: Free Press 1963. Dt. Theorie kollektiven Verhaltens. Heinz, Walter R./Kaupen, Wolfgang/Schöber, Peter (Hrsg.). Köln: Kiepenheuer 1972.
Ders.: Processes of Social Change. In: Ders. (Hrsg.): Sociology. New York: Wiley 1967, S. 674–728.
Ders.: Toward a General Theory of Social Change. In: Essays in Sociological Explanation. Englewood Cliffs: Prentice-Hall 1968, S. 192–280.
Spencer, Herbert: Social Statics. Westmead: Gregg Intern. Publ. 1970 (zuerst 1851).
Ders.: The Principles of Sociology, Osnabrück: Zeller 1966 (1904 ed., zuerst 1876–96).
Stegmüller, Wolfgang: Wissenschaftliche Erklärung und Begründung. Berlin: Springer ^{2}1974.
Steinbeck, Brigitte: Einige Aspekte des Funktionsbegriffs in der positiven Soziologie und in der kritischen Theorie der Gesellschaft. In: Soziale Welt 15 (1964), S. 97–129.
Stinchcombe, Arthur L.: Constructing Social Theories. New York: Harcourt 1968.
Ders.: Merton's Theory of Social Structure. In: Coser, Lewis A. (Hrsg.): The Idea of Social Structure. New York: Harcourt 1975, S. 11–33.
Ders.: Theoretical Methods in Social History. London: Academic Press 1978.
Sztompka, Piotr: System and Function. London: Academic Press 1974.
Tumin, Melvin M.: Some Principles of Stratification – A Critical Analysis. In: Coser, Lewis A./ Rosenberg, Bernard (Hrsg.): Sociological Theory. New York: Macmillan 1957, S. 420–431.
Ders.: Social Class and Social Change in Puerto Rico. Princeton: Princeton Univ. Press 1961.
Tyrell, Hartmann: Emile Durkheim – Das Dilemma der organischen Solidarität. In: Luhmann, Niklas (Hrsg.): Soziale Differenzierung. Opladen: Westdeutscher Verlag 1985, S. 181–250.
Wallace, Ruth A./Wolf, Alison: Contemporary Sociological Theory. Englewood Cliffs: Prentice-Hall 1980.
Willke, Helmut: Systemtheorie entwickelter Gesellschaften. München: Juventa 1989.
Zapf, Wolfgang: Einleitung. In: Ders. (Hrsg.): Theorien des sozialen Wandels. Köln: Kiepenheuer 1969, S. 11–32.

C Die Konflikttheorie

Bernhard Giesen

1 Geschichte der Konflikttheorie

1.1 Die Vorgeschichte des konflikttheoretischen Denkens: Machiavelli, Hobbes, Darwin

Dissens und Konflikt haben die menschliche Geschichte zwar immer begleitet, geformt und vorangetrieben, aber diese Allgegenwart von Konflikt wurde erst im Laufe der Moderne zum Anlaß und Thema empirisch-theoretischer Überlegungen. In der vorneuzeitlichen Philosophie wurde die Neigung der Menschen zu Streit, Kampf und Auseinandersetzung zumeist als Gefährdung des inneren Friedens und der Moral gesehen; die Gefahr des inneren Krieges oder des Auseinanderbrechens der gesellschaftlichen Gemeinschaft erlaubte es nicht, Konflikte und Auseinandersetzungen als selbstverständliche, normale und legitime Formen des Handelns zu sehen. Mit dem Säkularisierungsprozeß der Renaissance, in dem der Bereich des menschlichen Handelns, der Politik und der Geschichte von der unmittelbaren Anbindung an religiöse und moralische Gebote gelöst und allmählich einer eigenen Gesetzmäßigkeit unterstellt wurde, änderte sich auch die Sehweise sozialer Konflikte. Im Werk N. Machiavellis (1469–1527) werden Politik und Kriegsführung als ein rationales und weltliches Unternehmen dargestellt, dessen Erfolg durch die strenge Beachtung moralischer Gebote nur beeinträchtigt werden kann. Der Gewinn und die Organisation politischer und militärischer Macht erfordern stattdessen nicht selten gerade die Mißachtung von Recht, Moral und Sitte[1]. Die Freisetzung politischen Handelns von moralischen und normativen Geboten in Macchiavellis einflußreichem und praxisbezogenem Werk ermöglichte einen neuen Blickwinkel auf soziale Konflikte: Konflikthandeln wird als eigengesetzliche Sphäre gesehen, die allein den Regeln strategischer Rationalität unterworfen ist und eine empirisch-historische Behandlung und technische Bearbeitung erfordert. Damit wurde der Grund gelegt für eine theoretische Tradition, die Konflikte als **strategische Spiele zwischen rationalen Akteuren** betrachtet und die Analyse der formalen Rationalität des Konflikthandelns in den Mittelpunkt stellt.

Ein zweiter ideengeschichtlicher Ausgangspunkt für die Konflikttheorie wird mit der politischen Philosophie Th. Hobbes (1588–1679) gesetzt. Ebenso wie Machiavelli durch die politische Situation Italiens an der Wende zur Neuzeit, den Aufstieg der Medici und die militärischen Erfolge käuflicher ‚condottieri' beeinflußt war, steht das Werk Th. Hobbes' unter der Erfahrung des englischen Bürgerkrieges um die Mitte des siebzehnten Jahrhunderts. Die Schwäche oder der ständige Wechsel der zentralen staatlichen Autorität in diesen Bürgerkriegen bildete den Hintergrund für die Hobbessche Vorstellung eines ‚Naturzustandes', in dem die Individuen ihre Bedürfnisse nach Macht und Eigennutz ungehemmt zu verwirklichen suchen und der doch nur zu einer Situation führt, in der das Leben „einsam, arm, elend, brutal und kurz" ist. In diesem Zustand chaotischer Gewalttätigkeit ist es für alle besser, auf einen Teil ihrer natürlichen Freiheit zu verzichten und sich irgendeiner zentralen Autorität, dem ‚Leviathan', unterzuordnen, der wechselseitige Sicherheit verbürgt und geregelte Kooperation ermöglicht[2]. Hobbes' Annahme von Machtstreben und Eigennutz als konfliktträchtiger Grundnatur des Menschen ist dabei für das konflikttheoretische Denken ebenso folgenreich wie seine Idee des Herrschaftsvertrages, der die Überwindung des anarchischen Naturzustandes ermöglicht: nicht die moralische Verpflichtung auf göttliche Gebote, sondern die vernünftige Wahrnehmung der eigenen Interessen bringt die Individuen dazu, sich der souveränen Herrschaft des Staates zu unterwerfen. Mit der Entgegensetzung von **anarchischem Naturzustand** und **sozialer Ordnung** hat Hobbes einen analytischen Rahmen vorgegeben, den die moderne Gesellschaftstheorie und politische Philosophie bisher nur selten verlassen hat.

Einen dritten Ausgangspunkt konflikttheoretischen Denkens kann man in der Evolutionstheorie Charles Darwins (1809–1882) sehen, die – obwohl zunächst nur auf natürliche Prozesse bezogen – die Sozialtheorie des späten neunzehnten und beginnenden zwanzigsten Jahrhunderts stark beeinflußt hat[3]. Darwins Idee, die Entstehung der verschiedenen Arten aus natürlichen Auswahlprozessen zu erklären, in denen sich die am besten an die Umwelt Angepaßten in der Konkurrenz um knappe Ressourcen durchsetzten, ermöglichte nicht nur eine Erklärung natürlicher Entwicklung, ohne auf die christliche Vorstellung von Schöpfungsakt und Heilsgeschichte zurückgreifen zu müssen, sondern sie bereitete auch den Boden für eine Betrachtung sozialer Prozesse, die Konkurrenz und Konflikt um knappe Güter zum Ausgangspunkt nimmt und geschichtlichen Wandel und Fortschritt auf die Wirksamkeit von Konkurrenz und Konflikt zurückführt. Besondere Plausibilität erhielt die Anwendung des Prinzips vom 'survival of the fittest' auf Geschichte und Gesellschaft im ausgehenden neunzehnten Jahrhundert durch den Aufstieg naturwissenschaftlichen Denkens einerseits und die Konkurrenz und Marktorientierung der bürgerlichen Gesellschaft andererseits. Neben der Einschätzung von Knappheit und Konkurrenz als unausweichlichen und „normalen" Gegebenheiten sozialer Prozesse kann man den Beitrag der Darwinschen Evolutionstheorie zur Entstehung der klassischen Konflikttheorie vor allem darin sehen, daß sie Konflikt und Konkurrenz als Motor von Wandel und Fortschritt herausstellte. Hierauf konnte Marx ebenso Bezug nehmen wie die sozialdarwinistischen Theoretiker im engeren Sinne[4].

1.2 Die klassische Grundlegung der Konflikttheorie: Marx, Weber, Simmel

In der klassischen Gesellschaftstheorie des neunzehnten Jahrhunderts ist es vor allem das Werk von Karl Marx (1818–1883), das mit den Begriffen des Klassenkampfes und des gesellschaftlichen Widerspruches die Basis für die konflikttheoretische Tradition in der Gesellschaftstheorie schuf[5]. Sowohl die Dialektik Hegels wie die Evolutionstheorie Darwins hatten Modelle von geschichtlichen oder natürlichen Prozessen geschaffen, die durch Widersprüche, Unverträglichkeiten oder Konkurrenzen vorangetrieben wurden, aber es war Karl Marx, der sie in umfassender Weise auf die Beziehungen zwischen gesellschaftlichen Gruppen anwandte. Mit der Entwicklung der Arbeitsteilung und des Eigentums bilden sich nach Marx unterschiedliche Klassen innerhalb einer Gesellschaft heraus; die Ungleichheit dieser Klassen beruht auf ihrer unterschiedlichen Stellung im Produktionsprozeß der Gesellschaft, vor allem aber auf dem Besitz oder Nichtbesitz an Produktionsmitteln wie Rohstoffen, Maschinen oder Land. Sie wird zum Anlaß unterschiedlicher und antagonistischer Interessen an dem Erhalt oder der Veränderung bestehender Herrschafts- und Eigentumsformen, und diese antagonistischen Interessen können und werden sich in Kämpfen zwischen der Klasse der Herrschenden und Besitzenden und der Klasse der Produzenten, die von Herrschaft und Besitz ausgeschlossen sind, äußern. Diese Klassenkämpfe, die auf der Knappheit von Ressourcen und der durch Herrschaft gefestigten Ungleichheit zwischen gesellschaftlichen Klassen beruhen, lassen sich zwar verschieben und durch neue Formen und Fronten ersetzen, bleiben aber im Rahmen von Klassengesellschaften grundsätzlich unlösbar. Erst die Aufhebung aller Klassengegensätze in einer künftigen Gesellschaft ohne Privateigentum an Produktionsmitteln, ohne Herrschaft und gesellschaftliche Arbeitsteilung wird auch die Dynamik individueller Interessen und sozialer Konflikte stillstellen. Im Mittelpunkt dieser Theorie der Klassenkonflikte, die Marx anhand von Analysen der liberal-kapitalistischen Gesellschaft des neunzehnten Jahrhunderts entwickelte und vor allem auf die Interessenkonflikte zwischen Lohnarbeitern und Kapitalisten bezog, stehen die Bedingungen und Ursachen von Konflikten, nicht die spezifischen Formen der Konflikte selbst[6]. Diese Ursachen werden wiederum nicht in den individuellen Interessen oder der menschlichen Natur gesucht, sondern in den geschichtlich gewordenen und praktisch veränderbaren Strukturen der Gesellschaft. Damit verändert sich das Verhältnis von Gesellschaft und Konflikt auf eine grundlegende Weise. Konflikte gelten nicht länger als Prozesse, die ‚außerhalb' gesellschaftlicher Strukturen entstehen und auf ihre Zerstörung hinwirken, sondern sie sind das Ergebnis der Gesellschaft und nur in ihrem Rahmen zu erklären. Klassenkonflikte haben jedoch nicht nur gesellschaftliche Ursachen, sondern sie lassen sich auch nicht als Beziehung zwischen Individuen, sondern nur zwischen gesellschaftlichen **Kollektiven** verstehen: der Klasse der Herrschenden und der Klasse der Beherrschten.

Die Marxsche Theorie des Klassenkonfliktes bildete für viele Gesellschaftstheoretiker des beginnenden zwanzigsten Jahrhunderts, so auch für Max Weber (1864–1920), den Hintergrund und Bezugspunkt für eigene Theorien sozialer Ungleichheit. Während Marx an keiner Stelle eine systematische Darstellung seiner Theorie des Klassenkonfliktes vorgestellt hat, hat Weber seine Theorie der sozialen Ungleichheit in historisch-typologischer Form hinterlassen[7]. Sie ging in mehrfacher Hinsicht über das Marxsche Konzept hinaus. Zunächst öffnete er den bei Marx auf die Unterscheidung zwischen Besitz und Nichtbesitz von Produktionsmitteln konzentrierten Klassenbegriff für weitere Unterscheidungen. Je nach Art des Besitzes, die Grundlage der Klassenzugehörigkeit ist, und Art der Leistung, die auf dem Arbeitsmarkt angeboten wird und gleichfalls Grundlage einer Klassenzugehörigkeit ist, wird zwischen verschiedenen **Besitz-** oder **Erwerbsklassen** unterschieden. Die marktvermittelte Klassenlage und die daran gekoppelten Interessen werden wiederum von der ‚**ständischen Lage**' getrennt, die auf einer spezifischen und gemeinsamen Form der Lebensführung und einer Orientierung an Prestige- und ‚Ehre'-standards beruht und in besonderen Formen des Gemeinschaftshandeln ihren Ausdruck findet. Von marktvermittelten Klassenlagen und ständischen Gemeinschaften müssen schließlich noch die **Parteien** unterschieden werden, die auf einer gemeinsamen Teilhabe an Macht und Herrschaft beruhen und ihre Macht durch planvolles Handeln zu erweitern oder erhalten suchen. Vor dem Hintergrund der Weberschen Theorie erhalten soziale Konflikte eine sehr unterschiedliche Bedeutung – je nachdem, ob marktvermittelte Klasseninteressen, die Abgrenzungsbedürfnisse von sozialen Gemeinschaften oder die Machtinteressen von Parteien ihnen zugrunde liegen.

Ähnlich folgenreich wie seine Theorie sozialer Ungleichheit war Webers Herrschaftssoziologie[8]. Unter **Herrschaft** verstand Weber nicht einfach eine auf Zwang beruhende Beziehung zwischen Herrschenden und Beherrschten, sondern eine soziale Ordnung, die zwar Ungleichheit erzeugt, aber bei einem Glauben der Herrschaftsunterworfenen an ihre **Legitimität** auch gewaltlose Anerkennung finden kann. Drei Legitimationsgründe wurden dabei unterschieden: Die **charismatische** Herrschaftslegitimation beruht auf dem Glauben an die übernatürlichen oder außergewöhnlichen Fähigkeiten des Herrschers; die Legitimation **traditionaler** Herrschaft verweist auf die Überkommenheit eines alten Herrschaftsanspruches, und die **legal-bürokratische** Legitimation beruft sich auf anerkannte formale Verfahren und die Kraft gesatzter unpersönlicher Rechtsordnungen. Mit der Weberschen Herrschaftssoziologie wird der Konflikttheorie eine neue wichtige Fragestellung erschlossen: Es geht nicht mehr nur um ein Aufbrechen bestehender gesellschaftlicher Strukturen durch Konflikte oder um eine letztlich unsoziale Machtbeziehung zwischen zwei Akteuren, sondern um gesellschaftliches Konflikthandeln, das im Rahmen einer Herrschaftsordnung seinen Sinn erhält und ohne Bezug auf diesen Sinn nicht hinreichend verstanden werden kann.

Weder Marx noch Weber hatten den spezifischen Formen der Konfliktbeziehung große Aufmerksamkeit zugewandt. Das Verdienst, die formalen Merkmale der Konfliktbeziehung – ungeachtet der jeweiligen Konfliktanlässe und Konfliktziele – zum Gegenstand der soziologischen Theorie gemacht zu haben, gebührt Georg Simmel (1858–1918). Simmel betrieb Soziologie nicht in historisch-praktischer Absicht wie Marx oder um eine umfassende historische Typologie zu entwerfen wie Weber, sondern um aus der Distanz des Beobachters und in objektiv-wissenschaftlicher Absicht die allgemeinen Merkmale sozialer Beziehungen und Prozesse zu beschreiben. Konflikte waren bei Simmel nicht bloß unausweichliches Ergebnis gesellschaftlicher Strukturen oder notwendiger Motor der Geschichte, sondern zentraler Bestandteil des sozialen Prozesses selbst und eigenständiger Gegenstand soziologischer Analyse[9]. Die soziale Wirklichkeit wird nach Simmel von dem Nebeneinander von **assoziativen** Prozessen, die auf Gemeinschaftsbildung, Integration und Systembildung hinzielen, und **dissoziativen** Prozessen gebildet, die eine antagonistische Natur haben und sich in Konflikt und Aufspaltung sozialer Einheiten zeigen. Da beide Prozesse gleichermaßen notwendig für den Bestand sozialer Systeme sind, können Konflikte nicht länger als auf die Klassengesellschaften begrenzte und grundsätzlich überwindbare Erscheinungen des sozialen Lebens betrachtet werden, sondern müssen als fundamentale und universelle Formen der sozialen Beziehung gelten. Die Universalität von Konflikten führte Simmel weniger auf die Allgegenwart von Knappheitsproblemen als auf einen anthropologisch-universalen Aggressions- oder Feindseligkeitstrieb zurück. Auch die enge Verbindung zwischen Herrschaft und sozialer Ungleichheit einerseits und gesellschaftlichen Konflikten andererseits, die die Arbeiten von Marx beherrscht, rückt in Simmels Konflikttheorie an den Rand. Ihre Perspektive ist ‚individualistisch': nicht Klassen oder Herrschaftskonflikte, die die ganze Gesellschaft spalten, sondern die Konfliktbeziehung zwischen Personen stehen im Mittelpunkt. Auch wenn diese individualistische Orientierung für eine Theorie des Herrschaftskonflikts den Bezug auf Simmel erschwerte, kann seine Bedeutung für die Grundlegung der sozialwissenschaftlichen Konflikttheorie nur schwerlich überschätzt werden. Seine Betonung der positiven Beiträge von Konflikten zur Strukturierung sozialer Beziehungen ebenso wie sein Interesse an den formalen Eigenschaften des Konfliktprozesses haben die neuere konflikttheoretische Diskussion nachhaltig geprägt.

1.3 Konflikttheorie als soziologisches Paradigma: Dahrendorf, Coser, Rapoport

Beiträge zu einer Grundlegung der konflikttheoretischen Tradition blieben nicht auf die Arbeiten von Marx, Weber und Simmel beschränkt. Sozialdarwinisten wie Sumner, Gumplowicz, Ratzenhofer und Oppenheimer stellen um die Jahrhundertwende Konkurrenz und Konflikt zwischen Individuen oder zwischen Gesellschaften in den Mittelpunkt ihrer Gesellschafts- und Geschichtstheorien; die Beziehungs- und Gebildelehre von Wieses führte in den zwanziger Jahren Simmels die formale Soziologie weiter; L. Ward, G. Tarde, E. Ross und P. Sorokin legten von unterschiedlichen Ausgangspunkten konflikttheoretische Entwürfe vor, und die marxistische Klassentheorie entwickelte sich zu einer eigenen Theorietradition, die sich zum Teil nachdrücklich von den übrigen Strömungen konflikttheoretischen Denkens abgrenzte. Von „Konflikttheorie" als einem spezifischen theoretischen Paradigma der Soziologie war allerdings erst nach dem II. Weltkrieg die

Rede. Vor dem Hintergrund der Vorherrschaft des Strukturfunktionalismus um die Mitte des Jahrhunderts entwickelte sich das konflikttheoretische Denken zu einem Theorieprogramm, das die funktionalistische Orientierung an Konsens, Integration und sozialer Ordnung in Frage stellte. Der Aufstieg der Konflikttheorie zum Rivalen des Strukturfunktionalismus ist eng mit der Herrschafts- und Konflikttheorie R. Dahrendorfs verbunden. Dahrendorf hielt die Integrations- und Konsensannahmen der strukturell-funktionalen Gesellschaftstheorie für Utopien, die durch eine empirisch begründete Theorie über Konflikt und Konsens, Stabilität und Wandel in sozialen Prozessen ersetzt werden müsse[10]. In Anlehnung an Weber und Marx, aber ohne dessen materialistische Grundlegung und utopischen Hoffnungen mit zu übernehmen, entwickelte Dahrendorf ein konflikttheoretisches Programm, das Gesellschaften als **Herrschaftsverbände** begreift, in denen die Inhaber der Herrschaftspositionen das anerkannte Recht besitzen, von den übrigen Gehorsam zu verlangen. Jeder umfassende Sozialverband weist dabei eine fundamentale Ungleichheit zwischen Herrschenden und Beherrschten auf, aus der sich antagonistische Interessenlagen an der Erhaltung bzw. Veränderung der jeweiligen **Herrschaftsordnung** ergeben. Unter bestimmten Bedingungen werden sich die Beherrschten ihrer Interessenlagen bewußt, organisieren sich zu einer Konfliktgruppe und suchen durch Konflikthandlungen die Herrschaftsordnung zu ihren Gunsten zu verändern. Ein Wandel der Herrschaftsordnung begründet jedoch auch neue Ungleichheiten und neue Interessen an ihrem Wandel: Die Dynamik von Herrschaft, Konflikt und Wandel wird niemals stillgestellt. Von der Marxschen Klassentheorie unterscheidet sich die Konflikttheorie Dahrendorfs nicht nur darin, daß Herrschaft und Konflikt als universelle Merkmale aller Gesellschaftsformen aufgefaßt werden – und folglich sowohl die funktionalistische wie auch die marxistische Aufhebung von Konflikt und Wandel als utopisch gelten muß, sondern auch durch die Entkoppelung von Herrschaft und Privateigentum an Produktionsmitteln. Der Grund für Herrschaft und Konflikt wird durch Vorgänge der Institutionalisierung und Normsetzung gelegt, nicht durch einfache Zwangsverhältnisse. Damit gewinnt Dahrendorf nicht nur Anschluß an die Webersche Herrschaftssoziologie, sondern zeigt auch die Doppelgesichtigkeit von Herrschaftsverbänden auf: einerseits die Normalität von Konflikt und andererseits der Notwendigkeit von Institutionalisierung.

Während Dahrendorf seine Konflikttheorie als eine kritische Alternative zur strukturell-funktionalen Theorie auffaßte, die sowohl integrative wie desintegrative Prozesse abdecken sollte, schlug L. Coser zur gleichen Zeit vor, den vorherrschenden Bezug auf Integration und Stabilität im Rahmen der funktionalen Analyse aufzugeben und nach den positiven Funktionen von sozialen Konflikten für das soziale System zu fragen. Soziale Konflikte – so Coser – erzeugen keineswegs nur disruptive und strukturauflösende Wirkungen, sondern sie stärken auch die Anpassungsfähigkeit eines sozialen Systems, indem sie eine Möglichkeit zur Artikulation von Interessengegensätzen, Lösung von Spannungen und Behebung von Ungleichgewichten bieten, die in sozialen Systemen unvermeidlich sind[11]. In enger Anlehnung an die Konflikttheorie Simmels analysierte Coser die positiven Funktionen sozialer Konflikte für die Abgrenzung sozialer Systeme, die Stärkung von Solidarität und normativer Integration in der Konfliktgruppe, den innovativen Wandel sozialer Strukturen und die Steigerung der Flexibilität und Anpassungsfähigkeit sozialer Strukturen. Dabei werden auch die allgemeinen Merkmale von Konfliktprozessen, ihre Dauer, Reichweite und Intensität zum Thema gemacht. Im Hintergrund von Cosers ebenso empirisch wie funktionalanalytisch angelegter Konflikttheorie steht weniger die historische Erfahrung eines ‚vertikalen‘ und fundamentalen Klassen- oder Herrschaftskonflikts, wie sie die europäische Konflikttheorie in der Marxschen Tradition bestimmte, sondern die Vorstellung geregelter und institutionalisierter ‚horizontaler‘ Konflikte und Konkurrenzen, wie sie typisch für demokratische Politiksysteme oder Marktsituationen sind. Wenn auch folgenreich für das Interesse der

Soziologie an sozialen Konflikten, so ist Cosers Beitrag zu einem eigenständigen **konflikttheoretischen Paradigma,** das als Alternative zur vorherrschenden funktionalistischen Gesellschaftstheorie gelten könnte, doch relativ gering einzuschätzen: stattdessen werden soziale Konflikte bei Coser zu einem zentralen Gegenstand empirischer Theoriebildung.

Ein wenig im Abseits der großen Debatte um Konflikt und Konsens, die die Gesellschaftstheorie der Jahre um 1960 beherrschte, entwickelte sich – eng verbunden mit der Zeitschrift ‚Journal of Conflict Resolution' – eine konflikttheoretische Tradition, die universelle Prinzipien strategischen Handelns in Konfliktsituationen einerseits und die objektiv-strukturellen Bedingungen von Konflikthandeln andererseits zum Thema machte und mit mathematischen Mitteln analysierte[12]. Die jeweiligen historischen Inhalte von Konfliktursachen und Konfliktzielen, die Sinnstrukturen von Konflikthandeln oder die Legitimation von Herrschaft treten dabei gegenüber den formalen Merkmalen der Konfliktsituation und den individuellen Merkmalen der Konfliktakteure eher in den Hintergrund. Als Vorläufer dieser ‚individualistischen' Konflikttheorie kann man Machiavelli, Simmel und den Militärtheoretiker Clausewitz betrachten: ihre wichtigsten Vertreter sind A. Rapoport und K. Boulding. Obwohl Rapoport und Boulding – wie auch viele andere Vertreter dieser Richtung – selbst keine Soziologen sind, haben ihre formalen Modelle des Konflikthandelns und die Unterscheidung verschiedener Konfliktformen und Konfliktebenen die neuere Diskussion der Konflikttheorie stark geprägt und die Grundlagen für die interdisziplinäre „Konfliktforschung" geschaffen, ein expansives Forschungsgebiet, an dem Mathematiker, Ökonomen, Soziologen, Politikwissenschaftler und Psychologen gleichermaßen beteiligt sind. Einige der wichtigsten Unterscheidungen der folgenden Darstellung sind in diesem Bereich der Konflikttheorie entwickelt worden.

2 Gegenwärtige Grundzüge der Konflikttheorie

2.1 Der Begriff des sozialen Konfliktes

Ähnlich wie in anderen soziologischen Theorietraditionen beschäftigt sich auch in der Konflikttheorie eine Vielzahl von Arbeiten mit der Analyse zentraler Grundbegriffe. Der Begriff des sozialen Konfliktes wird dabei nicht selten in recht unterschiedlicher Weise benutzt. Ein umfassender Gebrauch des Konfliktbegriffs schließt Inkonsistenzen zwischen sozialen Strukturen oder Institutionen ebenso ein wie intrapsychische Spannungen und Krisentendenzen oder semantische Mißverständnisse und Widersprüche zwischen symbolischen Äußerungen[13]. Im Gegensatz zu dieser sehr weiten Fassung des Konfliktbegriffs verbinden Ökonomen und Politikwissenschaftler mit dem Begriff ‚Konflikt' vor allem strategisches Verhalten unter Gewaltandrohung[14]. Wird der Konfliktbegriff zu eng gefaßt, so schließt er latente Konfliktbeziehungen zwischen sozialen Gruppen von der Analyse aus; wichtige strukturelle Bedingungen für die Entstehung manifesten Konflikthandelns geraten dadurch aus dem Blickfeld. Wird er hingegen zu weit gefaßt, schließt er jede Form von handlungsrelevanter Ungleichheit oder Inkonsistenz im Gegenstandsbereich der Sozialwissenschaften mit ein. Die konflikttheoretische Perspektive läßt sich dann nicht mehr von einer systemtheoretischen Theorietradition trennen, oder aber sie suggeriert handelnde Akteure bei Analyseeinheiten, die nicht die Fähigkeit zum Handeln haben oder auch nur haben können. Um die Probleme eines zu weiten wie die eines zu engen Konfliktbegriffes zu vermeiden, sollen unter sozialen Konflikten im folgenden soziale Beziehungen und Prozesse verstanden werden, in denen zwei oder mehrere Individuen oder Gruppen mit gegensätzlichen Interessen an bestimmten Problemlösungen voneinander unterschieden werden können. Konflikte erfordern also die Identifikation der

Konfliktakteure oder Konfliktparteien. Die Gegensätzlichkeit ihrer Interessen muß zwar nicht allen Mitgliedern einer Konfliktpartei bewußt, aber sie muß geeignet sein, als Grundlage möglichen strategischen **Handelns** zur Durchsetzung der Interessen gegen den Widerstand der anderen Konfliktparteien dienen zu können. Begreift man soziale Konflikte so als wechselseitige strategische Beziehung zwischen Akteuren, so bieten sich für ihre Analyse folgende Dimensionen an:

- die Strukturierung der **Konfliktprozesse** von latenten Interessengegensätzen über die Organisation und Allokation von Macht zu manifestem Konflikthandeln;
- die Unterscheidung verschiedener Formen von **Konfliktakteuren**;
- die Differenzierung der Themen, Probleme und **Ziele,** auf die sich die **Interessen** der Konfliktakteure beziehen und
- die Entwicklung verschiedener **sozialer Formen,** in denen Konflikte als strategisches Handeln ausgetragen werden können.

Die Rede von Konflikt als einem sozialen Prozeß setzt dabei voraus, daß die Konfliktakteure sich zwar in einer offenen Situation befinden, aber doch durch – wie schwach auch immer geratene – Formen der Vergesellschaftung verbunden sind. Fehlt jede Art der Vergesellschaftung, so befinden sich beide Akteure in einem anarchischen Zustand elementaren Krieges. Mit der Anarchie und dem Hobbesianischen Chaos, das soziales Handeln unmöglich macht, ist der eine Fluchtpunkt von Konfliktprozessen benannt; der andere besteht in der perfekten Integration aller Gesellschaftsmitglieder in ein normatives System und eine soziale Ordnung. Zwischen der sozialen Unterdetermination des Handelns in der Anarchie und der sozialen Überdetermination des Handelns in einer perfekten sozialen Ordnung, zwischen Krieg und Konsens, vollständiger Ordnung und Entropie liegt der Bereich des sozialen Handelns, in dem Konflikte unvermeidlich sind. Diese Unvermeidlichkeit von Konflikten zwischen der moralischen Utopie vollkommener Geordnetheit und der chaotischen Gewalttätigkeit des Naturzustands zählt zu den paradigmatischen Annahmen der Konflikttheorie. Soziale Konflikte bilden den Normalfall gesellschaftlicher Prozesse und geschichtlicher Entwicklung. Ihre Allgegenwart steht in engem Zusammenhang mit der Universalität von sozialer Ungleichheit, der elementaren Tatsache von Knappheit und der Ausschließung möglicher Alternativen, die mit jeder Einsetzung einer Norm und jeder Option für einen Wert verbunden sind[15]. Konflikte können zwar die Formen sozialer Ungleichheit, die Arten und die Verteilung von Knappheit, den Inhalt von Normen und die Gestalt der Wertverpflichtungen ändern, aber an der Gegebenheit dieser Probleme für alle Gesellschaften ändern sie nichts. Ebensowenig wie die Probleme der Knappheit, der sozialen Ungleichheit oder Regelkontingenz endgültig gelöst werden können, lassen sich soziale Konflikte als Versuche, diesen Problemen zu begegnen, zu einem endgültigen Stillstand bringen. Hinter dieser Universalität sozialer Konflikte zeigt sich freilich ein geschichtlicher Wandel der Akteure und Konfliktformen, der wiederum Veränderungen der Konfliktmittel und Sanktionsmöglichkeiten mit sich bringt.

2.1.1 Zwischen Anarchie und Integration: Die Strukturierung des Konfliktprozesses

Die Entwicklung sozialer Konflikte wird von zwei Linien gerahmt: auf der einen Seite vom Naturzustand der Anarchie, in der keinerlei soziale Verpflichtungen, Regeln oder Normen Gültigkeit besitzen, und auf der anderen Seite von dem moralischen Ideal einer vollkommenen sozialen Ordnung, die von den handelnden Akteuren zur Gänze beachtet wird und in der weder abweichendes Handeln noch soziale Konflikte auftreten können. Beide Grenzlinien werden von wirklichen sozialen Prozessen niemals überschritten; die eine, weil mit dem Rückfall in den Naturzustand ex definitione die Möglichkeit sozialen Handelns aufgegeben würde, die andere, weil mit dem Ideal der vollkommenen sozialen Ordnung auch der geschichtliche Wandel zum Stillstand kommen würde. Im Spannungsfeld zwischen Anarchie und vollkommener sozialer Integration können sich soziale Konflikte sowohl in die Richtung anarchischer Öffnung wie in die Richtung integrativer Schließung bewegen; sie bauen soziale Ordnungen ab oder stellen sie in Frage und konstruieren gleichzeitig eine neue Struktur.

Im Verlauf dieses Prozesses erhält die Konfliktbeziehung zwischen den Akteuren eine spezifische Form. Bei ihrer Analyse sollen drei Ebenen unterschieden werden: die Strukturierung von **Interessen,** die Strukturierung von **Macht** und der Verlauf des **Konflikthandelns.** Beendet und abgeschlossen wird der Konfliktprozeß durch die Einsetzung einer integrativen Struktur, die allerdings nur selten von allen Konfliktteilnehmern uneingeschränkt gebilligt wird und folglich nur von begrenzter Gültigkeit und Dauer ist. Da keine Konfliktlösung das moralische Ideal der vollkommenen Integration verwirklichen kann, trägt sie zum Aufbau einer neuen Interessen- und Machtstruktur bei, die wiederum in Konflikthandeln umgesetzt werden kann und zu neuen Versuchen einer integrativen Konfliktlösung führt.

Naturzustand	Konfliktstrukturierung	Moralisches Ideal
Anarchie (Fehlen jeder Interessenstruktur)	Verlauf der Konfliktinteraktion	Vollkommene Integration (dauerhafte Konfliktlösung)
	Machtstruktur	
	Interessenstruktur	

2.1.1.1 Interessenstruktur

Grundlage sozialer Konflikte sind unterschiedliche und gegensätzliche Interessen der Konfliktakteure. Im Unterschied zu Bedürfnissen, die unabhängig von gesellschaftlichen Verhältnissen definiert und durch instrumentelles Verhalten erfüllt werden können, setzt die Rede von Interessen und strategischem Handeln immer den Bezug auf jene Normen und sozialen Prozesse voraus, von denen die Verwirklichung eines Interesses abhängt[16]. Interessen lassen sich nur mit Zustimmung oder gegen den Widerstand anderer Akteure verwirklichen, und sie entstehen in sozialen Situationen, in denen der Verlust oder die Verbesserung wichtiger Handlungsbedingungen sozial möglich erscheint. Hieraus ergeben sich enge Verbindungen zwischen Interessen und sozialen Konflikten[17]. Da die Verbesserung der eigenen Handlungsbedingungen zumeist auch die Handlungsbedingungen anderer zu verschlechtern droht, erzeugen Interessen gleichzeitig auch immer Gegeninteressen. Ein „Interesse" bezeichnet daher eine Position innerhalb einer **Interessenstruktur;** das Verhältnis gegensätzlicher und gemeinsamer Interessen in einer Gruppe oder Gesellschaft zeichnet die Grenzen möglicher Koalitionen und die Linien möglicher Konfliktprozesse vor.

Entscheidend für die Genese von Interessen ist die Trennung zwischen feststehenden und unveränderbaren Normen und Regeln einerseits und dem Bereich andererseits, der im Rahmen dieser Regeln als Feld strategischen Handelns offensteht; werden etwa Herrschaftsordnungen, Privilegien oder die Verteilung von Reichtum im Rahmen eines bestimmten Weltbildes als unveränderbar definiert, so können keine Interessen an ihrer Sicherung oder ihrem Wandel entstehen; in dem Ausmaß, in dem diese Handlungsbedingungen jedoch selbst zum möglichen Gegenstand des Handelns und der planvollen Veränderung werden, ergeben sich auch entsprechende Interessen.

Interessen setzen zwar die Möglichkeit aktiver sozialer Veränderung, nicht aber Wahrnehmung im Bewußtsein der Akteure voraus. Sie können durch mangelnde Information, fehlerhafte Interpretation der eigenen Lage oder durch individuelle Einstellung und Neigung „latent" bleiben und dem Interessenträger nicht oder nur unzureichend bewußt werden. Wenn von latenten Interessen die Rede ist, wird nur angenommen, daß diese dem Interessenträger bewußt wären, wenn er vollständig informiert wäre und im Rahmen seines Weltbildes rational handelte; diese Bedingungen müssen weiterhin grundsätzlich herstellbar sein – etwa durch ein Gespräch mit aufklärender Absicht. Die Latenz von Interessen ist Ergebnis ‚zufälliger' und veränderbarer Umstände: solange jede Chance zur Veränderung dieser Umstände fehlt, kann man nicht sinnvoll von „latenten Interessen" sprechen.

Begünstigend für den Übergang von latenten Interessen zu Interessenbewußtsein wirkt der Umstand, daß viele Individuen sich in der gleichen Interessenlage befinden und einander der gleichen **sozialen Gemeinschaft** zurechnen. Solche Solidargemeinschaften mit gleichen oder ähnlichen Interessen ergeben sich vor allem aus sozialstrukturellen Lagen, die den Angehörigen dieser sozialen Gemeinschaft ähnliche Lebenschancen und -erwartungen, ähnliche Gefühle der Privilegierung oder Benachteiligung vermittelt. Ebenso wie Interessen aufgrund veränderbarer Umstände latent bleiben können, so führt Interessenbewußtsein noch nicht zwangsläufig zu bestimmten Konflikthandlungen, sei es, weil ein Konfliktakteur nicht über hinreichende Macht verfügt, um Konflikthandlungen aussichtsreich erscheinen zu lassen, sei es, weil sich über längere Zeitdauer kein Anlaß zu solchen Konflikthandlungen findet.

2.1.1.2 Machtstruktur

Wenn Interessen die Zielstruktur von Konflikthandeln benennen, so wird mit der Machtstruktur der Mittelaspekt von Konflikthandeln erfaßt. Dabei geht es allerdings weniger um die Form und Art der Mittel als um die Verteilung dieser Mittel zwischen den Konfliktakteuren.

Mit „Macht" wird die allgemeine Fähigkeit eines Akteurs bezeichnet, andere Akteure auch gegen deren Widerstand zu bestimmten Handlungen zu veranlassen[18]; der mächtige Akteur verfügt über **Ressourcen,** die er zum Schaden anderer Akteure einsetzen kann, und die anderen Akteure wissen um die Möglichkeit. Ressourcen oder Machtmittel können sehr unterschiedlicher Art sein; sowohl Eigentumsrechte wie politische Unterstützung und Herrschaftsrechte, sowohl Fähigkeit zu Produktionsleistungen wie sozialer Einfluß, sowohl militärische Organisation wie ideologisch kulturelle Argumentation oder Ideologien können als Machtmittel eingesetzt werden.

Ist die Machtdifferenz zwischen zwei Akteuren hinreichend eindeutig, so reicht schon das Wissen um diese ungleichgewichtige Machtstruktur, um den Schwächeren zu der geforderten Handlung zu bewegen. Deutliche Machtdifferenzen zwischen zwei Akteuren werden daher Konfliktprozesse zwischen ihnen eindämmen oder verhindern. Diese Ungleichgewichtigkeit der Machtstruktur fällt vor allem dann ins Auge, wenn nur der Einsatz eines spezifischen Machtmittels möglich oder erlaubt ist (z. B. Anzahl der Anzahl der Stimmen im Parlament) und der Vergleich der jeweiligen Ressourcen dadurch erleichtert wird.

Weitaus häufiger sind jedoch Situationen, in denen die Akteure über jeweils unterschiedliche Arten von Machtmitteln (etwa Herrschaftsrechte vs. öffentliche Unterstützung) verfügen, die sich nicht eindeutig gegeneinander abwägen lassen. Diese Ambivalenz, die die Vorstellung einer annähernd gleichgewichtigen Machtstruktur erlaubt, ist die Voraussetzung für Konflikthandeln. Die tatsächlichen Machtverhältnisse sind den Akteuren zu Beginn des Konfliktes nicht mit Sicherheit bekannt; sie stellen sich erst im Verlauf eines Konfliktes heraus.

Nicht nur um die Chancen eines ungünstigen Konfliktausgangs gering zu halten, sondern auch um die Kosten, die durch Konflikthandlungen auch für den Sieger entstehen, zu vermeiden, ist der Aufbau eines überlegenen Machtpotentials von Vorteil. Eine solche Steigerung von Macht ergibt sich vor allem aus **Koalitionen,** durch die sich mehrere Akteure gegen einen gemeinschaftlichen Konfliktgegner verbünden. Koalitionsbildung ermöglicht nicht nur die Herausbildung von eindeutigen Machtdifferenzen, um Konflikte zu verhindern, sondern sie kann auch – als Koalition der Schwachen gegen einen Mächtigen – erst das Machtgleichgewicht zwischen Akteuren oder Gruppen herstellen, das die bisher Schwachen zum Konflikt ermutigt. Unterstellen die verbündeten Akteure durch Vertrag einen Teil ihrer Ressourcen einer Zentrale, die hierüber verfügen kann, um ein bestimmtes Konfliktziel zu erreichen, so gründen sie damit eine Organisation; Organisationen werden auch als ‚korporative Akteure' bezeichnet[19].

Der organisatorische Zusammenschluß von Ressourcen ermöglicht eine Konzentration von Machtmitteln, deren Umfang, Dauerhaftigkeit und soziale Reichweite weit über die Grenzen hinausgehen kann, die der an individuelle Personen gebundenen Macht gesetzt sind. Bleibt die Organisation ohne Konkurrenz, so kann mit ihr eine so eindeutige und dauerhafte Machtdifferenz entstehen, daß Konflikte mit ihr aussichtslos erscheinen und Außenstehende zum Eintritt in die Organisation und zur Beachtung ihrer Regeln gezwungen werden können. Bei der politischen Organisation „Staat" sind diese Bedingungen annähernd erfüllt.

Im Unterschied zur Gewalt, die auf der Möglichkeit materiellen Zwangs beruht, entsteht Macht als soziale Beziehung erst auf der Grundlage **sozial anerkannter** und beschränkter Kontrolle über Ressourcen. Reichtum verleiht nur solange Macht, wie Eigentumsrechte sozial anerkannt werden, und die Macht der Mehrheit ist an die Verbreitung elementarer demokratischer Prinzipien gebunden. Ob etwas als wertvolle soziale Ressource oder als Machtmittel betrachtet werden kann, wird von der institutionellen Ordnung einer Gesellschaft festgelegt; ohne sie wären Machtstrukturen auch immer Gewaltverhältnisse und Konflikte als soziale Prozesse unvorstellbar. Dies gilt insbesondere für die Institution der Herrschaft, die in Organisationen die Macht der Organisationszentrale gegenüber den Mitgliedern festlegt. Herrschaftsinstitutionen bestimmen, mit welcher Begründung und inwieweit die Organisationszentrale von den Mitgliedern Gehorsam fordern darf; diese Gehorsamsforderung verlangt eine Legitimation, d. h. eine spezifische „Ermächtigung" der Herrschenden durch die Beherrschten. Das legitime Herrschaftsrecht ist die wichtigste Ressource der Herrschenden. Verbreiten sich unter den Beherrschten Zweifel an der Legitimation, so stellt sich schnell eine Ambivalenz der Machtstruktur ein, die Konflikte um die Herrschaft begünstigt.

2.1.1.3 Konflikthandlungen

Bleiben die Interessen von Konfliktakteuren latent oder entwickelt sich ein deutliches Machtungleichgewicht zwischen ihnen, so ist der Beginn von Konflikthandlungen, der „Ausbruch des offenen Konfliktes" zwischen beiden Konfliktakteuren, unwahrscheinlich. Konflikthandlungen setzen darüber hinaus **individuelle Akteure** voraus, die sie vollziehen. Soziale Gemeinschaften können zwar Interessen und Organisationen können Macht besitzen, aber die Umsetzung dieser Macht in manifestes Konflikthandeln erfordert immer individuelle Akteure, die drohen, Machtmittel einsetzen und verhandeln. Daher ist der Verlauf des Konflikthandelns selbst immer auch von den persönlichen Eigenschaften der individuellen Konfliktakteure, ihrem Handlungsgeschick und ihrem Konflikttemperament beeinflußt.

Der Übergang zu manifesten Konflikthandlungen erfordert dabei einen spezifischen **Anlaß**, der die Aufmerksamkeit der betroffenen Akteure auf die Konfliktbeziehung konzentriert, Handeln erforderlich macht und einem der Akteure als besonders geeignet und günstig für einen erfolgreichen Konfliktverlauf erscheint. Beginnt ein Akteur ohne jeden sachlichen Anlaß Konflikthandlungen, so gerät er in Begründungsschwierigkeiten für seine Handlungen und gefährdet damit die Unterstützung durch potentielle Verbündete.

Drei Arten von Konflikthandlungen lassen sich unterscheiden: Drohhandlungen, Sanktionen und Verhandlungen. Am Anfang der Konflikthandlungen stehen immer Versuche, den Konfliktgegner durch die **Drohung** mit dem Einsatz von Machtmitteln zum Einlenken zu bewegen. Solche Drohhandlungen reichen von Andeutungen über noch zurückgehaltene kritische Argumente in Debatten über den Hinweis auf Verbündete bis zur Ankündigung rechtlicher Sanktionen. Typisch für Drohhandlungen ist, daß sie dem Konfliktgegner die **Vorstellung** einer ungleichen Machtstruktur vermitteln sollen; sie lassen eine Fortsetzung des Konflikts als höchst riskant für ihn erscheinen. Drohhandlungen sind nicht besonders kostenintensiv für den Drohenden[20]; bleibt der Bedrohte jedoch unbeeindruckt und zweifelt er die Möglichkeit der angedrohten Sanktionen an, so muß der Drohende den Beweis antreten: er muß zum **Einsatz seiner Machtmittel** übergehen und den Konfliktgegner tatsächlich in Nachteil setzen. Da dieser Einsatz von Machtmitteln jedoch wertvolle Ressourcen in Anspruch nimmt oder verbraucht, wird er nur so lange fortgesetzt, bis der Sanktionierende glaubt, damit weiteren Drohungen den erforderlichen Nachdruck verliehen zu haben, um den Konfliktgegner zum Einlenken und Verhandeln zu bewegen. ‚Verhandlungsangebote' werden immer dann gemacht, wenn ein Konfliktakteur glaubt, daß die Fortsetzung von Sanktionen für ihn kostspieliger sei als das wahrscheinliche Ergebnis der **Verhandlungen.** Ihr erfolgreicher Abschluß wird erleichtert, wenn sie von einem Schiedsrichter geleitet werden, dessen Kompetenz und Neutralität von beiden Konfliktakteuren anerkannt werden. Freilich sind auch Konfliktlösungen ohne Verhandlungsprozeß und ohne Kompromiß denkbar: bei einem eindeutigen Machtungleichgewicht kann der Mächtige die Bedingungen diktieren. Im Lauf der Konflikthandlungen versuchen die Konfliktakteure zuweilen, die Definition des Konflikts zu wechseln, wenn sie sich von einer solchen Änderung eine Verbesserung der eigenen Erfolgsaussichten oder die Möglichkeit einer baldigen Konfliktlösung versprechen. Zwei Richtungen einer solchen Änderung sind zu unterscheiden: Eskalation und Rationalisierung. Eskalation vollzieht sich als Ausweitung der Konfliktthemen, Verstärkung der Konfliktakteure und Verschärfung der angedrohten oder eingesetzten Konfliktmittel. Sie tritt immer dann auf, wenn bestimmte Drohungen oder Sanktionen eines Konfliktgegners wirkungslos bleiben und eine entsprechende Eskalation den Eindruck eines Machtungleichgewichtes zu seinen Gunsten erzeugen könnte. Im Unterschied zur Eskalation zielt die Rationalisierung von Konflikten auf die Begrenzung der erlaubten Konfliktmittel, die Versachlichung der Konfliktthemen und die Einbeziehung von neutralen Dritten als Schiedsrichter. Versuche zur Rationalisierung von Konflikten treten immer dann auf, wenn die Fortsetzung oder Eskalation des Konfliktes mit relativ hohen Kosten verbunden ist, wenn die affektive Mobilisierung der Konfliktakteure gering ist oder abnimmt und wenn unbeteiligte Dritte durch die Fortsetzung des Konfliktes geschädigt werden und auf die Konfliktakteure einwirken können. Rationalisierung und Eskalation stellen gegenläufige Bewegungen des Konfliktverlaufs dar, die sich vor allem auf die soziale Begrenzung der Konfliktmittel und die Definition der Problembezüge des Konflikts beziehen (vgl. Kap. 2.1.3 und 2.1.4).

2.1.2 Zwischen Kriegszustand und Weltgesellschaft: Die Strukturierung der Konfliktakteure

Begreift man soziale Konflikte als eine soziale Beziehung, so stellt sich in einem zweiten Analyseschritt die Frage nach den Akteuren und Parteien, die untereinander in Konfliktbeziehung stehen. Bei der Analyse unterschiedlicher Formen von Konfliktakteuren darf die soziale Grundlage der Konfliktbeziehung nicht aus den Augen geraten: soziale Konflikte setzen immer schon eine elementare Vergesellschaftung zwischen beiden Konfliktakteuren voraus. In diesem Sinne können zwei Gesellschaften, die kulturell und sozial gänzlich unterschiedliche Gemeinschaften darstellen, nicht miteinander in sozialem Konflikt liegen. Wenn keine sinnhafte Verständigung über die Grenzen der eigenen gesellschaftlichen Gemeinschaft hinweg möglich ist, so fehlt wechselseitiges Vertrauen in die Beachtung gemeinsamer Regeln; ohne ein solches Vertrauen nimmt das Verhältnis zwischen zwei sozialen Gemeinschaften die Form der Indifferenz oder der Feindseligkeit an; die bloße Existenz der anderen Gesellschaft kann dabei als Bedrohung empfunden werden, die kriegerische Auseinandersetzung als angemessene Verhaltensweise erscheinen läßt. Stellt das Fehlen jeder Vergesellschaftungs- oder Vergemeinschaftungsbeziehungen den einen Begrenzungspunkt sozialer Konfliktprozesse dar, so wird der andere durch den Zustand einer allumfassenden Vergemeinschaftung gebildet, wie sie sich in der Weltgesellschaft der Moderne als moralische Forderung andeutet. Partikulare und abgestufte Gemeinschaftsbindungen und Grenzen der Solidarität erscheinen vor dem Hintergrund einer weltweiten kulturellen und sozialen Gemeinschaft als unglücklicher Rückfall in unmoralische Verhaltensweisen. Aus konflikttheoretischer Perspektive bleibt die Vorstellung einer weltumspannenden Vergemeinschaftung allerdings nur ein Ideal, dem sich faktische soziale Prozesse annähern können, ohne es aber vollkommen zu verwirklichen. Tatsächliche soziale Prozesse werden durch unterschiedlich starke Solidarbindungen bestimmt und durch Abgrenzungen und Abstufungen von Gemeinschaftlichkeit bewegt und in Gang gehalten. Im Bereich zwischen dem Zustand fehlender und dem universeller und gleichförmiger Vergesellschaftung, zwischen Weltgesellschaft und Kriegszustand entwickeln sich soziale Konflikte als Vorgänge, in denen Vergemeinschaftung auf- und abgebaut werden kann.

Nach Art, Dauer und Umfang dieser Vergemeinschaftungsbeziehungen lassen sich drei Formen von Konfliktakteuren oder Konfliktparteien unterscheiden: Individuen bzw. Interaktionsgruppen, Organisationen und soziale Gemeinschaften. **Staaten** werden dabei als politische Organisationen mit spezifischen Merkmalen (Zwangsmitgliedschaft, territoriale Gültigkeit der Regeln, Souveränität) aufgefaßt. Im Unterschied dazu stellen **Nationen** soziale und kulturelle Gemeinschaften dar, die grundsätzlich die Existenz anderer, gleichrangiger Gemeinschaften neben sich anerkennen und mit ihnen durch Vergesellschaftungsbeziehungen (Verträge, Handel, kultureller Austausch) verbunden sein können; Nationen und Staaten können daher sehr wohl miteinander soziale Konflikte austragen, zwei Gesellschaften, zwischen denen jede Form der sozialen Verbindung fehlt, hingegen nicht.

Naturzustand	Konfliktakteure	Moralisches Ideal
Kriegszustand (Fehlen jeder Vergemeinschaftung)	Individuelle Akteure	Weltgesellschaft (universelle Inklusion)
	Organisationen	
	Soziale Gemeinschaften	

2.1.2.1 Soziale Gemeinschaften

Grundlage der Strukturierung von Konfliktakteuren sind soziale Gemeinschaften, die untereinander durch Vergesellschaftungsbeziehungen verbunden sind, aber im Vollzug des gesellschaftlichen Prozesses unterschiedliche und gegensätzliche Interessen ausbilden. Soziale Gemeinschaften entstehen vor dem Hintergrund einer ähnlichen Lebenslage ihrer Angehörigen; wenn diese sich auch in manchen sozial bedeutsamen Merkmalen unterscheiden mögen, so wird doch zwischen ihnen eine grundlegende Gleichheit in Bezug auf gesellschaftlichen Rang und allgemeine Lebenschancen vorausgesetzt. Diese Gleichheitsannahme begünstigt **solidarische** Hilfestellung und Vertrauen zwischen den Angehörigen einer sozialen Gemeinschaft. Die Reichweite der sozialen Gleichheit und Solidarität markiert auch die Grenzen der sozialen Gemeinschaft, der Unterschied zu anderen Gemeinschaften innerhalb einer Gesellschaft wird vor allem als ein Unterschied des sozialen Ranges gesehen, der gleichzeitig auch die Solidarverpflichtung stark abschwächt und Vertrauen erschwert. Die Zugehörigkeit zu einer Gemeinschaft wird zumeist als knappes Gut betrachtet, das Privilegien und Solidaransprüche mit sich bringt und folglich nicht jedermann zugänglich gemacht werden sollte. Da sie nur auf der Grundlage von Vertrauen und durch Kooperation erworben werden kann, kann man keine Rechtsansprüche geltend machen oder direkte Machtmittel einsetzen, um Zugang zu einer sozialen Gemeinschaft zu erlangen. Werden jedoch die Mitgliedschaftsregeln verrechtlicht und wird Zwang in die internen Beziehungen einer Gemeinschaft eingeführt, so verwandelt sich die soziale Gemeinschaft in eine **Organisation.**

Die Annahme einer gleichen gesellschaftlichen Lebenslage begünstigt die Entwicklung und Abgrenzung gemeinsamer **Interessen** gegenüber den Interessen anderer Gemeinschaften oder Organisationen. Diese Interessen müssen keineswegs allen Angehörigen einer sozialen Gemeinschaft bewußt sein. Viele Interessen bleiben latent; ihre Artikulation wird im Interaktionsprozeß von anderen Themen überlagert und von anderen Interessen verdrängt.

Bestärkend und vermittelnd bei dem Übergang von latenten Interessen zu manifestem Konflikthandeln wirkt die Entwicklung einer Interessenorganisation. Durch sie gewinnen Interessengemeinschaften Aktionsfähigkeit im gesellschaftlichen Prozeß. Nicht nur klassische, bürokratisch geführte Organisationen wie politische Parteien oder Gewerkschaften erfüllen diese Funktion der Organisation von Interessengemeinschaften, sondern auch Zeitschriften, Bürgerinitiativen oder soziale Bewegungen.

2.1.2.2 Organisation

Mit dem Übergang von sozialen Gemeinschaften zu Organisationen vollzieht sich ein Vergesellschaftungsprozeß, der diffuse in spezifische, solidarische in vertraglich-rechtliche und Gleichheits- in Ungleichheitsbeziehungen verwandelt. Wichtigstes Ergebnis dieses Vergesellschaftungsprozesses ist die Gewinnung kollektiver Aktionsfähigkeit. Während unorganisierte soziale Gemeinschaften zwar Interessen besitzen, aber diese Interessen nicht durch Machtkonzentration und Koordination in kollektives Handeln umsetzen können, stellen Organisationen **kollektive Akteure** dar[21], die nicht nur gemeinsame Interessen ausgebildet haben, sondern diese Interessen auch durch Machtkonzentration durchzusetzen versuchen. Die Mitglieder einer Organisation haben die Verfügung über bestimmte **Ressourcen** aufgrund von vertraglicher Übereinkunft oder Zwang einer **zentralen** Instanz überantwortet, die über die Verwendung dieser Ressourcen für die Ziele der Organisation entscheidet. Organisationen sind durch Mitgliedschaftsregeln, spezifische Organisationsziele und eine geregelte Verfolgung dieser Ziele gekennzeichnet und geben den organisatorischen Regeln eine explizite rechtliche Form. Organisierte kollektive Akteure wie Gewerkschaften, Polizeiverwaltungen, Armeen, Kirchen, Industrieunternehmen, Wohlfahrtsverbände oder auch Staaten verdanken ihre Existenz vor allem dem Versuch, durch Machtsteigerung Interessen in einer bestimmten Konfliktsituation durchzusetzen.

Der organisatorische Zusammenschluß von individuellen Ressourcen erleichtert es zwar, gemeinsame Interessen gegen den Widerstand anderer Akteure durchzusetzen; er ruft allerdings auch – gerade wenn er hierin erfolgreich ist – nicht selten eine ähnliche organisatorische Verbindung bei den Konfliktgegnern hervor: Gewerkschaften führen zur Gründung von Unternehmerverbänden, bewaffneten Armeen wird mit Gegenarmeen begegnet, und organisierte Parteien bleiben selten ohne organisierte Gegenparteien.

Organisationen ermöglichen in dem Maße, in dem sie Ressourcen zentralisieren, nicht nur eine Veränderung der Machtstruktur, sondern sie geben Konfliktbeziehungen auch eine gewisse **Dauerhaftigkeit** über den Wechsel von Interaktionssituationen ihrer Mitglieder hinweg. Eine Konfliktbeziehung zwischen zwei Organisationen existiert auch dann, wenn keines der Mitglieder der Organisation in konkrete Konflikthandlungen mit Mitgliedern der gegnerischen Organisation verstrickt ist: Ansprüche, Ziele und Interessen einer Organisation bedürfen nicht der ständigen Artikulation durch die Mitglieder.

Wenn Organisationen als dauerhafte soziale Strukturen eine gewisse Unabhängigkeit von der Interaktionswirklichkeit besitzen, dann ist damit freilich auch ein Problem für die Lösung von Konflikten verbunden: die Mitglieder der Organisation müssen zum entscheidenden Zeitpunkt motiviert werden können, die Konfliktbeziehung zwischen Organisationen in konfliktäre Interaktionen zwischen Personen umzusetzen. Gewerkschaftsmitglieder sollen gegen Streikbrecher vorgehen, Polizisten Bankräuber verfolgen und verhaften, Parteimitglieder die Mitglieder anderer Parteien in Streitgespräche verwickeln, Soldaten feindliche Soldaten töten etc. Diese Umsetzung von Konfliktbeziehungen auf der Ebene von Organisationen in Interaktionsprozesse setzt eine allgemeine Folgebereitschaft der Mitglieder, Zwang oder aber die Deckungsgleichheit der organisatorischen Interessen mit denen der Mitglieder in einer spezifischen Situation voraus. Der letzte Fall ist keineswegs selbstverständlich: pazifistische Soldaten, ängstliche Polizisten und resignierte Parteimitglieder sehen ihre spezifischen Interessen anders als die der Organisation, die sie vertreten. Die Androhung von Sanktionen gegen die Mitglieder der eigenen Organisation und die Sozialisation organisatorischer Disziplin kann hier eine kritische Schwächung der Organisation verhindern. Daß die Androhung und Anwendung von Sanktionen gegen die Mitglieder der Organisation nur um den Preis einer Konfliktbeziehung innerhalb der Organisation entstehen kann, ist offensichtlich. Ein solches Konfliktszenario, das von der Organisationszentrale gleichzeitig die Bewältigung und Lösung innerer wie äußerer Konflikte verlangt, ist typisch für die meisten Organisationen. Beide Konfliktfronten stehen dabei in Verbindung: die erfolgreiche Lösung externer Konflikte kann von den internen Konflikten ablenken, und der Konsens zwischen Mitgliedern und Organisationszentrale entlastet bei der Bewältigung der Außenkonflikte. Andererseits schwächt dauerhafter und eindeutiger Mißerfolg in externen Konfliktbeziehungen auch die Autorität der Organisationszentrale in der Auseinandersetzung mit oppositionellen Mitgliedern. Kann die Zentrale die Mitglieder hingegen von einer plötzlichen Bedrohung durch einen externen Gegner überzeugen, so führt dies in der Regel zu einer Identifikation der Mitglieder mit den Organisationsinteressen. Die damit verbundene affektive Mobilisierung ist freilich nur selten von Dauer und kann dann nur durch die Inszenierung immer neuer und immer kritischerer Bedrohungssituationen erhalten werden. Auch hier zeigt sich das charakteristische Problem der Umsetzung dauerhafter, „sachlich" notwendiger Konfliktbeziehungen auf der Organisationsebene in relativ flüchtige, stark affektiv bestimmte Interaktionsprozesse.

2.1.2.3 Individuelle Akteure in Interaktionssituationen

Die elementarste und anschaulichste Form der Konfliktbeziehung zeigt sich im Konflikt zwischen mehreren Personen, die einander drohen, miteinander debattieren, wettstreiten und verhandeln. Sie besitzen offensichtlich nicht nur gegensätzliche Interessen und verfügen über Machtmittel, sondern sie setzen Interessen und Ressourcen auch in entsprechende Interaktionen um. Die Alltagsplausibilität von Konflikthandlungen zwischen individuellen Akteuren läßt sie als Paradigma des sozialen Konflikts schlechthin erscheinen. In der Tat setzen manifeste Konflikthandlungen immer die Interaktion zwischen individuellen Akteuren voraus, die sich – „ermächtigt", durch soziale Organisationen oder im Namen einer sozialen Gemeinschaft – an den Konfliktgegner wenden.

Die zeitliche und soziale Reichweite der Konflikthandlungen von individuellen Akteuren ist zunächst durch die Dauer der Interaktionssituation und die Anwesenheit von anderen Konfliktakteuren begrenzt. Diese personale Anwesenheit des Kontrahenten und die auf das Konfliktthema zentrierte Interaktion bringt zumeist eine höhere affektive Mobilisierung mit sich als die ‚abstrakten' Konfliktbeziehungen zwischen Organisationen oder sozialen Gemeinschaften.

Konflikte zwischen Organisationen oder Gesellschaften erreichen entsprechende Niveaus der affektiven Mobilisierung erst dann, wenn es gelingt, einen personalen Vertreter der gegnerischen Konfliktpartei tatsächlich oder ‚in effigie' zu identifizieren, auf den sich dann aggressive Energien richten können. Ist die affektive Mobilisierung der Mitglieder einer Organisation eine wichtige Ressource im sozialen Konflikt, so werden Organisationen dazu neigen, auch die Konfliktbeziehung zwischen komplexen und großen Gruppen ihren Mitgliedern nach dem Modell des einfachen Personenkonfliktes vorzustellen.

Hohe affektive Mobilisierung ist freilich nur schwer auf Dauer zu stellen; sie ist zumeist durch die Interaktionssituation begrenzt. Am Ende der Situation muß die Handlungskette entweder durch Rückzug eines der Konfliktakteure, durch Eintreten eines Schlichters oder durch Vertagen des Konfliktes auf den nächsten Anlaß zum Konflikthandeln abgebrochen werden. Mit dem Abbruch der Handlungskette, dem Wechsel des Themas und der Anwesenden geht dann zumeist auch eine Veränderung der affektiven Mobilisierung einher.

Konfliktinteraktionen zwischen Personen zeichnen sich durch eine gewisse Selbstverständlichkeit aus: die Konfliktakteure und ihre Handlungsziele sind unmittelbar gegeben, und der Handlungsverlauf gibt Aufschluß über die Machtmittel, die ihnen zu Gebote stehen. Das manifeste Konflikthandeln individueller Akteure bildet den Bezugspunkt, der den Strukturierungsprozeß des sozialen Konflikts abschließt. Dennoch ist das Handeln individueller Personen nur insoweit Gegenstand der Konflikttheorie, als die Anwesenheit einer Person in der Konfliktsituation, ihre Interessen und Handlungsmittel durch ihre Mitgliedschaft in Organisationen und sozialen Gesellschaften begründet ist. Die Bedingungen und der Verlauf **individuellen** Konflikthandelns selbst fallen in den Gegenstandsbereich der Verhaltenstheorie.

2.1.2.4 Konfliktbeziehungen zwischen individuellen und kollektiven Akteuren

Bisher war von sozialen Konflikten die Rede, deren Akteure bei allen möglichen Machtdifferenzen doch der gleichen Ebene angehörten: der Konflikt zwischen zwei Organisationen oder zwischen zwei Personen setzt kein Über- oder Unterordnungsverhältnis zwischen den jeweiligen Konfliktgegnern voraus. Soziale Konflikte, die Revolutionen, Widerstandsbewegungen, Bürgerinitiativen oder allgemeiner: Konfrontationen von Bürgern und Staat, von Individuen und Gemeinschaft zugrundeliegen, zeichnen sich hingegen gerade dadurch aus, daß die Konfliktakteure unterschiedlichen Ebenen angehören. Die Vertreter der jeweils höheren Ebene, in den meisten Fällen einer Organisation, nehmen dabei für sich in Anspruch, die Interessen der Allgemeinheit und damit auch eine moralisch überlegene Position zu vertreten. Ihre Opponenten hingegen leiten ihr moralisches Recht zum Konflikt mit der „überlegenen" Organisation aus dem Zweifel an der **Legitimität** der Organisation ab: Die Organisationszentrale beanspruche zu Unrecht, für die Allgemeinheit zu sprechen, und sei nur eine Machtgruppe ohne wirkliche Herrschaftslegitimation. Konflikte zwischen Individuen und Organisationen sind zumeist eng verbunden mit dieser Frage nach der Legitimität von Herrschaft.

Eine einfache und schnelle Lösung für Konflikte zwischen Organisationen und ihren Mitgliedern etwa bestünde nun darin, daß die Mitglieder ihre Interessen nicht mehr angemessen durch die Organisation vertreten sehen, ihre Ressourcen der Zentrale entziehen und diese Organisation verlassen. Herrschaftskonflikte ließen sich auf diese Weise leicht vermeiden. Tatsächlich aber ist in vielen Organisationen dieser Ausweg versperrt oder zumindest erschwert. **Zwangsorganisationen** wie der Staat rekrutieren ihre Mitglieder nicht auf der Grundlage freiwilliger, individueller Entscheidung zum Eintritt, sondern durch Zwang; und viele Organisationen mit freiwilliger Mitgliedschaft binden die Mitglieder durch einen Mitgliedsvertrag für eine gewisse Dauer. Selbst wenn ein Austritt aus der Organisation keine vertraglich festgelegten Sanktionen nach sich zieht, so ist er doch häufig mit dem Verlust von investierten Ressourcen verbunden: aus den meisten politischen Parteien etwa kann ein Mitglied zwar jederzeit oder relativ kurzfristig austreten, aber es gibt damit möglicherweise auch eine langfristig erarbeitete politische Karriere auf. Organisationen mit Zwangsmitgliedschaft und hohen Austrittskosten begünstigen daher Herrschaftskonflikte. Die Herrschaft innerhalb einer Organisation zählt darüber hinaus noch zu den Ressourcen, deren Knappheit nicht durch produktive Leistungen (wie etwa im Falle materieller Güter) verringert werden kann und die in jeder Organisation ungleich verteilt sind. Schließlich machen gerade die Leistungen der Organisation, der dauerhafte Zusammenschluß von Ressourcen zur Risikodeckung der Mitglieder und zur Realisierung spezifischer Ziele, einen Interessenkonflikt mit einzelnen Mitgliedern unausweichlich: die Ziele und Interessen einzelner Mitglieder können sich während ihrer Mitgliedschaft von den dauerhaft festgeschriebenen Zielen der Organisation entfernen, der erwartete Gewinn aus der Mitgliedschaft kann ausbleiben und Verluste können an seine Stelle treten. Die Beschränkung von Handlungskontingenz, die die Regeln der Organisation von ihren Mitgliedern fordern, erscheint den betroffenen Individuen dann nicht selten als ein übermächtiger Zwang, der die Autonomie des Einzelnen unterdrückt und Widerstand herausfordert. Dieses Pathos der Repression wird allerdings erst dann konfliktfähig, wenn es den Betroffenen gelingt, sich gegen die Gruppe der herrschenden Personen zu wenden und deren Herrschaft in Frage zu stellen.

Die Beziehung zwischen den Mitgliedern und den Normen einer Organisation selbst läßt sich hingegen nicht sinnvoll als sozialer Konflikt analysieren. Normen sind keine Akteure. Man gerät eben nicht „mit dem Gesetz in Konflikt", sondern möglicherweise mit Polizei und Justizverwaltung als staatlicher Organisation der sozialen Kontrolle. Die Beziehung zwischen Handlungen und Normen muß von der Konfliktbeziehung zwischen individuellen und kollektiven Akteuren getrennt werden; abweichendes soziales Handeln kann zwar die Grundlage für latente Interessenkonflikte oder auch soziale Konfliktprozesse zwischen der Gruppe der Abweichenden und der Gruppe derjenigen werden, deren normative Erwartungen verletzt werden, aber hierzu bedarf es zusätzlicher Bedingungen: die Konfliktgruppen müssen sich organisieren lassen, und die Abweichler müssen die Legitimität der an sie gestellten Erwartungen zurückweisen. In modernen Gesellschaften mit einer Pluralität von Wertoptionen geschieht dies keineswegs selten: abweichende Gruppen organisieren sich selbst oder finden Fürsprecher, die stellvertretend für sie den

Konflikt mit den staatlichen Organisationen sozialer Kontrolle austragen. Auch hier zeigt sich, daß soziale Konflikte mit organisierten Konfliktakteuren voraussetzen, daß die scheinbar untergeordnete Konfliktpartei der übergeordneten Organisation als prinzipiell gleichrangig gegenübertritt: der Konflikt mit der Organisation des Staates setzt die Bildung einer Gegenorganisation voraus, die mit der Regierung um die Macht konkurriert. Das Eigentümliche von Herrschaftskonflikten besteht nun gerade darin, daß die herrschende Gruppe in einer Organisation diese Gleichrangigkeit, die die Basis einer geregelten Konkurrenz sein könnte, grundsätzlich bestreitet. Diese unterschiedlichen Definitionen der Konfliktbeziehung geben Herrschaftskonflikten zumeist eine besondere Intensität. Der Griff zu gewaltsamen Handlungsstrategien liegt darüber hinaus bei Konflikten mit staatlichen Hoheitsorganisationen allein schon deswegen nahe, weil diese das Gewaltmonopol für sich beanspruchen und die Rebellen mit der Anwendung von Gewalt gerade dies bestreiten können.

Im Gegensatz zur Mitgliedschaft in Organisationen läßt sich die Zugehörigkeit zu einer sozialen Gemeinschaft nur schwerlich als Zwangs- oder Herrschaftsverhältnis auffassen.

Soziale Gemeinschaften kennen weniger Austritts- als Eintrittshindernisse: niemand wird daran gehindert, einen bestimmten Sozialstatus oder die Zugehörigkeit zu einer sozialen Gemeinschaft aufzugeben, aber manchem wird der Zugang hierzu verwehrt. Die Vorstellung eines sozialen Konfliktes zwischen individuellen Personen und Statusgruppen oder sozialen Gemeinschaften gewinnt folglich erst dann eine gewisse Plausibilität, wenn diese als organisierte Gruppen auftreten. „Die Amerikaner", „die Arbeiter" oder „die Grundbesitzer" können zwar objektive Konfliktinteressen besitzen, aber sie treten erst dann als kollektive Akteure in Konfliktinteraktionen ein, wenn sie in irgendeiner Form organisatorisch verfaßt sind – als Staat, als Gewerkschaft, als Interessenverband oder Partei.

2.1.3 Zwischen Anomie und Konsens: Die Rationalisierung von Problembezügen

Ein soziologisch fruchtbarer Konfliktbegriff muß nicht nur die Strukturierung von Konfliktbeziehungen und Konfliktakteuren, sondern auch den jeweiligen Problembezug der konfligierenden Ansprüche und Interessen berücksichtigen. Die Existenz von konflikträchtigen Problembezügen setzt voraus, daß der Naturzustand von Anomie und Desorientierung einer gesellschaftlichen Kooperation gewichen ist, die nicht nur wechselseitige Abhängigkeiten mit sich bringt, sondern auch sozialverbindliche Entscheidungen über Rangordnungen, die Verteilung knapper Güter und die Geltung von Regeln und Normen einschließt. Während der vorsoziale Naturzustand keinerlei gemeinsame Orientierung der Individuen erfordert und erlaubt, ist das moralische Ideal der Gesellschaft durch den vollkommenen **Konsens** aller Gesellschaftsmitglieder gekennzeichnet. Sowohl der **anomische** Naturzustand wie der vollkommene Konsens müssen als kontrafaktische Fluchtpunkte der sozialen Wirklichkeit betrachtet werden, an denen sich die Akteure von Konflikten zwar orientieren, die aber in tatsächlichen sozialen Prozessen niemals realisiert werden können. Konsens ebenso wie Desorientierung sind immer nur zeitlich, sozial und sachlich begrenzte und wechselnde Zustände. Die Konfliktsituation hingegen kann als der Normalfall sozialen Handelns gelten; sie umfaßt ebenso Elemente des Konsenses wie der Offenheit und der Desorientierung: in Rangordnungskonflikten etwa liegt Konsens über die Notwendigkeit einer bestimmten Rangordnung und den Ausschluß bestimmter Konfliktmittel (z. B. Gewalt) vor, aber es ist offen, welche Personen welchen Rang einnehmen sollen. Durch den Konfliktprozeß kann nun diese offene Frage sozial beantwortet werden. Freilich steht am Ende eines Konfliktprozesses nur in seltenen Ausnahmefällen ein Konsens, von dem alle Betroffenen vorbehaltlos überzeugt sind. Viel eher werden strategische Hoffnungen und Befürchtungen als wirksame Motive für die Annahme einer Regelung und die Beendigung von Konflikthandeln gelten können. Demnach erweist sich der von individueller Überzeugung getragene Konsens als ein kontrafaktisches Ideal, das kein sozialer Konflikt gänzlich aufgeben kann. Gerade der Umstand, daß Konsens und Überzeugung nicht erzwungen werden können, sondern auf Autonomie und vernünftiger Einsicht beruhen, macht die Vorstellung vom Konsens aller Beteiligten so außerordentlich geeignet, um Konfliktprozesse auszusetzen und zu beendigen. Die Attraktivität des Konsensideals ist selbst noch in den Prozessen der Problem- und Themenverschiebung spürbar, die bei vielen sozialen Konflikten beobachtet werden kann. Diese Problemverschiebungen zeigen typischerweise die Merkmale eines **Rationalisierungsprozesses,** in dem die Demütigung des Unterlegenen im Rangordnungskonflikt immer mehr eingeschränkt und durch sachlichere und allgemeinere Problembezüge ersetzt wird.

Naturzustand	Rationalisierungsprozeß der Problembezüge →			Moralisches Ideal
Anomie und Desorientierung	Rangordnungskonflikte (soziale Ungleichheit)	Verteilungskonflikte (Knappheit von Ressourcen)	Regelkonflikte (Kontingenz von Normen)	vollkommener Konsens

2.1.3.1 Rangordnungskonflikte

Die universelle Gegebenheit sozialer Ungleichheit bringt das Problem der Zuordnung von Individuen zu begehrten sozialen Positionen mit sich. Beruht diese Zuordnung nicht auf sozial schwer veränderlichen Merkmalen wie Geschlecht, Alter oder Abstammung, so wird sie Gegenstand sozialer Prozesse, die häufig einen konflikthaften Verlauf nehmen: keineswegs jeder ist bereit, widerstandslos eine rangniedrige Position einzunehmen. Interessenkonflikte über Rangordnungen entstehen freilich erst dann, wenn individuelle oder kollektive Akteure eine alternative Rangordnung für möglich halten: niemand wird ernsthaft den Anspruch auf eine soziale Position erheben, ohne sich eine realistische Chance auszurechnen, den Rangordnungskonflikt zu gewinnen. Reine Rangordnungskonflikte beziehen sich dabei nur auf die Zuordnung von Akteuren zu sozialen Rangpositionen und lassen die Rangordnung selbst unberührt. Sie sind Konflikte, hinter denen unverhüllt partikulare Interessen stehen, in denen wechselseitige Überzeugungsprozesse zwischen den Konfliktgegnern kaum eine Rolle spielen und in denen die größere Macht eines Akteurs den Ausschlag gibt. Da reine Rangordnungskonflikte nicht aus allgemeinen, sondern aus persönlichen Interessen erwachsen, kommen in ihnen die emotionalen Grundlagen von Konflikthandeln unverstellter zum Ausdruck als bei anderen Konfliktanlässen. Sie sind keine humanspezifische Verhaltensform, sondern finden sich bei allen höheren Lebewesen mit Sozialverhalten[22].

Zwei Situationen von Rangkonflikten lassen sich unterscheiden: zum einen können Rangkonflikte in einer offenen Situation entstehen, in der noch keine Rangordnung der Teilnehmer vorliegt, zum anderen aber können bestehende Rangordnungen in Frage gestellt werden. Während die offene Situation zumeist eine Konkurrenz unter mehreren Teilnehmern ermöglicht, teilt der Versuch zur Revision bestehender Rangordnungen ein soziales Kollektiv in zwei Untergruppen mit antagonistischen Interessen: diejenigen, die sich von einer bestimmten Veränderung der Rangordnung eine Verbesserung ihrer eigenen Situation erhoffen, und diejenigen, die eine entsprechende Verschlechterung befürchten müssen. Die erste Gruppe hat ein latentes Interesse an einem erfolgreichen Rangordnungskonflikt, die zweite offensichtlich nicht. Reine Rangordnungskonflikte lassen sich allerdings nur selten zu organisations- oder gar gesellschaftsweiten Herrschaftskonflikten ausweiten, da der einfache Austausch von Personen in sozialen Positionen Dritte zumeist unberührt und unbeteiligt läßt; die Mobilisierung der Mehrheit für einen reinen Rangordnungskonflikt ist problematisch. Typischerweise sind reine Rangordnungskonflikte auf Auseinandersetzungen zwischen den Inhabern benachbarter Positionen (z. B. putschende Obristen gegen regierende Generäle) oder auf offene Wettkampfsituationen begrenzt. Eine Ausweitung von Konflikten setzt zumeist zusätzliche sachliche Anlässe und Bezüge voraus. Dennoch kann der Rangordnungskonflikt als der elementarste und universellste Anlaß zu sozialen Konflikten gelten. Wenn auch zumeist verdeckt und verdrängt, steht er doch im Hintergrund der meisten Auseinandersetzungen. Konflikte um die Verteilung oder um die Gültigkeit von Regeln können als soziale Verfahren betrachtet werden, die zwar flexiblere Lösungen ermöglichen, aber doch auch immer eine Rangordnung zwischen den Konfliktakteuren festlegen oder verändern.

2.1.3.2 Verteilungskonflikte

Verteilungskonflikte entstehen aus unterschiedlichen Interessen von Akteuren an der Verteilung knapper Ressourcen auf soziale Positionen. Ebenso wie Rangordnungskonflikte an die Existenz von sozial bewerteten und veränderbaren Formen der Ungleichheit gebunden sind, setzen Verteilungskonflikte individuelle Eigentumsrechte an Ressourcen einerseits und die Möglichkeit ihrer sozialen Umverteilung andererseits voraus. Während reine Rangordnungskonflikte das Verhältnis der sozialen Positionen untereinander unberührt lassen, können Verteilungskonflikte auch dieses Verhältnis selbst, d. h. die Ausstattung sozialer Positionen mit knappen Ressourcen, verändern. Dies gilt ebenso für eine gleiche wie für eine ungleiche Verteilung von spezifischen Ressourcen auf verschiedene soziale Positionen. In beiden Fällen können individuelle oder kollektive Akteure zu der Auffassung gelangen, daß die Ressourcen nicht angemessen verteilt seien und eine Umverteilung zu ihren Gunsten erfolgversprechend sei. Entscheidend ist dabei der Glaube einer Konfliktpartei, über hinreichende Macht, d. h. Kontrolle über andere Ressourcen, zu verfügen, um sich einen größeren Anteil an einer bestimmten Ressource sichern zu können. Von Konflikten, die sich an bestehenden Verteilungen von Ressourcen entzünden, lassen sich wiederum Konflikte in offenen Situationen unterscheiden, in denen es um die Neuverteilung eines kollektiven Gutes geht. Während Konflikte über vorliegende Verteilungsstrukturen eine Spaltung in zwei latente Interessengruppen fördern, ermöglichen offene Situationen grundsätzlich eine Teilnahme mehrerer Konfliktakteure in marktförmiger Konkurrenz. Wird der Verteilungskonflikt ohne Appell an die Gerechtigkeitsvorstellungen Dritter ausgetragen, so wird sein Ergebnis allein von dem tatsächlichen Machtverhältnis der Konfliktgegner bestimmt. Allerdings sind bei Verteilungskonflikten flexiblere Lösungen möglich als bei reinen Rangordnungskämpfen. Während diese nur das Personal in den Positionen auswechseln können, sind vielfältige Formen der Neuverteilung von Ressourcen (Kompensationen etc.) für die Lösung von Verteilungskonflikten verfügbar.

Mit dem Übergang von Rangordnungs- zu Verteilungskonflikten geht weiterhin eine **Versachlichung** des Problembezugs einher: die Allokation von Ressourcen betrifft nur implizit den Rang der Status- und Positionsinhaber. Niederlagen in Rangordnungskonflikten beeinträchtigen daher das Selbstwertgefühl der Unterlegenen weitaus offensichtlicher als ein entsprechender Mißerfolg in Allokationskonflikten. Diese Versachlichung des Konfliktes ermöglicht die Fortsetzung sozialer Kooperation auch nach Auseinandersetzungen.

Eine besonders elegante Lösung von Verteilungskonflikten besteht darin, die Produktion knapper Ressourcen zu steigern. Wachstum der Gesamtmenge an Gütern und Leistungen gestattet es dann, die zusätzlichen Ansprüche zu befriedigen, ohne damit auch alte Ansprüche unerfüllt zu lassen. Wurde dieser Weg für eine gewisse Dauer beschritten und ist er dann plötzlich versperrt, so sind erneut – und durch die gewachsenen Erwartungen verstärkt – Verteilungskonflikte zu erwarten.

2.1.3.3 Regelkonflikte

In Verteilungs- und Rangordnungskonflikten wird nicht selten auf den Widerspruch zwischen einer bestehenden Rangordnung oder Verteilung und gültigen Regeln und Normen hingewiesen. Auf einen solchen Hinweis kann der Konfliktgegner mit einem Zweifel an der Gültigkeit dieser Regeln antworten. Damit wird eine Verschiebung des Problems auf eine nächste Ebene vorgenommen: den Konflikt um die Gültigkeit und Beachtung von Normen und Regeln. Mit Normen und Regeln wird ein Anspruch erhoben, der niemals gänzlich und lückenlos erfüllt wird, sondern in einem Spannungsverhältnis zu faktischem Handeln steht; Verhaltensweisen, die selbstverständlich, natürlich und problemlos sind, brauchen nicht mehr normativ gefordert zu werden. Diese universelle Spannung zwischen normativ gefordertem und tatsächlichem Handeln wird dann zum Gegenstand und Problembezug, wenn Akteure, deren Handeln von anderen als Regelverletzung betrachtet wird, ihre eigene Handlungsweise nicht nur für eine pragmatisch gerechtfertigte Abweichung halten, sondern die normative Forderung an sich zurückweisen und an deren Stelle die Beachtung einer alternativen und konkurrierenden Norm oder Regel fordern. Solange oder sobald beide Akteure oder Gruppen die fehlende Beachtung ihrer normativen Vorstellungen bei den jeweils anderen nicht mit Sanktionsdrohungen versehen, kommt es nicht zum Konflikthandeln. Machen jedoch gesellschaftliche Kooperationen die Verpflichtung auf gemeinsame Normen unvermeidlich, so sind soziale Konflikte über die Einsetzung und Beachtung solcher Normen zu erwarten.

Hinter solchen Konflikten verbirgt sich freilich nicht nur die pure Unterschiedlichkeit der Auffassungen, sondern auch das Interesse an Regeln, die der eigenen Position zum Vorteil verhelfen. Der Bezug auf allgemein-verbindliche Regeln und Normen bietet sich dann an, um Verteilungs- oder Rangordnungskonflikte und die ihnen zugrundeliegenden bloß partikularen Interessen zu verdecken. Dieses Doppelgesicht des Konfliktes – einerseits der von partikularen Interessen abgekoppelte Anspruch auf allgemeine Anerkennung und Beachtung, andererseits die zuweilen allerdings schwer berechenbare Begünstigung und Unterstützung einer Konfliktpartei – eröffnet Möglichkeiten strategischer Nutzung von Normen und Regeln. Dabei ermöglicht der Wechsel von Verteilungskonflikten zu Normkonflikten eine **Generalisierung** des Problembezugs: es geht nicht mehr nur um die Auseinandersetzung zwischen zwei Kontrahenten, sondern um die allgemeine Beachtung einer Norm; Desinteresse und Indifferenz sind bei Normkonflikten daher weitaus schwieriger durchzuhalten als bei Rangordnungs- oder Verteilungskonflikten. Mit dieser Generalisierung geht eine weitere Versachlichung einher: setzt sich ein Normvorschlag nicht durch, so hat dies keine expliziten, sondern nur verdeckte Folgen für den sozialen Rang des unterlegenen Konfliktakteurs: die Fortsetzung der sozialen Kooperation ist weitaus leichter als nach Niederlagen in offenen Rangordnungskonflikten.

2.1.4 Zwischen Gewalt und Wertdiskurs: Die Rationalisierung von Konfliktformen

Begreift man Konflikt als soziale Beziehung und Handlungsprozeß, so erhält die Analyse der sozialen Normen, die von den Konfliktakteuren als regelhafte Begrenzung strategischen Handelns anerkannt werden, besonderes Gewicht. Geregeltes strategisches Handeln grenzt sich nach zwei Seiten ab: einerseits gegenüber dem Naturzustand chaotischer **Gewalttätigkeit,** in der keine sozialen Beschränkungen der Zwangsmittel anerkannt werden, und andererseits gegenüber dem moralischen Ideal des **Diskurses,** in dem die Teilnehmer sich allein an der Verpflichtung zu kommunikativer Rationalität an dem „zwanglosen Zwang des Argumentes" orientieren[23]. Im Naturzustand werden der Anwendung oder Androhung von materieller Gewalt keinerlei soziale Schranken gesetzt, da gemeinsame Regeln weder existieren noch Beachtung finden. Im idealen Diskurs hingegen sind strategische Einstellungen und individuelle Interessen ebenso ausgeschaltet wie die Anwendung von Sanktionen und die Möglichkeit, einen anderen im Diskurs zu „besiegen". Diskurse beruhen allein auf der vernünftigen Einsicht autonomer Subjekte und werden nicht mehr mit dem Ziel geführt, andere Teilnehmer von der **eigenen** Meinung zu überzeugen, sondern durch rationale Argumente zu wahren Theorien und richtigen Werturteilen zu gelangen – gleichgültig, von wem diese eingebracht wurden. Ebenso wie vollkommener Konsens und vollkommene soziale Integration stellt auch der Wertdiskurs ein niemals realisiertes, aber doch durch seine Attraktivität überaus wirksames Ideal dar, das die Wirklichkeit sozialer Konflikte und strategischen Handelns freilich niemals erreichen kann; auch in Diskussionen, die mit dem Anspruch auf Interessenneutralität geführt werden, sind verborgene Interessen und strategische Einstellungen der Teilnehmer nicht gänzlich auszuschließen. Anderseits herrscht auch in Situationen äußerster Feindseligkeit zwischen Menschen nur äußerst selten Gewalt ohne jede regelhafte Beziehung; zumeist schränken Regeln der Unterwerfung oder der Verhandlung auch zwischen Feinden die Ausübung von Gewalt in gewisser Weise ein. In dem Maße, in dem sich die Feinde nicht nur einmal, sondern häufiger begegnen und in dem unbeteiligte Dritte auf sie einwirken können, wird der Zustand gewalttätiger „Barbarei" allmählich von einer rituellen Einschränkung der Gewaltanwendung abgelöst. Dieser Prozeß der Zivilisation setzt sich im Laufe der gesellschaftlichen Evolution als Rationalisierung der Konfliktmittel fort[24]. Nicht nur materielle Gewalt, sondern auch andere Konfliktmittel wie persönliche Beleidigung können im Verlaufe dieses Rationalisierungsprozesses ausgeschlossen werden, so daß anstelle vieler verschiedenartiger Machtmittel schließlich nur mehr sehr spezifische und vergleichbare Ressourcen zur Verfügung stehen. Entscheidenden Einfluß auf diese Entwicklung nimmt die wachsende Verflechtung sozialer Beziehungen, die die Anzahl der unbeteiligten Dritten steigen läßt; soweit diese Gruppe der Unbeteiligten gleichzeitig mit beiden Konfliktakteuren in sozialen Beziehungen steht, entwickelt sie ein Interesse an einer Eindämmung des Konfliktes. Dennoch können sich auch in modernen Gesellschaften mit starker Zivilisierung der sozialen Beziehungen Situationen ergeben, in denen fundamentale Normen verletzt werden und die Gemeinschaftlichkeit in Frage gestellt wird; für diesen Fall beansprucht die Zentrale der staatlichen Herrschaftsorganisationen von ihren Mitgliedern das Recht zu Gewaltmaßnahmen gegen diejenigen, die nach Definition des Staates die fundamentalen Mitgliedschaftsnormen verletzen; aber auch eine solche Rückkehr in die ‚Barbarei' vorgesellschaftlicher Beziehungen bleibt in der Regel zeitlich und sozial eng begrenzt.

2.1.4.1 Sozialer Kampf

Unter sozialem Kampf werden Konflikte verstanden, in denen außer der Anwendung materieller Gewalt grundsätzlich keine Ressourcen von der strategischen Nutzung ausgeschlossen sind[25]. Tatsächlich können in Kampfsituationen viele verfügbare Ressourcen jedoch ungenutzt bleiben, weil ihr angedrohter Einsatz mögliche Koalitionspartner abschrecken und den Konfliktgegner zu einer entsprechenden Eskalation veranlassen könnte oder weil der tatsächliche Einsatz mit sehr hohen Kosten verbunden ist. Ob ein Machtmittel in sozialen Kämpfen zum Einsatz kommt oder nicht, ist allein strategischen Überlegungen unterworfen. Der institutionelle Rahmen sozialer Kämpfe wird vor allem durch das Gewaltmonopol des Staates und entsprechenden Gewaltverzicht der Staatsbürger gebildet. Über diesen Gewaltverzicht hinaus ist die sozial-normative Strukturierung von sozialen Kämpfen nur wenig entwickelt; sie erlaubt noch eine starke affektive Aufladung der Kampfhandlungen. Die Person des Konfliktgegners ist davon nicht ausgenommen. Ihre Existenz gilt als ärgerlich; sie ruft feindselige Gefühle und expressive Handlungen hervor.

Da in sozialen Kämpfen eine Vielzahl von Machtmitteln eingesetzt werden kann, ist die Machtstruktur für die Konfliktgegner außerordentlich undurchsichtig; auch zwischen tatsächlich sehr ungleichgewichtigen Konfliktakteuren können sich daher Kampfhandlungen ergeben.

Ebensowenig wie die Handlungsmittel werden auch die Ziele sozialer Kämpfe eingegrenzt und beschränkt. Ziel sozialer Kämpfe ist zumeist eine unspezifische **Rangüberlegenheit,** die gleichzeitig auch Vorteile bei der Verteilung knapper Ressourcen und die Möglichkeit, ,Regelbeachtung durchzusetzen', einschließt. Diese offensichtliche Orientierung an Rang und Machtfragen bringt es mit sich, daß soziale Kämpfe nicht im Hinblick auf einen Schiedsrichter ausgetragen werden. Dritte können in sozialen Kämpfen kaum mit dem Hinweis auf gemeinsame Regeln intervenieren; ihre Wirksamkeit auf den Konfliktverlauf beruht vor allem auf ihrer eigenen Macht.

Der unterlegene Akteur hat in sozialen Kämpfen relativ hohe Kosten zu tragen; seine Niederlage läßt sich nicht wie im Falle der Debatte durch den Anschein vernünftiger Gründe verdecken oder wie im Falle der Konkurrenz auf den Vergleich einer sehr spezifischen Ressourcenart beschränken.

Entsprechend gewichtige Interessen vorausgesetzt, lockern soziale Kämpfe die Vergesellschaftungsbeziehungen zwischen den Konfliktakteuren und stärken die Solidarität innerhalb der sozialen Gemeinschaften, die als Konfliktakteure auftreten. Eine Eskalation sozialer Kämpfe zu gewalttätigen Auseinandersetzungen oder zum Abbruch jeder sozialen Beziehung zwischen den Akteuren kann durch mächtige dritte Parteien oder aber durch Rationalisierungsversuche der Konfliktakteure selbst verhindert werden: die Fortsetzung oder Eskalation der sozialen Kampfhandlungen verbraucht möglicherweise soviel Ressourcen, daß eine stärkere Regelung des Konflikthandelns auch im Interesse der Konfliktakteure liegt.

2.1.4.2 Wettkampfspiele

Wenn die Wahl der einsetzbaren Ressourcen in Konflikten durch gemeinsame anerkannte **Regeln** stark beschränkt ist und die Person des Gegners als Ziel von Sanktionen ausgeschlossen ist, liegen Wettkampfspiele oder Wettkämpfe vor. Solche Wettkämpfe können in sehr unterschiedlicher Form auftreten; Wahlkämpfe von politischen Parteien oder Marktkonkurrenz ökonomischer Unternehmen zählen hierzu ebenso wie sportliche Wettkämpfe, Bewerbungen um eine Arbeitsstelle oder Versuche von Partygästen, die Aufmerksamkeit der anderen auf sich zu ziehen.

Der Konsens der Teilnehmer an Wettkampfspielen erstreckt sich auf das Verfahren der Konfliktaustragung, nicht auf das Ergebnis: wer im Wettkampf unterliegt, respektiert dieses Ergebnis, aber er wünscht es sich nicht. Dabei wird die Anerkennung der Interessen des Konfliktgegners jeweils vorausgesetzt; seine Interessen sind zwar berechtigt, aber unverträglich mit den eigenen, gleichfalls berechtigten Interessen. Diese Verbindung von wechselseitiger Anerkennung und Unverträglichkeit der Interessen wird vorzugsweise dann erreicht, wenn die Konfliktgegner von einer ähnlichen Ausgangsposition das gleiche Ziel anstreben, aber nur einer für sich dieses Ziel realisieren kann. In einem von Fairnessregeln und gegenseitigem Respekt bestimmten Spiel gilt es dann zu ermitteln, welche Interessen am Ende verwirklicht werden. Wie bei allen Konflikten, so ist auch bei Wettkampfspielen die Offenheit und Ungesicherheit des Konfliktergebnisses zu Beginn der Konflikthandlungen ein grundlegendes Merkmal der Situation; alle Beteiligten müssen eine „faire Chance" erhalten. Die Art der Ressourcen, die in einem Wettkampf eingesetzt werden dürfen, ist dabei – im Unterschied zu sozialen Kämpfen – festgelegt und bekannt; unklar ist, über wieviel Ressourcen die jeweils anderen Teilnehmer verfügen und in welcher Weise sie eingesetzt werden. Ist hingegen die Ungleichheit an Ressourcen zwischen den Teilnehmern offensichtlich und steht der Sieger im vorhinein fest, so kommt kein Wettkampfspiel zustande.

Wettkampfspiele ermöglichen es, Interessenkonflikte auszutragen, ohne die Integration der Konfliktakteure in eine soziale Ordnung zu gefährden: durch die Verpflichtung auf gemeinsame Regeln und den strategischen Zwang zur Orientierung an den Überlegungen und Handlungen des Gegners fördern sie den Vergesellschaftungsprozeß der Konfliktakteure. Entscheidende Bedeutung für die Durchführung eines Wettkampfspiels besitzen die Normen und Regeln des Spiels: über sie kann im Rahmen des Spiels selber nicht diskutiert werden, ohne das Spiel selbst aufzugeben. Da sich auch bei schriftlich niedergelegten und ausgearbeiteten Spielregeln immer Interpretationsfragen ergeben, erfordern Wettkampfspiele zumeist die Institution des **Schiedsrichters,** der über die Einhaltung der Regeln wacht und dessen Autorität von allen Teilnehmern anerkannt wird.

Wettkampfspiele sind die typischen Konfliktformen im Rahmen marktähnlicher Institutionen, bei denen es um die Allokation und Verteilung knapper Ressourcen geht. Im Unterschied zur herrschaftlichen Umverteilung von Ressourcen benötigt der Marktwettbewerb keine mit Zwangsvollmachten ausgestattete Zentrale. Auch die Herstellung von Rangordnungen durch Wettbewerb oder die Einsetzung von Normen und Regeln durch dem Wettbewerb entsprechende Wahlverfahren erfordern keinen Zwang, sondern nur die Einhaltung der Wettbewerbsregeln. Gerade diese Einhaltung der Wettbewerbsregeln erweist sich jedoch nicht selten als eine recht instabile Bedingung, wenn sie nicht durch die Autorität eines Schiedsrichters und Sanktionsdrohungen sichergestellt wird.

2.1.4.3 Debatten

Vollzog sich mit dem Übergang von Kämpfen zu Wettbewerben schon eine Versachlichung der Konfliktziele und eine normative Eingrenzung der Konfliktmittel, so wird dieser Rationalisierungsprozeß des Konflikthandelns in Debatten noch weiter gesteigert. In **Debatten** sind allein Argumentationen als Machtmittel zugelassen.

Anders als in Wettkämpfen ist die Artikulation von antagonistischen Interessen kein legitimer Bestandteil des Konflikthandelns mehr; die Überlegenheit der eigenen Argumentation wird in Debatten gerade dadurch unter Beweis gestellt, daß nicht persönliche, sondern sachliche oder allgemeinwohl-orientierte Gründe für sie sprechen, die Argumente des Debattengegners hingegen nicht zutreffen oder auf eine spezifische und unangemessene Sichtweise des Debattenthemas zurückgeführt werden können. Selbst der Verdacht, daß die Argumente des Debattengegners durch seine spezifischen Interessen gesteuert seien, gilt bei strengen Debattenregeln als unzulässig, weil er eine „Diskreditierung" der Person des Gegners enthält. Da die Regeln der Debatte jedes persönliche Interesse von der Artikulation ausschließen und allein die Orientierung an vernünftigen Argumenten als Regel der Konfliktlösung zulassen, könnte der Eindruck entstehen, daß mit Debatten die Grenze zwischen Konflikthandlungen und Diskursen überschritten wurde. Tatsächlich ist dies keineswegs der Fall. Die Teilnehmer an Debatten haben keine kommunikative, sondern eine **strategische** Einstellung gegenüber Argumentationen: ihr Ziel ist nicht, die beste Position zu ermitteln, sondern die andere zu der eigenen Position zu bekehren. Jeder vermutet bei den Debattengegnern (meist zu Recht), spezifische Interessen und wird sich nur schwer davon **überzeugen** lassen, seine eigene Position zugunsten der gegnerischen Position aufzugeben. Am Ende einer Debatte ist zumeist nicht der Konfliktgegner, wohl aber der zuhörende **Dritte** von der Richtigkeit einer der Positionen überzeugt. Im Unterschied zu sozialen Kämpfen, die strukturell die Position des Schiedsrichters nicht vorsehen, und Wettkämpfen, die die Rolle des Schiedsrichters auf die Überwachung der Regeln beschränken, rückt die dritte Partei bei Debatten in das Zentrum des Konfliktverlaufes[26]. Sie ist zwar insofern neutral, als sie sich zu Beginn der Debatte interessenneutral und unentschieden gegenüber den Positionen der Debattengegner verhält, wird im Debattenverlauf aber zum ‚Publikum', zur eigentlichen Adresse der Überzeugungsversuche. Debatten werden durch das Urteil der Dritten, der Öffentlichkeit oder der Mehrheit **entschieden**. Sie gilt es zu gewinnen, und an ihren Vorstellungen guter Gründe sucht der Debattenredner seine Argumentation auszurichten. Die Aufnahme der Argumente durch den Debattengegner hat demgegenüber nur untergeordnete Bedeutung. Je weniger die Argumentation der Debattengegner sich an den besonderen Interessen des jeweils anwesenden Publikums orientiert und je mehr sie auf die ‚Weltöffentlichkeit" aller vernünftigen Menschen, auf eine Gruppe ohne spezifische Interessen also, ausgerichtet ist, desto näher rückt die Debatte dem Ideal des Diskurses, in dem allein die Rationalisierung von Argumenten Gewicht hat.

Thema und Mittelpunkt von Debatten sind Probleme der Einsetzung und Beachtung von Regeln und Normen. Auch Rangordnungs- oder Verteilungskonflikte werden – wenn sie in der Debattenform durchgeführt werden sollen – zumeist schnell in Fragen der Begründung einer spezifischen Rangordnung oder Verteilung durch eine allgemeine Regel oder Norm übersetzt, die die Zustimmung der anwesenden Öffentlichkeit finden kann: die Rationalisierung der Handlungsmittel setzt eine entsprechende Rationalisierungsebene der Problembezüge von Konflikten voraus.

		Naturzustand	Sozialer Konflikt				Moralisches Ideal
Strukturierungsebenen	Konfliktbeziehung	Anarchie	Interessenstruktur	Machtstruktur	Konflikthandeln		Konfliktlösung durch vollständige soziale Integration
	Konfliktakteur	Krieg aller gegen alle	soziale Gemeinschaften	Organisationen	Individuelle Akteure in Interaktionsbeziehungen		Weltgesellschaft
Rationalisierungsebenen	Konfliktziel	Anomie (Desorientierung)	Rangordnung	Verteilung von knappen Ressourcen	Regelbeachtung		Konsens
	Konfliktform	Gewalt	Sozialer Kampf	Wettbewerb	Debatte		Diskurs

Eskalation ←───────
───────→ Rationalisierung

	Gewalt	Sozialer Kampf	Wettkampfspiele	Debatte	Diskurs
Einstellung Konfliktakteure	instrumentell, expressiv	strategisch	strategisch	strategisch	kommunikativ
Interaktionsbeziehung	diffus	diffus	spezifisch	verallgemeinernd	allgemein
Vergemeinschaftung, Bild des Gegners	Organismus	Feind mit unberechtigten Interessen	Gegner mit legitimen Interessen	Mitglied einer Kommunikationsgemeinschaft	vernünftiges Subjekt
Interessenbegründung	—	Rangordnung, Dominanz	Ressourcenkontrolle	Normbeachtung	—
Normierung der Konfliktmittel	—	Gewaltverzicht	Spielregeln	argumentative Regeln	—
Wertorientierung	—	Zivilisiertheit	Fairneß	Rationalität	—
Position des Dritten	—	Koalitionspartner	Schiedsrichter	Urteilskräftige Mehrheit	—
Makrosoziale Institution	—	Staat	Markt	Öffentliche Diskussion	—

2.2 Besonderheiten einzelner Richtungen

Die vorliegende Darstellung der soziologischen Konflikttheorie beschränkt sich nicht auf jene Grundideen, die ausnahmslos allen Varianten des konflikttheoretischen Denkens gemeinsam sind, sondern sie versucht – ausgehend von diesen Grundideen – einen systematischen Aufriß anzubieten, in denen die einzelnen Fragestellungen der verschiedenen konflikttheoretischen Arbeiten ihren Platz finden. Obwohl untereinander weniger homogen als die meisten anderen Theorietraditionen der Soziologie, gehen sie doch gleichermaßen von der Normalität von Konflikt und Konkurrenz in sozialen Prozessen, der Universalität von Knappheit und Ungleichheit und der Existenz von sozialen Regelungen des Konflikthandelns aus. Im folgenden sollen einige Theorieprogramme skizziert werden, die in jüngerer Zeit besondere Aufmerksamkeit auf sich gezogen haben und der konflikttheoretischen Tradition zugerechnet werden können, wenngleich sie auch sehr unterschiedliche Probleme behandeln.

2.2.1 Soziobiologische Modelle des Konflikthandelns

Im Unterschied zu den meisten soziologischen Konflikttheorien gehen psychoanalytische, ethologische und soziobiologische Modelle davon aus, daß soziale Konflikte auf „vorsoziale" anthropologische Grundlagen zurückgeführt werden können. Psychoanalytische Modelle in der Tradition S. Freuds begreifen soziales Konflikthandeln als Äußerung eines **Aggressionstriebes,** der sich aus der unvermeidbaren Versagung von Lusterlebnissen ergibt oder als Teil jenes elementaren Todes- oder Destruktionstriebes betrachtet wird, der allen psychischen Prozessen zugrunde liegt und dem Lebenstrieb zur Synthese und Vereinigung mit den Gegenständen der Welt entgegenwirkt. Konflikthandeln wirkt dabei als eine Entladung von aufgestauter aggressiver Triebenergie, die zwar grundsätzlich unvermeidbar ist, aber in sozial und kulturell sehr unterschiedliche Kanäle geleitet werden kann. Das ‚Soziale' oder Gesellschaftliche eines Konfliktes zeigt sich aus dieser Sicht vor allem in der Sublimierung, Rationalisierung und Zivilisierung von aggressiven Energien: die Aggression richtet sich nicht mehr unspezifisch und unbegrenzt auf alle Gegenstände der Welt, sondern wird auf bestimmte sozial normierte Objekte gelenkt und durch soziale Regeln begrenzt. Der Zusammenhang zwischen Versagungserlebnissen und dem Entstehen von Aggression steht im Zentrum der sogenannten ‚Frustrations-Aggressionshypothese'[27]. Aggressives Verhalten ist danach das Ergebnis von zuvor erlebten Versagungen und Repressionen von Trieberfüllung. Damit wird der individuellen Vorgeschichte und den sozialen Bedingungen einer aggressiven Handlung ein zentraler Stellenwert für die Analyse von Aggressionen und Konflikt eingeräumt: Soziale Normen, die eine starke Unterdrückung von Trieberfüllung verlangen, rufen aggressives Verhalten hervor, während eher ‚permissive' Normen zur Abschwächung der aggressiven Grundlage von Konflikten beitragen.

Auch der Ethologe K. Lorenz geht von der Annahme einer unspezifischen, jedoch endogen erzeugten aggressiven Energie aus, die aufgestaut werden kann, aber letztlich in aggressive Handlungen umgesetzt und entladen werden muß. Bleibt eine ‚angemessene' Situation zur Entladung aggressiver Energien aus, so bricht die übermäßig aufgestaute Aggression schließlich auch ohne auslösenden Reiz aus[28]. Aggressives Handeln wird von Lorenz als eine spezifische Form der evolutionären Anpassung des Menschen an seine Umwelt analysiert und keineswegs mit der moralischen Forderung nach Unterdrückung und Beseitigung verbunden.

Die Frage nach der evolutionären Bedeutung von aggressivem Verhalten steht auch im Mittelpunkt der soziobiologischen Analyse von Aggression und Konflikt[29]. Ausgangspunkt der soziobiologischen Analyse ist erstens die Annahme einer universellen **Knappheit** überlebenswichtiger Ressourcen und zweitens die Annahme, daß biologische Genen eine Tendenz eigen ist, sich angesichts knapper Ressourcen der Umwelt maximal zu reproduzieren. Hieraus ergibt sich eine **Konkurrenz** der Gene (!) und der mit Hilfe dieser Gene produzierten organischen Verhaltensweisen um die Nutzung der Ressourcen[30]. Eine genetisch bedingte Verhaltensweise, die an die selektiven Faktoren der Umwelt besser angepaßt ist als eine konkurrierende, wird sich daher stärker in einer Population verbreiten oder in der Konkurrenz zwischen verschiedenen Arten die weniger angepaßte Art allmählich verdrängen. Aggressivität und Konflikt sind entsprechend im Hinblick auf die Reproduktionschancen zu untersuchen, die sich aggressiv verhalten oder Konflikthandeln an den Tag legen. Aggressives Verhalten zwischen Artgenossen (die ja einen gewissen Anteil gemeinsamer Gene aufweisen) ist in der Regel durch spezifische **Kampfrituale** und Abbruchsignale gebändigt, die die Tötung des Unterlegenen verhindern und den Verlauf des Kampfes strukturieren. Kämpfe und Konflikte zwischen Artgenossen ergeben eine Rangordnung, die unterschiedliche Chancen zur Fortpflanzung beinhaltet und dem stärkeren und aggressiven Individuum bessere Reproduktionsmöglichkeiten einräumt.

Bei vielen höheren Lebewesen sind das Überleben und die Möglichkeit zur Reproduktion an die individuelle Nutzung eines bestimmten Territoriums gebunden, das gegen das

Eindringen anderer Artgenossen verteidigt wird. Kämpfe um die Grenzen von Territorien und die Vertreibung von Feinden aus dem eigenen Territorium bilden dann einen der wichtigsten Anlässe für Konfliktverhalten[31].

Da das von einem Individuum besetzte und verteidigte Territorium zumeist auch eine für seine Ernährung und Reproduktion kritische Minimalgröße aufweist, wird der Verteidiger den Eindringling wilder und entschlossener bekämpfen als umgekehrt: während der Eindringling seine – zumeist ohnehin gesicherte – Ernährungsbasis nur erweitern kann, geht es dem Verteidiger um seine elementare Existenz. Eine entsprechende Asymmetrie an Einsatzbereitschaft zwischen Verteidiger und Angreifer führt dazu, daß es nur deutlich überlegenen Angreifern gelingt, den Verteidiger von seinem Territorium zu vertreiben. Dies wiederum hat Folgen für die Häufigkeit, mit der Konflikte durchgeführt werden: in dem Maße, wie sich Machtunterschiede in einer Population entwickeln, wird aggressives Konflikthandeln aussichtsreicher. Die Häufigkeit von Konflikten über territoriale Grenzen hängt weiterhin von der Dichte ab, mit der ein Territorium bevölkert ist: steigt die Bevölkerungsdichte angesichts gleichbleibender knapper Ressourcen, so verschärft sich die Konkurrenz, und Konflikte werden unausweichlich.

Konflikte und Aggressivität zwischen Artgenossen werden aus soziobiologischer Sicht jedoch nicht nur durch Territorialität und die Entwicklung angeborener Hemmechanismen reguliert und begrenzt, sondern auch durch die Entwicklung sogenannter ‚Evolutionär Stabiler Strategien' (ESS), die die Verbreitung aggressiver Verhaltensweisen in einer Population einschränken[32]. Ausgangspunkt ist hier die Unterscheidung und Gegenüberstellung von zwei Konfliktstrategien, der aggressiven Strategie des „Falken", die im Konfliktfalle nicht nur droht, sondern bis zum Rückzug des Gegners oder der eigenen Verletzung hin eskaliert, und der nicht aggressiven Stretegie der „Taube", die bei Eskalation des Gegners sofort den Rückzug antritt und dadurch das Risiko eigener Verletzung vermeidet. Geht man nun von der Voraussetzung aus, daß beim Aufeinandertreffen von zwei „Tauben" (oder zwei „Falken") jede von beiden die gleiche Chance hat, den Konflikt zu gewinnen, so werden in einer reinen „Tauben"-Population Konflikte niemals zu Verletzungen führen und jedem Konfliktgegner die Chance einräumen, die Hälfte der Konflikte zu gewinnen. Wird nun ein „Falke" in diese Taubenpopulation eingeführt, so wird er zunächst alle Konflikte gegen „Tauben" gewinnen. In dem Maße jedoch, in dem die aggressive Strategie sich innerhalb der Population stärker reproduziert und verbreitet als die nicht-aggressive, steigt auch die Chance, daß Falken im Konfliktfalle wieder auf Falken treffen und damit auch das Verletzungsrisiko. In einer „selbstzerstörerischen" Population von aggressiven Falken besitzt schließlich wiederum die nicht-aggressive Taube, die im Konfliktfall Verletzungen vermeidet, einen Reproduktionsvorteil gegenüber den Falken. Wie Maynard-Smith zeigen konnte, stellt sich als Ergebnis eines solchen evolutionären Prozesses schließlich eine stabile Verteilung von aggressiven und nicht-aggressiven Verhaltensweisen in einer Population ein.

Den Beitrag der soziobiologischen Erklärungsstrategie zur konflikttheoretischen Soziologie kann man zum einen in der Betonung von Knappheit und Konkurrenz als universeller Basis natürlicher und sozialer Prozesse, zum anderen aber in der Analyse jenes biologischen Verhaltenspotentials sehen, das den Rahmen für Konflikthandeln bildet. Für die Erklärung und Beschreibung der Strukturierung und Rationalisierung sozialer Konflikte erweist sich die soziobiologische Evolutionstheorie jedoch als unzureichend. Hier führen neue evolutionstheoretische Modelle, die nicht organisches Verhalten, sondern soziales Handeln zum Gegenstand haben, über die Grenzen eines biologischen Ansatzes hinaus[33]. Diese Modelle gehen von der Annahme aus, daß, ähnlich wie die biologischen Gene den Bauplan für Organismen bilden, auch kulturelle Informationen soziales Handeln beeinflussen; ähnlich wie die biologischen Gene werden auch kulturelle Informationen (Regeln, Weltbilder etc.) von Generation zu Generation weitergegeben und ähnlich wie organische Eigenschaften sind auch soziale Handlungen und Institutionen dem selektiven Druck der Umwelt ausgesetzt. Aus der Konkurrenz zwischen verschiedenen Formen sozialen Handelns werden jene erfolgreich hervorgehen, die an die Handlungssituation am besten angepaßt sind und den größten Handlungserfolg sichern. Diese neueren evolutionstheoretischen Modelle sind eng mit den spieltheoretischen Modellen von Konflikt und Kooperation verbunden (vgl. 2.2.3).

2.2.2 Vertragstheoretische Ansätze

Ebenso wie die soziobiologische Evolutionstheorie gehen vertragstheoretische Ansätze von einem präsozialen Naturzustand aus, in dem soziale Regelungen von Konflikt und Kooperation gänzlich fehlen und in dem angesichts der Knappheit von Ressourcen Konflikt und Gewalt eine bedrohliche Realität sind.

Im Unterschied zur Soziobiologie wird das Entstehen von Kooperationszusammenhängen jedoch nicht aus dem Wirken von **natürlicher** Selektion auf organische Reproduktionsprozesse erklärt, sondern aus der freiwilligen und **rationalen Vereinbarung** unter gleichberechtigten Subjekten. Vertragstheoretische Ansätze begreifen soziale Prozesse als Ergebnis rationaler Entscheidungen von absichtsvoll handelnden Personen: Gesellschaften erscheinen daher nicht als eine natürliche, sondern als eine moralisch-politische Wirklichkeit, die im Gegensatz zu den anarchischen Konflikten des Naturzustandes steht. Konflikt und Gewalt bilden für die vertragstheoretische Tradition einen fundamentalen, aber „negativen" Bezugspunkt für die Genese sozialer Strukturen. Um endlose und chaotische Konflikte zu vermeiden, schließen Individuen vertragliche Vereinbarungen untereinander, in denen Rechte und Pflichten des Einzelnen geregelt und festgelegt werden. Keineswegs in allen Fällen müssen diese auf spezifische Akte des Vertragsabschlusses zurückgeführt werden. Häufiger – und realistischer – ist die Annahme der nicht expliziten, sondern impliziten Voraussetzung eines Vertrages zwischen den Teilnehmern an sozialen Prozessen; diese implizite Voraussetzung vertraglicher Übereinkunft berechtigt jeden Teilnehmer, der normativen Regelung des sozialen Lebens jederzeit seine Zustimmung wieder zu entziehen und eine neue Regelung zu fordern – es sei denn, er habe dieses Recht ausdrücklich und verbindlich einer spezifischen Instanz, etwa einem Staate, überlassen. Vom expliziten und impliziten Vertrag läßt sich noch der ‚hypothetische' Gesellschaftsvertrag unterscheiden[34]. Nach der – ursprünglich auf Kant (1793) zurückgehenden – Idee der ‚hypothetischen' Geltung eines Gesellschaftsvertrages ist eine normative Regelung dann als legitimer Vertrag zu betrachten, wenn ihr alle Freien und Gleichen vernünftigerweise in einer angenommenen Vertragssituation zustimmen **könnten.** Nicht mehr die tatsächlich geschlossene Übereinkunft, wie sie etwa bei einem Kaufvertrag vorliegen muß, oder die implizite vertragliche Voraussetzung, wie sie etwa bei stillschweigender Zustimmung und Übernahme von Regeln vorliegt, sondern die vernünftige Begründbarkeit und allgemeine Zustimmungsfähigkeit einer Regelung von Konflikten schaffen hier das Vertragsverhältnis.

Im Hintergrund des vertragstheoretischen Denkens der Gegenwart stehen die Modelle der politischen Philosophie des 17. und 18. Jahrhunderts: Die klassischen Vertragstheorien von Th. Hobbes (1651), J. Locke (1690) und J. J. Rousseau (1762) legen den Rahmen fest, in dem sich neuere Modelle bewegen. Sie unterscheiden sich vor allem in ihrer Kennzeichnung des Naturzustandes, aus dem sich vertragliche Vereinbarungen entwickeln.

Vertragstheorien der Hobbesianischen Tradition gehen von einem anarchischen Naturzustand aus, in dem freie und eigennützige Individuen versuchen, knappe Güter für ihre eigenen Interessen zu nutzen; mangels rechtlicher Regelungen ist ein kräftezehrender ja lebensbedrohender Konflikt die Folge, der Krieg aller gegen alle, in dem niemand dazu kommt, die Früchte seiner Arbeit zu genießen, sondern ständig damit rechnen muß, von einem Stärkeren beraubt und ausgeplündert zu werden. In dieser anarchischen Situation wird es – so Hobbes – im Interesse aller liegen, vertragliche Einschränkungen ihrer ursprünglichen Freiheit hinzunehmen, um den sozialen Frieden zu sichern.

Während Hobbes jedoch noch die Gleichheit aller Individuen im Naturzustand annahm, machen neuere Vertragstheoretiker wie J. Buchanan diese Voraussetzung nicht mehr. Buchanan geht davon aus, daß im Naturzustand an körperlichen und geistigen Fähigkeiten Ungleiche aufeinandertreffen und in einem Kampf aller gegen alle ihren individuellen Nutzen zu mehren suchen[35]. Als Ergebnis dieser anarchischen Prozesse stellt sich nach einiger Zeit ein gewisser Gleichgewichtszustand ein, in dem niemand seine Lage weiter verbessern kann, ohne ein unproportional hohes Kostenrisiko einzugehen. Diese ‚Natürliche Verteilung' (Buchanan) wird nun zur Grundlage eines Gesellschaftsvertrages, der allen Beteiligten den kostspieligen Aufwand der Bewaffnung erspart und durch Verzicht auf Angriffs- bzw. Verteidigungsaktivitäten die Ressourcen für zusätzliche Güterproduktion freisetzt. Im Zentrum dieses Verfassungsvertrags steht dabei die Festlegung unterschiedlicher Eigentumsrechte, die durchaus entsprechend der ‚Natürlichen Verteilung' sehr ungleich auf die Gesellschaftsmitglieder verteilt werden können. Weitere Veränderungen dieser normativen Ordnung sind legitimerweise nur durch explizite Tauschverträge zwischen zwei Parteien oder eine Übereinkunft über die allgemeine Verfügbarkeit sogenannter ‚öffentlicher Güter' möglich.

Im Unterschied zu der Hobbesianischen Tradition des Gesellschaftsvertrags gehen J. Locke und in seiner Nachfolge R. Nozick davon aus, daß die Individuen im Naturzustand nicht nur frei und gleich, sondern auch mit natürlichen Rechten ausgestattet seien[36].

Die vollkommene Freiheit des Einzelnen im Naturzustand wird jedoch durch die Naturrechte der anderen eingeschränkt. Aus dem Bemühen des Einzelnen, die eigenen natürlichen Rechte gegen die der anderen durchzusetzen oder abzugrenzen, ergibt sich allerdings eine Vielzahl persönlicher Streitigkeiten, die erst durch die vertragliche Unterwerfung aller unter eine staatliche Autorität vermieden werden können. Anders als Locke nimmt Nozick an, daß sich auch ohne einen spezifischen Akt der Staatsgründung, allein aus den Schutzbedürfnissen seiner Bürger, von der „unsichtbaren Hand" (A. Smith) geleitet, ein Minimalstaat entwickelt, der sich allein auf die Ausübung des Gewaltmonopols und den Schutz seiner Bürger vor Verletzung ihrer elementaren Rechte beschränkt. Nur ein solcher Minimalstaat kann aus der liberalistischen Perspektive Nozicks als eine legitime Ordnung auftreten, nicht aber ein Staat, der die von seinen Bürgern erwirtschafteten Güter umverteilt, ohne von dem Produzenten dieser Güter hierzu beauftragt worden zu sein.

Schließlich sei noch eine vertragstheoretische Tradition erwähnt, die auf die Ideen von Rousseau und Kant zurückgeht und in J. Rawls ihren wichtigsten zeitgenössischen Vertreter findet[37]. Ausgangspunkt sind hier nicht die Vielfalt eigennütziger Interessen oder die unverletzlichen natürlichen Rechte des Einzelnen, sondern die Vorstellung eines Gesellschaftsvertrages, der gerade von den individuellen Interessen und Irrtümern abstrahiert und den vernünftigen Willen aller zum Ausdruck bringt. Der Weg zu diesem verallgemeinerbaren und universell zustimmungsfähigen Vertrag führt über die Herstellung bestimmter „natürlicher" Situationen, in denen die Vertragschließenden ihre Sonderinteressen, Ansprüche und Rechte ablegen und sich als Freie und Gleiche nur von allgemeinen Interessen leiten lassen. Rousseau sah diesen Naturzustand der Freien und Gleichen vor allem durch die Existenz von individuellen Besitzansprüchen, Privilegien und Rechten beeinträchtigt, die es erst zu beseitigen gilt, um einen Gesellschaftsvertrag auf eine vernünftige Grundlage zu stellen. Dieser Zustand der Gleichheit und Gerechtigkeit wird bei Rawls durch die Einstellung der **Fairneß** gesichert; zu Beginn einer gemeinsamen und durch Fairnessregeln angeleiteten Entscheidung muß das Ergebnis aus der Sicht der Beteiligten offen sein. Der ‚Schleier des Nichtwissens' über mögliche Vor- oder Nachteile, die dem Einzelnen aus der Entscheidung erwachsen, tritt hier an die Stelle des Anspruchs auf die Objektivität des Allgemeininteresses.

Vertragstheoretische Ansätze beschäftigen sich mit der Verbindung zwischen den beiden Fluchtpunkten von Konfliktprozessen: dem Naturzustand einerseits und der sozialen Ordnung andererseits. Ihrem Verdienst, die grundlegende Bedeutung dieser beiden Grenzlinien sozialer Prozesse erkannt und hervorgehoben zu haben, steht jedoch der Mangel gegenüber, die Verbindung zwischen beiden Grenzlinien zu einfach und zu kurz zu knüpfen: Aus dem Naturzustand ergibt sich durch den Vertrag gewissermaßen übergangslos der Zustand der sozialen Ordnung. Damit entgeht den vertragstheoretischen Modellen die Vielfalt jenes Zwischenbereiches zwischen Anarchie und Ordnung, die das Feld einer empirisch orientierten Konflikttheorie bildet.

2.2.3 Spieltheoretische Konfliktmodelle

Die Anwendung von formalen Modellen, insbesondere der mathematischen Spieltheorie, auf Konfliktsituationen hat in den letzten Jahrzehnten stark zugenommen. Spieltheoretische Modelle gehen nicht wie die Soziobiologie von einer genetisch bedingten Aggressivität als Grundlage von Konfliktverhalten oder – wie die Vertragstheorie – von einem sozial ungeordneten Naturzustand aus, sondern sie nehmen an, daß sich Konfliktparteien als rationale Akteure in regelhaft strukturierten Situationen gegenübertreten. Der Konflikt ihrer Interessen ist durch diese Situation sozial festgelegt, und die Regeln der Austragung des Konfliktes sind gleichfalls genau umrissen. Diese Annahme spricht für die Anwendung spieltheoretischer Modelle auf soziale Konflikte. Für soziologische Konflikttheorien nicht ganz so selbstverständlich sind zwei weitere Voraussetzungen spieltheoretischer Modelle: das regelgeleitete **rationale** Interessehandeln der Akteure und die Möglichkeit, den Handlungserfolg der Konfliktakteure als Gewinn oder Verlust zu **quantifizieren** und vergleichbar zu halten. Bei Konflikten um die Verteilung von Geld oder anderen quantitativ bemeßbaren Ressourcen ist diese Gewinn- oder Nutzeneinschränkung vergleichsweise problemlos, bei Rangordnungs- oder Normkonflikten jedoch nicht selten mit Schwierigkeiten verbunden. Auch die Annahme, daß Konfliktakteure sich immer rational nach Maßgabe einer bestimmten **Strategie** entscheiden, muß als unrealistisch gelten. Eine Strategie legt die Handlungen eines Konfliktakteurs im Hinblick auf die im Laufe des ‚Spiels' auftretenden Situationen fest. Das Ergebnis eines Konfliktprozesses ist danach durch das Aufeinandertreffen der jeweiligen Konfliktstrategien bestimmt.

Als ‚Normalform', für die sich eindeutige Lösungen analysieren lassen und die dem elementaren Modell der Konfliktbeziehung zwischen zwei Akteuren am nächsten kommt, wird in der Spieltheorie das sogenannte **Zwei-Personen-Nullsummenspiel** behandelt[38]. In diesem Spiel stehen sich zwei Akteure oder Parteien mit jeweils einer begrenzten Anzahl von möglichen Handlungsoptionen gegenüber. Die gewählte Handlung des einen Spielers trifft jeweils auf die Handlung, für die der andere Spieler sich entscheidet; das Zusammentreffen beider Handlungen legt den Gewinn bzw. Verlust des einzelnen Spielers fest, wobei der Gewinn des einen Spielers jeweils einen gleich hohen Verlust des Gegenspielers bedeutet und umgekehrt. Bei Zwei-Personen-Nullsummenspielen lassen sich die möglichen Kombinationen von Konflikthandlungen und ihre Gewinn- bzw. Verlustergebnisse für die beiden Parteien in Form einer Matrix darstellen. Aus Gründen der Einfachheit sind die Handlungsoptionen der Konfliktparteien im folgenden auf jeweils zwei beschränkt:

		Akteur B		
		Handlung I	Handlung II	
Akteur A	Handlung I	10/10	0/20	10
	Handlung II	20/0	10/10	30
		10	30	

Die Zahlen in den Zellen der Matrix geben den Gewinn für Akteur A/Gewinn für Akteur B bei einer bestimmten Handlungskombination an. Die Zeilen bzw. Spaltensummen nennen die Summe der Gewinne bei unterschiedlichen Handlungen des Gegners bezogen auf die eigene Handlungsoption.

Im dargestellten Zwei-Personen-Nullsummenspiel wird ein rational handelnder Akteur immer die Handlungsoption II wählen, da sie ihm – gleichgültig welche Handlung der Gegenspieler wählt – den höchsten Gewinn und das geringste Verlustrisiko bietet. Folglich wird die Handlungskombination II/II eintreten. Ein solches Ergebnis, in dem für beide Spieler ein maximaler Gewinn (minimaler Verlust) vorliegt, wird als „Sattelpunkt" bezeichnet. Spiele mit nur einem Sattelpunkt haben – unter der Annahme, daß beide Spieler rational handeln – eine eindeutige Lösung. Reale Konfliktsituationen weichen in vielen Punkten von dem Normalfall des Zwei-Personen-Nullsummenspiels ab: die Gewinn- und Verlusterwartungen stehen unter Unsicherheit, die Wahl bestimmter Konflikthandlungen ermöglicht einen Zugewinn ohne entsprechenden Verlust des Gegners, vor allem aber sind Koalitionen zwischen zwei oder mehr Akteuren gegen einen dritten möglich. Obwohl Koalitions- und Zugewinnmöglichkeiten zusätzliche und andere strategische Kalküle erfordern, lassen sich viele Konfliktprozesse doch so weit vereinfachen, daß sie dem Zwei-Personenspiel nahekommen (eine Koalition tritt z. B. als eine Partei gegen den gemeinsamen Gegner auf).

Ein besonders interessantes und für die Analyse von Konflikt und Kooperation vielfach genutztes Beispiel des Zwei-Personenspiels ist das sogenannte ‚Gefangenendilemma'[39]. Angenommen wird dabei die Situation von zwei Gefangenen, die getrennt und ohne Möglichkeit, sich zu verständigen, über eine gemeinsam begangene Tat verhört werden. Leugnen beide das Verbrechen, gehen sie frei aus; leugnet einer, während der andere gesteht, wird der Leugner mit 10 Jahren, der Geständige mit 2 Jahren Gefängnis bestraft; gestehen beide, so erhalten beide 5 Jahre Freiheitsentzug.

		Akteur B		
		Leugnen	Gestehen	
Akteur A	Leugnen	0/0	10/2	10
	Gestehen	2/10	5/5	7
		10	7	

Im Gefangenendilemma wird jeder rationale Akteur durch ein Geständnis das für ihn schlimmste Ergebnis – die 10jährige Strafe – zu vermeiden suchen und damit auch die für beide beste Lösung – die Freilassung – verhindern. Den Ausweg aus dem Gefangenendilemma bietet nur die Entwicklung von wechselseitigem Vertrauen und Solidarität, d. h. der Übergang von Konflikt zu Kooperation. Entscheidend für einen solchen Übergang sind Kommunikationsmöglichkeiten und eine gewisse Zeitdauer, in der sich Vertrauen entwickeln kann. Erst wenn ein Akteur Gelegenheit erhält, Erfahrungen in der Beziehung zu dem jeweils anderen zu sammeln und im Wiederholungsfalle entsprechend zu reagieren, können sich Kooperationsverhältnisse entwickeln. Bei der spieltheoretischen Analyse von Kooperations- und Konfliktstrategien, die aus dem Gefangenendilemma hinausführen, hat sich eine spezifische Strategie als besonders „erfolgreich", d. h. als allen anderen Strategien auf lange Sicht überlegen erwiesen: die sogenannte „Tit for Tat"-Strategie[40] fordert von dem Akteur, jedes Spiel freundlich und kooperativ zu beginnen und anschließend jeden Spielzug des Gegenüber auf entsprechende Weise zu vergelten: antwortet der Gegner auf eine kooperative Eröffnung mit feindlichen Handlungen, so wird er gleichfalls mit feindlichen Handlungen konfrontiert, handelt der Gegenspieler hingegen freundlich und kooperativ, so wird ihm auch kooperativ geantwortet. Wer der ‚Tit for Tat'-Strategie folgt, kann zwar in der ersten Begegnung mit einem Unbekannten betrogen werden, vermag aber durch die Drohung mit Vergeltung auf die Dauer eine Schädigung seiner Interessen zu vermeiden. Kehrt sein Gegner zu einer kooperativen Strategie zurück, so wechselt der ‚Tit for Tat'-Spieler im nächsten Zug gleichfalls zu einer kooperativen Strategie über. Voraussetzung ist dabei freilich, daß der ‚Tit for Tat'-Spieler über ein entsprechendes Sanktionspotential verfügt, das ihm zur Not auch eine Eskalation der Drohung gestattet.

Auf die Drohung mit dem Einsatz von Machtmitteln im Konfliktfalle kann der Bedrohte auf unterschiedliche Weise reagieren[41]. Er kann den Konflikt abbrechen, indem er dem Drohenden gehorcht und indem er sich der Reichweite der drohenden Sanktionen entzieht und flieht. Er kann die Glaubwürdigkeit der Drohung bezweifeln – und damit recht behalten, weil der Drohende nicht über ausreichende Machtmittel verfügt oder selbst eine Realisierung der Drohung nicht ernsthaft ins Auge faßt. Er kann schließlich die Drohung als Herausforderung betrachten und mit einer Gegendrohung antworten. Eine solche Gegendrohung kann wiederum den Herausforderer zwar von der Durchführung der angedrohten Sanktionen abhalten, ihn aber auch zur Eskalation seiner Drohung bewegen; darauf folgt eine Eskalation der Gegendrohung etc. Die Eskalation von angedrohten Sanktionen kann eine gewisse Zeit die tatsächliche Durchführung der Sanktionen verhindern, wird aber auf lange Sicht die Glaubwürdigkeit der Drohungen selbst in Frage stellen. Das Gleichgewicht der Abschreckung und wechselseitigen Bedrohung kann allein deshalb nicht dauerhaft stabil bleiben, weil die Ausführung der Drohungen eine gewisse Wahrscheinlichkeit besitzen muß, um die Drohungen wirksam erscheinen zu lassen, und weil auf lange Sicht alle Ereignisse mit einer positiven Wahrscheinlichkeit irgendwann einmal eintreten werden. Der Verfall der Glaubwürdigkeit von Drohungen wird aus dieser Sicht zur wichtigsten Ursache des Ausbruchs von Konflikten und Kriegen. Der Rüstungswettlauf, mit dem ein Gleichgewicht wechselseitiger Abschreckung erreicht oder gewahrt werden soll, ist in den Arbeiten L. B. Richardsons und K. Bouldings mit Hilfe von Differentialgleichungsmodellen[42] analysiert worden. Ausgangspunkt ist dabei die Annahme, daß der Umfang und die Größe der Bewaffnung einer Konfliktpartei von der Größe und dem Umfang der Bewaffnung des Gegners abhängen und umgekehrt: ein Zuwachs an Waffen auf der einen Seite wird folglich auch einen entsprechenden Zuwachs auf der anderen Seite hervorrufen usw. Das Ausmaß, in dem eine Konfliktpartei auf Veränderungen bei der Bewaffnung des Gegners reagiert, wird ihre ‚Reaktivität' genannt. Wird auf eine Erhöhung der gegnerischen Bewaffnung um z. B. zehn Einheiten mit einer Erweiterung der eigenen Bewaffnung um die gleiche Menge geantwortet, beträgt die ‚Reaktivität' eins; wird die eigene Bewaffnung jedoch um weniger (mehr) Einheiten erweitert als die Veränderung der gegnerischen Bewaffnung auf die reagiert wird, so ist die Reaktivität geringer (größer) als eins. Die Reaktivität der beiden Konfliktparteien ist neben der Anfangsgröße der Bewaffnung der wichtigste Parameter für die Entwicklung von Rüstungswettläufen: es kann gezeigt werden, daß ein Gleichgewichtspunkt im Rüstungswettlaufen nur dann erreicht werden kann, wenn das Produkt der Reaktivitäten der Konfliktparteien geringer als eins ist. Dies bedeutet auch, daß die

Reaktivitäten um so geringer sein müssen, je mehr Parteien an dem Konflikt beteiligt sind – wenn ein Gleichgewichtspunkt erreicht werden soll. Fehlt ein solcher Gleichgewichtspunkt, wird die Bewaffnung solange wachsen, bis eine von außen gesetzte Grenze, eine vertragliche Übereinkunft oder ein Krieg, diesen Wettlauf beendet.

2.2.4 Theorien über soziale Bewegungen und Revolution

Wenige Bereiche soziologischer Forschung sind mit dem konflikttheoretischen Denken so eng verbunden wie die sozialwissenschaftlichen Theorien der Revolution und die Analyse sozialer und politischer Bewegungen. Im Mittelpunkt dieser Theorien stehen nicht die politischen und sozialen Ziele und Anliegen sozialer oder revolutionärer Bewegungen, sondern die sozialstrukturellen, institutionellen und kulturellen Bedingungen unter denen sich Menschen zu diesen Bewegungen zusammenschließen und die Typen und Verlaufsformen, die bei sozialen und revolutionären Bewegungen unterschieden werden müssen. Ausgangspunkt ist dabei zumeist die Unterscheidung zwischen der herrschenden Klasse oder Elite, die über staatliche Amtsgewalt verfügt und das institutionelle Zentrum der Gesellschaft ausmacht, einerseits und den übrigen Gruppen, Klassen und Schichten der Gesellschaft, die an der Ausübung politischer Herrschaft nicht teilnehmen, andererseits[43]. In diesen Gruppen finden soziale und revolutionäre Bewegungen nicht allein schon deshalb Anhänger, weil jedermann eine Position in der Herrschaftselite einnehmen möchte oder weil die Machtmittel der Elite zur Kontrolle der Beherrschten zu schwach erscheinen, sondern weil sich in der Gesellschaft Unzufriedenheit über die Leistungen des Zentrums ausbreitet: die Legitimation politischer Herrschaft wird hier an die Fähigkeit des Zentrums geknüpft, die normativen **Erwartungen** der Bürger an eine angemessene Erfüllung ihrer **Bedürfnisse** zu erfüllen. Diese angemessene Bedürfniserfüllung läßt sich nicht durch objektive und universelle Notwendigkeiten ermitteln und festlegen, sondern sie variiert je nach sozialer Lage und Erwartung auf deren künftige Veränderung: man spricht deshalb von „**relativer Deprivation**" von Bedürfnissen. Nimmt das Ausmaß an relativer Deprivation in einer Gesellschaft schnell zu und wird das politische Zentrum als Ursache dieser relativen Deprivation wahrgenommen, so wird grundsätzlich die Neigung zu Protest und revolutionären Aktivitäten wachsen[44]. Entscheidend ist dabei sowohl das Ausmaß der relativen Deprivation wie auch das Tempo, in dem sie sich entwickelt. Relative Deprivation kann sich sowohl durch wachsende normative Erwartungen und Aspirationen bei gleichbleibender tatsächlicher Bedürfniserfüllung wie auch durch abnehmende tatsächliche Bedürfniserfüllung bei gleichbleibenden Erwartungen einstellen; am stärksten ist sie jedoch dann, wenn die Erwartungen wachsen und die Bedürfniserfüllung gleichzeitig beschleunigt abnimmt. Dieses Auseinanderklaffen von wachsenden Erwartungen und abnehmenden Leistungen ist von J. Davies als „J-Kurve" beschrieben worden[45]. Vor dem Hintergrund der Theorie der relativen Deprivation wird deutlich, warum die traditionell sozial verachteten und vom gesellschaftlichen Prozeß ausgeschlossenen Randgruppen nur äußerst selten als eine revolutionäre Konfliktgruppe auftreten, obwohl sie objektiv am stärksten benachteiligt sind. Fraktionen der Elite, die einen Ausschluß vom Herrschaftszentrum erwarten, oder mächtige Gruppen und Schichten der Gesellschaft, die ihren weiteren gesellschaftlichen Aufstieg blockiert sehen, treten hingegen weitaus häufiger als Kern revolutionärer Bewegungen in Erscheinung. Gelingt es ihnen, eine Koalition mit anderen relativ benachteiligten Gruppen zu einer Massenbewegung auszuweiten, sich zu organisieren und die Position der herrschenden Elite zu schwächen, so kann es zu einem revolutionären Konflikt kommen, der nicht nur die Inhaber der Herrschaftspositionen, sondern die Herrschaftsordnung selbst verändert. Beschränkt sich die Wahrnehmung relativer Deprivation jedoch auf eine Fraktion der

Elite, so ist eher ein Putsch oder eine Konspiration zu erwarten, die die Herrschaftsordnung der Gesellschaft selbst nicht berühren. Bleiben die Mitglieder der herrschenden Elite und anderer mächtiger Gruppen der Gesellschaft von dem Gefühl relativer Benachteiligung jedoch nicht betroffen, so sind eher Aufruhr und Protestaktivitäten zu erwarten, die allein nur selten tiefgreifenden Wandel der Herrschaftsordnung hervorbringen. Von entscheidender Bedeutung für das Entstehen sozialer Bewegungen, Revolutionsbewegungen und anderer Formen des politischen Protestes ist dabei die Blockierung der Teilnahme benachteiligter Gruppen am politischen Prozeß. Stehen im institutionellen Rahmen des politischen Zentrums ‚offizielle' Wege zur Verfügung, um auf Lagen der Benachteiligung aufmerksam zu machen und Entscheidungen für ihren Wandel zu erreichen, so werden Kritik und Protest als legitime Interessen im politischen Zentrum behandelt; es entfällt die Notwendigkeit, als soziale Bewegung sich außerhalb der politischen Institutionen Gehör zu verschaffen oder auf den grundlegenden Wandel einer Herrschaftsordnung hinzuarbeiten, die bestimmte Interessen systematisch vernachlässigt. Daß Herrschaftsordnungen Interessen nur selektiv wahrnehmen und in ungleicher Weise verwirklichen, ist freilich unvermeidlich. Aus der Vernachlässigung möglicher Interessen und Bedürfnisse ergibt sich folglich auch im Hinblick auf ‚offene' Herrschaftsordnungen ein Potential sozialer Bewegungen, das über die Artikulation dieser vernachlässigten Interessen, über organisatorischen Zusammenschluß, öffentliche Debatten und politische Kämpfe Form gewinnt. Am Ende dieser ‚Karriere' einer sozialen Bewegung steht ihre Auflösung, sei es, weil sie langfristig mangels Erfolg ihre Anhänger verliert, oder sei es, weil ihre Anliegen Eingang in das politische Zentrum gefunden haben und **institutionalisiert** worden sind. Ob eine soziale Bewegung am Ende ihre Interessen durch Institutionalisierungsprozesse durchsetzen und sich selbst damit ‚überflüssig' machen kann, wird davon abhängen, inwieweit es ihr gelingt, potentielle Anhänger zu mobilisieren, Machtressourcen zu organisieren und strategisch einzusetzen und vor allem den Widerstand des politischen Zentrums zu überwinden. Im Verlaufe des Konfliktes zwischen sozialen Bewegungen und politischem Zentrum kann dabei ein Eskalationsprozeß einsetzen, der sich einerseits auf die Wahl der Konfliktmittel (von der öffentlichen Debatte über den Streik bis hin zum bewaffneten Kampf) erstreckt, andererseits aber auch die Konfliktziele umfaßt: geht es zu Beginn einer sozialen Bewegung z. B. nur um die Bereitstellung von Steuermitteln für einen bestimmten anerkannten Zweck, so werden am Ende möglicherweise nicht nur die Rechts- und Herrschaftsordnungen, sondern auch ranghohe kulturelle Werte in Frage gestellt[46]. Getragen werden diese Eskalationsprozesse sozialer Bedingungen jedoch von der Dynamik spezifischer Interessen, die im politischen Prozeß und in den Herrschaftsinstitutionen keine angemessene Berücksichtigung finden.

Im Gegensatz zu Theorien, die soziale Bewegungen auf partikulare Interessen einer Schicht, Gruppe oder Klasse an materiellem Wohlstand, politischer Partizipation oder Emanzipation zurückführen, haben Theoretiker wie A. Touraine die Unterschiede zwischen den kulturellen Deutungsmustern, Weltvorstellungen und Lebensformen sozialer Bewegungen einerseits und denen der sie umgebenden Gesellschaft andererseits betont[47]. Soziale Bewegungen sind dadurch weniger Ergebnis kollektiven Interessenhandelns als vielmehr Vergemeinschaftungsprozesse auf der Grundlage eines neuen kulturellen Deutungsmusters. Nicht Verteilungs- oder Rangkonflikte, sondern Wertkonflikte, nicht Knappheit von Ressourcen, sondern Unterschiede der Weltbilder, nicht strategisches, sondern verständigungsorientiertes Handeln bilden hier den Ausgangspunkt sozialer Bewegungen. Eine solche Sichtweise gewinnt insbesondere für jene „postmodernen" Gesellschaften an Bedeutung, in denen die Grenzen zwischen traditionellen Klassen und Schichten sich auflösen und an die Stelle klar unterscheidbarer und vertikal angeordneter gesellschaftlicher Gruppen ein Nebeneinander von Milieus und Lebensstilen und eine Tendenz zur ‚Individualisierung' der Lebensläufe und Lebenslagen tritt[48]. Hier ergeben sich Konflikte nicht mehr unmittelbar aus ökonomischen und sozialen Ungleichheiten zwischen Gruppen, sondern aus unterschiedlichen Vorstellungen von ‚richtigem' gesellschaftlichem Zusammenleben. Konfliktgruppen werden dann weniger durch vorgängige Interessen und Gemeinschaften, sondern durch die Teilnahme und Parteinahme an öffentlichen Diskussionen, am Konfliktprozeß selbst also, gebildet. In diesen öffentlichen Diskussionen geht es weniger um den Abbau sozialer Ungleichheit zwischen den Konfliktgruppen, sondern um die Definition von politikrelevanten Themen („issues") und um die Abgrenzung von Gruppen im Hinblick auf diese Themen.

2.2.5 Evolutionistische Ansätze

Von neo-darwinistischen Evolutionstheorien, die Knappheit, Konkurrenz und Konflikt als natürlichen Ausgangspunkt der Analyse sozialer Prozesse betrachteten, unterscheiden sich die Arbeiten der evolutionistischen Gesellschaftstheorie in zweifacher Weise: zum einen geht es nicht um den Übergang von einem präsozialen Naturzustand zu sozialer Kooperation und sozialem Konflikt, sondern um die Bedingungen der Integration von Gesellschaften angesichts der Allgegenwart von sozialen Konflikten, und zum zweiten wird nicht das rationale und eigennützige Interessehandeln, sondern die Notwendigkeit von **sprachlicher Verständigung** als Bezugspunkt der Erklärung von sozialen Prozessen genommen[49]. Die Aufgabe, individuelles Interessenhandeln zu begrenzen, soziale Konflikte integrativ zu beenden und eine Verständigung über die Welt zu ermöglichen, wird dabei vor allem soziokulturellen **Weltbildern** zugeordnet. Mit ihnen werden fundamentale Prinzipien der Einteilung und Entwicklung der Welt ebenso festgelegt wie die Verfahren der Rechtfertigung und Begründung von Handeln, Maßstäbe gerechter Verteilung knapper Güter oder Ausmaß und Reichweite von Solidarverpflichtungen. Gemeinsame Weltbilder begrenzen die Notwendigkeit zur Verdeutlichung und Begründung auf eine **kategoriale** Weise: sie können von einzelnen Individuen nicht mehr in Frage gestellt werden, ohne daß Verständigungsprobleme auftreten oder die Grundlage der Vergesellschaftung selbst gefährdet wird. Die Evolution von Weltbildern legt damit auch Möglichkeiten einer gewaltfreien sozialintegrativen Konfliktlösung fest, bei der Konflikte mehr durch Appell an gemeinsame und verbindliche Maßstäbe legitimer Herrschaft, gerechter Rangordnung, angemessener Verteilung oder fairer Verfahren zur Normfindung als durch das überlegene Drohpotential eines Konfliktgegners entschieden werden. Der integrativen, verständigungs- und gemeinschaftsstiftenden Wirkung von Weltbildern steht jedoch die Vielfalt und Widersprüchlichkeit individueller Interessen gegenüber, die zum Aufbau ungleicher Machtstrukturen drängen und in Konflikthandlungen umgesetzt werden. Während der geschichtliche Prozeß von diesen widerstreitenden und konfliktträchtigen Interessen vorangetrieben wird, bildet die in Weltbildern eingelassene Vorstellung der idealen und vollkommenen sozialen Ordnung einen zwar niemals realisierten, aber doch wirksamen Bezugspunkt für die Überwindung von Interessengegensätzen und sozialen Konflikten. Wenn Weltbilder selbst sich wandeln oder ändern, so unterscheidet sich dieser evolutionäre Wandlungsprozeß – folgt man Theoretikern wie J. Habermas – doch fundamental von der geschichtlichen Dynamik der Klassenkämpfe, dem Auf- und Abbau von Machtstrukturen und dem Wechsel von Interessengegensätzen und Koalitionen. Während der historische Wandel sozialer Konflikte keine Wachstums- oder Fortschrittslinien aufweisen kann, sondern von wechselnden geschichtlichen Situationen bestimmt wird, fügt sich der evolutionäre Wandel der Weltbilder einem allgemeinen **„entwicklungslogischen"** Modell des Fortschritts und der Höherentwicklung. Dieses von Habermas in Anlehnung an J. Piaget und L. Kohlberg entworfene Modell evolutionärer Stufen geht davon aus, daß eine ‚höhere' (oder spätere) Entwicklungsstufe erst und nur dann erreicht werden kann, wenn auch die niedrigeren ‚vorangehenden' Entwicklungsstufen durchlaufen würden. Die Fähigkeit zur Argumentation über Thesen z. B. setzt die Fähigkeit zur sprachlichen Beschreibung der Welt voraus, und die Beachtung von formalen Rechtsregeln setzt die Unterscheidung von richtigem und falschem Handeln in Bezug auf geltende Normen voraus. Entwicklungslogische Abfolgen sind kumulativ und nicht umkehrbar: wer die Prinzipien und Regeln einer höheren Entwicklungsstufe beherrscht, kann grundsätzlich auch die Regeln niedrigerer Entwicklungsstufen handhaben; nicht jedoch umgekehrt. Für eine konflikttheoretische Soziologie von Bedeutung ist dabei insbesondere die Anwendung dieses Modells auf die Evolution von moralischen Prinzipien, die zur Begründung von Interessen oder zur Schlichtung von Konflikten benutzt werden können. Die Evolutionstheorie unterscheidet dabei zumeist drei Entwicklungsstufen von Gesellschaften[50]: 1. einfache (‚primitive') vorhochkulturelle Gesellschaften, 2. traditionale Hochkulturen und 3. moderne Gesellschaften. In jeder dieser Entwicklungsstufen sind wiederum weitere, evolutionäre Unterscheidungen möglich, die jedoch in der folgenden Darstellung zurücktreten müssen.

Einfache vorhochkulturelle Gesellschaften umfassen selten mehr als wenige hundert Mitglieder, die sich durch Jagen, Sammeln von wilden Früchten und einfachen Gartenbau ernähren. Ökonomischer Tausch hat nur geringe Bedeutung, die Arbeitsteilung ist sehr gering und die politischen Institutionen beschränken sich vorwiegend auf die Position des Häuptlings und auf das Palaver aller erwachsenen Vollmitglieder der Gesellschaft. Die zentrale sozial-integrative Institution ist die **Verwandtschaft.** Sie legt die Gliederung der Gesellschaft fest, bildet die Basis von Solidarität, Gemeinschaftlichkeit und Vertrautem und zeichnet die Linien für Opposition, Krieg und Konflikt vor. Mit der Reichweite und Intensität von verwandtschaftlicher Bindung werden jedoch nicht nur soziale Bindungen innerhalb der eigenen Gesellschaft gegliedert und abgestuft, sondern sie dient auch zur Ordnung der Welt außerhalb der Gesellschaft: das Weltbild der vorhochkulturellen Gesellschaften unterscheidet nicht zwischen natürlichen und sozialen Prozessen, zwischen Beseeltem und Unbeseeltem, zwischen dem Bereich der Moral und des Handelns einerseits und dem Bereich der äußeren Natur andererseits. Die Vorgänge der äußeren Natur werden folglich als Ergebnis des Handelns unsichtbarer Geister betrachtet, mit denen man freundschaftlich-verwandtschaftliche oder aber feindselige Beziehungen pflegt. Umgekehrt wird die moralische Verpflichtung, die verwandtschaftliche Bindung mit sich bringt, also ebenso unverrückbar wie ein natürlicher Zusammenhang begriffen: die Beachtung der **‚präkonventionellen'** oder ‚naturalistischen' Moral der vorhochkulturellen Gesellschaften ist ähnlich selbstverständlich und fraglos gültig wie die Beachtung natürlicher Gegebenheiten. Mißachtet jemand die Moralgebote, so hat er denjenigen Entschädigung zu leisten, deren Erwartungen und Ansprüche er durch sein Verhalten verletzt hat. Die wichtigste und elementarste Form des Verstoßes gegen die präkonventionelle Moral ist der Betrug oder Verrat. Der Betrogene, der sein Vertrauen in die Selbstverständlichkeit von Ansprüchen enttäuscht sieht, reagiert zumeist mit starkem Affekt und verlangt eine entsprechende Wiedergutmachung. Jenseits des durch verwandtschaftliche Bindung gewährleisteten Vertrauens fehlt eine tragfähige Grundlage sozialer Ordnung: es herrscht die Feindseligkeit des Kriegszustandes.

Der Übergang zu traditionalen Hochkulturen, zu arbeitsteiligen Großgesellschaften mit entwickeltem Klassen- und Herrschaftssystem ermöglicht neue Konfliktfronten und stellt neue Probleme der sozialen Integration. Neben den Streit um Betrug und Loyalität treten hier die **Klassenkonflikte** zwischen Herren und Knechten, Ausbeutern und Ausgebeuteten, Sklaven und Freien, vor allem aber Verteilungs- und Rangkonflikte zwischen unterschiedlichen Fraktionen der herrschenden Klasse und Kriege zwischen verschiedenen Gesellschaften. Die sozialintegrative Lösung von derartigen Konflikten erfordert eine

konventionelle oder traditionelle Moral, die den einmal bestehenden und durchsetzungsfähigen Herrschaftsanspruch als legitime Übereinkunft und höheren (göttlichen) Willen betrachtet, ohne nach weiteren Begründungen für die bestehende Konvention zu fragen. Das Weltbild der traditionalen Hochkulturen unterscheidet zwar schon zwischen dem Bereich der normativen Gebote und Gesetze einerseits und dem faktischen Verhalten des einzelnen andererseits, betrachtet aber bei einer Diskrepanz zwischen beiden allein das Verhalten des einzelnen als korrekturbedürftig. Der Verstoß gegen die Gebote der konventionellen Moral kann nicht in Bezug auf übergeordnete Prinzipien gerechtfertigt werden: er ist „Sünde", die Buße oder Bestrafung nach sich zieht. Wer also gegen die Gesetze und Befehle der bestehenden Herrschaft aufbegehrt und rebelliert, ist ohne moralische Rechtfertigung – es sei denn, er kann darauf verweisen, daß der Herrscher selber gegen einen übergeordneten Herrschaftsanspruch Gottes verstößt. Die hierarchische Ordnung der Klassengesellschaft und die Herrschaft einer staatlichen Zentrale ermöglichen damit eine Eindämmung des natürlichen Kriegszustandes auch jenseits der Grenzen der Verwandtschaftlichkeit; größere Kooperations- und Vergesellschaftungszusammenhänge und **soziale** Formen des Konfliktes sind die Folge.

Der Wechsel von traditionalen Hochkulturen zu modernen Gesellschaften bringt nicht nur einen Umbau der Gesellschaft von hierarchischer zu **funktionaler Differenzierung**, eine Ausweitung von marktförmiger Steuerung und universeller Partizipation und eine wissenschaftliche, rechtliche und ökonomische Rationalisierung des sozialen Lebens mit sich, sondern er ist auch verbunden mit einem grundlegenden Wandel der moralischen Grundlagen des Handelns und der sozialen Ordnung. Im Unterschied zur konventionellen Moral der traditionalen Gesellschaften erscheinen normative Gebote nun begründungsbedürftig in Bezug auf universelle Wertprinzipien. Die ‚**postkonventionelle**' Moral der modernen Gesellschaft (Habermas) ermöglicht auch die begründete Veränderung von normativen Vorschriften im Namen einer übergeordneten Vernünftigkeit, die sich an den elementaren Voraussetzungen kommunikativen Handelns, an Wahrheit, Gleichheit, Reziprozität und Verallgemeinerungsfähigkeit der Interessen orientiert. Folgt man Habermas, so wird im Rahmen einer postkonventionellen Moral nicht mehr die jeweils geltende konkrete soziale Ordnung, sondern eine vollkommene Gesellschaft, die sich als Ergebnis eines idealen Diskurses in einer geeinten Weltgesellschaft einstellt, zum Bezugspunkt für die Lösung sozialer Konflikte. Eine solche Lösung sozialer Konflikte im Rahmen einer voll ausgebildeten postkonventionellen Moral wäre freilich endgültig: Die Dynamik der Geschichte, die durch soziale Konflikte, Machtungleichheiten, partikulare Interessen und Knappheit vorangetrieben wird, käme zum Stillstand.

Die Idee der sozialen Evolution bleibt jedoch nicht nur auf die entwicklungslogische Analyse moralischer Stufen beschränkt. Auch die Vorstellung eines unaufhaltsamen Wachstums **gesellschaftlicher Differenzierung** oder der im Laufe der Geschichte zunehmenden gesellschaftlichen Formung und „**Zivilisierung**" von Affekten hat Folgen für die konflikttheoretische Soziologie. Die Bildung von Gruppenzugehörigkeiten, die von unterschiedlichen Formen gesellschaftlicher Differenzierung festgelegt wird, zeichnet über die Strukturierung von Interessengemeinschaften und die Verteilung von Ressourcen die Linien möglicher sozialer Konflikte vor. Mit der Zunahme der Zivilisierung von Affekten und der Verinnerlichung sozialer Kontrolle wird jener Prozeß vorangetrieben, der oben (Kap. 2.4) als Rationalisierung der Konfliktformen bezeichnet wird: Nicht mehr soziale Kämpfe, in denen sich die Aggressivität der Teilnehmer auch in Gewalttätigkeiten äußern kann, sondern zivilisierte und normierte Debatten oder Konkurrenzen sind die wichtigsten **modernen** Formen sozialer Konflikte. Die Ausübung direkter physischer Gewalt wird hingegen immer mehr auf spezialisierte Institutionen beschränkt und vor der Öffentlichkeit verborgen.

3 Einzelne Aspekte

3.1 Individuum und Gesellschaft

Aus der Sicht der Konflikttheorie führen Gesellschaften kein Eigenleben über den Köpfen ihrer Mitglieder. Gesellschaften entstehen als „**Vergesellschaftung**"sprozeß einer Vielzahl individueller und kollektiver Akteure (Organisationen) und bilden keine fest umrissene und stabile Einheit aus. Die Bindung zwischen den Angehörigen einer Gesellschaft, ihre Vergemeinschaftung und Solidarität sind niemals so stark, daß nicht jederzeit vielfältige Konflikt- und Konkurrenzlinien die integrative Basis überlagern könnten, aber auch niemals so schwach, daß ein anarchischer Krieg zwischen ihnen ausbrechen könnte. Innerhalb dieses allgemeinen Bezugrahmens, der das Doppelgesicht von Integration und Konflikt betont und die „Labilität" und Prozeßhaftigkeit von Vergesellschaftungen herausstellt, lassen sich jedoch zwei unterschiedliche Sichtweisen der Beziehung von Individuum und Gesellschaft unterscheiden. Die erste betrachtet diese Beziehung als ein **Herrschafts-** oder Zwangsverhältnis, in dem die „Gesellschaft", oder auch jeder andere Sozialverband mit einer herrschenden Gruppe gleichgesetzt wird, die Normen festsetzt und auch gegen den Willen der Beherrschten durchsetzt. Der Macht der jeweils Herrschenden können die Beherrschten mit der Revolte und dem Versuch zur Befreiung begegnen. Erst durch Teilnahme an diesem Prozeß von Herrschaft, Zwang, Revolte und Konflikt findet das Individuum seinen Platz in der Gesellschaft. Da die Teilnahme an Herrschaftskonflikten zumeist den Zusammenschluß zu einer solidarischen oder organisierten Konfliktgruppe voraussetzt, ist es die Mitgliedschaft in einer bestimmten Konfliktgruppe, durch die das Individuum seine soziale Identität erhält. Das Herr-Knecht-Modell, das dieser Definition des Verhältnisses von Individuum und Gesellschaft zugrunde liegt, verliert allerdings an Plausibilität für moderne Gesellschaften, in denen hierarchisch-herrschaftliche Formen der sozialen Ungleichheit immer mehr durch funktionale Differenzierungen ersetzt werden.

Eine zweite Sichtweise auf das Verhältnis von Individuum und Gesellschaft stellt weniger die grundlegende Scheidelinie zwischen Herren und Knechten, sondern die Allgegenwart von Interessenkonflikten heraus, die sich aus der universellen Knappheit von Mitteln ergibt und zu einer Vielfalt wechselnder Konflikt- und Konkurrenzfronten führt. Im Rahmen dieses ‚pluralistischen' Modells erscheinen Gesellschaften wie auch andere Sozialverbände als eine labile Stuktur, die sich aus verschiedenen **Konfliktgruppen** zusammensetzt und deren Dynamik durch die unterschiedlichen Interessen und Machtpotentiale dieser Gruppen bestimmt wird. Bei der Organisierung von Macht, der Bildung und Auflösung von Koalitionen und der Artikulation von gemeinsamen Interessen und Zielsetzungen wird die Autonomie der individuellen Akteure, aber auch die Notwendigkeit von bindenden Vereinbarungen vorausgesetzt. Die Orientierung an Kooperation und Konflikt führt dabei zu einer ‚mittleren Ebene' soziologischer Analyse, zwischen der Untersuchung von individuellem Handeln und alltäglichen Interaktionsprozessen einerseits und der Analyse von gesamtgesellschaftlichen Weltbildern, Strukturen und Institutionen andererseits.

3.2 Soziale Differenzierung

In der konflikttheoretischen Soziologie erhält die Analyse sozialer Differenzierung großes Gewicht. Unter Differenzierung wird hier jedoch nicht die soziale Unterscheidung zwischen verschiedenen Bedeutungsebenen von Handeln oder die gesellschaftliche ‚Ausdifferenzierung' verschiedener Handlungsformen oder Handlungsbereiche – etwa wirtschaftliches, politisches und wissenschaftliches Handeln – verstanden, sondern die Gliederung der Gesellschaft oder auch anderer Sozialverbände in verschiedene Gruppen oder **kollektive Akteure**. Diese kollektiven Akteure, ihre Machtressourcen, Ziele und Interessen werden als Einheiten der konflikttheoretischen Soziologie betrachtet und in Verbindung zu jenen strukturellen Prinzipien und Institutionen gebracht, die die Entstehung kollektiver Akteure und ihre wechselseitige Abgrenzung ermöglichen und fördern. Es sind dies vor allem Prinzipien **sozialer Ungleichheit** und die institutionellen Verfestigungen von Ungleichheit: die Verteilung von Herrschaft und Privileg, Eigentum und Prestige, Wissen und begehrten Fähigkeiten. Die Existenz ungleicher Verteilungen knapper und begehrter Güter gilt aus konflikttheoretischer Sicht als unvermeidlich; sie ist Grundlage von sozialem Konflikt und gesellschaftlichem Wandel. Veränderbar sind hingegen die institutionellen Prinzipien, die eine ungleiche Verteilung hervorbringen: **monopol**artige Institutionen, die den Zugang und die Teilhabechancen an Herrschaft, Eigentum oder Wissen auf wenige beschränken, stehen dabei marktähnlichen Institutionen gegenüber, die die Zugangschancen zu begehrten Positionen tendenziell für alle öffnen und anhand unpersönlicher, ‚sachlicher' Kriterien zwischen den Bewerbern entscheiden. Bei der Festsetzung und Durchsetzung dieser Kriterien sind freilich auch marktförmige Institutionen auf herrschaftliche Mechanismen, auf Sanktion und Zwang angewiesen. Soziale Ungleichheit bringt gemeinsame Interessen am Erhalt oder der Veränderung dieser Verteilung knapper Güter oder begehrter Positionen hervor und wird dabei zur Grundlage, auf der sich kollektive Akteure und Konfliktgruppen organisieren.

3.3 Wichtige Teilstrukturen der Gesellschaft: Klassen, Schichten und politische Organisationen

Der konflikttheoretischen Gliederung der Gesellschaft in mehrere kollektive Akteure entsprechend, gelten nicht funktional unterschiedene Subsysteme oder Subkulturen und alltägliche Lebenswelten ihrer Mitglieder als grundlegende Strukturen der Gesellschaft, sondern die ökonomischen **Klassen,** politischen **Organisationen** und sozialen Schichten, die gegensätzliche Interessen ausbilden und als kollektive Akteure in soziale Konflikte eintreten können. Ökonomische Klassen werden dabei durch gemeinsame, arbeitsmarkt- oder besitzvermittelte **materielle Lebenschancen** gebildet; soziale Schichten entstehen hingegen als soziale **Gemeinschaften,** deren Mitglieder jeweils einen ähnlichen sozialen Rang im Hinblick auf allgemein begehrte Güter (Einkommen, Berufsprestige, Herkunft) einnehmen; politische Organisationen ergeben sich schließlich aus dem Zusammenschluß von Individuen mit dem Ziel, Macht und Einfluß auf allgemeinverbindliche Entscheidungen auszuüben. Der Zusammenhang der Strukturen von Klassen, Schichten und politischen Organisationen untereinander hat entscheidende Bedeutung für die Art und Intensität sozialer Konflikte. Zwei gegensätzliche Fälle können dabei unterschieden werden. Im ersten Falle, der **Uniformität** sozialer Ungleichheit, werden mit den Strukturen von Klassen, Schichten und politischen Organisationen weitgehend die gleichen Personengruppen erfaßt: Wer z.B. der ökonomischen Klasse der Großgrundbesitzer angehört, zählt auch zur sozialen Schicht der Reichen, Gebildeten und Angesehenen und ist Mitglied einer mächtigen politischen Organisation. Wer hingegen zur Klasse der besitzlosen unqualifizierten Arbeiter gehört, ist auch arm, ungebildet, sozial verachtet und Mitglied einer spezifischen, weniger mächtigen politischen Organisation. Im zweiten Fall, der **multiformen** Ungleichheitsstruktur, läßt sich hingegen von der Klassenposition eines Individuums nicht auf seine Schichtzugehörigkeit und Parteimitgliedschaft schließen und umgekehrt; zwischen den Positionen, die eine Person auf den verschiedenen Strukturdimensionen sozialer Ungleichheit einnimmt, besteht hier kein eindeutiger Zusammenhang. In beiden Extremfällen, bei vollständig uniformer Struktur der Ungleichheit ebenso wie bei einer multiformen Struktur, werden tiefgreifende gesellschaftliche Konflikte eher unwahrscheinlich: bei multiformen Ungleichheitsstrukturen überkreuzen und überlagern sich die Konfliktlinien so vielfältig, daß eine klare und gesellschaftsweite Abgrenzung von Konfliktgruppen nicht mehr möglich ist; bei uniformen Strukturen hingegen zerfällt die Gesellschaft in monolithische Blöcke. Fehlen bei einer uniformen Struktur auch noch Chancen zur Mobilität – und dies ist zumeist der Fall – so ergibt sich eine **kasten**artige Struktur sozialer Ungleichheit. Das individuelle und kollektive Interesse an sozialem Aufstieg gilt hier als aussichtslos; soziale Konflikte zwischen Kasten sind daher selten. Im Bereich zwischen den Extremen einer multiformen „offenen" Gesellschaft einerseits und einer uniformen kastenartigen Gesellschaft andererseits, im Bereich möglicher, aber verengter und erschwerter Mobilität werden soziale Konflikte zwischen Klassen, Schichten und politischen Organisationen hingegen den selbstverständlichen Regelfall bilden.

3.4 Konsens und Konflikt

Daß die soziologische Konflikttheorie gegenüber konsenstheoretischen Gesellschaftsmodellen die Konflikthaftigkeit sozialer Prozesse betont, wird schon durch ihren Namen angezeigt und ist durchgängiges Thema dieses Beitrags. Dennoch wird die Alternative „Konflikt oder Konsens" der Fragestellung der Konflikttheorie nur unzureichend gerecht. Auch wenn die Analyse sozialer Konflikte als aufschlußreicher und erklärungskräftiger für soziale Prozesse eingeschätzt wird als der Hinweis auf Normenkonsens, so schließt dies doch keineswegs aus, daß die Bedeutung von Institutionalisierung und Konsens im Rahmen konflikttheoretischer Ansätze angemessen erfaßt werden kann. Im Gegenteil: Jede Theorie des soziales Konfliktes geht davon aus, daß Konflikthandlungen **sozialen Regeln** unterliegen, Interessen in einer **gemeinsamen** sozialen Lage begründet sind und Konflikte durch **normative** Institutionalisierungen ‚gelöst' oder zumindest stillgestellt werden können. Das Zusammenspiel und der Wechsel zwischen Konsens und Konflikt machen das Doppelgesicht der sozialen Wirklichkeit aus und treiben den geschichtlichen Wandel voran.

3.5 Sozialer Wandel

Die konflikttheoretische Soziologie beansprucht, mehr als andere soziologische Theorietraditionen, sozialen Wandel nicht nur als ein spezifisches Erklärungsproblem, sondern als selbstverständlichen Normalfall der sozialen Wirklichkeit zu betrachten. Ausgangspunkt sind hier nicht festgefügte soziale Systeme oder stabile Strukturen, sondern die Prozeßhaftigkeit, Labilität und Flexibilität von gesellschaftlichen Beziehungen, deren dauerhafte Verfestigung zu stabilen Strukturen aus konflikttheoretischer Sicht eher als Abweichung vom Normalfall eingeschätzt wird. Um der Allgegenwart von Wandel und Prozeß im sozialen Leben gerecht zu werden, gleichzeitig aber die Orientierung sozialer Prozesse an Strukturbildung und Ordnung nicht aus den Augen zu verlieren, empfiehlt es sich, statt von Gesellschaften und Strukturen eher von Vergesellschaftungs- und Strukturierungsprozessen zu sprechen.

Im Rahmen dieser allgemeinen Orientierung an Wandel und Prozeß stehen die konflikttheoretischen Analysen von geschichtlichem Wandel. Geschichte und soziale Evolution werden aus der Sicht der Konflikttheorie weder von den rationalen Handlungen einzelner Individuen noch von der allgemeinen Logik der Fortschritts- und der Höherentwicklung bewegt, sondern von den Konflikten und Konkurrenzen zwischen kollektiven Akteuren, die sich um Herrschaft und Privileg, Rang und Einfluß, Eigentum und andere knappe Güter streiten. Neue technische Erfindungen und politische Koalitionen, Veränderungen der Ressourcenlage, der Überzeugungskraft gegenüber Dritten, des strategischen Geschicks und der Organisationsfähigkeit bringen einen Wandel der Machtverhältnisse zwischen Klassen, Schichten und Parteien mit sich und ermöglichen den Aufstieg neuer Klassen, Schichten und Gruppen und den Fall der ehemals Herrschenden. Im Unterschied zum historischen Materialismus legt sich die Konflikttheorie nicht auf eine bestimmte Art von Quellen des Wandels fest: technische, ökonomische, politisch-militärische wie kulturelle Veränderungen können gleichermaßen Spannungen, Ungleichgewichte und Inkonsistenzen hervorrufen, die zum Anlaß sozialer Konflikte und gesellschaftlichen Wandels werden.

Ob dieser Wandel sich als disruptiver, revolutionärer Konflikt oder als kontinuierliche Veränderung unter Konkurrenzbedingungen vollzieht, wird entscheidend von der Struktur der sozialen Ungleichheit (vgl. 3.2 und 3.3) und dem Handeln des institutionellen Zentrums (vgl. 2.5) in einer Gesellschaft bestimmt.

Obwohl der konflikttheoretische Ansatz grundsätzlich offen ist für einen Wechsel und Wandel der Konfliktziele und Konfliktformen und diese nicht in eine eindeutige Beziehung zu der Evolution von Gesellschaften zu setzen vermag, lassen sich doch einige sehr allgemeine Aussagen über die Evolution von Konflikten treffen. Im Laufe des Vergesellschaftungsprozesses, der von einfachen Wildbeutergesellschaften über die staatlich organisierten Hochkulturen zu den modernen Industriegesellschaften führte, weichen gewalttätige Kampfformen als Konfliktmittel immer stärker zurück und machen zivilisierten und rationalisierten Konfliktformen Platz (vgl. 2.3). Die Ausübung von Gewalt wird allmählich Monopol spezialisierter Institutionen – vor allem des Staates –, an das Vorliegen spezifischer Situationen gebunden und schließlich auch vor den Augen der Öffentlichkeit weitgehend verborgen: aus Blutrache und Fehde wird das ritualisierte Duell, schließlich der sportliche Wettkampf und die öffentliche Debatte. In ähnlicher Weise wie die Konfliktmittel unterliegen auch die Konfliktziele einem evolutionären Rationalisierungsprozeß: in modernen Gesellschaften gilt es als „unfein", Rangordnungskonflikte, ja selbst Verteilungskonflikte, als solche offen auszutragen; stattdessen wird versucht, beide Konfliktziele im Rahmen von Norm- und Regelkonflikten auszutragen, die weit bessere Chancen einer integrativen Lösung bieten. Dieser Rationalisierungsprozeß von Konflikt besitzt freilich keine unerschütterliche Zwangsläufigkeit: veränderte Situationen können jederzeit einen „Rückfall" in weniger ‚zivilisierte' Konfliktformen hervorbringen.

4 Das Verhältnis zwischen Konflikttheorie und anderen Theorietraditionen der Soziologie

4.1 Konflikttheorie und strukturell-funktionale Theorie

Nachdem die gesellschaftstheoretische Diskussion der Jahre zwischen 1960 und 1970 von der Auseinandersetzung zwischen Konflikt- und Konsenstheorie als gegensätzlicher Bilder der sozialen Wirklichkeit bestimmt wurde, hat die Konfrontation beider Theorietraditionen in jüngerer Zeit an Schärfe verloren. Die geläufige Kritik an der strukturell-funktionalen Theorie, sie sei unfähig, den elementaren Tatsachen von Konflikt und Wandel Rechnung zu tragen, trifft heute ebensowenig mehr zu wie der Vorwurf, die Konflikttheorie ignoriere die normativen Voraussetzungen sozialer Konflikte[53]. Unterschiede zeigen sich jedoch noch darin, daß Konflikte, sozialer Wandel und soziale

Bewegungen von Strukturfunktionalisten nicht als selbstverständliche, sondern als **erklärungsbedürftige** Prozesse betrachtet werden, die aus desintegrativen Entwicklungen oder Ungleichgewichten des sozialen Systems zu erklären sind; Konflikttheoretiker hingegen gehen von der Normalität von sozialen Konflikten, Ungleichheiten und Wandel aus, die empirisch freilich durchaus Bereiche des Konsenses, der normativen Integration und der institutionellen Stabilität einschließen und hervorbringen können. Diese gelten jedoch nicht als selbstverständliche und erklärungskräftige Grundlagen der sozialen Wirklichkeit, sondern als erklärungsbedürftige Ergebnisse sozialer Kämpfe, Konkurrenzen und Debatten. Berührungspunkte zwischen beiden Theorietraditionen ergeben sich zum einen im Hinblick auf Institutionalisierungsprozesse von Normen, die Ergebnis sozialer Konflikte, aber auch Voraussetzung sozialer Integration sind, zum anderen aber auch über die Vergegenständlichung von Konflikt und Konsens: beide werden als empirische Merkmale der sozialen Wirklichkeit aufgefaßt, die nebeneinander existieren können.

4.2 Konflikttheorie und symbolischer Interaktionismus

Symbolischer Interaktionismus und phänomenologische Handlungstheorie betonen ebenso wie die Konflikttheorie den fragilen, prozeßhaften und veränderbaren Charakter der sozialen Wirklichkeit und setzen sich damit gleichermaßen von der normativistischen Gesellschaftstheorie des klassischen Strukturfunktionalismus ab. Während jedoch der symbolische Interaktionismus das Aushandeln und die Verfestigung gemeinsamer Situationsdefinitionen zwischen Akteuren und Ausgangspunkt nimmt und die gesellschaftlichen Strukturen letztlich auf **mikrosoziale** Prozesse zurückführt, geht die Konflikttheorie umgekehrt von **makrosozialen** Strukturen sozialer Ungleichheit und den Konfliktbeziehungen zwischen kollektiven Akteuren aus und leitet das individuelle soziale Handeln aus der Interessenlage des einzelnen in einer gesamtwirtschaftlichen Struktur ab.

Ein weiterer Unterschied ergibt sich aus dem Typus des Handelns, der von den beiden Theorietraditionen jeweils als grundlegend angenommen wird: während die Konflikttheorie Handeln als strategisch-rationale Verfolgung individueller Interessen unter Konflikt- und Knappheitsbedingungen sieht, geht die symbolisch-interaktionistische Theorietradition von der Notwendigkeit einer gemeinsamen Verständigung über die Welt aus und betrachtet strategisch-rationales Interessehandeln nur als einen Sonderfall, der unter spezifischen Bedingungen auftritt. Empirische Berührungspunkte zwischen Konflikttheorie und symbolischem Interaktionismus sind nicht allzu häufig; sie ergeben sich bei der Analyse von Definitionskonflikten und Deutungskonkurrenzen, die etwa die strategischen Interessen verschiedener Berufsgruppen oder Schuldzuschreibungen bei Problemen betreffen[54].

4.3 Konflikttheorie und Verhaltenstheorie

Zwischen der neueren soziologischen Konflikttheorie und der ‚rational choice'-Theorie, der fortgeschrittensten Version des verhaltenstheoretischen oder ‚individualistischen' Forschungsprogramms, findet sich eine Reihe von Gemeinsamkeiten[55]. Beide sehen in Knappheitsproblemen eine wichtige Voraussetzung von Vergesellschaftungsprozessen, beide gehen vom Typ strategisch-rationalen Interessehandelns aus, beide betrachten normative Integration nicht als Basis soziologischer Erklärungen, sondern als erklärungsbedürftiges empirisches Handlungsresultat. Unterschiede zwischen beiden Theorietraditionen ergeben sich aus der mikrosoziologischen oder **individualistischen** Forschungsorientierung der Verhaltenstheorie einerseits und der makrosoziologischen oder **strukturtheoretischen** Erklärungsperspektive der Konflikttheorie andererseits. Aus konflikttheoretischer Sicht sind die individuellen Präferenzen oder Nutzenerwartungen weitgehend durch die kollektive Interessenlage und die Situation des Individuums in einer Institution oder einer Struktur der sozialen Ungleichheit bestimmt. Deren Analyse hat daher für eine konflikttheoretische Soziologie Priorität. Demgegenüber betont die individualistische oder verhaltenstheoretische Sozialwissenschaft die analytische Notwendigkeit, jeden sozialen Tatbestand auf die Ziele und Erwartungen der Individuen zurückzuführen, deren Handlungen den fraglichen Tatbestand bewirkten. Trotz dieses Gegensatzes zwischen dem methodologischen Strukturalismus der Konflikttheorie und dem methodologischen Individualismus der Verhaltenstheorie nehmen die Wechselwirkungen und Gemeinsamkeiten zwischen beiden Theorietraditionen zu[56]: dies zeigt sich unter anderem auch in personellen Überschneidungen. Theoretiker, z. B. K. Boulding, lassen sich gleichermaßen dem sozialwissenschaftlichen Individualismus wie der Konflikttheorie zurechnen.

4.4 Konflikttheorie und historischer Materialismus

Insbesondere zwischen der herrschaftstheoretischen Tradition der Konflikttheorie und der Klassentheorie des historischen Materialismus lassen sich Verbindungen und Parallelen aufzeigen. Nicht nur, daß Marxens' berühmter Satz von der Geschichte, die die Geschichte von Klassenkämpfen sei, sowohl das Thema der Konflikttheorie wie das des historischen Materialismus benennt, sondern auch die Annahme strategischen Interessehandelns und Strukturen sozialer Ungleichheit als Motor sozialen Wandels oder die Orientierung an Knappheitsproblemen als Bezugspunkt für Vergesellschaftungsprozesse treffen gleichermaßen für beide Theorietraditionen zu. Unterschiede zeigen sich vor allem in folgenden Punkten:

1. Die Konflikttheorie geht nicht davon aus, daß soziale Konflikte zu einer Spaltung der Gesellschaft in zwei Klassen mit fundamental gegensätzlichen Interessen führen müssen. Ein pluralistisches Bild einer Vielzahl rivalisierender Konfliktgruppen ist gleichfalls möglich. Im Unterschied zum historischen Materialismus setzt die Konflikttheorie bei jedem sozialen Konflikt eine gewisse Integration der Konfliktparteien auf der Grundlage gemeinsam anerkannter Regeln voraus.
2. Sozialer Wandel vollzieht sich aus konflikttheoretischer Sicht nicht nur als revolutionärer Umbruch, sondern – und dies viel häufiger – als kontinuierliche Veränderung.
3. Anders als der historische Materialismus führt die Konflikttheorie Konflikt und gesellschaftlichen Wandel nicht nur auf Veränderungen der materiellen Produktionsweise zurück. Politische Herrschaftskonflikte, Konflikte um die Abgrenzung und das wechselseitige Verhältnis sozialer Gemeinschaften oder um die Deutung und Interpretation der Welt (etwa religiöse Auseinandersetzungen) stehen nicht selten in Verbindung mit materiellen Verteilungsproblemen, besitzen aber auch eine gewisse Unabhängigkeit und Autonomie von ökonomischen Konflikten. Die enge Koppelung von politischer und ökonomischer Macht an das rechtliche Eigentum an Produktionsmitteln und die Konzentration auf das revolutionäre Potential der Lohnarbeiter erweisen sich insbesondere für die Analyse von Macht und Herrschaft in Industriegesellschaften als unangemessen. Nicht nur fällt hier die staatliche oder privatwirtschaftliche Steuerung und Kontrolle des ökonomischen Prozesses nicht mehr mit dem Eigentum der Produktionsmittel zusammen, sondern auch die mehrwertschaffende Position des Lohnarbeiters verliert in einer automatischen Produktion zunehmend an Gewicht für gesellschaftlichen Konflikt und Wandel. Das offenere und weniger restriktive Modell der Konflikttheorie erweist sich hier, bei der Analyse neuerer sozialer Bewegungen und neuer Konfliktfronten, als flexibler und angemessener als die Klassentheorie des historischen Materialismus.

Anmerkungen

1 Machiavelli; zu Machiavellis Einfluß auf die politische Philosophie vgl. Meinecke.
2 Hobbes; vgl. Kap. 2.2.2.
3 Darwin. Zum Einfluß Darwins auf die viktorianische Sozialtheorie vgl. Burrow.
4 So etwa die Arbeiten von Gumplowicz, Ratzenhofer, Oppenheimer und Sumner.
5 Als für seine Klassenthorie besonders wichtige Arbeiten Marxens gelten neben dem Manifest der kommunistischen Partei (MEW Bd. 4, S. 459–493) und dem kurzen Abriß am Ende des dritten Bandes des Kapitals vor allem die historischen Analysen ‚Die Klassenkämpfe in Frankreich 1848-1850' (MEW Bd. 7) und ‚Der achtzehnte Brumaire des Louis Bonaparte' (MEW Bd. 8) sowie als systematische Darstellung das erste Kapitel der ‚Deutschen Ideologie' (MEW Bd. 3, S. 21–77).
6 Zu einer knappen Darstellung von Marx als Konflikttheoretiker siehe Turner.
7 Weber, insbesondere S. 177–180 und S. 631–640.
8 Weber, S. 122–176.
9 Simmel, Der Streit, in: ‚Soziologie', S. 186–255.
10 Als zentrale Kritik des strukturfunktionalistischen Programms aus konflikttheoretischer Sicht muß dabei vor allem Dahrendorfs ‚Pfade aus Utopia' gelten. Sein eigenes konflikttheoretisches Programm wird in Dahrendorf, ‚Zu einer Theorie des Konflikts' dargestellt. Für einen Überblick und eine Schematisierung der Dahrendorfschen Theorie vgl. Turner, S. 143–158.
11 Coser, Theorie sozialer Konflikte.
12 Rapoport, Fights; Boulding, Conflict and Defense; Schelling, Strategy; Axelrod, Conflict of Interests; Converse.
13 Einen solchen ausgeweiteten Konfliktbegriff findet man z. B. bei Krysmanski wie bei vielen anderen Autoren der marxistischen Tradition.
14 Boulding (Conflict and Defense, S. 5) setzt voraus, daß die Konfliktakteure sich ihrer Interessen bewußt sind und bereit sind, Konflikthandlungen zu vollziehen.
15 Dies hat vor allem Dahrendorf immer wieder hervorgehoben. Vgl. Dahrendorf, Über den Ursprung; ders., Pfade aus Utopia.
16 Die elementare Tatsache, daß soziale Konflikte sozialen Regeln und Normen unterliegen, ja die Anerkennung derartiger Regeln voraussetzen, darf nicht zu dem Schluß verleiten, daß die Integrations- und Konsensus**theorie** einen übergeordneten Stellenwert gegenüber der Konflikt**theorie** einnimmt. Daß soziale Konflikte immer auch Bereiche des Konsenses voraussetzen, ebenso wie kein Prozeß der Vergesellschaftung ohne Konflikte verläuft, zählt gleichermaßen zu den Annahmen der Konflikttheorie.
17 Zum Begriff des Interesses in der klassischen Gesellschaftstheorie vgl. Neuendorf.
18 Weber, S. 28.
19 Coleman, Foudations, S. 534 ff.
20 Zu den verschiedenen Reaktionen auf Drohhandlungen vgl. Boulding, Ecodynamics, S. 141 ff. Zu Drohung im Zusammenhang des Aushandelns vgl. Schelling, Versuch, S. 250 ff.
21 Vgl. zur Theorie der Organisation als Akteur vor allem Coleman, Macht und Gesellschaftsstruktur; Foundations, S. 534 ff.
22 Wilson, Sociobiology, S. 279 ff.
23 Vgl. zur Diskurstheorie Habermas in: Habermas/Luhmann, S. 114 ff.
24 Zum Zivilisationsprozeß vgl. Elias.
25 Die Unterscheidung zwischen Kämpfen, Wettkampfspielen und Debatten, die im folgenden benutzt wird, geht auf Rapoport, Fights, zurück.
26 Vgl. neuerdings Habermas, Theorie; die Rolle des Dritten hat ausführlich Converse untersucht.
27 Dollard u. a.
28 Zur Aggressionsforschung vgl. neben Lorenz die verschiedenen Arbeiten von Montagu.
29 Wilson, Sociobiology; ders., On Human Nature; Ardrey.
30 Vgl. Dawkins, Gen.
31 Vgl. Ardrey.
32 Vgl. Maynard-Smith.
33 Vgl. dazu Campbell; Giesen; Dawkins, Watchmaker.
34 Zu der Unterscheidung zwischen implizitem und hypothetischem Vertrag vgl. Ballestrem.

35 Buchanan, passim.
36 Nozick, passim.
37 Rawls; Daniels.
38 Shubik; Rapoport, Fights.
39 Rapoport/Chammah.
40 Axelrod, The Evolution.
41 Boulding, Ecodynamics, S. 142 ff.
42 Boulding, Conflict and Defense, S. 19 ff; Richardson.
43 Tocqueville hat in seiner klassischen Revolutionstheorie vom ‚Ancien Régime' gesprochen. Zur Unterscheidung von Zentrum und Peripherie vgl. Shils.
44 Die umfangreichste Ausarbeitung dieser Theorie hat Gurr vorgestellt.
45 Davies.
46 Vgl. Smelser, dessen Theorie kollektiven Handelns zwar in einem strukturfunktionalistischen Rahmen entwickelt wird, aber auch für eine konflikttheoretische Soziologie sozialer Bewegung maßgebende Einsichten vermittelt. Ähnliches gilt für die Revolutionstheorie Johnsons.
47 Touraine.
48 Beck.
49 Hierzu und zum folgenden vgl. Habermas, Zur Rekonstruktion, Kap. II und III; Habermas, Legitimationsprobleme.
50 Vgl. dazu Lenski/Lenski; Giesen, S. 127-214.
51 Vgl. Luhmann, S. 7.
52 Elias.
53 Zur Überwindung der Frontstellung trug neben den Arbeiten von Coser auch Lockwoods folgenreiche Unterscheidung von ‚Systemintegration' und ‚Sozialer Integration' bei.
54 Ansätze zu einer Annäherung und Verbindung beider Theorieperspektiven enthält Haferkamp.
55 Die Arbeiten von Hondrich ‚Theorie der Herrschaft' und ‚Wirtschaftliche Entwicklung' nehmen aus konflikttheoretischer Sicht das individualistische Bedürfniskonzept auf und zeigen eine Integrationsmöglichkeit beider Theorietraditionen.
56 ‚Rational choice' - Theoretiker wie Coleman haben wichtige Beiträge zur Analyse von kollektivem Handeln und Prozessen sozialer Macht geleistet, und konflikttheoretische Modelle der Spieltheorie finden Eingang in das individualistische Paradigma.

Literatur

Gesamtdarstellungen und Klassiker der Konflikttheorie

Bernard, Jessie, u. a. (Eds.): The Nature of Conflict, Paris 1957.
Boulding, Kenneth E.: Conflict and Defense. A General Theory, New York 1962.
Clausewitz, Carl von: Vom Kriege, Bonn 1972 (Original 1832-33).
Coser, Lewis A.: Theorie sozialer Konflikte, Neuwied 1965.
Coser, Lewis A.: Continuities in the Study of Social Conflict, New York 1967.
Dahrendorf, Ralf: Soziale Klassen und Klassenkonflikt in der industriellen Gesellschaft, Stuttgart 1957.
Ders.: Zu einer Theorie des Konflikts. In: W. Zapf (Hrsg.): Theorien des sozialen Wandels, Köln und Berlin 1969, S. 108-123.
Ders.: Pfade aus Utopia. Zur Theorie und Methode der Soziologie, München 1973.
Darwin, Charles: Die Entstehung der Arten durch natürliche Zuchtwahl, Stuttgart 1967 (Orginal 1859).
Galtung, Johan: A Framework of the Analysis of Social Conflict, London 1971.
Hobbes, Thomas: Leviathan, 1651. Dtsch. Ausgabe von Iring Fetscher. Zuerst Neuwied 1966, Nachdruck Frankfurt/M.-Berlin 1976.
Kriesberg, Louis: Social Conflikt 1973.
Krysmanski, Hans J.: Soziologie des Konflikts, Hamburg 1971.
Machiavelli, Nicolo: Gesammelte Schriften, 5 Bde. H. Floerke (Hrsg.), München 1925.

Mack, Raymond W./Snyder, Richard C.: The Analysis of Social Conflict – Toward an Overview and Synthesis. In: Journal of Conflict Resolution, Vol. II, No. 2, 1957, S. 388–397.
Marx, Karl: Die Deutsche Ideologie. In: K. Marx, F. Engels: Werke, Bd. 3, Berlin o. J. (Original 1845–1846).
McNeil, Elton B. (Ed.): The Nature of Human Conflict, Englewood Cliffs 1965.
Rapoport, Anatol: Fights, Games and Debates, New York 1960.
Rousseau, Jean J.: Du contrat social ou principes du droit politique 1762. Dtsch. Ausgabe: Der Gesellschaftsvertrag oder die Grundsätze des Staatsrechtes, Stuttgart 1966.
Schelling, Thomas C.: The Strategy of Conflict, Cambridge (Mass) 1963.
Ders.: Micromotives and Macrobehavior, New York 1978.
Simmel, Georg: Soziologie, Berlin 1908.
Weber, Max: Wirtschaft und Gesellschaft, Tübingen 1972 (Original 1922).

Weitere wichtige Literatur

Ardrey, Robert: The Territorial Imperative: A Personal Inquiry into the Animal Origins of Property and Nations, New York 1966.
Axelrod, Robert: Conflict of Interests. A Theory of Divergent Goals with Applications to Politics, Chicago 1970.
Ders.: The Evolution of Cooperation, New York 1984.
Ballestrem, Karl: Vertragstheoretische Ansätze in der Politischen Philosophie. In: Zeitschrift für Philosophie 1 (1983), S. 2–12.
Beck, Ulrich: Risikogesellschaft. Auf dem Weg in eine andere Moderne, Frankfurt 1985
Bernard, Jessie: Some Current Ceptualizations in the Field of Conflict. In: American Journal of Sociology 70 (1965), S. 442–454.
Boulding, Kenneth: Ecodynamics. A New Theory of Societal Evolution, London 1978.
Boyd, Robert, and Richerson, Peter: Culture and the Evolutionary Process. Chicago, London 1985.
Buchanan, James: The Limits of Liberty. Between Anarchy and Leviathan, Chicago 1975.
Burrow, J. W.: Evolution and Society. A Study in Victorian Social Theory. Cambridge 1966.
Campbell, Donald: On the Conflicts between Biological and Social Evolution and between Psychology and Moral Tradition. In: American Psychologist 30 (1975), S. 1103–1126.
Ders.: Variation and Selective Retention in Socio-Cultural Evolution. In: H. R. Barringer/G. J. Blanksten/R. W. Mack (Eds.): Social Change in Developing Areas. Cambridge (Mass.) 1965, S. 19–49.
Coleman, James: Macht und Gesellschaftsstruktur, Tübingen 1979.
Ders.: Foundations of Social Theory, Chicago 1990.
Collins, Randall: Conflict Sociology, New York/London: 1975.
Converse, E.: The War of All Against All. A Review of the Journal of Conflict Resolution, 1957–1968. In: Journal of Conflict Resolution, Vol XII (1968), S. 471–532.
Dahrendorf, Ralf: Über einige Probleme der Soziologischen Theorie der Revolution. In: Europäisches Archiv für Soziologie 1961, S. 153–162.
Ders.: Über den Ursprung der Ungleichheit unter den Menschen, Tübingen 1961.
Davies, James: Eine Theorie der Revolution. In: W. Zapf (Hrsg.): Theorie des sozialen Wandels, Köln/Berlin 1969, S. 399–417.
Dawkins, Richard: Das egoistische Gen, Berlin 1978.
Ders.: The Blind Walchmaher, London 1986
Dollard, J./Doob, L. W./Miller, N. E./Mowrer, O. H./Sears, R. R.: Frustration and Aggression, New Haven 1939.
Durham, William: Coevolution. Genes, Culture and Human Diversity, Stanford 1991.
Eckstein, Harry (Ed.): Internal War, Glencoe 1964.
Eder, Klaus (Hrsg.): Klassenlage, Lebenstil und kulturelle Praxis, Frankfurt 1989.
Eisenstadt, Shmuel N.: Revolutions and the Transformation of Societies, New York 1978.
Elias, Norbert: Über den Prozeß der Zivilisation, Bern 1969.
Etzioni, Amitai: Die aktive Gesellschaft, Köln 1975 (Original 1968).
Fink, C. F.: Some Conceptual Difficulties in the Theory of Conflict. In: Journal of Conflict Resolution, Vol. XII (1968), S. 412–461.

Freud, Sigmund: Abriß der Psychoanalyse, Frankfurt 1953 (Original 1940).
Galtung, Johan: Institutionalized Conflict Resolution; A Theoretical Paradigm. In: Journal of Peace Research 2 (1965), S. 348-397.
Giesen, Bernhard: Makrosoziologie. Eine evolutionstheoretische Einführung, München 1980.
Gurr, Ted: Rebellion, Düsseldorf/Wien 1972.
Gumplowicz, Ludwig: Die soziologische Staatsidee, Berlin 1892.
Habermas, Jürgen/Luhmann, Niklas: Theorie der Gesellschaft oder Sozialtechnologie, Frankfurt 1971.
Ders.: Legitimationsprobleme im Spätkapitalismus, Frankfurt 1973.
Ders.: Zur Rekonstruktion des Historischen Materialismus, Frankfurt 1976.
Ders.: Theorie des kommunikativen Handelns, Frankfurt 1981
Haferkamp, Hans: Soziologie der Herrschaft, Opladen 1983.
Hegel, Georg W. F.: Sämtliche Werke, Jubiläumsausgabe, Stuttgart o. J.
Hirschmann, Albert O.: Exit, Voice and Loyalty, Cambridge (Mass.) 1970.
Hondrich, Karl Otto: Theorie der Herrschaft, Frankfurt 1973.
Ders.: Wirtschaftliche Entwicklung, soziale Konflikte und politische Freiheiten, Frankfurt 1970.
Johnson, Chalmers: Revolutionstheorie, Köln/Berlin 1971 (Original 1966).
Kant, Immanuel: Über den Gemeinspruch: Das mag in der Theorie richtig sein, taugt aber nicht für die Praxis. 1793. In: Kant: Werke in zwölf Bänden, hrsg. von W. Weischedel, Bd. XI, Frankfurt/Main 1968.
Lenski, Gerhard: Power and Privilege. A Theory of Social Stratification. New York u. a. 1966.
Ders./Lenski, Jean: Human Societies. New York u. a. 1970.
Lewin, Kurt: Die Lösung sozialer Konflikte: Ausgewählte Abhandlungen über Gruppendynamik, Bad Nauheim 1968 (Original New York 1948).
Locke, John: Two Treatises of Government. Dtsch. Ausgabe hrsg. von W. Euchner, Frankfurt/Main 1977 (Original 1690).
Lockwood, Daniel: Soziale Integration von Systemintegration. In: W. Zapf (Hrsg.): Theorien des sozialen Wandels, Köln/Berlin 1969, S. 124-137.
Lorenz, Konrad: Das sogenannte Böse, Wien 1963.
Mann, Michael: Sources of Social Power, Bd. 1, Cambridge 1986.
Maynard-Smith, John: Evolution and the Theory of Games. In: T. H. Clutton-Brock/P. H. Harvea (Eds.): Readings in Sociobiology, San Francisco 1978, S. 258-270.
McIver, Robert: Society, New York 1937.
Marx, Karl/Engels, Friedrich: Werke, Berlin 1959ff.
Meinecke, Friedrich, Die Idee der Staatsräson in der neueren Geschichte, Berlin 1924.
Meyer, Peter: Evolution und Gewalt, Hamburg 1981.
Michels, Robert: Soziologie des Parteiwesens, Stuttgart 1970 (Original 1911).
Mills, C. Wright: Die amerikanische Elite, Hamburg 1962.
Montagu, Ashley (Ed.): Man and Aggression, New York 1968.
Neuendorf, Hartmut: Der Begriff des Interesses: Eine Studie zu Gesellschaftstheorien von Hobbes, Smith und Marx, Frankfurt/Main 1973.
Nozick, Robert: Anarchie, Staat und Utopie, München 1976 (Original 1974).
Oberschall, Anthony: Social Conflict and Social Movements, New York/Englewood Cliffs 1973.
Oppenheimer, Franz: Der Staat, Frankfurt 1950 (Original 1908).
Pareto, Vilfredo: The Mind and Society. A Treatise on General Sociology, New York 1963; ital. Original 1916.
Rapoport, Anatol: Games which Simulate Deterrence and Disarmament. In: Peace Research Reviews, Vol. I, No. 4 (1967).
Ders./Chammah, A.: The Prisoners Dilemma. A Study in Conflict and Cooperation, Ann Arbor 1965.
Ratzenhofer, Gustav: Grundriß der Soziologie, Leipzig 1907.
Rawls, John: A Theory of Justice, Cambridge (Mass.) 1971. Dtsch.: Eine Theorie der Gerechtigkeit, Frankfurt/Main 1975.
Richardson/Lewis F.: Arms and Insecurity, Pittsburgh 1960.

Ross, Edward A.: Principles of Sociology, Boston 1942.
Runciman, Walter G.: A Treatise on Social Theory. Vol. I, Cambridge 1983.
Schelling, Thomas: Versuch über das Aushandeln. In: W. Bühl (Hrsg.): Konflikt und Konfliktstrategie, München 1972, S. 235–263.
Shils, Edward: Center and Periphery, Chicago, London 1975.
Shubik, Martin: Game Theory in the Social Sciences, Cambridge (Mass.) 1982.
Smelser, Neil: Theorie des kollektiven Verhaltens, Köln 1972 (Original 1963).
Sorokin, Pitirim: Sociology of Revolution, New York 1925.
Sumner, William: Folkways, 1907.
Swingle, Paul (Ed.): The Structure of Conflict, New York und London 1970.
Tarde, Gabriel: L'Opposition Universelle, Paris 1897.
Tocqueville, Alexis de: Der Alte Staat und die Revolution, Bremen o. J. (Original 1856).
Touraine, Alain: The Voice and the Eye. An Analysis of Social Movements, Cambridge 1981.
Turner, Jonathan: The Structure of Sociological Theory, Homewood (Ill.) 1978, S. 121–200.
Ward, Lester: Reine Soziologie, Berlin 1907.
Wiese, Leopold von: Soziologie: Geschichte und Hauptprobleme, Berlin 1954.
Wilson, Edward: Sociobiology. The New Synthesis, Cambridge (Mass.), London 1975.
Ders.: On Human Nature, Cambridge (Mass.)/London 1978.

D Die Verhaltenstheorie

Karlheinz Messelken

Vorüberlegungen

Zu Beginn seiner Arbeit macht sich der Verfasser des Kapitels über die soziologische Verhaltenstheorie folgendes klar:
Das vorliegende Lehrbuch gliedert die Soziologie nicht nach Sachbereichsgrenzen ihres Gegenstandsmaterials, wie sie an ihm real hervortreten. So verfahren zum Beispiel Lehrbücher der Physik mit ihrer Disziplin, wenn sie Mechanik, Optik, Akustik usw. voneinander unterscheiden, so verfahren Lehrbücher der Medizin, wenn sie sich an den Entstehungsarten (Infektion, Allergien, funktionelle Störungen usw.) oder Erscheinungsorten (Haut, Augen, Herz-Kreislauf-System usw.) der Krankheiten orientieren, so verfahren Lehrbücher der Jurisprudenz, wenn sie bei der Darstellung ihrer Wissenschaft den in den und durch die Gesetzessammlungen (Privatrecht: Schuld-, Sachen-, Familien-, Erbrecht; öffentliches Recht: Straf-, Prozeß-, Verwaltungs-, Verfassungsrecht) institutionell vorgegebenen Unterteilungen folgen. Wenngleich derlei Markierungen bei näherer Betrachtung zumeist zweifelhafter werden, als sie anfänglich erschienen, bleiben sie doch insgesamt für experimentelle, therapeutische oder justitielle Verfahren so zwingend, daß sie in überblicksartigen Gesamtdarstellungen des Wissensgebietes kaum übergangen werden können. Das vorliegende Lehrbuch gliedert sich nicht nach solchen am Material sachlich auffälligen und darum auch deskriptiv unumgänglichen Strukturen, sondern erschließt es durch Nebeneinanderstellung unterschiedlicher Ausgangspunkte und Zugänge seiner Erforschung und seiner Deutung, so wie sie paradigmatisch gegeneinander entwickelt sind und schulenhaft favorisiert werden. Dieses von den meisten Lehrbüchern anderer Wissenschaften abweichende Gliederungsschema entspringt jedoch keinesfalls der launischen Willkür des Herausgebers oder der Autoren. Natürlich wäre auch ein soziologisches Lehrbuch möglich, das mit einem Kapital zur allgemeinen Soziologie begönne und weitere über Politik, Wirtschaft, Familie, Religion und andere Felder anschlösse[1]. Indessen hängt der hier gewählte Weg tief mit der Eigenart des Gegenstands der Soziologie zusammen und spiegelt ihren davon bestimmten Zustand als Wissenschaft wider.

Den Gegenstand der Soziologie bilden die die Interaktion artgleicher Organismen steuernden kollektiven Lebensordnungen, die größtenteils absichtslos aus deren individuellen Regungen hervorgehen und auf sie zurückwirken. Nichts determiniert die kollektiven Ordnungen außer den individuellen Regungen, doch die individuellen Regungen sind in einem weiten Bereich präformiert und normiert durch die kollektiven Ordnungen, zu denen sie zusammenlaufen. Unabhängig davon, ob sie in Regeln reflexiv werden und als solche normativ vorgeschrieben werden, bestehen die kollektiven Ordnungen als materielle Wirklichkeit in im Voraus festliegenden gleichförmigen Interaktionsabläufen, die entweder periodisch wiederkehren (z. B. Mahlzeiten, Öffnungszeiten, Arbeitszeiten, Gottesdienste, jahreszeitliche Feste, Olympiaden) oder die in Standardsituationen aktualisiert werden, deren Eintrittszeitpunkt zufällig ist (z. B. bei Geburt, Krankheit, Unfall oder Tod: die Einschaltung kompetenter Hilfe; bei Liebschaften: Verlöbnisse und Heiraten; bei Streitfällen: Gerichtsprozesse oder Kriege). Wenn es nicht völlig isoliert bleiben und damit lebensundienlich werden will, muß sich das individuelle Verhalten an solchen institutionalisierten Interaktionskomplexen orientieren. Seinerseits ist das individuelle Dasein an einen bei den Artgenossen weitgehend stereotypen und nur begrenzt zu variierenden Lebensrhythmus gebunden, der sich in den Institutionalisierungen niederschlägt und dem die kollektiven Ordnungen gerecht werden müssen, um nicht die Existenz des Verbandes zu gefährden. Zwischen den kollektiven Ordnungen und den individuellen Regungen spielt sich also ein permanentes Wechselwirkungsgeschehen ab, das durch Rückkoppelung zirkularisiert wird und folglich nicht richtungslos zerfließt, sondern als greifbare, wissenschaftlich thematisierbare Gestalt erscheint.

Trotzdem stellen die hier waltenden Wechselwirkungszusammenhänge die Wissenschaft vor Erkenntnisprobleme, die andere Gegenstandskreise ihren Disziplinen nicht oder nicht in demselben Umfang bereiten – zu ersehen u. a. daran, daß der Forschungsertrag der Soziologie, hätte man ihn in unstrittigen Gesetzeshypothesen auszudrücken, vergleichsweise gering ausfiele. Der letzte Grund, weshalb sich im Bereich des Sozialen die Bewegungsvorgänge meßtechnisch nicht ebenso zuverlässig erfassen, die Verhaltensverläufe kausalanalytisch nicht ebenso gut aufklären, die zukünftigen Erscheinungen prognostisch nicht ebenso genau errechnen und mit ebenso genau zu kalkulierendem Risiko beherrschen lassen, wie es im Bereich anderer natürlicher Ordnungen gelingt, ruht in der Reflexivität der Gestalttypen, mit denen wir es auf dem sozialen Feld zu tun haben. Die interindividuellen Ordnungen bestünden gar nicht und ihr Aufbau, ihre Entwicklungen, ihre Störungen und ihre Auflösungen vollzögen sich nicht, ohne daß sie subjektiv als solche repräsentiert wären. Ganz wie der Schmerz außer der physisch-physiologischen Quelle eine psychische Manifestation braucht, um zu schmerzen, also um zu sein, so gewinnen auch die sozialen Vorgänge erst in ihrer Verkoppelung mit Empfindungs- und Vorstellungskomplexen Wirklichkeit. Ihre Muster sind niemals ganz von der Geltungsebene abzulösen, auf der sie erscheinen, und um gelten zu können, müssen sie empfunden und vorgestellt werden. In dieser subjektiven Repräsentanz aber bilden die sozialen Muster ein plastisches, flexibles, intrusives und permeables Element, dem sie einerseits ihre hohe Adaptivität verdanken, das aber andererseits phänomenal zwingende Fixierungen erschwert. Wolkenbildern gleich, die sich gerade noch in einer beschreiblichen Gestalt darzustellen scheinen, doch sich schon im nächsten Augenblick verziehen und entgrenzen, bieten sich auch die sozialen Gebilde stets vieldeutig dar. Ihre Auslegungen bleiben ungefähr und ungewiß und erfahren von anderen Beobachtern meistens ebensoviel Widerspruch wie Zustimmung. So betrachtet, empfiehlt sich als Systematik eines Lehrbuchs der sozialen Phänomene die Aufreihung ihrer Betrachtungsstandpunkte und der von ihnen aus sich einstellenden Bilder ähnlich von selbst wie im Falle von exakteren Wissenschaften, Wissenschaften mit eindeutiger konturiertem Material, die Orientierung daran. Die Dinglichkeit der soziologischen Gegenstände ist eben verdinglichter als die Gegenstände manch anderer Wissenschaft, sie ist konstruierter, darum konventioneller und bleibt folglich rekonstruktibler.

Wenn so die Versammlung der im Schulenstreit gegeneinander ausgespielten unterschiedlichen Gegenstandsentwürfe als ein durchaus objektives Verfahren zur lehrbuchartigen Wiedergabe der soziologischen Erkenntnis gelten kann, dann doch in dem Vertrauen, daß der Leser jede der verschiedenen Ausgangspositionen selber einsehen und dabei seinerseits die von dorther sich abzeichnenden Bilder eines nach dem anderen nachvollziehen kann. Wenn er dann – wie er soll – in jedem Einzelfall ein hohes Maß an Triftigkeit und Stimmigkeit der Deutung empfindet, verbinden sich die sukzessiv eingenommenen Schulstandpunkte in seinem Kopf miteinander, relativieren sich untereinander und schaffen auf diesem indirekten Weg das Bild einer letztlich dennoch in sich kontingenten Disziplin. Der Autor, der ein Kapitel in dem so angelegten Buch zur Bearbeitung übernimmt, will natürlich zunächst erreichen, daß der Leser gerade seinen Schulstandpunkt besonders aussichtsreich und überzeugend findet, und strengt sich daher an, ihn ins beste Licht zu rücken. Doch bliebe der Autor hinter dem Leser zurück, wenn er die relativierende Kraft der Lektüre der weiteren Kapitel nicht von vornherein veranschlagte. So erzieht ihn das vermutete Leseresultat nicht nur negativ zur Übung von anerkennender Toleranz gegenüber den anderswo entwickelten Gesichtspunkten, sondern verhilft ihm auch positiv zur besseren Erkenntnis ihrer Integrierbarkeit untereinander und mit dem von ihm vertretenen.

So weit vorgetragen, läßt sich nun endlich die Absicht der Vorbemerkung erklären. Der besondere Reiz der Darlegung der soziologischen Verhaltenstheorie in dem gegebenen Rahmen liegt für den Verfasser in dem Umstand, daß er sie, so wie sie bislang prominent vertreten wurde, zunächst für soziologieferner hält als die anderen hier entwickelten Theoriestücke, ja sie in der Gefahr sieht, am Zentrum des Sozialen als Lebensorganisation vorbeizuführen; daß er mit ihr aber einen bestens passenden Schlüssel zum Kerngehäuse des Sozialen in die Hand zu bekommen meint, sobald sie um ein Element ergänzt wird, das sich bei unvoreingenommener Betrachtung als Ergänzung geradezu aufnötigt, das die Vertreter der Verhaltenstheorie in der Vergangenheit jedoch – vermutlich aus ideologischer Befangenheit – entschieden von sich wiesen. Dabei zeigt sich schon im Terminologischen, wie verwandt das eine mit dem anderen ist. Die soziologische Verhaltenstheorie eignet sich nämlich zur Erschließung der Natur des Sozialen dann vortrefflich, wenn sie die ihr natürliche Verbindung mit der biologischen Verhaltensforschung eingeht, sich so der reichen Mitgift der dort geleisteten Experimente und kontrollierten Beobachtung versichert, die ethologische Methodologie mit der eigenen verknüpft und auf diese Weise ihre sozialpsychologische Basis um die soziobiologische erweitert[2]. Das Ziel, das sich die folgende Darlegung der soziologischen Verhaltenstheorie setzt, geht darum über die exakte Wiedergabe ihrer bislang ausgearbeiteten Positionen hinaus. Sie hofft, ihr neue Einsichtsmöglichkeiten hinzuzugewinnen und sie damit für die soziologische Imagination fruchtbarer werden zu lassen, als sie dem Fach bisher überwiegend erschien.

1 Geschichte der Verhaltenstheorie

1.1 Außersoziologische Quellen und Zusammenhänge

Hält man sich die klassische europäische Soziologie vor Augen, fällt auf, daß ihre thematischen Arbeiten und ihre methodologischen Überlegungen größtenteils weitab von denen der sich damals auch gerade als Einzelwissenschaft etablierenden Psychologie erfolgten. Comte, Spencer, Durkheim, Tönnies, Weber, selbst Simmel und Pareto behandelten hochkomplexe, historisch gesättigte und im Kulturenvergleich sich offenbarende Probleme der Gesellschaftsverfassung, von denen her sich Bezugnahme auf Forschungsmethoden und Forschungsgegenstände der Psychologie kaum nahelegte. Auch wenn man die Wundtsche Völkerpsychologie, LeBons Massenpsychologie und Freuds Kulturpsychologie in Rechnung stellt, war die Optik dieser Wissenschaft schon damals vorwiegend auf individuenimmanente Bewußtseinsvorgänge gerichtet, die ohne sozialisationstheoretische oder kulturrevolutionistische Begründung zu erklären sind. So gehörten zu den Präokkupationen der Disziplin: die Fechnersche Psychophysik, die im Geist der von Herbart inspirierten Assoziationsforschung Schwellenwerte bestimmte, von denen an eine objektive Reizveränderung subjektiv empfunden wurde; die demselben Geiste verpflichtete Ebbinghaussche Gedächtnisforschung, die sich mit den Abläufen des Einprägens und Vergessens am Beispiel möglichst sinn- und kontextloser Lernelemente befaßte; die auf von Ehrenfels zurückgehende Gestalttheorie, die in betont kritischer Einstellung zum Assoziationismus nach gewissermaßen apriorisch gegebenen Gestaltqualitäten der Wahrnehmung und des Denkens suchte; die Pawlowsche Reflexologie, die der Konditionierung von physiologischen und psychischen Reaktionen durch Reizwiederholung nachging; die Bühlersche Entwicklungslehre, die den Zusammenhang von körperlichen und seelischen Reifungsphasen erkundete; oder die Kretschmersche Konstitutionstypologie, die nach Entsprechungen zwischen Körperbauformen und Gemütsanlagen fahndete.

Bei diesen Erkenntnisausrichtungen der Psychologie und der Soziologie war eine engere Orientierung aneinander kaum zu erwarten. Natürlich war es in der Soziologie nichtsdestoweniger unstrittig, daß die kulturellen Besonderheiten des Sozialverhaltens durch Gewohnheitsbildungen zustande kommen, die als solche psychologischen Mechanismen folgen – wie übrigens umgekehrt die Psychologie nicht zweifelte, daß jeder Mensch Kind seiner Zeit ist und darum die individuellen Bewußtseinsprozesse tief von den jeweiligen sozialen Erwartungen beeinflußt sind. Daß Max Webers Begriff der sozialen Handelns, Georg Simmels Begriff der Wechselwirkung, Emile Durkheims Begriff der conscience collective, Lucien Lévy-Bruhls Begriff der participation, Marcel Mauss' Begriff der reciprocité, George Herbert Meads Begriff des generalized other immer und wesentlich Vorstellungen über seelische Prozesse beinhalteten, liegt auf der Hand und war so auch allen klar[3]. Natürlich erkannte man damals auch schon, daß sich die beiden Disziplinen von der Wissenschaftssystematik her in einem bestimmten Bereich berührten und überschnitten, dem der Sozialpsychologie. Dennoch lag der klassischen Soziologie der Gedanke fern, ihre Befunde durch Reduktion auf psychische Mechanismen erkenntnis- und forschungslogisch begründen zu müssen, bevor sie wissenschaftliche Dignität erlangen könnten[4].

Genau diese reduktionistische Forderung erhebt die verhaltenstheoretische Soziologie nun zum Programm und knüpft damit an frühe Prozesse der wissenschaftlichen Selbstverständigung der Psychologie an. Wie die Bewußtseinswissenschaften allgemein, so stand damals auch die Psychologie unter dem Eindruck der technologischen Verwendbarkeit und insofern des zivilisatorischen Nutzens der naturwissenschaftlichen Forschung, während die Geisteswissenschaften im Stadium des bloßen Dafür- und Dagegenhaltens zu verharren schienen und Ideologien fütterten, anstatt positive Beiträge zur Verbesserung der conditio humana zu liefern. Die quantitativen Erkenntnismethoden, die laborexperimentellen Forschungsverfahren, die mathematische Darstellungsweise der Resultate, der vorurteilsfreie und kritikoffene Kommunikationstypus, insgesamt die nüchtern-rationale Haltung, wie sie in den Naturwissenschaften hervortrat, erschienen darum als Reifegrad, den auch die Geisteswissenschaften für sich anzustreben begannen. Sie erblickten in den naturwissenschaftlichen Verfahrensweisen Modelle, die es zu befolgen galt, um nicht weiterhin nur begriffs- und theorienreich zu reden, ohne zur Lösung konkreter Lebensprobleme beizutragen[5]. Diesen Fortschritt endlich zu erzielen, zeigte sich die Psychologie besonders ungeduldig.

So kam vor allem in den USA zu Beginn des Jahrhunderts die Idee auf, die psychologische Forschung radikal anders anzusetzen, als es bislang geschehen war. Bislang hatte sie ihr Material hauptsächlich in Gefühlszuständen und Bewußtseinsinhalten gefunden, die als solche nur ihrem Träger mittels Introspektion einsichtig werden und darum unabhängiger Überprüfung durch andere entzogen sind. Eine sich an der Naturwissenschaft orientierende Psychologie müsse sich dagegen solcher Erkenntnisverfahren bedienen, die prinzipiell wiederholbar seien. Da reine Geistesphänomene wie begriffliche Vorstellungen, Erinnerungen und Erwartungen, Strebungen und Stimmungen (Lust oder Unlust, Hoffnung oder Befürchtung) zunächst auf der Bewußtseinsebene in Erscheinung treten, seien sie als primäres Material der psychologischen Forschung ungeeignet, jedenfalls soweit sie nur mittels sprachlich-geistigen Ausdrucks verlautbart würden. Allein auf solche Kognitionen angewiesen, sei die Psychologie verdammt, auf der Entwicklungsstufe der verstehenden, interpretierenden, nacherlebenden Geisteswissenschaft stehenzubleiben. Da sie nun aber einmal auf dem Wege der direkten Beobachtung auf die Bewußtseinsebene nicht gelangen könne, der Weg über die verbale Interpretation durch den Bewußtseinsträger aber wissenschaftlich unzulänglich bleibe, sei ein anderer indirekter Weg zu ihr unumgänglich. Als ins Ziel führenden Weg hat die amerikanische Psychologie damals die Beobachtung der äußerlich am Organismus hervortretenden, mit den Bewußtseinszuständen korrespondierenden Erscheinungen, also die Beobachtung des nonverbalen Verhaltens, des behavior eines Organismus vorgeschlagen. Der Durst des anderen, der als Gefühlsqualität meiner Wahrnehmung entzogen ist, läßt sich dennoch erfassen, wenn ich anzugeben vermag, unter welchen Voraussetzungen er auftritt (z. B. Zeitdauer des Flüssigkeitsentzugs, Wärmegrad des Aufenthaltsraums) und an welchen meßbaren Äußerungen seines Organismus (z. B. Trockenheit der Schleimhäute, hechelnder Atem) er sich dann manifestiert. Natürlich steckt in solcher Übersetzung des Subjektiven ins Objektive auch schon die Forderung nach operationaler Definition für Begriffe, die etwas der sinnlichen Erfahrung nicht unmittelbar Zugängliches ausdrücken[6].

Dieses Programm, die inneren Vorgänge systematisch zu externalisieren, um so die Psychologie zu objektivieren, griff auf die russische Schule Bechterews und Pawlows zurück, in der in engem Zusammenhang mit der Psychologie vor allem auf dem Wege der Tierforschung die Lehre von den bedingten Reflexen entwickelt worden war. Verhaltenskonditionierungen und -dekonditionierungen standen fortan auch im Zentrum des amerikanischen Behaviorismus, wie die neue Forschungsrichtung seit ihrer paradigmatischen Konzeptionalisierung durch John Broadus Watson nun hieß[7]. Im behavior gewinne die Psychologie einen der wiederholbaren und also überprüfbaren Beobachtung zugänglichen Gegenstand, der der Forschung in abgrenzbaren, zählbaren und meßbaren Erscheinungen entgegentrete und am sprachlich nicht ausdrucksfähigen Tier mit prinzipiell gleichen Methoden zu erfassen sei wie am Menschen, dessen fragwürdige Dolmetschertätigkeit allenfalls noch subsidiär benötigt werde[8].

Im Rahmen einer solchen Betrachtung werden die seelischen Vorgänge also zunächst ins Objektive gewendet und dann als Reaktionen auf außerseelische Vorgänge im Wahrnehmungsfeld eines Organismus gedeutet. Anders ausgedrückt: Die außerseelischen, wenn auch möglicherweise eigenleiblichen, jedenfalls auch von Dritten bei entsprechender Aufmerksamkeit feststellbaren Vorgänge werden als Reize gefaßt, auf die der psychische Apparat nicht nur mit bewußtseinsimmanent bleibenden Vorstellungen und Gefühlen reagiert, sondern die auch mit physiologischen Veränderungen z. B. der Muskelspannung, des Blutdrucks, des Herzschlags und des Pulses, des Hirnstroms, des Speichelflusses oder Tränenflusses, der Drüsentätigkeit und der Hormonproduktion einhergehen, die objektiv registrierbar sind und gegenüber den reinen Vorstellungen und Gefühlen, die das subjektive Ich zu einem erheblichen Grad kontrollieren kann, den zusätzlichen Vorteil aufweisen, dessen willkürlicher Bestimmung weitgehend entzogen zu sein, d. h. auf den dargebotenen Reiz nahezu automatisch anzusprechen. Weil der Behaviorismus solche Zusammenhänge als sein erkenntnisträchtigstes Forschungsmaterial begreift, wird seine Theorie auch Reiz-Reaktions- oder stimulus-response-Theorie genannt.

Nicht nur belegbare exakte Erkenntnis der psychischen Prozesse, sondern auch ihre technische Anwendbarkeit mit sozialem und therapeutischem Nutzen nimmt der Behaviorismus für die von ihm vertretene Wissenschaftsrichtung in Anspruch. Technisch eingesetzt, wie wir es vom Vorbild der naturwissenschaftlichen Forschung her kennen, führt die behavioristische Psychologie auf dem therapeutischen Gebiet – unter scharfer Abgrenzung von anderen Psychotherapien, insbesondere den psychoanalytischen und den sonstigen tiefenpsychologischen[9] – zu der sogenannten Verhaltenstherapie. Sie geht davon aus, daß neurotische Störungen im Verhalten eines Individuums als Ergebnis von

Fehlkonditionierung zu verstehen sind, die durch Umkonditionierung behoben werden können[10]. So wird z. B. übermäßige Angst, die zur Verhinderung von – anderen Individuen im allgemeinen verfüglichem – Abwehrverhalten führt, nach diesem Programm ganz anders und – wie die Behavioristen meinen – viel fruchtbarer untersucht und viel wirkungsvoller behandelt, als es introspektive Verfahren gestatten, die sich an verbalen Mitteilungen des Neurotikers orientieren und über deren Bearbeitung zur Ursache seines Leidens vorzustoßen und zu seiner Heilung zu gelangen hoffen. Statt den Patienten beschreiben zu lassen, mit welchen inneren Vorstellungsbildern sich der Angstzustand verbindet, und darüber zu spekulieren, aus welchem Seelengrund er auftaucht, um ihn dann durch Bewußtmachung zu bannen, nähert sich ihm der Behaviorist, indem er die am Organismus des Patienten hervortretenden Angstäußerungen möglichst unmittelbar zu beobachten sucht und sie dann daraufhin prüft, ob sie regelmäßig zusammen mit anderen Gegebenheiten im äußeren oder inneren Wahrnehmungsfeld des Individuums auftreten. Ist ein solcher Zusammenhang entdeckt, kann nun auch gemessen werden, ob und wie die Intensität der Angstäußerung mit unterschiedlichen Stärken der anderen Wahrnehmungsgegebenheiten variiert.

Leidet zum Beispiel ein Mensch darunter, daß er auf belebten Plätzen oder in engen abgeschlossenen Räumen seine normale Handlungsfähigkeit einbüßt, leidet er also unter Agoraphobie oder unter Klaustrophobie, nimmt der Behaviorist an, daß der Verhaltensgestörte diese Behinderungen durch einen eigendynamischen Lernprozeß erworben hat, der durch therapeutisch gesteuertes Verlernen umzukehren sei. Ausgangspunkt des neurosebildenden Lernprozesses mag eine ganz zufällige Gleichzeitigkeit von belebtem Platz oder engem abgeschlossenem Raum mit wirklichen oder nur eingebildeten Gefahrenbildern gewesen sein, die im Wahrnehmungshorizont des Neurotikers früher – aus welchen Gründen auch immer – einmal mit solcher Stärke auftraten, daß sie von ihm hernach in der Verkoppelung mit dieser Umgebung oft genug erinnerungshaft wiederholt werden, um sich am Ende zwanghaft einzustellen, wann immer er sich den neurotisch besetzten Orten nähert, sei es reell oder nur ideell. Als sichersten Weg, die neurotischen Zwangsvorstellungen zu beheben, schlägt die Verhaltenstherapie vor, die ihnen zugrundeliegende feste assoziative Verknüpfung von Ort und Bild durch methodischen Aufruf anderer Bilder auf dem Hintergrund der problematischen Orte zu überlagern, so allmählich aufzulösen und schließlich auszulöschen. Diese Dekonditionierung kann auf dem realen Feld geschehen, dadurch daß der Gestörte durch den ihn begleitenden Therapeuten den angstbesetzten Örtlichkeiten wiederholt und gezielt ausgesetzt wird, bis er sie in normaler Routine bewältigt, oder sie kann auch laboratoriell geschehen, dadurch daß der Gestörte z. B. in wiederholten Rollenspielen oder in anderen systematisch wachgerufenen Imaginationen so oft unter günstigeren Begleitumständen mit der zunächst perhorreszierten Situation konfrontiert wird, bis diese ihre Außerordentlichkeit verloren hat und normal und vertraut erscheint[11].

Einen anderen Anwendungsfall der behavioristischen Psychologie stellt der Einsatz des sogenannten Lügendetektors bei der Wahrheitsprobe auf verbale Aussagen dar. Die dem Verfahren zugrunde liegende Idee besteht darin, daß ein Proband, der eine Reihe ihn emotional weiter nicht behelligender Aussagen hört, gleichmütig reagiert, d. h. in seinen gleichzeitig gemessenen physiologischen Reaktionen keine nennenswerten Ausschläge auf den Meßinstrumenten aufweist, an die er angeschlossen ist, jedoch sofort mit signifikanten Reaktionen einsetzt, wenn er sich ihn emotional erregenden Sachverhalten ausgesetzt sieht. Daß sich die Meßwerte hierbei tatsächlich so verhalten, wie es das behavioristische Design erwartet, liegt auf der Hand, und soweit sie es tun, bestätigen sie natürlich die behavioristische Theorie. Denn eine derartige Versuchsanlage stellt ja eigentlich nur eine Sonderform des allgemeinen methodischen Demonstrationsgangs einer Psychologie dar, der primär daran liegt, die stimulus-response-Beziehung überhaupt sichtbar nachzuweisen, d. h. den notwendigen Zusammenhang offenzulegen, wie er zwischen Reizwahrnehmung als einem üblicherweise mit psychologischen Kategorien erfaßten Prozeß, Erregung als einer mittleren Vorgangsart, deren Beschreibung auf psychologische und physiologische Elemente zurückzugreifen neigt, und organischen Abläufen besteht, deren Darstellung physiologisch zu erfolgen pflegt. So durchschlagend die Lügendetektor-Experimente unter diesem Gesichtspunkt immer ausfallen, so unsinnig nehmen sie sich jedoch aus, wenn sie im Strafverfahren bei der Vernehmung eines mutmaßlichen Täters herangezogen werden. Die Vorstellung, daß sie bei der gerichtlichen Wahrheitsfindung Beweiskraft haben könnten, zeugt von geradezu kindischer Wissenschaftsgläubigkeit. Alles, was sie zu beweisen vermöchten, wäre, daß Behauptungen, die jemand für existentiell wichtig zu halten Grund hat, ihn nicht kalt lassen, selbst wenn er das durch Verhaltenskontrolle glauben machen will. Nun dürfte aber jedermann durch die Beschuldigung, ein Verbrechen begangen zu haben, seelisch auch und vielleicht gerade dann tief aufgewühlt werden, wenn er unschuldig ist, an seiner Unschuld aber Zweifel herrscht, weil ihn wichtige Verdachtsmomente belasten. Die Erregung, die der Lügendetektor nun entdeckt, läßt sich von der Erregung des Schuldigen in keiner Weise unterscheiden. Daß das Verfahren in den USA in einigen Bundesstaaten zeitweilig dennoch Verwendung fand, kann natürlich den Behaviorismus als Wissenschaftsprogramm nicht entwerten. Doch wirft es ein bezeichnendes Licht auf die Bigotterie, zu der der amerikanische Nationalcharakter sich manchmal fähig zeigt. Und es läßt wohl auch die Frage zu, ob hier nicht ein nach öffentlicher Aufmerksamkeit und Geltung strebender Forschungsbetrieb mit Unverstand und Mißverständnis Geschäfte machte, statt aufzuklären. Daß man dabei vermuten kann, daß die beteiligte Wissenschaft nicht bewußt betrog, sondern dem Trug, der aus der allgemeinen Glaubensbereitschaft herrührte, selbst anheimfiel, bessert die Angelegenheit kaum, und zwar um so weniger, als gerade der betont aufklärerisch sich begreifende Wissenschaftstypus, dem der Behaviorismus angehört, hier hätte widerstehen müssen. Doch seine programmwidrige Irresistenz kann die Soziologie nur wenig überraschen. Vor allem ihre wissenssoziologische Erkenntnis lehrt, daß die Wissenschaft nicht anders als jedes sonstige menschliche Tun um soziale Anerkennung verlegen ist und im Buhlen um sie die edelsten Vorsätze nur zu leicht vergessen kann. Das Problem besteht fort. Heutzutage tritt es besonders kraß im Bereich der ökologischen Forschung zutage.

Insgesamt aber bot der behavioristische Forschungs- und Theorieansatz ein zweifellos erfolgreiches Programm der Verwissenschaftlichung der Psychologie. Bei der Aufgabe, die zunächst invisiblen Gegenstände des Fachs in ihren Formen dennoch zu beschreiben und in ihrem Zustandekommen dennoch zu erklären, lag eine Verführung zu abgehobener Spekulation, die in – kaum noch auf eine empirische Basis zurückzuführende und darum unentscheidbar zu bleiben drohende – Dissense trieb. Sozial organisiert, nahmen die auseinanderweisenden Ideen über die Verfaßtheit der seelischen Prozesse bisweilen die Gestalt von Sezessionen an, wie man sie aus dem Künstlermilieu kennt, einander vor allem im leidenschaftlichen Kampf verbunden[12], anstatt sich als in leidenschaftsloser Arbeitsteilung zugeordnete Spezialisierungen zu verstehen, wie es die gesellschaftliche Erwartung an die Wissenschaft will, wie es aber auch der wissenschaftlichen Selbstanforderung entspricht. In seinem beharrlichen Verlangen nach sachhaltigen und logisch klaren Hypothesen und ihrer methodisch sauberen Überprüfung verstieg sich zwar auch der Behaviorismus selbst durch Rigorismus und Polemik in manches Abseits, jedoch erreichte er immerhin, daß sich das Fach insgesamt vor der Gefahr gewarnt fühlte, seine Theorie könne sich ins Unkontrollierbare verflüchtigen und seine beratende oder therapeutische Praxis in Scharlatanerie ausarten. Wenn in der Psychologie heute die Überzeugung vorherrscht, daß ihre Aussagen empirisch fundiert und experimentell prüfbar sein müssen, und insoweit verbindliche Standards der Wissenschaftlichkeit anerkannt sind, so ist das nicht zuletzt das Verdienst ihrer behavioristischen Schule.

1.2 Entwicklungen der Theorie

Nicht zuletzt um dieser heilsamen Wirkung des Behaviorismus willen ist auch im Kreis der Soziologie die Orientierung ihrer Forschung und Theorie am individuellen Verhalten gefordert worden. Wichtigstes Motiv für den Versuch der methodologischen Anleihe bei der Nachbardisziplin liegt in dem Umstand, daß auf die Soziologie a fortiori zutrifft, was im öffentlichen Erscheinungsbild der Psychologie zu erheblichen Selbstzweifeln an ihrem Wissenschaftsstatus geführt hatte. Die Soziologie vermochte sich nach dem Ende ihrer klassischen Phase in den zwanziger Jahren unseres Jahrhunderts selbst nur noch schwer zu verhehlen, daß sie der Öffentlichkeit, die sie wahrnimmt, ideologisch zerrissen vorkommt, verstrickt in rechthaberische Streitigkeiten zwischen vielfältigen Schulen und zerquält darüber, daß sie mit ihren Erkenntnissen kaum zivilisatorischen Nutzen stiften zu können scheint, in diesem Sinne also gesellschaftspraktisch irrelevant bleibt. Allmählich verstärkten sich die Stimmen, die das Fach drängten, nicht in theoretische Höhenflüge und utopische Himmelsstürmerei abzuheben, sondern nahe beim individuellen Verhalten zu bleiben und Begriffe zu bilden und Hypothesen aufzustellen, die sich mit am individuellen Verhalten abgelesenen quantitativen Meßdaten einlösen ließen. Vor allem in den USA entwickelte die sociological community ein betontes Mißtrauen gegen beobachtungsferne Abstraktionen und aus ihm heraus eine disziplinierte Anwendungsrationalität der Theoriebildung. Von ihr geleitet, versuchte sie die soziologischen Forschungen bewußt auf technisch (z. B. handlungstechnisch, kommunikationstechnisch, organisationstechnisch, führungstechnisch) umsetzbare Erträge anzulegen. Denn erstens sei nur in solcher Anwendungsorientierung Gewißheit zu erlangen, ob die theoretischen Entwürfe überhaupt Wirklichkeitsbezug hätten und nicht allein im leeren Raum gälten, zweitens sei erst im anwendenden Nachvollzug die innere, d. h. logische und empirische Richtigkeit der theoretischen Entwürfe zu erweisen, und drittens könne erst im Gefolge der Anwendung ihr gesellschaftlicher Nutzen hervortreten. Beeindruckt vor allem von Skinners Forschungsmethoden und Wissenschaftsverständnis, hat dann George C. Homans zu einer Soziologie aufgerufen, die die luftigen Höhen und windigen Konzepte allgemeiner Systemkonstruktion meide und zu den Individuen und ihrem elementaren Verhalten als Erkenntnisquellen zurückkehre. „Nach dieser Auffassung sind die Grundbestandteile der Gesellschaft individuelle Personen, deren Handeln mehr oder weniger von ihren Neigungen und von ihrem Verständnis für ihre Situation bestimmt wird. Alle komplexen sozialen Situationen, Institutionen oder Ereignisse sind das Resultat bestimmter Konfigurationen von Individuen, ihrer Neigungen, Situationen, Überzeugungen, ihrer physischen Hilfsmittel und ihrer Umgebung ... zu unbedingt stichhaltigen Erklärungen großer sozialer Phänomene werden wir nicht gelangen, bevor wir sie nicht aus Untersuchungen der Neigungen, Situationen, Überzeugungen, Hilfsmittel und der wechselseitigen Beziehungen der Individuen deduziert haben"[13]. Nur so ließen sich Zusammenhänge entdecken, die, nach dem Vorbild der Psychologie in Hypothesen gekleidet, methodisch einwandfrei zu falsifizieren seien und im Bestätigungsfall auszubauen wären.

Anders als der psychologische Behaviorismus hat der soziologische bisher aber nur spärliche Aufmerksamkeit erregt, hat in der methodologischen Diskussion des Fachs eher am Rande gestanden und in der akademischen Repräsentanz kaum Schule gemacht. Außer in den USA hat er sich am ehesten noch in Deutschland als ein eigenständiges Gesamtprogramm der soziologischen Theorie verstanden, das sich von systemtheoretisch-strukturalistischen, phänomenologisch-interaktionistischen, historisch-materialistischen und kritisch-negativdialektischen Analysen des Gesellschaftsprozesses nachdrücklich zu unterscheiden beansprucht. Wie gering sein direkter Einfluß auf das methodologische Selbstverständnis des Faches aber auch hierzulande geblieben ist, läßt sich daran ermessen, daß der offensivste Vertreter der soziologischen Verhaltenstheorie, Karl Dieter

Opp, über die engen Grenzen der Zunftgenossenschaft hinaus kaum bekannt ist und weder sein theoretischer Ansatz als solcher groß diskutiert noch in der Forschungsarbeit als Leitlinie in nennenswerter Weise herangezogen wird – ein Urteil, das jedenfalls dann schwer anzufechten sein dürfte, wenn man die wegweisende Stellung und inspirierende Kraft der Werke etwa von Gehlen und Luhmann, Adorno und Habermas, König und Scheuch, Schelsky und Bolte, Elias und Lepenies, Tenbruck und Schluchter, Bahrdt und Popitz, Pirker und Lutz oder Renate Mayntz und Zapf dagegenhält.

Nun wäre es freilich falsch, die Bedeutung der verhaltenstheoretischen Orientierung der Soziologie, wie sie Homans vorgeschlagen hat, ausschließlich auf diese Weise zu messen. Ihr Einfluß auf den gegenwärtigen Bewußtseinsstand des Faches ist, auch wenn er keineswegs spektakulär hervortritt, dennoch erheblich. Er blieb weitgehend unbemerkt, weil er eher indirekt zustande kam. Darin unterscheidet er sich offensichtlich vom Einfluß des behavioral approach auf die Psychologie, der laut und lärmend vor sich ging. An Persönlichkeiten wie Watson am Anfang und Skinner am Ende der Karriere des Behaviorismus konnte kaum jemand vorbei, ohne sich an ihnen zu reiben. Mit ihnen verglichen, erscheinen die Vertreter des behavioristischen Geistes in der Soziologie recht unauffällig. Doch wie unscheinbar sie persönlich auch sein mochten oder mögen, in ihren Programmschriften kanalisiert sich eine bedeutsame Strömung des soziologischen Denkens, die an Kraft unablässig gewonnen hat und im universitären und außeruniversitären Forschungsbetrieb inzwischen eindeutig die Richtung bestimmt. Im weitesten Sinn läßt sich diese Richtung als Operationalismus bezeichnen. Damit ist die Übereinkunft gemeint, daß sich der Sinn soziologischer Aussagen erst verstehen läßt, wenn man Operationen anzugeben vermag, in denen er sich erfüllt. Diese Übereinkunft wird heute bei der Skizzierung von Forschungsprojekten, der Formulierung und Prüfung von Hypothesen und der Ableitung weitergreifender Zusammenhänge aus ihnen durchweg stillschweigend als gegeben unterstellt und von vornherein mitgedacht. Unter Operationen versteht man dabei Vorgänge, die man in ihrem Ablauf beobachten, d. h. deren Beginn und Ende, deren Richtung und Stärke, deren identische Wiederholung oder Veränderung man in einfachen Verfahren des sinnlichen Konstatierens und logischen Entscheidens zweifelsfest bestimmen kann. Derartige Vorgänge aber sind im Reich der Soziologie kaum anderswo als im individuellen Verhalten zu finden, z. B. durch die politische Wahlforschung, die Konsumforschung, die Freizeitverhaltensforschung oder die Meinungsforschung.

Insofern ist anerkannt, daß eine soziologische Theorie nur in dem Maße gehaltvoll ist, wie die Aussagen, aus denen sie besteht, in konkreten Verhaltensschritten konkreter Einzelmenschen in definierten Situationen fundiert sind. Mithin trägt die geläufige soziologische Forschung dem behavioral approach heute allenthalben Rechnung. Der professionelle Geist der Soziologie ist längst schon geneigt, einen Text, der sich einem solchen Fundierungsanspruch nicht fügt, als substanzlos anzuzweifeln und die Beweislast fürs Gegenteil ganz dem aufzubürden, der ihn verfaßt hat. Soweit den anderen soziologischen Denkschulen dieses Gehaltskriterium – im Grunde identisch mit dem empiristischen Sinnkriterium, wie es Rudolf Carnap aufstellte[14] – für ihre Forschungsthemen zu eng erscheint und von ihnen auch andere, etwa die älteren verstehenstheoretischen Traditionen der Humanwissenschaften festgehalten werden, soweit besonders im Umkreis der phänomenologischen Richtungen der Soziologie mit komplexeren Verfahren der Ermittlung und Deutung menschlichen Handelns gearbeitet wird – unter Verweis darauf, daß einzelne Verhaltensschritte erst im Zusammenhang umfassender Gegebenheiten einsichtig werden, z. B. umfassender biographischer Entwicklungen eines Individuums, die sich als solche nicht angemessen aus Einzelfakten zusammensetzen ließen –, treffen die dabei gewonnenen Erkenntnisse auf tiefsitzende Vorbehalte und umfangreiche Methodenkritik. Sie dennoch zu plazieren, verlangt beträchtlich größeren Argumentationsaufwand, als er für die nach den mittlerweile üblichen Standards erzielten Forschungsergebnisse gefordert ist. Daher kann wohl gesagt werden, daß die verhaltenstheoretische Schule das soziologische Wissenschaftsbewußtsein maßgeblich geformt hat[15].

2 Gegenwärtige Grundzüge der Verhaltenstheorie

Was bisher über die soziologische Verhaltenstheorie gesagt wurde, macht deutlich, daß sie mit umfassendem Anspruch auftritt. Sie behauptet, die soziologische Wissenschaft insgesamt, mit sämtlichen ihrer Teilgebiete und sämtlichen ihrer Einzelaspekte, auf eine einheitliche Grundlage stellen zu können, von der aus die soziologischen Rätsel prinzipiell lösbar werden. Diese Grundlage enthält die notwendigen und ausreichenden Anweisungen, wie soziologische Probleme zu formulieren sind, und beschreibt die Verfahrensweisen, wie sie zu bearbeiten sind. Vergröbernd und zum Zwecke eines ersten Anhalts gesprochen: die Grundlage besteht in der Idee, daß alles Sozialverhalten durch Lernen erworben und von daher alles Soziale, auch und gerade seine Verobjektivierungen und Institutionalisierungen, lerntheoretisch zu erklären seien. Einige wichtige Grundzüge dieser Idee werden im folgenden skizziert.

2.1 Der methodologische Individualismus

Um eine Selbstverständlichkeit vorwegzuschicken: Daß eine wissenschaftliche Theorie mit einem bestimmten Identitätsanspruch überhaupt entwickelt wird, kann hauptsächlich davon bestimmt sein, daß neue Fakten auftauchen, ist aber häufig viel stärker davon bestimmt, daß bereits vorhandene Theorien nach der Überzeugung eines oder mehrerer Wissenschaftler nicht alle im Erkenntnismaterial angelegten Deutungen in gebührender Weise berücksichtigen, sondern einige unzulässig favorisieren und andere sträflich vernachlässigen oder völlig übersehen und damit einseitig oder unvollständig und also falsch werden. Daraus erwächst die Bemühung, gegen die als unzureichend empfundenen Theorien eine bessere zu stellen, die das Erkenntnismaterial in günstigeres Licht setzt und so in seiner Ordnung einsichtiger und verständlicher werden läßt[16]. Daß die Verhaltenstheorie als allgemeine Theorie des soziologischen Erkenntnisprozesses überhaupt ausformuliert wurde und einen besonderen Geltungsanspruch erhob, hat jedenfalls seinen entscheidenden Grund nicht in der Entdeckung neuer sachlicher Tatbestände, sondern in der Vermutung fehlerhafter Interpretation der gegebenen Sachbestände durch die geläufigen Theorien.

Als Homans seine Programmschriften verfaßte, dominierten in der amerikanischen Soziologie funktionalistische Betrachtungsweisen, die ursprünglich in der Kulturanthropologie methodisch ausgefeilt und methodologisch untermauert worden waren[17]. Die Soziologie bereicherte sie mit neuen kybernetischen Erkenntnissen und faßte sie in den Rahmen einer general systems theory[18]. Daraus ergab sich eine Deutungsrichtung, in der soziale Komplexe (z. B. Organisationen wie etwa Vereine oder Anstalten, Gruppen wie etwa Völker oder Glaubensgemeinschaften, Gesellschaften wie etwa Stämme oder Nationen) als sich selbst in ihren Grenzen bewahrende und in ihrer internen Dynamik steuernde Systeme erschienen, d. h. sie wurden als Einheiten gefaßt, in denen die Bewegung der Elemente kraft der zwischen ihnen waltenden Beziehung auf festen Bahnen gehalten wird. Diese Bahnen fungieren nach der systemtheoretischen Ansicht als der stabile Halt, der die Fortsetzung des gesellschaftlichen Betriebs in der einmal gefundenen Ordnung gewährleistet. Soweit äußere Störungen[19] auftreten, beweist sich die Systemidentität sozialer Gebilde dann an der Tendenz, sie mit einem Minimum an Strukturumbau abzufangen. Die von einer derartigen Optik geleitete soziologische Erklärung richtet sich natürlich vor allem darauf, solche Bahnen des kollektiven Verhaltens zu beschreiben und die institutionellen Mechanismen darzustellen, mit denen sie geschützt wurden. Mit anderen Worten: Dieser Typus der soziologischen Erklärung richtet sich vornehmlich auf repetitive Erscheinungen und Aggregatdaten und glaubt sie verstanden, wenn ihr Beitrag zum Systembestand einleuchtend dargelegt und sie so andererseits aus den Bestandsbedürfnissen des Systems sinnvoll hergeleitet erscheinen. An dieser Fixierung der Soziologie nahm Homans Anstoß. Man kann das, was die Verhaltenstheorie bewegt, wohl nur nachvollziehen, wenn man sich ihre Stoßrichtung gegen die strukturell-funktionale Denkschule vorab vergegenwärtigt[20].

Aus der Konfrontation mit dieser Denkschule leitet sich der methodologische Individualismus als ein erster Grundzug der Verhaltenstheorie her. Von ihm aus gelangt man unschwer zu einigen weiteren Zügen, die insgesamt ein ausreichendes Signalement ihrer Identität abgeben. Der methodologische Individualismus sieht die Soziologie in Gefahr, das gleichförmige Verhalten vieler Individuen, die in irgendeiner von ihnen selbst mehr oder weniger klar wahrgenommenen Nähe zueinander stehen (z. B. räumlicher oder genealogischer oder ideologischer Natur), das in diesem Sinne also kollektive Verhalten einem Träger, einem Corpus, einem Organismus zuzuschreiben, der ein anderer sei als die beteiligten menschlichen Individuen und dem halb bewußt, halb unbewußt eine eigene Lebendigkeit angedichtet werde, vermöge deren er in der Lage sei, die allein handlungsfähigen Individuen zu seinen – höheren – Zwecken zu lenken, zu verwenden und nötigenfalls aufzuopfern. Wenn sich die Verhaltenstheorie nachdrücklich zu einem Individualismus bekennt, den sie methodologisch verankert hat, so tut sie das nicht zuletzt, um solcher Reifikation ein für allemal vorzubeugen. Im Reich der Natur gibt es als handelnden und sich verhaltenden Organismus allein das lebendige Individuum. Es allein verfügt über Ich-Empfindung mit allen zugehörigen Vorstellungen und Gefühlen. Die Ich-Empfindung des einzelnen Menschen ist weder enteigenbar noch übertragbar, nicht auf andere Menschen und schon gar nicht auf abstrakte Gebilde, die das menschliche Hirn hervorbringt.

Wie auf den psychologischen, so wirkt auch auf den soziologischen Behaviorismus darum als Reizwort par excellence die alte, auf Aristoteles zurückgehende und von der psychologischen Gestalttheorie[21] zuletzt wieder ins Spiel gebrachte Formel: das Ganze sei etwas anderes und sei eigentlich mehr als die Summe seiner Teile – es habe eine eigene Entelechie. Die Verhaltenstheorie beharrt demgegenüber darauf: das Totum Gesellschaft sei der Summe der Individuen, die sie umfasse, gleich; in den individuellen Aktionen – und nur in ihnen – gehe es auf; es gebe keine anderen Handlungsträger außer den Individuen; Individuen seien die letzten Einheiten, aus denen sich Kollektivorgane aufbauten – und in die sie zu zerlegen wären, ohne daß dabei etwas verlorengehe; Gemeinschaftshandlungen jedweder Art ließen sich Individuen in unterschiedlichen Portionen zurechnen; werde die Rechnung konsequent durchgeführt, bleibe kein Rest, für den ein anderer Träger namhaft gemacht werden müsse. Eine kritische Anfrage an diese Position, die hier erstmals auftaucht, zunächst aber nur als Merkposten gelten soll, im weiteren Argumentationsgang jedoch zu bedenken sein wird, argwöhnt: Kann wirklich, ohne daß Substantielles verlorengeht, das Soziale auf Individuales zurückgeführt werden? Sind die elementaren Kerne des Sozialen nicht eigentlich kleinste Gruppen von Individuen? Wenn der methodologische Individualismus bei der Erklärung des Sozialen aber hinter dessen kleinste Manifestationen in Zwei- oder Drei-Personen-Beziehungen doch auf Individuen zurückgreift, muß er dann nicht wenigstens das Soziale in das Individuale hineindefinieren? Muß er dann mit dem Begriff des Individuums nicht dessen Bezug auf andere Individuen schon immer mitsetzen, der also nicht irgendwann aus der zufälligen, mithin auch ausbleibbaren Erfahrung seiner Vorteilhaftigkeit für die Lebensfristung des einzelnen hinzutritt, sondern als Daseinsdirektion in allen einzelnen angelegt ist, Bedingung ihrer Sozialität vor aller sozialer Erfahrung und zugleich Notwendigkeit der Hinwendung zu und der Zuwendung an andere, um überhaupt als Individuum zustande kommen und Bestand gewinnen zu können?

Der methodologische Individualismus besitzt nicht nur eine erkenntnislogische Seite, die wir hier in einer ersten Annäherung in noch vagen Konturen und noch groben Strukturen nachgezeichnet haben, sondern verfügt auch über eine moralisch-ideelle Seite, die bisher unbelichtet blieb. Schlagwortartig verkürzt, stellt die moralisch-ideelle Seite des methodologischen Individualismus heraus, daß es jenseits des Individuums keine verbindlichen Wertigkeiten gebe. Nachdem die philosophische Aufklärung Gott getötet und nachdem die soziologische Aufklärung durch den Mund Durkheims die Gleichung deus sive societas aufgestellt hat, liest der methodologische Individualismus, genau andersherum als Durkheim selbst: Mit Gott als Wertquelle ist auch die Gesellschaft als Wertquelle versiegt.

Durkheim, der Begründer der strukturfunktionalistischen Denkschule, hatte demgegenüber gemeint: Gott hieß die absolute Macht der Gesellschaft über das Individuum; dessen eigene Kraft, wenn sie in ihm wohnt; dessen Haltlosigkeit, wenn es sie einbüßt; und dessen Untergang, wenn es sich gegen sie richtet. Deshalb kann Gott gar nicht sterben; er wechselt in den Aufklärungen höchstens den Namen. Das Individuum aber könnte gar nicht leben, wenn es nicht in gesellschaftliche Zusammenhänge eingebettet wäre. Schon darum ist deren Ordnung von höherem Wert, als ihn die individuellen Lebensanschauungen, Lebenspläne und Lebenshoffnungen je haben können. Damit der Verband von Individuen, das Totum, besteht, müssen sich ihm die Individuen in ihrem Einzelschicksal zur Verfügung halten. Als solche sind sie austauschbar und reproduzierbar. Ihre Wertigkeit ist von niedrigerer Natur als die Wertigkeit des Sozialen.

Der mit dem methodologischen Individualismus verbundene und verbündete weltanschauliche Individualismus grenzt sich von solcher Vorstellung entschieden, ja geradezu entrüstet ab. Sein Credo versteht Menschenwürde als unbedingten Anspruch des einzelnen auf Selbstbestimmung. Wenn er bei der Durchsetzung seines Willens auf Widerstände von anderen stößt und ihnen unterliegt, ist damit kein Unwerturteil gefällt. Wo immer der Sieger über ihn – und gerade auch der Sieger in Gestalt gesellschaftlicher Zusammenschlüsse, in Gestalt von Koalitionen – seinen Sieg moralisch drapiert, wird ein bloßes Gewaltverhältnis ideologisch ausstaffiert. Auch der gesellschaftliche Sieg über den gefangenen und überführten Verbrecher zeigt nur ein Kräfteverhältnis an. Wenn die vielen, die dabei auf der Siegerseite stehen, sich dessen bewußt bleiben, werden sie in ihrer strafenden Vergeltung an den wenigen, die sie überwunden haben, bemessen bleiben, vor allem nicht über das für ihre Sicherheit erforderliche Maß hinausgehen.

So wie der methodologische Individualismus als soziologisches Erkenntnisprogramm zum Individualismus als sozialmoralischer Gesinnung führt, so führt der Weg auch wieder zurück. Beide Seiten bedingen einander, wenn nicht logisch zwingend, so doch psychologisch fast unausweichlich. Es dürfte keinen Vertreter oder Sympathisanten der Verhaltenstheorie geben, der mit dem Verdacht des Systemfetischismus an die Adresse der Vertreter der strukturell-funktionalen Theorie nicht den Verdacht einer werthaften Überhöhung von apparatartigen Einrichtungen des kollektiven Verkehrs über die lebendigen Menschen verbände. Es ist sicher ununterscheidbar, ob zuerst die Zuneigung des Verhaltenstheoretikers zum – scheinbar – konkreten Dasein greifbarer Menschen von Fleisch und Blut und seine Abneigung gegen ein Denken in weitgegriffenen Abstrakta die Wahl seiner individualistischen Wissenschaftslogik bestimmte oder ob seine individualistische Wissenschaftslogik seine individualistische Sozialethik begründete.

2.2 Der psychologische Reduktionismus

Im methodologischen Individualismus der Verhaltenstheorie ist ihr psychologischer Reduktionismus impliziert. Was sie unter ihm versteht, scheut sie nicht im geringsten, mit Reduktionismus auch zu bezeichnen[22], obwohl das Wort im allgemeinen als Pejorativum empfunden wird. Es meint einen Erklärungsweg, der einen komplex strukturierten, undurchsichtig wirkenden, vieldeutigen Sachverhalt auf einen einfacher strukturierten, durchsichtiger wirkenden, deutlicher erscheinenden Sachverhalt zurückführt und damit beim Betrachter ein Verständlichkeitserlebnis erzeugt, das ihm angesichts des komplexeren Sachverhalts zunächst fehlte. Wenn auch kaum bestritten werden kann, daß eigentlich jegliche Erklärung eine Klärung von Funktionszusammenhängen in einem Explanandum, also einem als unklar empfundenen Untersuchungsgegenstand, durch Abstraktion von im Gegenstand zwar mitwirkenden, aber als vernachlässigbar angenommenen Variablen darstellt, d. h. jegliche Erklärung ihren Gegenstand mit einem vereinfachten Modell konfrontiert, das sich auf die als wesentlich anzusehenden Variablen beschränkt und das Außerachtgelassene als dem Gegenstand nicht notwendig, sondern nur zufällig angehörend unterstellt, so verfällt diese Idee der Erklärung trotzdem vielfacher und ernster Kritik.

Drei Einwände treffen sie vor allem. Der erste Einwand hebt hervor, daß das vereinfachte Modell nur dann explikative Kraft gewönne, wenn es ein Äquivalent in der Wirklichkeit besäße, an dem der modellhafte Funktionszusammenhang auch tatsächlich funktioniert. Wenn das Modell nur ein Gedankending bleibt, z. B. ein mathematisches Gedankending, hat es wenig Beweiskraft. Es verführt dann zu einem Modell-Platonismus[23], der seine Konstruktionen keinen Realitätstests aussetzt. Realiter angeprüft, können sie auch keinen Demonstrationswert für wirkliche Zusammenhänge erlangen. Dieser Einwand gegen den Reduktionismus trifft allerdings die Verhaltenstheorie nicht. Denn sie gibt ja das konkrete menschliche Individuum als Wirklichkeitsfall ihrer Modellidee ausdrücklich an. Allerdings soll hier ein Fragezeichen gesetzt werden. Ist es wirklich das empirische Einzelwesen Mensch, auf das die Verhaltenstheorie aufbaut, wenn sie soziale Sachverhalte zu erklären versucht?

Der zweite Einwand setzt bei dem Konzept der Einfachheit an und zweifelt, daß überhaupt einfache, d. h. unmittelbar einsichtige Gegenstände der menschlichen Erfahrung zu isolieren seien. Gewiß – so argumentiert er – erscheint uns das eine im Verhältnis zum anderen häufig einfacher, gewiß genügt es häufig unserem Kausalbedürfnis, das eine dann als fundierend für das andere heranzuziehen, aber der Schein trügt, und unser Kausalbedürfnis gibt sich vorschnell zufrieden. Das Einfachste kann nur bestehen, weil die Totalität es trägt und weil es die Totalität in sich trägt. Diese geht in demselben Maße in das Einfachste ein, wie sie aus ihm als den Bausteinen die Totalität zusammengesetzt ist. Das Einfachste enthält alle Rätsel der Totalität, und die Totalität bietet alle Klarheit des Einfachsten. Reduktionen sind deshalb ein zu glatter Weg der Erklärung, zu eindimensional, um den verschlungenen und zurücklaufenden Bindungen zwischen etwas und dem anderen gerecht werden zu können. Es mag keinen besseren geben als den Reduktionsweg, aber der ist deshalb noch nicht besser als andere Erklärungswege. Dieses Bedenken gegen den Reduktionismus trifft die Verhaltenstheorie schon eher. Mit ihm hatte sich schon der psychologische Behaviorismus auseinanderzusetzen, der die komplex organisierte Bewußtseinstätigkeit auf elementare Reiz-Reaktions-Vorgänge zurückzuführen unternahm.

Der dritte Einwand findet sich in dem von Popper mit dem Begriff der Emergenz[24] ins Spiel gebrachten Gedankengang. Er hebt darauf ab, daß das, was in der Natur als Lebensgeschichte später auftritt und sich aus dem Vorherigen als eine Variation von ihm entwickelt, dennoch niemals aus diesem prognostisch ableitbar, in diesem Sinne also niemals darauf reduzibel wäre. Denn was da als Neues auftaucht, ist eben neu durch Kombinationen, die, obwohl gebildet aus Elementen, die sich ex post sämtlich als schon vorhanden gewesen nachweisen lassen mögen, selbst trotzdem ex ante unerkennbar waren – d. h. deren Eintrittswahrscheinlichkeit nicht höher lag als die beliebiger anderer Möglichkeiten, die im Möglichkeitsstatus verharrten. Dieser dritte Einwand träfe die Verhaltenstheorie dann nicht, wenn sie einräumte, daß sie das soziale Verhalten gar nicht in einem genetischen Sinn aus dem individuellen herleitet. Da, wo ein Individuum lebt, stets weitere vorhanden sind, mit denen es verbunden ist; da also, wo Individuum existiert, auch Gesellschaft besteht; da Individualität und Sozialität mithin immer nur als gleichzeitige Lebenszustände gegeben sind, wie sehr dem Individuum die Sozialität seines Daseins in bestimmten Lagen auch unbewußt bleiben mag; kann Gesellschaft als die komplexere Größe niemals einen naturgeschichtlichen Nachfahren des Individuums als der simpleren Größe bilden, aus dem sie sich entwickelt hätte, kann folglich ein genetisch fundierendes Verhältnis zwischen Individuum und Gesellschaft in der Tat auch gar nicht angenommen werden. Zu untersuchen bleibt aber, ob sich diese Entkräftung des letzten Einwands mit dem Gegenargument verträgt, das die Verhaltenstheorie auf den ersten Einwand vortrug. Kann sich eine Theorie dem Vorwurf des Modell-Platonismus entziehen, ohne für ihr Explanans ein Gegenstück in der Wirklichkeit zu besitzen, aus dem das Explanandum wirklich hervorging? Der Zweifel nährt einen weiteren. Besteht die Verhaltenstheorie nicht vielleicht nur in einer gegenüber anderen soziologischen Theorien besonderen Sprache? Tauchen in ihrem Zusammenhang nicht dieselben Probleme und Aporien auf wie in den anderen soziologischen Theorien auch? Enthüllt ihre Sprache nicht vielleicht zwar die Stellen, wo Probleme und Aporien in den anderen Theorien verschleiert werden, doch leisten umgekehrt deren Sprachen nicht Offenlegung von Problemen und Aporien, wo die verhaltenstheoretische Sprache kaschiert?

Mit diesem Zweifel im Sinn, soll der psychologische Reduktionismus der Verhaltenstheorie jetzt eingehender dargestellt werden. Wenn als richtig gelten kann, daß sich alle gesellschaftlichen Prozesse und Ereignisse in individuelles Verhalten auflösen lassen und daß als Träger jedes gesellschaftlichen Geschehens allein Einzelmenschen in Betracht kommen – der erste Hauptsatz der Verhaltenstheorie –, so ist damit das Problem einer zureichenden Erklärung dessen, was abläuft, natürlich noch nicht erledigt, sondern nur die Richtung gewiesen, in der seine Lösung zu suchen ist. Allgemein gesprochen, weist die Richtung dahin, bei der soziologischen Forschung stets im Auge zu behalten, daß die sozialen Erscheinungen, wo immer sie uns begegnen (in der inneren Politik mit Wahlen zugunsten mal konservativer, mal liberaler, mal sozialistischer Parteien, in der äußeren Politik mit Bündnissen und Kriegen, in der Wirtschaft mit dem Wechsel von Konjunktur und Depression, in der industriellen Arbeitswelt mit leidenschaftlicher Streikbereitschaft und friedlicher Kompromißstimmung, in der Kunst mit dem Auf und Ab von Moden, in der Rechtssphäre mit Normenobservanz- und Devianzraten, in der Religion mit stillen, schlichten Gebetsversammlungen und pompösen, bunten Prozessionen, auf der Werteebene mit feierlichen Traditionsbekundungen und revolutionärer Bilderstürmerei), auf individuelle Handlungen rückführbar seien, zu denen es – und hier liegt der entscheidende Punkt – rationale Motive gebe.

Für ein angemessenes Verständnis der Verhaltenstheorie und ihrer Probleme empfiehlt es sich, von Anfang an zwischen rationalen Motiven und rational aufklärbaren Motiven zu unterscheiden. Rationale Motive richten sich auf ein Handeln, das nach Lage der Dinge den maximalen Überlebensvorteil des Handlungsträgers (oder den minimalen Überlebensnachteil, wenn ein solcher unvermeidbar ist) verspricht und unter kritischer Prüfung der sonst zu Gebote stehenden Möglichkeiten exakt zu diesem Zweck ausgesucht wird. So gerichtete Motive bleiben selbstverständlich auch dann rational, wenn bei der Lagebeurteilung Fehleinschätzungen unterlaufen und den angestrebten Erfolg verderben. Soweit uns Handlungen in diesem Sinne zweckdienlich scheinen oder soweit uns scheint, daß sie zweckdienlich gewesen wären, wenn in der Situation angelegte Irrtumschancen vermieden worden wären, sind wir sicher, in ihnen Folgen einsichtiger Beweggründe zu begegnen. Unser Kausalitätsbedürfnis zeigt sich befriedigt. Nun finden sich aber auch Handlungen, deren Vorteilszweck wir selbst unter Berücksichtigung denkbarer Einschätzungsfehler des Handelnden nicht zu sehen vermögen, d. h. die als Ergebnis rechnender (oder sich verrechnender) Verstandesoperationen keinerlei Sinn ergeben. Darum lassen sie uns zweifeln, daß der Handelnde sie überhaupt um des Überlebenszwecks willen ausgeübt hat. Bezeichnen wir derartige Handlungen als irrational, entbindet uns eine solche Klassifizierung natürlich nicht von der Angabe von Beweggründen auch für sie. Wir vermuten also auch bei den irrationalen Handlungen Motive im Spiel, aus denen sie auf einsichtige Weise hervorgehen. Vernünftigerweise können wir die Arbeitsweise dieser Motive nicht ebenfalls rational nennen; dennoch aber können wir – und gerade deshalb müssen wir – sie einer rationalen Analyse unterziehen.

Dazu postulieren wir Beweggründe, die wir ebenso wie die rationalen nacherlebend als evident zu empfinden vermögen, d. h. die uns in sich selbst auszureichen scheinen, das irrationale Verhalten auch wirklich hervorzurufen. Wir gehen also davon aus, daß im Seelenleben neben der Überlebenssicherung andere, auf sie nicht zurückführbare, ursprüngliche Beweggründe vorkommen, die eine befriedigende motivationale Zurechnung auch des irrationalen Verhaltens ermöglichen[25]. Man könnte die anderen Beweggründe als lebenssteigernde oder intensivierende Impulse ansprechen. Wo sie wirken, tritt der Sicherheitsimperativ zurück. Die Volkssprache nennt sie mit feinem Gespür Leidenschaften und drückt damit zweierlei aus: zunächst klingt an, daß unter ihrer Herrschaft das Individuum wie fremdbestimmt erscheint, als ob es gar nicht seine Interessen im Auge hätte, sondern als ob es erlitte, was geschieht, erlitte durch andere, auf die es übermächtig hingeordnet ist; des weiteren ruft das Wort Leidenschaft die Vorstellung von Gemütskräften von außergewöhnlicher Stärke hervor, weil unter ihrem Eindruck die üblichen Vorsichtsregeln kaum noch merkbar sind. Wer „von einer Leidenschaft ergriffen" ist, der scheint „zu allem fähig". Anerkennen wir z. B. Haß oder Liebe als genuine Gefühle, die nicht erst durch operante Konditionierung[26] hervorgebracht werden müssen, um sich zu äußern, sondern vor allem Gelerntwordensein spontan auftreten, so läßt sich manches Verhalten, das rein vorteilsrechnerisch irrational erscheint, als dennoch durchaus motivgesteuert erkennen. Ob sich der genuine Haß oder die genuine Liebe selbst aufstauen und bei ausreichendem innerem Druck ein zur Entladung brauchbares Objekt frei bestimmen (eine zu umsorgende Kreatur, einen zu bekämpfenden Feind) oder ob sie als genetisch vorhandene Disposition von bestimmten Objekten (ein rührendes Kind, eine erotisch anziehende Person, ein boshaft-gefährlich wirkendes Wesen) bei deren erster Erscheinung ausgelöst werden: sobald sie nur vorausgesetzt sind, können sowohl solche aggressiven Handlungen, die das Haßobjekt auf die Gefahr hin schädigen, einen größeren eigenen Schaden davonzutragen, als auch altruistische Handlungen, die selbstvergessen dem Wohl eines anderen gewidmet sind, sehr wohl als rational verstanden gelten. Wir werden noch sehen, daß die Verhaltenstheorie dem engeren Rationalitätsbegriff zuneigt und sich vorzugsweise an solche Verhaltensweisen hält, die sich aus einem Nutzenkalkül des Individuums verstehen lassen[27]. Der homo behavioralis deckt sich darum weitgehend mit dem homo oeconomicus der wirtschaftswissenschaftlichen Grenznutzenschulen.

Doch bevor dieser – kritische – Punkt der Verhaltenstheorie näher untersucht wird, soll ihre allgemeinere Idee weiter verfolgt werden: ihre Forderung, die kollektiven Prozesse aus Motiven herzuleiten, die die Individuen in einer logisch und psychologisch vom Forscher nachvollziehbaren Weise zu ihrem Verhalten veranlaßten. In diesem Postulat liegt das Zentrum des psychologischen Reduktionismus, und es ist beileibe keine pure Selbstverständlichkeit. Was mit ihr genau verlangt ist, läßt sich durch ihren Vergleich mit einem der klassischen Paradestücke der Soziologie, Durkheims Selbstmordforschungen[28], gut nahebringen. Durkheim bezweifelte vernünftigerweise nicht, daß jeder einzelne Suizid aus der Psyche des Täters verständlich zu machen wäre – jeder zurechnungsfähige Täter hat seine ihm für die Tat genügenden Motive: unerträglich dünkende physische Schmerzen, unerträglich dünkende Einsamkeits- oder Verlassenheitsempfindungen, unerträglich dünkende Versagensängste, unerträglich dünkende Verachtetheitsgefühle, unerträglich dünkender Überdruß am ewigen Einerlei oder unerträglich dünkender Ekel an der Wichtigtuerei alles eigentlich Nichtigen. Doch aus den Bewußtseinsinhalten, wie sie den suizidierenden Individuen präsent und durch geeignete Befragung ermittelbar seien, ließe sich nicht ableiten, wieso die verschiedenen Gesellschaften sowie die verschiedenen Religionsgemeinschaften, verschiedenen Berufsgruppen, verschiedenen Generationen, verschiedenen Geschlechter, verschiedenen Familienstände (Ledige, Verheiratete, Verwitwete) für sie jeweils eigentümliche, relativ konstante Selbstmordraten aufwiesen. In solchen Ziffern – war Durkheim überzeugt – schlügen soziale Strukturen auf individuelles Handeln durch. Die einzelnen Menschen zeigten sich darin von kollektiven Strömungen bestimmt, ohne daß sie sich von ihnen Rechenschaft ablegten. Doch auch wenn das im Einzelfall geschähe, würde es der zwingenden Kraft – bei dem Suizid-Komplex besser gesagt: der Sogwirkung – des Sozialen mit seiner spezifischen Dynamik auf das Individuale keinen Abbruch tun. So wiesen protestantische Gegenden höhere Selbstmordraten als katholische auf, weil Protestanten in Lebenskrisen, die Katholiken an sich nicht seltener träfen als sie, nicht das gleiche Maß an dogmatischer Entschiedenheit der religiösen Welt- und Lebensdeutung ihrer Kirche und nicht das gleiche Maß an integrierender sozialer Kontrolle der Gemeinden erführen wie Katholiken, so daß sie bei Sinnzweifeln an der eigenen Existenz einsamer blieben und leichter in bodenloses Relativieren gerieten. Nicht mehr getragen von festen gesellschaftlichen Verbindlichkeiten, sei bei ihnen im Falle der Anfechtung durch Schmerz oder Kummer oder Überdruß der Schritt in den Abgrund des Todes durch kein soziales Geländer mehr aufgehalten und ereigne sich folglich häufiger.

Der Zusammenhang zwischen solchen Anfälligkeiten, ausgedrückt in typischen Häufigkeitsziffern, bestimmten sozialen Strukturen und kollektiven Glaubenssystemen wäre durch eine psychologische Motivforschung bei den Individuen nicht zu ermitteln. In ihm besäße vielmehr die Soziologie ihr eigentümliches Objekt. Seine Erforschung verlangte systemvergleichende Analyse von Phänomenen, die beim individuellen Sichverhalten als Entscheidungsgründe nicht in Erscheinung träten und – vor allem – durch weitere Reduktion auf die die Bewußtseinsprozesse begleitenden physiologischen Vorgänge nicht aufzuklären wären. Solche genuin soziologischen Phänomene böten sich der Wissenschaft dar in Gestalt z. B. vorherrschender Organisationsmuster, die sich materiell in vielfältiger Technik, etwa in der privaten und öffentlichen Architektur, ausdrücken können, in Gestalt kulturell besonderer Wissensbestände, wie sie in Bibliotheken aufgespeichert und in Schulen selektiv wahrgenommen und intergenerativ weitergegeben werden, oder in Gestalt von eigenartigen Kodexen, die sich in Verwaltungsstilen und Justizpraktiken niederschlagen. Um es zu wiederholen: Bei dieser Argumentation ist es Durkheim stets klar, daß jeder einzelne Suizid und jeder einzelne gescheiterte Suizidversuch, der nicht nur demonstrativ unternommen wird, sondern den Todeserfolg unbedingt anstrebt, dem begehenden Individuum aus seiner Seelenlage heraus wohlbegründet erscheint und daß seine Gründe bei angemessener Mitteilung auch anderen als ausreichende Beweggründe für die Suizidhandlung verständlich zu machen wären.

Die Verhaltenstheorie erkennt diesen Differenzpunkt zwischen Soziologie und Psychologie nicht an. Sie besteht darauf, daß nicht nur jede soziologische Aussage in eine psychologische zu übersetzen sei, sondern daß der Aussagegehalt letztlich nur in der psychologischen Version wissenschaftlicher Klärung zuzuführen sei. Einige wichtige Schritte ihrer Argumentation wollen wir nachvollziehen. Einen wirklich elementar ansetzenden Ausgangspunkt dafür bietet die bereits im Vorigen umrissene Frage, wie denn, wenn die Individuen so vereinzelt gedacht werden, wie es in der Verhaltenstheorie methodisch geschieht, ihr Verhalten trotzdem zusammenfinden und die sozialen Ordnungen hervorbringen kann, die uns allenthalben imponieren.

Damit ist nicht ganz die alte Hobbessche Frage nach der Möglichkeit überhaupt von Gesellschaft wieder aufgeworfen, weil Hobbes – im Unterschied zur Verhaltenstheorie – dem Menschen eine Wolfsnatur unterstellt, derzufolge homo seinesgleichen von vornherein mit der Bereitschaft, nach Möglichkeit zu beißen, und, wenn er das nicht könnte, mit der Sorge, gebissen zu werden, begegnete. In einer Hinsicht erleichtert sich Hobbes damit die Antwort auf die Ordnungsfrage, in anderer Hinsicht erschwert er sie sich. Die mit der Wolfshypothese bewirkte Erschwernis liegt darin, daß das Problem der Ordnung von vornherein mit der angeborenen menschlichen Antisozialität belastet wird und gegen sie gelöst werden muß, die Erleichterung liegt darin, daß die Wolfshypothese immerhin die negative Beziehungsbereitschaft der Aggression unterstellt und damit die Möglichkeit des desinteressierten Aneinander-Vorbeigehens ohne (destruktive oder konstruktive) Beziehungsaufnahme ausschließt, wie sie später von Rousseau gegen Hobbes angeführt und ihrerseits zur Natur des erst in der Zivilisation zu rechnender Bosheit entarteten Menschen erklärt wurde. Die Verhaltenstheorie fragt auf dieser fundamentalen Ebene überhaupt nicht, sondern geht von einer primären Zugewandtheit der Individuen zueinander ohne weitere Begründung einfach aus[29]. Ihr Beitrag zur Lösung des Ordnungsproblems liegt dann darin, von dieser Ebene an die Strukturierungen im menschlichen Zusammenleben sowohl in ihrer Gewordenheit als auch in den Werdemöglichkeiten zu bestimmen.

Zunächst ist vorauszusetzen, daß sich der Mensch einfach auf Grund seiner Beschaffenheit als nervöser Organismus als Identität hat und in ihr zu bewahren strebt, zu erkennen daran, daß er – hierin nicht unterschieden von vielen andersartigen Lebewesen – drohende Existenzbeeinträchtigung als Gefahr wertet und zu vermeiden sucht und eingetretene als Schmerz empfindet und zu heilen trachtet, während ihm mögliche Existenzintensivierung als Gratifikation erscheint, um die er sich müht und die er als Lust genießt, sobald sie ihm zuteil wird. Leicht erkennt er, daß in diesem Streben die Gemeinschaft mit anderen Individuen die Erfolgsaussichten verbessert. Die Einfügung in den Verkehr mit den anderen, die sich ihrerseits ebenso erfolgsorientiert auf ihn einlassen, fordert aber durchweg, die spontanen Verhaltensregungen zu kontrollieren und die ursprünglichen Impulse auszubremsen. Das fundamentale Verhaltensproblem des menschlichen Individuums im Verkehr mit anderen ist damit umrissen. Seine Lösung fordert den ständig neu herzustellenden Ausgleich zwischen den Rücksichtnahmen auf die anderen und der eigenen maximalen Selbstverwirklichung. Der optimale Ausgleichszustand, den das Individuum anstrebt, kann dabei erstens nur subjektiv als solcher gelten, kann zweitens nur kurzfristig bestehen und drittens nur relativ, nicht absolut verstanden werden. Nur subjektiv heißt: er hängt von Einschätzungen ab, die so sehr an individuelle Eigenheiten der physischen und psychischen Natur und an von diesen Eigenheiten als Bewertungshintergrund mitbestimmte individuelle Erfahrungen gebunden sind, daß kein Dritter ein individuelles Optimum stellvertretend festzulegen vermöchte; stellvertretend fühlen kann ohnehin niemand für einen anderen, und Identität ist nicht übertragbar. Nur kurzfristig heißt: der Ausgleichszustand löst subjektive Sättigung aus, derentwegen seine Fortdauer seine Vernichtung wäre. Nur relativ, nicht absolut heißt: der Ausgleichszustand hat nicht allein auf der subjektiven Seite ein dynamisches System zu stehen, sondern auch auf der objektiven Seite sind die Verhältnisse in fortwährender Veränderung begriffen; in Bezug auf sie bedarf er ständiger Überprüfung und Reformulierung. Insbesondere verlangt der Ausgleich häufig vorläufigen Lustverzicht durch rechnende – mit späterer wertvollerer Belohnung rechnende[30], in diesem Sinne rationale – Selbstbeschränkung. Die Entscheidungen, die ein Individuum dabei trifft, können also als einem komplexen Nutzenkalkül folgend gedeutet werden.

Um an dieser Stelle ein solches Erklärungsdesign einmal an einem Beispiel darzustellen, nehmen wir das Phänomen des Schweinebergs, wie es in der Landwirtschaft zwar in wechselnden Abständen, aber sonst in schöner Regelmäßigkeit von sich reden macht. Gemeint ist damit eine wiederkehrende Überproduktion von Schweinefleisch, die die Marktpreise und damit auch die Erzeugerpreise erheblich senkt, so daß dieser Produktionszweig statt der erwarteten Gewinne Verluste einbringt. Wir haben es beim Schweineberg offensichtlich mit einem reinen fait social zu tun, ganz wie Durkheim den Begriff definiert hat[31]. Von keinem der beteiligten Subjekte vorhergesehen, erst recht von keinem gewollt, scheint es auf den ersten Blick ihrem Verhalten darum auch nicht zurechenbar zu sein. Dennoch entspringt es ihrem Verhalten – und nur ihm; und dennoch wirkt es auf sie zurück mit dinglichem Zwang.

Wer Güter für den Markt produziert, wünscht dafür – so dürfen wir anthropologisch annehmen – möglichst stetige und möglichst hohe Gewinne. Sie werden im allgemeinen bekanntlich dort erzielt, wo bei dauerhafter Bedarfslage auf der Abnehmerseite eine starke Nachfrage einem schwachen Angebot entgegensteht. Nimmt man dieses Marktverhältnis als Ausgangsgröße an, um hernach eintretende Veränderungen zu erklären, darf man sich nicht auf die Beobachtung der aktuellen Marktpartner beschränken, sondern hat sein Augenmerk auch und gerade auf die zahlreichen potentiellen Mitanbieter zu richten, denen das gewinnträchtige Verhältnis nicht verborgen bleibt. Jeder einzelne von ihnen wird rechnen, welche Investitionskosten sich im Falle eigener Angebotsbeteiligung für dann notwendige Produktionsumstellungen in seinem Betrieb ergäben, welche Verluste durch die deshalb eventuell unvermeidliche Vernachlässigung der bisher gepflegten Produktionen mit geringeren Gewinnvorteilen anstünden, wann unter diesen Bedingungen die Kosten durch Erträge egalisiert würden (break-even-point), um so bewußt zu entscheiden, ob er in das zunächst gewinnträchtige Geschäft übersteigt oder nicht. Dabei weiß der einzelne Betriebswirt freilich nicht, ob und, wenn ja, wieviele andere die gleiche Rechnung aufmachen. Obwohl er hier also im Dunkeln tappt, kommt er um Entscheidung pro oder contra nicht herum. Trotz gleichen Informationsstands wird der eine risikobereit innovieren und der andere risikoscheu den vorher eingeschlagenen Weg fortsetzen. In dem einen wie in dem anderen Fall handelt es sich jedoch um bewußte Verhaltensbestimmung. Wie immer die Wahl ausfällt, sie hat den Charakter einer als Kalkül zu verstehenden Chancenabwägung. Daß sie von unterschiedlichen Individuen dennoch entgegengesetzt getroffen werden kann, auch bei gleicher Marktübersicht und gleicher Kenntnis der relevanten Daten, spricht keineswegs gegen ihren Rationalcharakter. Der tatsächliche Entwicklungsverlauf wird immer von mehr Variablen gekreuzt, als ein endlicher Geist sie fassen kann, und ist deshalb niemals mit Gewißheit vorauszuschauen. Wie der in jeder Handlung unumgängliche Ungewißheitsrest veranschlagt wird, hängt dann von solchen individualpsychischen Faktoren wie Temperament und Tagesstimmung einer Person ab. Prinzipiell sind auch sie erforschbar und wenigstens in Annäherungswerten bestimmbar, aber in vielen Alltagssituationen des Handelns können sie nicht rechtzeitig aufgeklärt werden und bilden darum einen wichtigen Unsicherheitsfaktor der Entscheidung.

Der Schweineberg entsteht nun dann, wenn viele Bauern – mehr jedenfalls, als der einzelne bei seiner Entscheidung unterstellte – jeder für sich riskant optieren. Daß es ausreichend viele taten, um eine Überproduktion auszulösen, mag daran liegen, daß in der unmittelbaren Vergangenheit das Schweinefleischangebot übermäßig stark zurückgegangen war, etwa wegen einer tödlichen Ferkelseuche, und darum extrem hohe Gewinne auf die Investition in diesen Bereich versprochen schienen; mag daran liegen, daß die Investitionskosten für die Schweinezucht besonders tief abgerutscht waren und der geringe Kapitalaufwand für sie das Entscheidungswagnis erleichterte; oder mag daran liegen, daß der letzte Schweineberg so lange zurücklag, daß er bereits vielen Landwirten nicht mehr erinnerlich war, d. h. daß ihre Erfahrung mit dieser Erscheinung zu abgeschwächt war, um noch handlungsdeterminierend zu wirken. Obwohl also die Auftürmung des Berges als Folge auch des eigenen Handelns von niemandem gesehen wurde und von den Produzenten keinesfalls gewollt war, stellt sich in dieser Betrachtung doch deutlich heraus, daß sie ausschließlich von ihrem je individuellen Handeln verursacht wurde, das als einzelnes jeweils den eigenen Nutzen fördern sollte und insofern rational motiviert war. Der Berg fällt dann auf die Verursacher zurück und gefährdet ihre wirtschaftliche Existenz, ganz wie ein echter Bergrutsch die leibliche Existenz der Anwohner gefährdet, der Berg wirkt also, wie Durkheim sagt, mit dinglicher Gewalt. Doch auch diese Entwicklung ist unschwer auf nutzenorientiertes individuelles Handeln zurückzuführen. Um wenigstens Teile des Mehrprodukts noch zu veräußern, muß der Sättigungspunkt der Nachfrager verschoben werden. Sie werden dann etwas mehr Schweinefleisch zu essen bereit sein als gewöhnlich, wenn der Preis gesenkt wird. Schließlich fällt er bis zu dem Punkt, wo die Vernichtung des Produkts billiger wird als die Vermarktung.

2.3 Lerntheorie

Wenn soweit als geklärt gelten kann, daß soziale Phänomene kollektive Verhaltensfolgen sind, die sich ohne Rest als Produkt psychologisch verständlichen, weil durchweg auf Nutzen kalkulierten individuellen Verhaltens ergeben, erhebt sich alsbald die Frage, welcher Mechanismen sich das Individuum bedient, um sein Verhalten erfolgreich zu organisieren. Das Schlüsselwort der Verhaltenstheorie bei der Antwort auf diese Frage heißt Lernen[32]. Als auf seine Selbsterhaltung angelegtes Wesen merkt sich ein individueller Organismus, dessen nervöser Apparat ausreichend komplex ist, um Gedächtnis hervorzubringen, mit welchen Verhaltensschritten er ans Ziel kommt, an dem seine Bedürfnisse befriedigt werden, und wiederholt sie, wenn die gleichen Bedürfnisse sich wieder regen. Er merkt sich ebenso die Verhaltensschritte, mit denen er fehlging, um sie demnächst zu vermeiden. In den hier waltenden Merkprozessen, deren materielle Substrate zu erforschen der Neurologie, Biochemie und Mikrobiologie obliegt, gibt es nun eine ganze Reihe psychologischer Regelmäßigkeiten, die der Behaviorismus aufgedeckt und sorgfältig beschrieben hat. Auf sie greift die Verhaltenstheorie im einzelnen zurück, wenn sie soziologische Aussagen zu erklären sucht. Sind die soziologischen Aussagen erst einmal verhaltenstheoretisch übersetzt, d. h. als Aussagen über Mengen von Individuen formuliert, die durch ihr Verhalten ein kollektives Phänomen hervorbringen, können sie als Ausdruck gelernter individueller Vermeidungs- und Erstrebensstrategien gedeutet werden. Soweit die individuellen Verhaltensweisen in den Rahmen gut bestätigter und bisher unfalsifizierter genereller Hypothesen passen, die die Psychologie liefert, dürfen sie dann als ursächlich erklärt gelten.

Lernen ist ein hochkomplexer Vorgang, der anatomisch ein differenziert strukturiertes Nervensystem voraussetzt, das sich bei höheren Lebewesen in Rezeptoren, afferente Bahnen, Zentrale (mit bei vielen Arten entwicklungsgeschichtlich ausgebildetem Schichtengefüge), efferente Bahnen und Effektoren gliedert sowie physiologisch an vielfältige elektrische und hormonchemische Prozesse gebunden ist. Welche Abläufe dabei im einzelnen vorkommen, wie sie sich integrieren und koordinieren, liegt trotz der eindrucksvollen Forschungserfolge der beteiligten Wissenschaften in mancherlei Hinsicht weiterhin im Dunkeln. Eine breit akzeptierte, die Forschungslücken berücksichtigende, die theoretischen Probleme nicht verschleiernde, entsprechend vage Definition des Lernens lautet: „Lernen ist der Vorgang, durch den eine Aktivität im Gefolge von Reaktionen des Organismus auf eine Umweltsituation entsteht oder verändert wird. Dies gilt jedoch nur, wenn sich die Art der Aktivitätsänderung nicht auf der Grundlage angeborener Reaktionstendenzen, von Reifung oder von zeitweiligen organismischen Zuständen (z. B. Ermüdung, Drogen usw.) erklären läßt."[33]

Der komplexe Lernvorgang läßt sich in mancherlei Hinsicht unterscheiden. So gliedert er sich z. B. in verschiedene Phasen wie Informationsaufnahme, Informationsspeicherung und Informationsabruf. In einer anderen Dimension spielen angeborene Lerndispositionen eine erhebliche Rolle. Verschiedene Arten unterscheiden sich nicht zuletzt darin, was sie lernen können, wie sie etwas lernen und wie tief das Gelernte sitzt, d. h. in welchem Maße es im Verhalten angewandt wird (von einer Situation auf eine andere als ähnlich wahrgenommene und daher als übertragungsgeeignet vermutete auch wirklich übertragen wird), und wie es wieder abhanden kommt. Aber auch zwischen Individuen derselben Art variieren das Lernvermögen und die Lernweise. Die Verhaltenstheorie bedient sich bei ihrem Rückgriff auf das Lernen zur Erklärung kollektiver Gegebenheiten, etwa der verschiedenartigen Selbstorganisation von Gruppen von Individuen, die gemeinsam auf ein öffentliches Verkehrsmittel warten (Schlange, Pulk), vor allem zweier Formen des Lernprozesses, nämlich der in zahllosen psychologischen Experimenten untersuchten klassischen Konditionierung einerseits und der instrumentellen Konditionierung (oder vorzugsweise operant conditioning im englischen Sprachbereich) andererseits. „Es hat sich gezeigt, daß sie an vielen komplexen Lernvorgängen beteiligt sein können, so daß man sie mit einigem Recht als Elemente des Lernens bezeichnen darf. In ihrer Physiologie sind sie aber nach wie vor weitgehend unerklärt. Man darf sie also nicht etwa für elementar im Sinne von einfach halten. Bei beiden geht es um die durch Lernen erfolgende Verknüpfung mehrerer Einzelvorgänge zu einem einheitlichen Verhalten. Man spricht deshalb zusammenfassend auch von assoziativem Lernen. Beide beruhen zum großen Teil auf der Fähigkeit der Tiere, ‚gute' von ‚schlechten' Erfahrungen zu unterscheiden (Lernen durch Erfahrung). Die Grundlage dieser Fähigkeit dürfte weitgehend angeboren sein"[34].

Durch die klassische Konditionierung wird ein bedingter Reflex gebildet. Das Paradebeispiel dazu liefert der Pawlowsche Hund. Wie Menschen schleimen Hunde ihre Nahrung beim Fressen mit Speichel ein, der die Verdauung ermöglicht. Bietet man hungrigen Hunden den Anblick und Geruch eines Stücks Fleisch, setzt der Speichelfluß ein, noch bevor das Futter aufgenommen wird. Bei dieser Reaktion des Organismus handelt es sich um einen unbedingten Reflex, also einen Automatismus des Verhaltens, der nicht erst durch Lernen erworben wird, sondern mit dem das gesunde Individuum von vornherein ausgerüstet ist. Durch operative Verlegung einer Ohrspeicheldrüse seiner Versuchshunde nach außen schuf Pawlow nun zunächst die Voraussetzung dafür, daß die Speichelabsonderung dieses Organs exakt gemessen werden konnte. Sodann wurde ermittelt, wieviel Speichel die Drüse produzierte, wenn den Tieren nach einer festgelegten Weile des Vorenthalts von Nahrung Futter dargeboten wurde. Als die Werte bekannt waren, wurde das Experiment verändert. Bei mehreren aufeinander folgenden Fütterungen wurde kurze Zeit vor der Darbietung des Fleischs ein Klingelton gegeben. Wie zu erwarten, reagierten die Hunde zunächst nicht mit Speichelfluß. Nach ungefähr dreißig solcher Fütterungen jedoch änderte sich das Bild. Von jetzt ab setzte die Tätigkeit der Ohrspeicheldrüse zuverlässig bei dem Klingelton ein. Damit war ein bedingter Reflex entstanden. Der Organismus hatte sich darauf eingestellt, daß nicht nur Anblick und Geruch des Fleisches das bevorstehende Fressen signalisierten, sondern auch der regelmäßig mit dem Anblick und Geruch verbundene Klingelton. Die Assoziation war so dicht, daß nun das Element Klingelton schon für sich allein die Fresserserwartung hervorrief und den Speichelreflex auslöste. Der Klingelton stand gewissermaßen für die anderen Elemente der Reizung mit ein. Man könnte auch sagen: er symbolisierte für das Tier das Fleisch.

Ursprünglich war der Klingelton ein neutraler Reiz. Wenn er auf auditive Rezeptoren traf, hatte er einen Höreindruck zur Folge, der sicher auch, abhängig von einer Fülle von Faktoren (z. B. im Ton selbst liegenden wie etwa Tonhöhe oder -stärke, beim Empfänger wirkenden wie etwa Stimmungen und Spannungen, oder im Umfeld gegebenen wie etwa Geräuschpegel) eine stärkere oder schwächere Empfindung auslöste, jedoch eine sozusagen offene Empfindung, die sich nicht vorhersagbar mit bestimmten Vorstellungen verknüpfte. Nun war der Reiz festgelegt. Er war nicht mehr frei, Beliebiges zu assoziieren, sondern richtungsgebunden. In der Sprache der Psychologie war er damit aus einem unbedingten Reiz zu einem bedingten Reiz oder konditionierten Stimulus geworden, wie der Reflex, den er hervorrief, als solcher nicht mehr unbedingter, sondern bedingter oder konditionierter Reflex genannt wurde.

Wie komplex das hier dargestellte Geschehen ist, zeigt sich an einer theoretisch-terminologischen Differenzierung, zu der die Verhaltenslehre von der Diskussion der Pawlowschen Befunde bestimmt wurde. Sie schärfte den Blick dafür, daß das Hunde-Experiment genau genommen überhaupt keinen Reflex, sondern eine Reaktion erzeugte. Eine Reaktion bedeutet eine weitaus kompliziertere Erwiderung auf eine Reizlage, als der Begriff Reflex ausdrückt. Der Reflex besteht in einem stets gleichen und engumrissenen motorischen Ablauf, wenn ein bestimmter Organismus einem bestimmten Reiz ausgesetzt wird. Wenn z. B. ein konzentrierter Luftstrom auf die Hornhaut der Augen trifft und der Mensch unwillkürlich mit Verschluß des Lides erwidert, ist dieser ein unbedingter Reflex des unbedingten Reizes Luftzug. Zum bedingten Reflex wird der Lidschlag, wenn ein schwacher Pfeifton, der an sich keine Wirkung auf das Auge hat, wiederholtermaßen unmittelbar vor der auf die Hornhaut gerichteten Luftströmung abgespielt wird. Nach circa fünfzig Versuchen stellt sich der Lidschluß nun auch dann ein, wenn die Luftströmung ausbleibt. Der Pfeifton ist damit zum bedingten Reiz geworden, das Blinzeln zu einem von ihm bedingten Reflex. Dessen zeitlich fast ausdehnungslose, organisch begrenzte und psychisch motivationslose Motorik wiederholt sich jedesmal identisch. Demgegenüber zeigt sich das Verhalten des Hundes angesichts der Futterschüssel als außerordentlich vielschichtig. Damit der Speichel überhaupt fließt, reicht der Klingelton als solcher keineswegs hin, sondern bedarf es zusätzlich eines sich als Hunger meldenden Bedürfnisdrucks, der eine innere Unruhe des Organismus mit sich führt und die Aufmerksamkeit schon auf Nahrung richtet, bevor eine solche präsentiert wird, und der sich motorisch in vielfältige Aktionen umsetzt, z. B. des schnüffelnden Suchens nach Freßbarem, des schnellen Schwanzwedelns beim Aufspüren einer Nahrungsquelle und des Anspringens und Anbellens, wenn sich diese als unzugänglich erweist. Die Speichelbildung stellt dabei nur eine von mehreren physiologischen Komponenten dar. Die umfassende Antwort, die ein Reiz auslöst, von einer engen begrifflich abzuheben, den Reflex von der Reaktion zu unterscheiden, ist deshalb ein Fortschritt der Theorie, weil so den Deutbarkeiten, die in einem auf den ersten Blick klaren Geschehen erhalten bleiben, Rechnung getragen wird und Raum für sie bleibt.

Die soziologische Verhaltenstheorie hat es fast ausschließlich mit der instrumentellen oder operanten Konditionierung zu tun. Kennt die klassische Konditionierung die Reaktion und ermittelt dazu, welche Umwelt-Konstellationen einen gegebenen Reiz ersetzen können, so richtet sich die instrumentelle Konditionierung darauf, wie für einen vom Experimentator bestimmten Zweck eine geeignete Verhaltensfolge des Versuchsobjekts sicher herbeigeführt und andere, mit ihr konkurrierende Verhaltensfolgen ausgeschaltet werden können. Die möglichen anderen Verhaltensfolgen entspringen dem Umstand, daß das Versuchsobjekt den experimentell gesetzten Erfolg – wenigstens zunächst – als eigenen Handlungssinn nicht nachvollzieht oder jedenfalls nicht verabsolutiert und darum zu anderen oder mindestens zu auch anderen Verhaltensweisen als den gesollten neigt. Diese unerwünschte Freiheit des Versuchsobjekts läßt sich aufheben, wenn erstens die experimentell als erfolgreich verstandene Verhaltensweise (z. B. ein bestimmter Dressurakt) als Reaktion definiert wird, wenn zu ihr zweitens passende stimuli gefunden werden und wenn drittens der Versuchsleiter deren Einführung auch tatsächlich in der Hand hat. Auf diesem Wege kann fast jede einem Organismus überhaupt zu Gebote stehende Verhaltensweise erzeugt werden. Entsprechende Abrichtungen funktionieren mit großer Sicherheit.

Die stimuli, um die es hierbei geht, sind Lohn und Strafe. Kennt der Experimentator die Zustände, die seine Versuchsobjekte um beinahe jeden Preis erstreben oder um beinahe jeden Preis zu vermeiden trachten, und kann er sie manipulieren, muß er sie nur mehrmals in dem Augenblick zur Verstärkung einsetzen, wenn die Versuchsobjekte das gewünschte Verhalten zufällig an den Tag legen, oder zur Abschwächung verwenden, wann immer sie eine der unerwünschten Möglichkeiten in ihrem Verhaltensrepertoire aktualisieren. Allgemein gesprochen sind von tierischen Lebewesen erstrebte Zustände Lustzustände wie etwa Hunger- und Durststillen oder sexuelle Befriedigungen und von ihnen geflohene Zustände Unwohlseinsbefindlichkeiten wie Hunger und Durst oder akute Schmerzen. Bestraft man eine Ratte, die in einem Labyrinth einen ihr offen erscheinenden Weg einschlägt, den ihr der Versuchsleiter aber verlegen will, mit einem Elektroschock, so wird sie schon nach wenigen Versuchen an der entsprechenden Gabelung ohne Zögern den „richtigen" Weg finden. Der Effekt stellt sich um so sicherer ein, wenn diese „Wahl" durch Futter belohnt wird. Welche Kombinationen von Lohn und Strafen den schnellsten und sichersten Lernerfolg gewährleisten, ist nun unschwer herauszufinden. Ebenso sicher kann man bei einem Tier dadurch alle Zeichen der Verzweiflung auslösen, daß man es entgegengesetzten Reizen ausliefert. Bringt man ein sexuell aktives Rattenmännchen in einen durch einen stromführenden Draht geteilten Käfig, in dessen anderem Teil sich ein kopulationsbereites Rattenweibchen aufhält, wird sich das auf dem Weg zum Ziel durch Stromschläge drangsalierte Tier bald zitternd in eine Ecke verkriechen und dort offenbar angsterfüllt verharren.

Die Übertragung solcher im Experiment erzeugten Handlungsneigungen und -abneigungen auf manche der in der freien Wildbahn zu beobachtenden Verhaltensweisen liegt nahe, führt mutatis mutandis häufig zu sinnvollen Deutungen eines fragwürdigen Verhaltensgeschehens und stellt allgemein Deutungsmuster zur Verfügung, die versuchsweise einzusetzen auch dann ergiebig ist, wenn sie am Ende doch nicht überzeugen. Auch unter natürlichen Bedingungen außerhalb zielgerichteter Versuche scheinen nicht wenige Verhaltensabläufe, die von den Individuen in bestimmten Lagen favorisiert werden und geradezu wie automatisch ausgeführt wirken, sich durch Verstärkungseffekte zur Aufnahme in das Verhaltensrepertoire empfohlen haben. Wenn sie das erste Mal oder einige anfängliche Male ganz zufällig vollzogen und gewissermaßen unerwartet und überraschend als bedürfnisbefriedigend erlebt wurden, dürften sie bald zielgerichtet wiederholt werden, offenbar weil ihre Befriedigungseignung inzwischen erwartet war und nun ein Versagen dabei unerwartet käme und überraschend wirkte[35]. Repetitives Verhalten dieser Art, wie es den sozialen Institutionen zugrunde liegt, kann also als Ergebnis von nicht durch eine äußere Instanz (Experimentator) vorgegebenen, in diesem Sinne ungesteuerten Selektionen verstanden werden, deren Ausübung als Belohnung und deren Unterlassung als Bestrafung sozusagen von allein positive bzw. negative Verstärkerwirkung erzielten. Die Deutungsergiebigkeit und praktische Relevanz einer Theorie des selektiven Lernens, die viele Verhaltensregelmäßigkeiten als primär zufallskonditionierte Reiz-Reaktions-Zusammenhänge zu verstehen sucht, bleibt auch in der Anwendung auf den Menschen, insbesondere auf sein Sozialverhalten, unverkennbar. Die soziologische Verhaltenstheorie unterscheidet sich von den übrigen in diesem Buch dargestellten Theorien dadurch, daß sie Sozialverhalten prinzipiell und systematisch im Sinne von durch Lernen, durch an Belohnung und Strafe orientiertem Lernen erworbenen Reaktionsbildungen zu interpretieren strebt. Daß sie ein solches Erklärungsprogramm systematisch durchspielt, führt zu interessanten Entdeckungen[36]. Daß sie sich ihm prinzipiell überläßt, bringt sie allerdings in die Gefahr eines engen Dogmatismus, der verkennt, daß ein großer Teil des Sozialverhaltens biotisch viel tiefer angelegt ist, als es die an den Kortex gebundenen Lernprozesse ermöglichen. Die psychologischen Lerntheorien haben heute kaum noch Schwierigkeiten damit, anzuerkennen, daß nur ein Teil des Verhaltens, oder besser: das Verhalten nur zum Teil auf Lernen basiert.

2.4 Austauschtheorie, Spieltheorie, Utilitarismus

Die soziologische Verhaltenstheorie erklärt Gesellschaften und ihre vielgliedrigen Untereinheiten als Beziehungsgefüge von Individuen, die zufällig entdeckt haben, daß kooperative Handlungsmuster den eigenen Zwecken dienlicher waren als solitäre oder gar konfliktäre, sie darum prüfend wiederholten, ihre Entdeckung bestätigt fanden und daraufhin lernten – d. h. die Erwartung bildeten –, auch künftig mit ihnen besser zu fahren. Kooperative Handlungsmuster sind aber Tauschmuster. Der eine gibt ohne Zwang etwas her, das er entbehren zu können meint, um im Gegenzug etwas, das ihm weniger entbehrlich scheint, vom anderen zu erhalten, der auch seinerseits das zu Erwerbende höher veranschlagt als das zu Veräußernde. Beide Tauschpartner verhalten sich also rein interessenegoistisch, und dennoch handeln sie zum beiderseitigen Vorteil. Das Wort Handeln in diesem Satz ist doppelt zu verstehen, einmal als bloß verrichtendes Tun, zugleich aber als Verhandeln, also als ein rationales Sich-Verständigen, ob der andere denn der Art und Qualität nach überhaupt hat, was man selber braucht, und ob er überhaupt haben will, was man selber bietet, ferner wieviel einem die angebotenen und nachgefragten Güter denn wert sind, d. h. in welchen Quantitäten die ungleichen Gegenstände sich nach beider Meinung aufwiegen, und schließlich daß die Übertragung hin und her unwiderruflich, aber mit gewissen Reklamationsvorbehalten wirklich stattfinden soll. Ist die Ersprießlichkeit, also die belohnende Valenz des Tauschhandelns erst einmal erfahren, wird im nächsten Lernschritt eine Spezialisierung der eigenen Verfertigung von Lebensmitteln als gewinnträchtig kalkuliert und gewagt werden; denn der mit der Spezialisierung zu erreichende Produktivitätsvorteil kann ja realisiert werden, wenn aus gleichen Erwägungen anderer komplementäre Spezialisierungen mit der eigenen einhergehen. Soweit die Rechnung aufgeht, wird das Wagnis mit stetigen Vorteilen belohnt, so daß sich das primäre Wagnis selbst wiederholt und von anderen nachgeahmt wird. Am Ende trägt und erzwingt eine differenzierte Arbeitsteilung ein weitgespanntes Tauschhandeln, in dem Gesellschaft uns nun begegnet.

Sind aber die gesellschaftlichen Netze erst einmal gesponnen und über den einzelnen ausgeworfen, steht ihm zumeist die Handlungsmöglichkeit des Aus-dem-Felde-Gehens (Kurt Lewin) nicht mehr offen, wenn er bei einer Interaktionszumutung den kürzeren zu ziehen vermutet. Er muß auf sie eingehen und dazu eine Strategie entwickeln und verfolgen, mit der er in der gegebenen Lage seinen Schaden so gering wie möglich zu halten hoffen kann. Dabei ist vielerlei zu berücksichtigen, was nur unzureichend überschaut und schon gar nicht durchschaut werden kann. Besonders unsicher sind dabei stets die Entscheidungen, die der Handlungsgegner im Sinn führt. Die wirtschaftswissenschaftliche Verhaltensforschung hat hier in der Spieltheorie[37] eine Fülle von Modellannahmen darüber durchgerechnet, in welche Dilemmata die zum Mitspielen Gezwungenen gerieten, die sich gleichwohl rational zu verhalten mühten, und wie am Ende ganz subjektive Persönlichkeitsfaktoren bei der Überwindung ihrer Entscheidungsnot den Ausschlag gäben. Alle Szenarien der Spieltheorie, die in ihnen übrigens nur methodisch ausfeilt, was – größtenteils bereits mit ihren Begriffen – Carl von Clausewitz mehr als ein Jahrhundert früher am Thema des Krieges entwickelte[38], bleiben aber dabei, daß die schließlich getroffenen Entscheidungen im psychologischen Sinn des Wortes als rationale zu gelten hätten, nämlich rational choices darstellten. Insofern stimmen sie mit den Erklärungsmustern der verhaltenstheoretischen Soziologie voll überein.

Mit dem Modell, das den gesellschaftlichen Handlungszusammenhang so aus dem nutzen- und kostenbewußten Tausch zwischen auf der untersten Ebene individuellen Akteuren herleitet, die im Verfolg des eigenen Vorteils nolens volens zugleich den Gesamtvorteil bewirken, geht die Verhaltenstheorie in die Austauschtheorie über. Erst auf dieser Stufe, auf der systematisch Interaktionen thematisiert werden, die in ihrer

158   Die Verhaltenstheorie

Unerläßlichkeit für das gesellschaftliche Leben nur noch als unbeabsichtigte Wirkungen des individuellen Verhaltens und insofern als das individuelle Bewußtsein überschreitende Wirkungen erklärt werden, wechselt die Verhaltenstheorie von der psychologischen Stufe auf die soziologische über. Homans hat diese interaktionistische Erweiterung des Behaviorismus unter dem Namen der Exchange-Theorie gezielt vorangetrieben[39], Peter M. Blau hat wichtige Beiträge hinzugesellt[40], und damit fand die verhaltenstheoretische Soziologie nicht nur an die älteren utilitaristisch-ökonomistischen Gesellschaftsdeutungen von Jeremy Bentham und John Stewart Mill, ja selbst an die noch älteren David Humes und der schottischen Moralisten, insbesondere Adam Smiths, Anschluß, sondern auch an den neueren Utilitarismus und seinen Versuch, Ethik nicht-metaphysisch zu begründen[41].

Auf der untersten Ebene sind die Exchange-Akteure der Verhaltenstheorie auf Existenzsicherung bedachte, intelligenzbegabte, in ihren Entscheidungen unabhängige Individuen. Ebenso wie sie lernend erkennen und erkennend lernen, welche Strategien in der Begegnung mit gleichgearteten Individuen Erfolg verheißen, so erkennen sie auch, daß die Erfolgsaussichten steigen, wenn sie sich eines Teils ihrer Unabhängigkeit begeben und sich mit anderen zu Gemeinschaften zusammenschließen, die dann ihrerseits, vertreten durch wiederum einzelne Individuen, Austauschbeziehungen mit sonstwo aus den gleichen Motiven zustande gekommenen Gemeinschaften pflegen. Solche Gemeinschaften wirtschaften rationeller und tauschen günstiger, als es der einzelne als Wirtschaftssubjekt vermöchte, so daß ihm bei der Gewinnteilung mehr zuwächst, als er bei isolierter Anstrengung erhielte. Der Vergesellschaftung folgt also der Nutzen, und so kann man lerntheoretisch schließen, daß die Vergesellschaftung des Nutzens wegen erfolgt. Anders ausgedrückt: Gesellschaften sind Zusammenschlüsse, deren Sinn in dem ihnen von den beigetretenen Individuen zugedachten Zweck liegt. Seinetwegen entäußern sie sich eines Stücks ihrer Autonomie. Wird der Verbandszweck nach Überzeugung eines Mitglieds oder einiger oder aller nicht erreicht, verliert der Zusammenschluß für sie seinen Sinn. Konsequenterweise würden sie ihm dann kündigen oder ihn auflösen. Wo diese Konsequenz unterbleibt, sind Rationalitätsdefizite der Organisation zu vermuten, die reduktionistisch auf mangelnde Einsicht der Partner oder auf Herrschaftsstrukturen verweisen, mit denen Benachteiligungen zum Vorteil der Stärkeren gewaltsam auf Dauer gestellt werden.

In dieser rationalistischen Deutung des Zusammenschlusses Gesellschaft kommen auch politische Verfassungsideen zum Vorschein. Wie immer fließen in ihnen Menschen- und Gesellschaftsbild zusammen. Die auf sich selbst angewiesenen und zu Eigenentscheidungen freigelassenen Einzelmenschen sind darin als wach und gescheit ihre Interessen erkennende und sie erfinderisch und kompromißbereit wahrnehmende Wesen gedacht. Ersprießliche Interaktion zwischen ihnen ist da zu erwarten, wo sie unabhängig befinden können, was sie tun und lassen wollen. Der entscheidende Qualitätsmaßstab der gesellschaftlichen Organisation liegt darum im individuellen Selbstbestimmungsrecht. Wenn die einzelnen die Freiheit haben, den nach ihren Erfahrungen für sie gangbarsten Weg zu wählen, werden sie dabei natürlich die Kollisionsgefahren mit den anderen berücksichtigen und ihr Verhalten von selbst auf sie einstellen. Der Verkehrsfluß, der sich daraus ergibt, sollte weitaus reibungsärmer verlaufen, als wenn Zwangssteuerungen das Bewußtsein der Eigenverantwortlichkeit einschläfern. Eine Gesellschaftsverfassung, die obrigkeitlich befohlenen Regelungen des Sozialverhaltens den von den Bürgern selbsttätig gefundenen vorzieht, sich eher auf einfallslose Wiederholungen des Gewohnten verläßt als zu kreativen Erneuerungen ermutigt, lieber auf geheiligte Traditionen vertraut als den Geist der kritischen Prüfung weckt, wird sich nicht nur in der Konkurrenz mit anderen als ineffektiv erweisen, sondern verletzt auch die Menschenwürde. Denn sie richtet die eigentlich zu Regsamkeit und Strebsamkeit bereiten Subjekte zu autoritätshörigen, verantwortungsscheuen, ihr Schicksal lustlos und stumpfsinnig aus fremder Hand empfangenden Objekten ab.

2.5 Kritischer Rationalismus

Unter dem Namen des kritischen Rationalismus ist in den vergangenen Jahrzehnten eine Wissenschaftsethik[42] begründet worden, die in ihren methodologischen Voraussetzungen und ihren moralischen Forderungen mit dem Behaviorismus der Psychologie und der soziologischen Verhaltenstheorie voll übereinstimmt. Nicht daß die dieser Schule sich zurechnenden Wissenschaftler den kritischen Rationalismus als Lehre zuerst formuliert und seine Thesen zuerst vertreten hätten, nicht auch daß sie allein sich zu ihm bekennten. Aber er ist doch so sehr Geist von ihrem Geist, daß eine Charakterisierung der Verhaltenstheorie diese Übereinstimmung nicht unerwähnt lassen darf.

In den methodologischen Voraussetzungen teilt das verhaltenstheoretische Wissenschaftsverständnis alle Postulate des kritischen Rationalismus. Wie er fordert es in der Begriffsbildung empirische Fundierung und operationale Definition; wie er drückt es vermutete Regelzusammenhänge als Arbeitshypothesen aus, um ihre Bewährung experimentell zu prüfen; wie er verweigert es den Naturgesetzen die ontologische Qualitätsvermutung und schreibt ihnen den Status bloßer genereller Hypothesen zu, deren Falsifizierbarkeit Leitprinzip der Forschungsarbeit sein soll. Wie er fordert es Offenheit für Einwände und Bereitschaft zur Revision. Wie er – und hier geht die Methodologie in die praktische Philosophie über – hält es wissenschaftliche Erkenntnis nicht für eine Art höherer Einsicht, zu der nur wenige Erleuchtete berufen sind, sondern ist überzeugt, daß zu ihr jedermann gelange, wenn er sich, gesunder Menschenverstand vorausgesetzt, einer speziellen und meistens freilich langwierigen Ausbildung unterwerfe. Mag es im Reich der Kunst auf nicht durch Lernen zu erwerbende Imagination oder im Reich der Religion auf nicht trainierbare Glaubenskraft ankommen, um verstehen und erleben zu können, im Reich der Wissenschaft sind eher so gewöhnliche und schlichte Voraussetzungen wie Fleiß, Neugier und schonungslose Aufrichtigkeit zu erfüllen, um prüfen und urteilen zu können.

Wissenschaftliche Entdeckungen, Befunde und Doktrinen müssen sich deshalb nach der Überzeugung sowohl der Verhaltenstheorie als auch des kritischen Rationalismus der normalen menschlichen Intelligenz stellen und sich vor deren kritischen Fragen bewähren. Terminologisch, grammatikalisch und syntaktisch schwer verständliche Ausdrucksweisen, so warnen beide gleichermaßen, seien auch dann kaum Anzeichen besonderer Tiefe oder Höhe der Erkenntnis, wenn sie aus Universitäten stammten. Sich ihnen mit selbstzweifelndem Respekt zu nähern, sei ganz unangebracht. Vielmehr empföhle sich der Verdacht, ob hier nicht nur mit dem Nimbus der Gelehrsamkeit verhüllt werde, daß wortreich Trivialitäten wiedergekäut, Leerformeln verbrämt, einseitige Wertungen kaschiert, bisweilen schierer Aberglauben verbreitet und oft nur Unsinn verzapft werde. Da sich nach der gleichen Überzeugung von Verhaltenstheorie und kritischem Rationalismus Wissenschaft ebensowenig auf Schönheit wie aufs Seelenheil richte, sondern auf Wahrheit, müsse auch ihre äußere Gestalt diesem Ziel dienen. Ihre Texte brauchen nicht elegant und ihre Worte nicht magisch zu sein. Es ließe sich auch sagen: ihre Texte sind dann elegant und ihre Worte dann magisch, wenn sie einfach und klar sind. Wenn derselbe Sachverhalt gemeint ist, zeigt die Wiederholung des Ausdrucks nicht Mangel an Nuancierungskraft an, sondern sichert das Verständnis und wird schön; wenn bei der Entwicklung eines Gedankens Redundanzen das Mitdenken erleichtern, sind sie nicht überflüssig, sondern ökonomisch; wenn Beispiele didaktisch hilfreich sind, stören sie nicht die Stringenz, sondern werden funktionell[43].

Wer an dieser gewollten und betonten Maxime der Verständlichkeit bei der Darstellung der wissenschaftlichen Arbeitsergebnisse Anstoß nimmt und darin plebejischen Geschmack beanstandet, dem werden Verhaltenstheorie und kritischer Rationalismus gar nicht widersprechen. Fern allem Proletkult, weil darin ein Stück Lust an der individuellen

Selbstaufgabe im Gleichschritt krakeelender Trupps mitschwingt, erkennen beide in der Haltung der einfachen Leute, die ohne hochgestochene Selbststilisierung und ohne Larmoyanz die täglichen Mühen des Daseins absolvieren, die eigene Geisteshaltung wieder. So hat auch ihre Wissenschaftsethik, in der der gesunde Menschenverstand als Quelle praktischer und nicht zuletzt sozial praktischer Problemlösungen hoch im Kurs steht, Demokratie zur Voraussetzung und zum Ideal. Mit Demokratie ist dabei nicht nur eine Organisation des politischen Systems gemeint, die prinzipiell gleiche Partizipationschancen verbürgt, sondern ist auch eine Gesellschaft vorgestellt, die kulturell und ökonomisch dem Standesdünkel den Boden entzieht und nur in offenem Wettbewerb geprüfte Leistung als Grund für vorläufige und vorbehaltliche Kompetenzverleihung anerkennt.

Tiefes Mißtrauen bringt der kritische Rationalismus als Wissenschaftsethik den politischen und sozialen Utopien entgegen, die erst einen neuen Menschen zu schaffen für nötig halten, bevor die Welt endlich in Ordnung kommen könne. In der Tat, räumt der kritische Rationalismus ein, ist der Durchschnittsmensch kein moralischer Virtuose, der zuerst an die anderen denkt und sie mehr liebt als sich selbst, sondern er sorgt sich – wie es natürlich ist – primär um das eigene Wohlbefinden, aber gerade darin liegt die Voraussetzung für eine freie und prosperierende Gesellschaft. Wer glaubt, den kleinen Mann erst geistig und sittlich veredeln zu müssen, bevor die Gesellschaft gut werde, zeuge damit selbst von moralischer Überheblichkeit und intellektueller Arroganz. Aus solchem Holz seien die selbsternannten Eliten oder historischen Avantgarden geschnitzt, die durch eine von ihnen zu leitende Erziehungsdiktatur die Menschen dazu zu bringen hofften und hoffen, in ihrem Handeln von vornherein auf Gemeinwohl abzuzielen, das sich doch anders als im Resultat gar nicht erkennen lasse und präskriptiv in nichts außer einseitig gesetzten Wertpräferenzen bestehe. Wenn sich so unkritische Selbstüberschätzung mit zügellosen Machtphantasien paare und den Realitätssinn mit märchenhaften Glücksverheißungen für die Zukunft blende, verlange die Verantwortung des Wissenschaftlers, und hier insbesondere des Sozialwissenschaftlers, Aufklärung über die vielfältigen Bedingtheiten und letztlichen Ungewißheiten aller Aussagen mit prognostischem Gehalt. Wer sich darüber täuscht und seine Täuschungen als Wissenschaft vertreibt, sei in Wahrheit nichts als ein Scharlatan, vor dem die scientific community die Öffentlichkeit warnen müsse.

Gewiß äußert sich die Verhaltenstheorie in diesen Fragen explizit nur wenig und leise, implizit sind ihre Positionen von einer solchen Ethik jedoch erfüllt und blieben ohne sie nur oberflächlich verstanden. Sie spiegeln sich in der Affinität der Schule zu politischen Auffassungen und Handlungen, die im weitesten Sinn des Wortes als liberal bezeichnet werden können. Insofern haben sie wenig Bekenntnishaftes und ihre Vertreter wenig Bekennerhaftes. Soweit sie sich dennoch zu demonstrativer Bekundung eignen, steht fast immer die Verteidigung von Individualrechten gegen kollektive Einordnungs- und Unterordnungsansprüche an, die der rationalen Kritik nicht standhalten. Wo da das Selbstbestimmungsrecht des Einzelnen ausdehnbar scheint, da zeigt sich der behavioristische Wissenschaftsgeist angriffslustig. Um es an einem Beispiel klarzumachen: In der Euthanasie-Frage, die durch die Entwicklungen der Intensiv-Medizin neue Dimensionen gewonnen hat, dürfte ein Vertreter der Verhaltenstheorie mit einiger Wahrscheinlichkeit unter denen zu finden sein, die unter der Bedingung der Mißbrauchsvorkehr das Recht der individuellen Entscheidung als Menschenrecht fordern. Wenn derartige Forderungen erhoben werden, sprechen jedoch durchweg unabhängige Einzelstimmen. Eine Vereinigung wie die freidenkerische Humanistische Union, gegründet zu einer Zeit, als sozialistische Totalitätsideologien an den deutschen Universitäten zu grassieren begannen, dürfte wohl das Äußerste an Organisation sein, das sich mit der kritisch-rationalistischen Wissenschaftsethik einer verhaltenstheoretischen Soziologie vereinbaren läßt.

2.6 Besonderheiten einzelner Richtungen

Eine wissenschaftliche Lehrmeinung oder eine Schulrichtung, eine Doktrin, läßt sich, sobald ihre prinzipiellen Unterschiede zu anderen Doktrinen umrissen sind, im allgemeinen ganz gut dadurch weiter präzisieren, daß man die methodischen oder methodologischen Sonderauffassungen ihrer Vertreter näher bestimmt. Ein solches Verfahren leistet zweierlei: Zum einen wirft die Herausarbeitung der schulinternen Sonderauffassungen ein anderes, nämlich indirektes Licht auf die ihnen zugrunde liegende schulbildende Übereinstimmung, die, so beleuchtet, nicht nur in ihrer Tiefe einsehbarer wird, sondern sich auch über ihre ganze Bandbreite hin mannigfaltiger, abwechslungsreicher, fließender und daher insgesamt inhaltlich gefüllter darstellt, als es im Schlaglicht der Schulenpolarisierung erscheint. Zum anderen führen die Unterschiede und Gegensätze, die es subjektiv zwischen den Vertretern einer Theorie gibt, auf kürzestem Weg zu den objektiven Problemstellen und inneren Widersprüchen, von denen kein menschliches Erkenntnisgebäude, auch kein wissenschaftlich-systematisches, d. h. in besonderer Weise um Geschlossenheit, um gegenseitige Ergänzung und Stützung seiner Elemente bemühtes, frei ist. In ihnen aber kommen jedesmal neuralgische Punkte einer Denkschule zum Vorschein, ohne deren klare Erfassung von ihrer geistigen Durchdringung nicht ernstlich die Rede sein könnte. Darum ist die Herausarbeitung von Besonderheiten im allgemeinen ein probates Verfahren, eine Theorie nahezubringen. Indessen versagt es bei der soziologischen Verhaltenstheorie. Die verhaltenstheoretische Soziologie fällt nicht durch Richtungskonflikte zwischen denen auf, die sich zu ihr bekennen oder ihr zuneigen[44], und ist infolgedessen über sie auch nicht variantenreicher, nuancenreicher und also bestimmter darzustellen.

Es wäre freilich irrig, den Grund für diese Fehlanzeige in besonderer Klarheit oder gar in Widerspruchsfreiheit der Schule zu vermuten. Eher begründet liegt sie in einer übergroßen Distanz zwischen der hochelaborierten verhaltenstheoretischen Forschungsprogrammatik und der alltäglichen soziologischen Forschungspraxis. Die programmatische Forderung, soziologische Gegenstände wie relativ dauerhafte Soziallagen oder auffällige kollektive Verhaltensweisen jeweils als Masse individueller Reaktionen auf je individuell gespürte Reize darzutun, bricht sich durchweg an Untersuchungsprojekten, die das einfach voraussetzen, um sich dann der Entwicklung komplexerer Konzeptionen von gesellschaftlichen Daseinsweisen zu widmen. Die normale soziologische Arbeit auch solcher Wissenschaftler, die eine individualistisch-lerntheoretische Reduktion soziologischer Aussagen für prinzipiell möglich und allgemein wünschenswert halten, besteht nun einmal eben nicht in entsprechenden Reduktionsschritten; vielmehr besteht auch ihre Arbeit durchweg darin, aus professionell größerer Übersicht über und tieferer Einsicht in soziale Gegebenheiten innere Zusammenhänge von Fakten und Faktoren verschiedener Ebenen und Reichweiten zu entdecken, die der ungeschulten Erfahrung entgehen, besteht des weiteren darin, die spezifische Aufschlüssigkeit solcher Zusammenhangsbilder zu demonstrieren, indem man sie auf räumlich und zeitlich andere Materialien überträgt als die, aus denen sie abgeleitet wurden, und besteht möglicherweise noch darin, auf die vermutlichen Folgen der Neuentdeckungen hinzuweisen, wenn sie fortan als nunmehr bewußte im sozialen, z. B. politischen Handlungsfeld berücksichtigt werden. Um es zu wiederholen: individualistische Reduzierbarkeit der konzeptionellen Zusammenhänge ist damit nicht ausgeschlossen, sondern wird im Gegenteil zumeist stillschweigend unterstellt; darüber hinaus jedoch findet sie in der soziologischen Arbeit gewöhnlich keine Aufmerksamkeit, sondern bleibt als Beweisziel und Beweisweg einfach ausgespart.

So beobachtet die soziologische Forschung etwa Beschäftigungsgrade in Industriegesellschaften, entwickelt dabei das Konzept der strukturellen Arbeitslosigkeit, untersucht die Aussagekraft ihrer einzelnen Indikatoren und fragt nach den Folgen für politische

Stabilität; oder sie untersucht Art und Ausmaß der Normenobservanz in der westlichen Kultur, erkennt dabei sozialen Wertewandel, bestimmt dessen Dimensionen, vermutet Auswirkungen auf Ehe und Familie als Institutionen der privaten Lebensorganisation und sorgt sich über erwartbare Steigerungen von Anomieraten; oder sie erwägt, wieso Gemeinsamkeit von Sprache, religiösem Glauben und historischer Erinnerung, durch die die arabischen Völker kulturell verbunden sind, bisher nicht auch Kristallisationskern ihres nationalstaatlichen Zusammenschlusses wurde, trifft auf eine dichte Schicht alter intra-arabischer Konfliktlinien, entlang derer nach wie vor starke dissoziative Kräfte wirken, stößt jedoch darunter auf mancherlei überlieferte Freund-Feind-Ideen[45], die bereits traditionalistisch entleert gewesen sein mögen, doch einer ideologischen Wiederaufladung durchaus fähig scheinen und eine durchschlagende politische Einigungsdynamik sehr wohl in Gang setzen könnten. Angesichts derart vielschichtiger Fragestellungen und Untersuchungsgänge, mit denen die Soziologie zur wissenschaftlich-rationalen Aufhellung der Welt, in der wir leben, etwas unverwechselbar Eigenes beiträgt, bleibt die Sammlung von Richtlinien zur Formulierung ihrer Aussagen in verhaltenstheoretischer Sprache und die Forderung, sie jeweils in lerntheoretischen Hypothesen darzustellen, scholastisch-eng und erscheint wenig inspirierend[46]. So mangelt es denn in dem Kreis der Soziologen, die sich entweder selbst der verhaltenstheoretischen Schule zurechnen oder sich so zurechnen lassen, an klaren Bezügen zwischen Methodologie und realer Forschung, an konkreten Konflikten zwischen beiden, an intensivem Dialog, an aneinander orientierten Lernschritten und an wechselseitigen Anpassungen. Ganz entgegen ihrem Selbstbild kommen in der verhaltenssoziologischen Schule Grundlagentheorie und konkrete soziologische Imagination kaum zusammen. Es fallen hier die Vorwürfe der Schule gegen die funktionalistische Systemtheorie, ihre methodologischen Positionen blieben in ihrer materialen Arbeit ohne Belang, auf sie selbst zurück. Selbstverständlich können mit der Überzeugung, die Verhaltenstheorie enthalte vernünftige und fruchtbare Basisannahmen zur Begründung der allgemeinen Soziologie, trotzdem hinreißende Studien von großem Distinktionsvermögen und suggestiver Erklärungskraft einhergehen. Dafür gibt es eindrucksvolle Beispiele[47].

3 Einzelne Aspekte

3.1 Individuum und Gesellschaft

Oberster Leitsatz der verhaltenstheoretischen Humansoziologie ist die Idee, daß allein das Individuum naturale Entität sei, d. h. ihm allein das Vermögen zukomme, sich als Einheit zu wissen, sich willkürlich zu bewegen, Äußeres als solches wahrzunehmen, Empfindungen zu haben, zu leiden, zu handeln, zu planen, zu entscheiden, zu wagen, zu zögern, zu fürchten, zu hoffen und – zu sterben, so daß all dieses Vermögen ebenso ausgelöscht ist, wie es zuvor wirklich war. Was immer Gesellschaft sein mag, diesen Charakter der naturhaften Entität hat sie jedenfalls nicht. Sie ist stets nur vom Individuum abgeleitet zu fassen; unabhängig von ihm ist sie nicht bestimmbar. Der Gesellschaft entspricht keinerlei konkrete Dinglichkeit, die in ihren äußeren Grenzen und ihrer inneren Zuständlichkeit ebenso evident wäre, wie es das Individuum ist, evident sich selbst und den anderen, in deren Wahrnehmungskreis es gerät. Ohne daß der gesunde Menschenverstand davon vor die geringsten Probleme gestellt würde, begreift er das Individuum als mit sich selbst gleichbleibende Größe, als Substanz, die in wechselnden Zuständen und Eigenschaften dieselbe bleibt. Keinen Augenblick zweifelt er, was Subjekt und was Prädikat, was Wesen und was Erscheinung sei. Den umgekehrten Fall, die Eigenschaften und Zustände als die substantielle Realität vorzustellen, deren individuelle Gestalt nur wechselhafte Ausdrucksform bilde, vermag er nur schlecht zu denken[48]. Außerhalb des Lebendig-Individuellen bereitet ihm der Perspektivenwechsel hingegen keine sonderlichen Schwierigkeiten. Je nach seiner – häufig von Zwecken ausgerichteten – Optik sieht er ein Stück Metall bald kugelförmig, bald eine Kugel metallartig. Eine der Eigenschaften oder einer der Zustände, die dem Individuum zeitweilig zukommen, zeitweilig aber nicht, ist die Gesellschaftlichkeit seines Daseins. Das Individuum besteht auch außerhalb seiner gesellschaftlichen Bezüge. Gesellschaft hingegen realisiert sich immer nur in sozialen Beziehungen. Dort wo und so lange wie diese auftreten, gibt es Gesellschaft. Darüber hinaus ist sie weiter nichts als Idee: Erinnerung und Erwartung.

In den sozialen Beziehungen besitzt das Gesellschaftliche seine eigentümliche Materialität. Immer wenn Individuen zusammentreffen oder ihr vitales Vermögen, sinnlich wahrzunehmen, affektiv zu fühlen, vorstellend zu planen, zielgerichtet zu handeln, aufeinander wenden, tritt das Gesellschaftliche materiell in Erscheinung. Die soziologische Verhaltenstheorie will darum hier, und nur hier, die empirische Forschung ansetzen. Diese Forderung ist ihr wichtig, und sie ist soziologisch unausweichlich. Aber nur scheinbar gibt sie auch ein Argument für den psychologischen Reduktionismus her, zu dem sich die Verhaltenstheorie bekennt; genauer betrachtet zeigt sich Unvereinbarkeit.

Sobald die Lebenstätigkeiten von Individuen aufeinander treffen, entwickelt sich ein zwischen ihnen in schneller Folge über- und zurückspringendes Hin und Her von vorstellender Erwartung und tuender Erwiderung, das Aktor und Adressat zu einer kommunikativen Einheit zusammenbindet und die Unterscheidung, wer jeweils der eine und wer der andere sei, so gut wie unmöglich macht. In dem dichten Netz von Interaktionen ist jede Aktion zugleich Transaktion, nur verständlich aus ihrer Zielrichtung auf die Re-aktion des anderen, wie sie selbst schon Re-aktion auf dessen zielgerichtete Aktion war. Was ist danach noch meines, was seines in der uns verbindenden Wechselseitigkeit? Was an meiner Verhaltensäußerung ist bloß Reflex in einem Reizmechanismus, in diesem Sinne bloß passiv, was ist ganz aus mir herrührende, ganz eigene Leistung, in diesem Sinne rein aktiv? Der Versuch, dennoch nach Leideform und Tätigkeitsform zu sortieren, läßt außer acht, daß die Interaktionspartner durch ihren Informationskreislauf zu einem System verbunden sind; unterbricht man ihn, um die einzelnen Bestandteile besser untersuchen zu können, so zerbricht man ihre Einheit und vernichtet seinen Untersuchungsgegenstand.

In der Perspektive der Soziologie erscheint indessen individuelle Zurechnung von Interaktionsmomenten nicht nur als äußerst schwieriges, eigentlich aussichtsloses Unterfangen, sondern in der soziologischen Perspektive, in der es ja nicht um individuelle Schicksale geht, wird diesem Unterfangen auch nur geringer Erkenntniswert zugebilligt. Wie schnell im Fluß des interaktiven Wechselstroms sich die Pole umschalten, wie lange der Prozeß andauert, an welchen Stellen er auszusetzen neigt, in welchen Kurven er sich beschleunigt oder verlangsamt, bis er ganz versiegt, kann zwar nur durch Messungen erhoben werden, bei denen die Sonden an die beteiligten Individuen angelegt werden, weil es für sie andere materielle Anhaltspunkte nicht gibt. Jedoch folgt die Soziologie dabei stets der sie als Disziplin begründenden Hypothese, daß in dem strömenden Wechsel selbst eine direktive Kraft liege, der sich die Individuen nur mit der Folge ihres Untergangs entziehen können. Ihr Erkenntnisinteresse liegt in der Bestimmung dieser Kraft. Um im Bilde zu bleiben: Es richtet sich auf die Strömung und nicht auf die Bewegungen der Schwimmer. Wo sie praktisch wird, rät sie zu Flußregulierungen, setzt Bojen zur Markierung von Untiefen, weist auf die Gefahr von Strudeln hin; Schwimmkurse hingegen veranstaltet sie nicht.

Natürlich ließe sich nun auch die lebensnotwendige Anpassung der einzelnen Schwimmer an den Strom wieder als Resultat rationeller Interessenabwägung deuten. Das Erklärungsmodell Soziologie verzichtet jedoch darauf, die soziale Interaktion rein aus den individuellen Handlungslogiken herzuleiten oder sie individualpsychologisch auf je einzelorganismische Bedürfnislagen zurückzuführen; vielmehr postuliert das Modell eine eigene Interaktionsdynamik, die die individuellen Handlungslogiken überlagert. Die auffordernde Erwartung, die verlangende Zumutung, der bittende Antrag, die abweisende Verweigerung, die einladende Bahnung, die behindernde Blockade bilden sämtlich Handlungsanschlüsse an einen stets vorhandenen Interaktionsvorlauf, demgegenüber das Individuum kaum optionale Valenzen freibehält. Und mit dem sei es als erzwungen, sei es als freiwillig empfundenen eigenen Mittun in der nahegelegten Weise bekräftigt es die interaktive Ordnung und vermehrt es den Zwang auf die Nächsten an der Reihe. Deswegen unterstellt das soziologische Denken hier dem Sozialen eine eigene Schwere mit eigenen Gesetzen. Soweit die Verhaltenstheorie gegenüber dieser Übung der Soziologie an ihrem psychologischen Reduktionismus festhält, kündigt sie die Anerkennung der das Fach konstituierenden Grenzlinien auf, innerhalb derer es Analyse und Synthese betreibt, um Momente der Wirklichkeit zu erfassen, die sich von anderen Positionen aus kaum zeigen.

Doch bleibt der psychologische Reduktionismus der Verhaltenstheorie in Wahrheit kraftlos programmatisch und gewinnt in der Forschungsarbeit sogar der Verhaltenstheoretiker selber kaum Profil. Im Grund erweist sich an dieser Stelle, daß auch die Verhaltenstheorie da, wo sie praktisch wird, sehr wohl auch eine soziale Entität annimmt: die Kleingruppe. Die Verhaltenstheorie nennt sich zu Recht soziologisch, wo sie von der Kleingruppe und den an ihr anschaulichen Beziehungsmustern als letzten Bausteinen jedweder sozialen Ordnung ausgeht. Ihr besonderer Beitrag zum soziologischen Denken kommt dann – negativ – in der Warnung zum Ausdruck, soziale Großsysteme abgehoben von dieser Basis begreifen zu wollen, und führt – positiv – zu einer imaginativen Mikrosoziologie, von der aus sie nicht selten verständnisfördernde Analogien zu makrosozialen Zusammenhänge sichtbar macht. Damit steht sie der Sozialpsychologie nahe, die ja das Soziale als eine Dimension im individuellen Gemüt und Bewußtsein versteht, die a priori angelegt ist und das Individuum auf andere erfolgsorientiert hinordnet, bevor es das durch Konditionierung in trial and error gelernt hat. Folglich liegt das Gewicht der sozialpsychologischen Untersuchungen weniger auf historisch vollgesogenen Institutionen mit ihrer experimentell gar nicht zu fassenden, sondern nur spekulativ zu erschließenden Bedeutung für das soziale Geschehen; mehr liegt ihr Gewicht auf spontanen Verhaltensfindungen, die an angebbarem Ort und beobachtbarer Stelle aktuell zustande kommen, und zwar im Kreise einer überschaubaren Zahl von Individuen, deren Vorgewöhnung an die Verhaltenssituation und deren Vorinformation über sie einigermaßen sicher konstatiert und damit als Einflußfaktor kontrolliert werden kann. Ihr ideales Forschungsfeld erblicken darum sowohl Sozialpsychologie als auch verhaltenstheoretische Soziologie im Labor.

Wenn die verhaltenstheoretische Soziologie Gesellschaft sagt, hat sie jedenfalls durchweg konkrete, überschaubare soziale Beziehungen vor Augen. Der Blick auf sie zeigt überall Neubildung, ständige Reorganisation, fortwährende Auflösung, ununterbrochene Fluktuation und wechselnde Überschneidungen. Darin offenbart sich, daß sich das gesellschaftliche Dasein des Individuums ebenso in zeitlich nahezu ausdehnungslosen Begegnungen mit fremden anderen wie in intimen Dauergemeinschaften, in kooperativer Solidarität wie in antioperativer Animosität, in organisationsfreier Spontaneität wie in organisierter Zielstrebigkeit erfüllt. So entsteht ein Bild der Vielfalt und der Beweglichkeit, das vor der Gefahr der Gleichsetzung des Gesellschaftlichen mit einem identischen Dauerverhältnis von bestimmter Struktur in festen äußeren Grenzen, mit definierter Mitgliedschaft und mit für alle gültigen Werten und Normen einen sicheren Schutz gibt. Gesellschaft als der umfassende Verband einer Kollektivität, in den alle ihre sozialen Beziehungen eingehen, in dem sie alle aufgehen und der sich selbst genügt – mit virtuell autarker Wirtschaft, mit im wesentlichen gleichen Wertüberzeugungen und mit einem politischen System, das die Einzel- und Sonderwillen in einen einheitlichen Gesamtwillen bündelt –, hält die Verhaltenstheorie für eine bloße Hypostase der quirligen und widersprüchlichen Mannigfaltigkeit, in der sich das soziale Leben der Individuen abspielt, eine Hypostase, zu der nicht nur unwissenschaftlicher Geist neigt, sondern der auch die Soziologie bisweilen zu verfallen droht. Die gesellschaftlichen Prozesse, die die Verhaltenstheorie erkennt, sind Prozesse der Vergesellschaftung – ein Begriff, in dem Anfang und Ende deutlich mitgesetzt sind. Sie verlaufen in vielen Dimensionen, teils voneinander weg, teils nebeneinander her, teils aufeinander zu. Doch münden sie keineswegs alle in denselben Strom ein, der sie alle umfaßt und in dem sie alle Teile wären. Insbesondere stellt der neuzeitliche souveräne Nationalstaat mit sprachhomogener Bevölkerung, die gemeinsame Herkunft vermutet, die sich darum blutsverwandt fühlt und die dieselben geschichtlichen Ereignisse in ihrem kollektiven Gedächtnis wachhält, nicht ein solch allumfassendes System dar, in das alle Vergesellschaftungen in dem von ihm eingenommenen Raum integriert wären. Obwohl dazu die Versuchung groß ist, wie es sowohl die Allerwelts-Alltagssprache als auch allerlei ideologische Sondersprachen bestätigen, darf darum dennoch weder der Organisationstyp Nationalstaat noch der Verbandstyp Staatsnation mit Gesellschaft schlechthin ineinsgesetzt werden. Daß der Staatsverband die Familie als Institution schützt, darf nicht zu dem Irrtum führen, die familiale Assoziation bilde eine seiner Gliederungen; daß Verwandtschaft zumeist nur Personen mit derselben Staatsbürgerschaft umfaßt, macht aus ihr keine nationale Kategorie; daß Religion häufig als Staatskirche organisiert vorherrscht, macht aus ihr keinen nationalen Sonderglauben, wie in der christlichen Welt einerseits die Sekten und andererseits die römische Katholizität beweisen.

Wo aber so darauf bestanden wird, daß auch die umgreifendste Vergesellschaftung in Wirklichkeit keineswegs alle anderen in sich aufsaugt, sondern nur eine der vielen Realisierungen des Sozialen bildet, nur eine der vielen Transzendierungen des einzelnen auf andere und der anderen auf den einzelnen darstellt, die sich allenthalben ereignen, da bleibt auch das Individuum als lebendige Entität, die mit ihren Impulsen das Soziale speist, eine primäre Kategorie der soziologischen Theorie. Von der Verhaltenstheorie her ist der heuristische Nutzen des systemtheoretischen Konzepts vom Individuum als einer außerhalb des sozialen Systems stehenden Größe jedenfalls schwer einzusehen. Wen der gedankliche Versuch befremdet, Gesellschaft als eine eigendynamische Einheit zu entwerfen, die unabhängig vom jeweils konkreten Mitgliederbestand Funktionsgesetzlichkeiten besitzt, die sich durch ihre und an ihren Teileinheiten durchsetzen, der kann sich auch nicht für das Unternehmen erwärmen, das Individuum als bloßes – input-gebendes und output-empfangendes – Material des sozialen Betriebs ins Auge zu fassen, es als zu kontrollierende Natur zu betrachten, die ebenso wie die übrige Natur sowohl Ressource als auch Problem des Eigenbestands darstellt, oder es als eine Teilumwelt zu begreifen, die wie die Umwelt sonst Adaptationsleistungen fordert, einerseits durch ihre Bearbeitung und andererseits durch Selbstanpassung an sie.

3.2 Soziale Differenzierung

Im Kontrast mit der Systemtheorie kommt auch das Bild der soziologischen Verhaltenstheorie von sozialer Differenzierung gut zum Ausdruck. Es ist – zumindest tendenziell – unschärfer, pointillistischer, changierender, als es die Systemtheorie zu fassen versucht. Zunächst einmal unterscheiden sich die beiden Theorieschulen von der Ausgangsfrage ihres Forschungsdesigns her. Während die Systemtheorie von dem vorausgesetzten gesellschaftlichen Gesamtzusammenhang aus Differenzierung als Funktionsnotwendigkeit betrachtet, die im Zuge der Systemevolution zunimmt – zunimmt in dem doppelten

Sinn, daß die Abteilungen zum einen gegeneinander organisatorisch selbständiger werden (dabei jedoch durch hohe kulturelle Interpenetration trotzdem unauflöslich miteinander verbunden bleiben) und zum anderen in die Tiefe (gegebene Abteilungen teilen sich weiter) und in die Breite wachsen (neue Abteilungen entstehen) –, denkt die Verhaltenstheorie auch hier wieder von den Individuen und ihren Kleingruppen her und sieht soziale Differenzierung nicht analytisch als Gliederung eines bestehenden Ganzen, sondern synthetisch als Zusammenschluß, als instabile Folge interessegeleiteter Koalitionsbildungen. Anders ausgedrückt: In den Linien der Differenzierung sieht sie weniger Logik der Systemrationalität als utilitaristische Psycho-logik menschlicher Gruppen am Werk. Es führt darum nach ihrer Ansicht vom Ziel einer vorurteilsfreien empirischen Sozialforschung eher weg, wenn diese Linien als Struktur von Gesellschaft hervorgekehrt werden, weil sie sie eben dadurch hypostatisch entstellen; statt dessen hält sie für wichtig, die in den Differenzierungslinien sich verbergenden Interessenmotive zu entdecken, um aus ihnen prognosegeeignete Variablen zu gewinnen. Jedenfalls betont die Verhaltenstheorie die Flüssigkeit der gesellschaftlichen Differenzierungsstrukturen und erwartet Verwerfungen, Auflösungen und Umgruppierungen, wann immer die Gruppenangehörigen vorteilhaftere Chancen erkennen, als sie ihnen in den gerade gegenwärtigen Verbünden gegeben scheinen.

Im Ergebnis sind die beiden Theorieschulen aber weitaus weniger exklusiv gegeneinander, als es von ihren gegensätzlichen Ausgangsfragen her erwartet werden könnte. Beide stimmen darin überein, daß moderne Gesellschaften hochdifferenziert sind, daß ihre gewachsene Differenzierung gesteigerte Organisationskraft bedingt und bewirkt, daß ihre Differenzierungsprozesse ein hohes Maß an individueller Mobilität sowohl ermöglichen als auch erzwingen, daß insbesondere die vermehrte vertikale Mobilität Leistungswettbewerb stimuliert, der sich als einzig legitimes Ausleseverfahren bei der Zuerkennung von sozialer Geltung etabliert und andere, vor allem auf Geburtsmerkmale setzende Verfahren rasch veralten läßt, und daß solchermaßen reich differenzierte Gesellschaften ein hohes Produktivitätsniveau auszeichnet, das ein hohes Niveau der Versorgung der Bevölkerung mit Wirtschafts- und Kulturgütern zuläßt.

Trotz dieser weitreichenden Übereinstimmungen, in denen sich über die verschiedenen Schulstandpunkte hinweg ein einheitliches soziologisches Gesellschaftsverständnis abzeichnet, bleiben feine Unterschiede. Sie seien hier durch das Beispiel der Schichten- und Klassentheorie beleuchtet. Die funktionale Schichtungstheorie weist ein in sich recht geschlossenes Bild der Sozialschichtung auf, in dem sich die Komponente der Systemnotwendigkeit und die individualpsychologische Komponente der Bedürfnisse und Interessen ideal ergänzen und stützen. Darum sind für sie Klassendeutungen des Schichtungsprozesses mit ihrer teils ausgesprochenen, teils verschwiegenen Neigung zu klassenkämpferischer Gesellschaftspraxis im Explikativen grundfalsch und in den politischen Resultaten bloß kontraproduktiv. Die Verhaltenstheorie vermag hingegen eine solche Idealkongruenz von Systemlogik und Interessenrationalität nicht zu erkennen, verschließt sich nicht ganz der Klassenargumentation bei der Erklärung der Sozialschichtung und schreibt ihrer politischen Wirkung keineswegs nur Destruktivität zu.

Die Systemtheorie heißt funktional, weil sie bei ihrem Versuch, zu verstehen, wie Gesellschaft möglich ist, deren relativ feste Organisationsmuster als derart verwoben mit der Triebdynamik des Animalischen begreift, daß für sie im Prinzipiellen Alternativen nicht bestehen. Wie andere Daseinsbereiche der Natur, so hat auch das Soziale seine Bestandserfordernisse, die gewährleistet sein müssen[49]. Das elementarste dieser Erfordernisse liegt in der Angewiesenheit von Individuen aufeinander, um leben zu können, und der Angewiesenheit der Geschlechter aufeinander, damit das Leben überlebt. Unter verschiedenen Umweltbedingungen gibt es verschiedene organisatorische Realisierungen des Erfordernisses. Diachronisch kommt es dabei zu evolutionären Erfindungen, mit deren Hilfe die Anpassungskapazität der sozialen Systeme an die Umwelt qualitativ gesteigert wird. Eine solche Erfindung ist die soziale Schichtung. Sie setzt sich durch, weil sie in der Konkurrenz mit Sozialverbänden, denen sie fehlt, den Zugriff des Erfinders auf Ressourcen nachhaltig verbessert. Insofern kommt soziale Schichtung dem sozialen System insgesamt zugute. Von ihr profitieren auch diejenigen, die im Schichtensystem die unteren Sedimente bilden. Gleichwohl besteht ein Gefälle der Lebenschancen zwischen Gruppierungen, die auf einer weitgehend imaginären, nichtsdestoweniger fast überall angenommenen, darum einflußreichen Rangskala die vorhandenen Plätze belegen, wodurch sie sich als Schichten überhaupt erst ausweisen. Soweit sich das Ranggefälle den Individuen als hinzunehmendes Datum ihrer Lebensperspektive darstellt, dient es ihnen zur Entwicklung von realistischen Aspirationen; soweit es sich aber nicht ganz fest zeigt, dient es als Abstiegsdrohung oder Aufstiegshoffnung dem Leistungsansporn und erfüllt gerade damit seine Aufgabe, die gesellschaftliche Gesamtanpassungskapazität zu erhöhen. Der einzelne wird dieser soziologischen Systemrationalität kaum anders ansichtig als vermittelt in kulturellen Grundorientierungen, Rechtsregeln und politischen Institutionen und Verfahren, die ihm das Schichtengefüge vernünftig erscheinen lassen und ihn zu kloser Selbsteinordnung befähigen, auch wenn er sich hier und da durch es eingeengt oder benachteiligt fühlt.

In der Tat braucht die Erfindung ein Klima des allgemeinen Einverständnisses, um nutzenbringend arbeiten zu können. Instinktvergessener Intellektualismus könnte jedoch das Wahnbild erzeugen, Schichtung bedeute im wesentlichen die Teilung der Gesellschaft in zwei antagonistische Klassen, von denen die eine erstens durch Monopolisierung der entscheidenden Gewaltmittel bei sich und zweitens durch Verbreitung ideologischer Illusionen die andere in einem reinen Ausbeutungsverhältnis an sich kette. Wären die Illusionen aber erst einmal als Täuschung durchschaut, ließe sich das Ausbeutungsverhältnis durch den Kampf der Unterklasse wieder beseitigen. Sobald dies gelungen sei, werde in einer nun wieder schichtungslosen Gesellschaft der mitmenschliche Verkehr weitaus gerechter geregelt sein und freundlicher ablaufen als zuvor. Wo derartige Ideen demagogisch verbreitet werden, können sie allerdings unter ungünstigen Umständen geschichtsmächtig werden und nach strukturfunktionaler Ansicht eine Regression bewirken, unter der die davon betroffene Gesellschaft lange zu leiden haben dürfte, bis der Fehler wieder behoben ist.

Die Verhaltenstheorie setzt die Akzente anders. Zwar unterstellt sie keineswegs, daß die Schichtungsphänomene im wesentlichen auf einen Klassendualismus hinausliefen, sondern vermutet eine Vielheit von Strata, die sich im Bewußtsein uneinheitlich brechen. Sie vermutet weiter nicht, daß Schichtung prinzipiell zu Lasten der unteren und zum Vorteil der oberen Lagen ginge. Die Anerkennung der Schichtungsverhältnisse durch die Unterschichten hält sie ferner nicht für falsches, durch Manipulation erzeugtes und durch Aufklärung zu korrigierendes Bewußtsein. Auf keinen Fall glaubt sie, daß sich Schichtung in modernen Gesellschaften einfach aufheben ließe. Und schon gar nicht teilt sie die Vorstellung der Klassentheoretiker, daß Abschaffung von Schichtung zu durchweg humaneren Sozialbeziehungen führe. Soweit gibt es also Übereinstimmungen mit der funktional-strukturellen Sicht auf die Differenzierungsdimension der sozialen Schichtung. Doch so sehr sich die Verhaltenstheorie von der klassentheoretischen Idee distanziert, wonach die Anerkennung der Schichtung als eines Stücks unausweichlicher Verfassung der modernen Gesellschaft von ideologischer Irreführung herrühre, sowenig bereit ist sie zu der gegenteiligen Konsequenz, in solcher Anerkennung komme allein vernünftige Einsicht zum Ausdruck. Wenn sie sich nicht einfach weigert, so zögert sie doch bemerklich, über den Befund der Vielfalt und Uneinheitlichkeit anzeigenden Umfrageresultate hinauszudenken. Wird ihr aber unter Berufung auf ihre Aussagepflicht als Wissenschaft trotzdem ein Urteil über die Substantialität der individuellen Ansichten abverlangt, auf die sie verweist, so wird sie unter solchem Druck wohl die Vermutung wagen, den der subjektiven Wahrnehmung auffälligen Vor- und Nachteilen müßten auch objektive Merkmale der Schichtungsordnung zugrunde liegen. Sie wird dann argumentieren, daß soziale Schichtung neben ihren überwiegend positiven Zügen eben auch mancherlei negative aufweise, die an verschiedenen Orten zu verschiedenen Zeiten unterschiedlich hervorträten. Von daher sei nur zu erwarten, daß das System der Schichtung von einigen nahezu vorbehaltlos gutgeheißen und von anderen nahezu vorbehaltlos verurteilt wird, daß es bei denselben Personen mal Zustimmung und ein andermal Ablehnung hervorruft und daß die meisten ihm gegenüber beide Einstellungsmöglichkeiten vorrätig haben. Jedenfalls zweifelt die Verhaltenstheorie nachdrücklich daran, daß höhere Gratifikation für Leistungen, die typischerweise von Oberschichtenangehörigen erbracht werden, bereitgestellt werden müßten, um diese für ihre sonst unterbleibenden Leistungen zusätzlich zu motivieren, und hegt hier Ideologieverdacht gegen die so argumentierende strukturell-funktionale Stratifikationstheorie[50]. Ebenso lehnt sie es ab, in allfälligem Widerstand gegen die Schichtungsordnung das Resultat von Verkennungen der wirklichen Verhältnisse zu vermuten, die aus intellektueller Verblendung herrührten und gewöhnlich erst agitatorisch übertragen werden müßten, bevor sie größere Mengen von Individuen zu mobilisieren vermöchten. Schließlich teilt die Verhaltenstheorie auch nicht die Vorstellung, daß der aus dem Gefühl der Ungerechtigkeit der Schichtungsordnung genährte Kampf gegen sie statt Fortschritts, auf den er abziele, nur Rückschritt bewirken könne. Vielmehr scheint ihr, daß das Gefühl der Ungerechtigkeit, das jedes konkrete Schichtengefüge in bestimmten Situationen bei bestimmten Schichten wachruft, in tatsächlichen Erlebnissen begründet sei, daß der von ihm ausgelöste Kampf zumindest die Selbstachtung der Teilnehmer fördere und daß ihm schon insofern keine überwiegend oder gar ausschließlich destruktive Wirkung zukomme. Hierin gibt es mancherlei Ähnlichkeiten der Verhaltenstheorie mit der Konflikttheorie, wie sie Ralf Dahrendorf[51] einmal ausformuliert hat.

Was die Forderung nach Nähe zu individuell ausgedrücktem und empirisch ermittelbarem Verhalten wissenschaftstheoretisch genauer meint, kommt in der Differenz, die die Verhaltenstheorie von der strukturell-funktionalen Theorie auf dem Gebiet der sozialen Differenzierung in der Schichtungsproblematik trennt, sehr gut zum Vorschein. Als akademische Tugend dargestellt, bedeutet die verhaltenstheoretische Einstellung Abstinenz von Spekulationen, mit denen die auf systematische Geschlossenheit abzielende menschliche Rationalität sonst Hypothesen hervorbringt, um ihr Gedankengebäude fliehende Phänomene dennoch einzufangen. Die Verhaltenstheorie fürchtet darin einen Hang zu Übertheoretisierung, zum Schaden für die unvoreingenommene Analyse des faktisch Gegebenen.

3.3 Wichtige Teilstrukturen der Gesellschaft

Da die soziologische Verhaltenstheorie einen Systementwurf, der die gesellschaftlichen Beziehungen als integriertes Ganzes eingrenzt und in diesem Rahmen ihre Interrelationen bestimmt, von der Anlage her für verfehlt hält, kann sie auch nicht – jedenfalls nach theoretischen Gesichtspunkten nicht – zwischen wichtigeren und unwichtigeren Teilstrukturen unterscheiden. Sie besitzt sie die Parsonssche Idee der functional prerequisites nicht, der funktionalen Vorerfordernisse dafür, daß das Soziale die Stetigkeit erlangt, in der es selber erst zur Orientierung des individuellen Handelns und zum Gegenstand wissenschaftlicher Beobachtung werden kann. Sie besitzt das Schema ausdifferenzierter Subsysteme nicht, die jeweils ein eigenartiges Medium der interindividuellen Handlungsübertragung symbolisch generalisieren und darin einen besonderen Leistungsbeitrag zum sozialen

Gesamtprozeß beisteuern: wie das wirtschaftliche Subsystem in dem Medium Geld den Stoffwechsel mit der materiellen Umwelt koordiniert, so daß die notwendigen Lebensmittel in ressourcensparender Weise produziert und effektiv vermarktet werden; wie das Subsystem Politik in dem Medium Macht die Kollektivität mit alle bindenden Entscheidungen versorgt, so daß sie gegen äußere Herausforderungen ihre Kraft geschlossen und doch arbeitsteilig spezialisiert einsetzen kann; wie das Subsystem der weniger formalisierten Gesellschaftlichkeit[52] mit dem Medium Einfluß die den Gesellschaftsbetrieb allenthalben scheinbar unorganisiert durchwaltenden Integrationen zuwege bringt, die sich weder mit Macht anordnen noch mit Geld verfügen noch mit ideologischen Appellen bewirken lassen; oder wie das Subsystem Kultur mit dem Medium Wertverpflichtung gemeinsame Glaubensüberzeugungen und traditionelle Moralen wachhält, um sowohl einen von der Politik her sich breitmachenden pragmatischem Opportunismus als auch ein von der Wirtschaft her vordringendes materialistisches Effizienzstreben als auch einen von der gesellschaftlichen Basis her überspringenden partikulären Solidarismus zu kontrollieren und auszugleichen. Ganz ohne solche Strukturschemata lassen sich Relevanzkriterien von Teilprozessen oder Teileinheiten schlechterdings nicht begründen. So huldigt die Verhaltenstheorie in ihrem wissenschaftstheoretischen Bekenntnis denn auch einem piecemeal engineering, zwar von der Hoffnung bewegt, die unendliche Zahl der Bruchstücke, die sie vor sich sieht und behutsam abtastet, in unendlicher Annäherung einmal zu einem endlich passenden Bild zusammenzupuzzlen, aber – anders als bei einem normalen Puzzle – ohne vorher einen Blick auf die Vorlage des fertigen Endprodukts geworfen zu haben und erst recht ohne ihre Fortschritte mit ihm ständig abzugleichen. Ohne Modell, nach dem sie zielbewußt aneinanderzufügen vermöchte, kann ihre Devise hier in der Tat nur trial und error heißen.

In der realen Arbeitspraxis bilden sich dennoch Schwerpunkte heraus, die unter der Hand den Charakter der middle range theories annehmen[53]. Zwei Strukturbereiche werden im Umkreis der verhaltenstheoretischen Gesellschaftsanalyse besonders aufmerksam studiert: der Bereich der Macht und der Bereich der Wirtschaft. Daß sie gesteigerte Aufmerksamkeit erregen, ist keineswegs zufällig, sondern hat in der Theorie liegende Motivgründe (und ist damit in dem oben ausgeführten Sinn dennoch nicht theoretisch begründet). Im Falle der Macht besteht das Aufmerksamkeitsmotiv darin, daß sie Erfolge in dem Bemühen erwarten läßt, durch psychologische Reduktion auf besondere individuelle Inhaber eine der auffälligsten, bestauntesten und in der populären Diskussion kontroversesten Variablen der gesellschaftlichen Beziehungen zu entschlüsseln. Im Falle der Wirtschaft besteht das Aufmerksamkeitsmotiv darin, daß der reale institutionelle Komplex des Marktes am reinsten dem Handlungsmodell entspricht, das die verhaltenstheoretische Anthropologie zur Erklärung der menschlichen Gesellschaft ohnehin favorisiert, das Modell des homo oeconomicus, der interessenbestimmt seinen individuellen Vorteil auch noch da im Auge hat, wo er sich ganz altruistisch gibt.

Im Sinne der Verhaltenstheorie ist Macht z. B. von David McClelland untersucht worden[54]. Er hat Macht als Verhaltensdisposition zu isolieren und zu messen versucht und glaubt, ein individuell unterschiedliches Machtbedürfnis nachweisen zu können, das auf höchst verwickelte Weise mit Leistungsbedürfnis und sozialem Anschlußbedürfnis zusammenhängt[55]. Dabei unterscheidet er vier Reifegrade des Machtbedürfnisses. Regt es sich zunächst dank äußerer Unterstützung, strebt es bald schon durch Training eigenen Vermögens nach unabhängiger Kraft, probiert sich hernach in Bestimmungsversuchen über andere und stellt sich endlich in den Dienst allgemeiner Ideen und übergreifender Organisationen, indem es sich gerade durch freiwillige Unterordnungen bewährt. Es begegnet uns hier also ein Machtbegriff, der mindestens auf drei seiner Reifestufen weitaus intrapsychischer bleibt als der Machtbegriff der politikwissenschaftlichen Systemtheorie etwa eines Robert Dahl. Er betont, daß Macht als solche gar nicht sicher festzustellen wäre, wenn keine Einwirkungsversuche auf andere stattfänden[56], d. h. er bindet seinen Begriff viel strenger an deutliche Verhaltensäußerungen, als es der der Verhaltenstheorie sich zurechnende und zugerechnete Forscherkollege tut, bei dem es wörtlich heißt, „daß unter psychologischem Gesichtspunkt das Ziel des Machtmotivs darin liegt, sich mächtig zu fühlen"[57]. Weiter forscht McClelland mit psychologischen Meßmethoden[58] nach unterschiedlichen Ausprägungen des Machtbedürfnisses mit der Frage, wie das individuelle Machtstreben in Institutionen eingeht und von ihnen absorbiert wird. Doch scheut er auch vor der Aufgabe nicht zurück, das Verhältnis der Gesamtrate von Machtbedürfnis in einer geschichtlichen Ära mit deren Bereitschaft zu Kriegen oder anderen kollektiven Gewaltveranstaltungen (Terrorismus, blutige Revolutionen, Pogrome) zu bestimmen. Nicht zuletzt sieht er im frommen Bekehrungseifer sublimierten Machtwillen am Werk, dem jedes Mittel paßt, um bedingungslose Anerkennung der eigenen Glaubensüberzeugung durchzusetzen.

Alle diese Untersuchungen sind ebenso anregend wie fesselnd. Doch anders als es von verhaltenstheoretischen Studien zu erwarten wäre, verdanken sie diese Wirkung keineswegs der definitorischen Klarheit ihrer Begriffe, der logischen Abfolge ihrer Thesen, den durch Tests erhobenen empirischen Befunden oder der statistischen Aufbereitung des so gewonnenen Materials. Vielmehr steht die mathematische Präzision der verschiedenen Korrelationsrechnungen in äußerstem Gegensatz zu der erstaunlichen Unschärfe der grundlegenden Konzepte und der manchmal sprunghaft anmutenden Willkür der Gedankenführung. Doch gerade in dieser Willkür beweist sich ein ungewöhnlicher Einfallsreichtum, durch den – überraschenderweise und völlig gegen das Selbstverständnis der Verhaltenstheorie: nur durch den – die Machtanalysen McClellands ihre Faszination erlangen.

Ebenfalls vom Standpunkt der Verhaltenstheorie aus, jedoch auf soziologischere Weise hat James S. Coleman das Machtthema behandelt[59]. Er beschäftigt sich mit dem Verhältnis von natürlichen und juristischen Personen; definiert die letzteren als korporative Akteure; untersucht Vorläufe der Entwicklung zu ihnen im mittelalterlichen Feudalismus Europas; unterscheidet die modernen Formen durch das Merkmal, daß in sie die Individuen nicht mehr ganz als Personen, sondern nur noch segmentiert mit Rollen eingehen; beschreibt die gesteigerte Durchsetzungsfähigkeit der korporativen Akteure; zeigt, wie sie sich auch gegen einzelne und selbst viele der korporationbildenden Individuen richten kann und bei Wirtschaftsverbänden, Gewerkschaften und Staaten zu richten pflegt; erklärt aus diesem Zusammenhang häufige Entfremdungsklagen, die er sowohl auf der politischen Linken als auch auf der politischen Rechten ausmacht; und fürchtet, daß sich in ihnen ein Gefühl wachsender Ohnmacht ausdrücke, deren Zunahme und Ausbreitung in vergleichenden Messungen tatsächlich erwiesen worden sei. Coleman plädiert dann dafür, den Befund ernstzunehmen, weil empirisch belegtermaßen das Gefühl der eigenen Machtlosigkeit mit Unwissenheiten und Irrtümern über wirkliche gesellschaftliche Zusammenhänge einhergehe. Hier bleibt allerdings unklar, ob er die verbreitete Mißstimmung über die moderne Gesellschaftsorganisation, in der oft über die Köpfe der Individuen hinweg und nicht selten gegen ihre Wünsche, jedoch insgesamt mit hoher Effizienz und schließlich zum Nutzen fast aller Entscheidungen getroffen und ausgeführt werden, für im wesentlichen affektiv hält, wogegen durch soziologische Aufklärung in Niklas Luhmanns Sinn des Wortes Abhilfe zu suchen sei, oder ob er das Leiden an der modernen Sozialorganisation selber teilt. Ein dem Verhaltenstheoretiker naheliegender parti pris für die Individuen, der nicht notwendigerweise Voreingenommenheit aus mangelnder Einsicht zu sein braucht, kommt jedenfalls bei ihm klar zum Ausdruck: „In einem solchen Sozialgefüge" (mit hoher Dichte an korporativen Akteuren) „ist es möglich, daß die Gesamtsumme der von allen natürlichen Personen besessenen Macht kontinuierlich abnimmt, während die von den korporativen Akteuren besessene

Macht entsprechend wächst. Sollte dies tatsächlich eingetreten sein, so bedeutet dies einen Verlust für natürliche Personen, und natürliche Personen sind es, um deren Interessen wir besorgt sein sollten. Ich behaupte, daß dieser Verlust eingetreten ist und daß als Folge die Ergebnisse gesellschaftlichen Geschehens nur zum Teil durch die Interessen natürlicher Personen bestimmt sind, wodurch eine Gesellschaft entstanden ist, die insgesamt keineswegs so funktioniert, wie es den Interessen der sie bildenden Personen entsprechen würde"[60].

Auf dem wirtschaftssoziologischen Feld bietet uns Mancur Olson eines der schönsten Beispiele für die Fruchtbarkeit der verhaltenstheoretischen Betrachtungsweise, zumal er ihre Methodik impizit-unaufdringlich handzuhaben versteht[61]. In bestechender Klarheit und stringenter Logik entwickelt er seine Gedanken und wartet mit ebenso wichtigen wie überraschenden Entdeckungen über Entscheidungswege beim individuellen Anschluß an Interessenorganisationen auf. Am Anfang seiner Arbeit stehen gruppentheoretische Überlegungen. Die rein klassifikatorischen Aggregate ohne Selbstreferenz aus dem Gruppenbegriff ausklammernd, gebraucht er ihn wie Raymond Cattell, der schrieb: „Jede Gruppe hat ihr Interesse"[62]. Mit Leon Festinger geht er dann davon aus, daß „the attraction of membership is not so much in sheer belonging, but rather in attaining something by means of this membership"[63], führt also gleich anfangs die für die Verhaltenstheorie charakteristische individuelle Nützlichkeitserwägung zur Begründung von Ob und Wie sozialer Anschlüsse ein, um dann darzulegen, daß gerade der Nicht-Anschluß trotz geteilter Interessen mit einer vorhandenen Gruppe und trotz unüberhörbarer Einladung zum Beitritt als der eigentlich rationale Kalkül zu verstehen sei.

Nehmen wir das Beispiel der Gewerkschaften! Ohne ihre Existenz und Stärke wäre in der Marktwirtschaft angemessene Beteiligung der Arbeitnehmerschaft an der wachsenden Arbeitsproduktivität kaum zu erreichen. Insofern leuchtet es ein, daß Beitritt sich auszahlt. Wenn auch die Mitgliedschaft nicht ganz billig ist, so erreichen die Kosten im allgemeinen bei weitem nicht das Maß der gewerkschaftlich erstrittenen Einkommenszuwächse. Die Bilanz scheint klar und für sich zu sprechen. Dennoch sind die vielen Arbeitnehmer, die den Gewerkschaften fernbleiben, keineswegs die Dummen, sondern genau genommen die Schlauen, kühler Rechnenden, nämlich die auch noch die positiven Auswirkungen der Beitrittswilligkeit und Mitgliedstreue der anderen Veranschlagenden. Ihr Kalkül verläuft folgendermaßen: Um stark genug zu sein, den Stillstand eines Industrieunternehmens durch Streik glaubwürdig androhen zu können, muß nicht die ganze Belegschaft des Betriebs, dem man angehört (oder die ganze Arbeitnehmerschaft der Branche, in der man beschäftigt ist) gewerkschaftlich organisiert sein; dazu reicht ein Bruchteil, dessen Arbeitsenthaltung auch die Arbeitsvollzüge des Rests lahmlegt. Ist dieser Bruchteil vorhanden, verhilft er den Gewerkschaften zu genügend Verhandlungsmacht (bargaining power), um das Unternehmen (oder den Wirtschaftszweig) von der Notwendigkeit der Gewinnteilung mit den Streikfähigen zu überzeugen. In ihren Genuß geraten nun freilich nicht allein die Gewerkschaftsmitglieder, sondern, ohne daß die Gewerkschaften darauf drängten, ja sogar im Gegensatz zu ihren Wünschen und Einflüsterungen, zahlt die Unternehmerseite die vereinbarten Zuschläge auf den Lohn auch an die nichtorganisierten Arbeitnehmer. Diese freiwillige Leistung scheint auf den ersten Blick unökonomisch. Auf den zweiten aber zeigt sich, daß sie durchaus mit spitzem Bleistift gerechnet ist. Denn würde sie nicht freiwillig erbracht, müßte sie binnen kurzem trotzdem gewährt werden, nun aber bei beträchtlich gesteigerter Gewerkschaftsmacht, die Eigentümern und Management natürlich unwillkommen wäre. Begünstigte die Arbeitgeberschaft nämlich nur Gewerkschaftsmitglieder, würden die anderen scharenweise beitreten. Bald schon würden die Gewerkschaften einen hundertprozentigen Organisationsgrad erreicht haben – die Lohnerhöhung für alle wäre ebenfalls fällig. Auf diese Rechnung setzen die Beitrittsverweigerer. Sie erkennen, daß Lohnerhöhung ein Kollektivgut darstellt, an dem zu partizipieren auch die nicht gehindert werden können, die zu seiner

Erzeugung selber nicht beigetragen haben. Im Rahmen einer konkurrenzwirtschaftlichen Gesellschaftsordnung ist die Möglichkeit zur Abwehr ihres eigennützigen Vorteilsverhaltens begrenzt. So könnten die Gewerkschaften versucht sein, eine Closed-shop-Politik zu verfolgen; doch wo sie der Gesetzgeber dazu nicht legitimiert (und das kann er unter pluralistischen Ordnungsbedingungen gar nicht), schlägt ihr Bemühen, die Erlangung eines Arbeitsplatzes von Zugehörigkeit zu ihnen abhängig zu machen, aus vielerlei Gründen unweigerlich fehl. Was ihnen bleibt, sind Solidaritätsappelle, ist die Pflege von value commitment, wie Parsons sagt, ist idealistisch-altruistische Sozialisation und die moralische Verketzerung der Sichverschließenden, damit ein ausreichend starkes Kampfpotential und ausreichend gefüllte Streikkassen dennoch zustande kommen.

Der Gedanke der Kollektivgüter, von deren Nutzung auch die nicht auszuschließen sind, die an ihrer Herstellung nicht teilnehmen, läßt sich leicht auf andere Felder übertragen. Wo unter dem Eindruck von Umweltschutzkampagnen eine größere Anzahl von Kraftfahrzeughaltern den abgasfilternden Katalysator montiert, da profitieren auch die von dem verbesserten Zustand der Atemluft, die selber die Kosten für die dazu notwendige Ausrüstung scheuen. Oder wo ein Staat Dienstpflichten schafft, sie aber nicht strafbewehrt, da profitieren vom Ergebnis der Dienstleistung auch die, die sich ihr entziehen, wie z. B. heute in Deutschland bei der Wehrpflicht die Verweigerer faktisch kostenlos von der vom Militär geschützten äußeren Sicherheit mitgeschützt sind. Olson verallgemeinert: „Die grundlegenden und elementaren vom Staat bereitgestellten Güter und Dienste, wie Verteidigung, Polizeischutz und allgemein das System von Recht und Ordnung, sind so beschaffen, daß sie jedem oder praktisch jedem innerhalb der Nation zugänglich sind. Selbst wenn es tatsächlich möglich wäre, wäre es offenbar nicht klug, dem vom Militär, der Polizei oder den Gerichten gewährten Schutz denjenigen vorzuenthalten, die nicht freiwillig ihren Anteil an den Kosten des Staates zahlen; folglich ist Besteuerung notwendig"[64].

In verhaltenstheoretischer Sprache wäre so zu formulieren: Bei der Herstellung von Kollektivgütern stoßen zwei konträre Handlungsmuster aufeinander, das eine kollektivistisch-solidarisch, das andere individualistisch-nutzenorientiert, die, zumeist durch Sozialisation zu Mentalitätsstrukturen verfestigt, den Individuen als tiefsitzende Dispositionen einwohnen, sich aneinander reiben und abarbeiten, im Ergebnis aber einen Ausgleich von moralischen Zwängen und individuellen Freiheiten besorgen, wie ihn alle Gesellschaften in jeweils eigentümlichen Proportionen aufweisen. Mögen ausnahmslos alle ethisch auch das eine positiv, das andere negativ bewerten, soziologisch ist klar, daß für den lebendigen Gesellschaftsbetrieb beide Handlungsmuster ganz unentbehrlich sind. Dennoch geraten wir hier an eine Schwachstelle der soziologischen Verhaltenstheorie. Um Vergesellschaftung aus Vorteilserwägungen herleiten zu können, müssen auch und gerade die primären Entscheidungen zur Assoziation, unter deren Voraussetzung die Kollektivgüter überhaupt nur zustande kommen, interessenrationalistisch einsehbar sein. Wenn die Schlauen abwarteten, wären dann die ursprüngliche Assoziationen, die ja sämtliche Überlebensgewinne sozialer Verbünde erst ermöglichen, eine Schöpfung der Dummköpfe? Und wenn Mitgliedstreue dumm wäre, weil das Kollektivgut auch ohne Vereinsbeiträge zu erlangen ist, müßte dann die individuelle Vorteilserwägung nicht eine Austrittswelle erzeugen, die die Interessengruppierung leerlaufen ließe, so daß hernach die Schlauen dumm aussähen? Olson antwortet auf solche Fragen mit dem Hinweis auf die Zwangsgewalt, die dem Staat als dem in der entwickelten Gesellschaft umfassendsten Interessenverband eigne, um Kostenbeteiligung sicherzustellen. Doch da erhebt sich sofort die Zusatzfrage nach dem Ursprung der staatlichen Zwangsgewalt. Vermag die Theorieschule von Machiavelli bis Lenin, die sie für das apparativ organisierte Resultat zufälliger naturaler Überlegenheiten von einigen über andere hält, damit die Stärkeren noch leichteres Spiel bei der Ausbeutung der Schwächeren hätten, dem demokratischen Sozialstaat auch nur ansatzweise gerecht zu werden? Müssen wir nicht vielmehr mit dem Blick auf dieses Staatsgebilde, aber bei genauerem Hinsehen auch auf feudale Herrschaften und selbst absolutistische Monarchien, erst recht natürlich mit dem Blick auf primitive Kleingesellschaften als politische Einheiten, ganz zu schweigen von familienhaften Sozialformen, gerade wenn wir gesellschaftliche Vereinbarungen ansonsten als Lernergebnisse rational den Vorteil suchender, auch den Vorteil vor den anderen suchender Individuen verstehen wollen, eine vor allem Lernen liegende Grundsozialität annehmen? Müssen wir nicht eine genetisch verankerte und übertragene soziale Klugheit der Natur annehmen, die sich zwar im Verhalten der Individuen erst verwirklicht, ohne die jedoch alle Erklärung, wie Gesellschaft möglich sei, gewunden und widersprüchlich bliebe?

3.4 Konflikt und Konsens

Um direkt anzuschließen: Da die verhaltenstheoretische Soziologie eine am Anfang der individuellen Biographie idealerweise leere Seele postuliert, jedenfalls mit einem Minimum von vorausgesetzten Eigenschaften auszukommen trachtet, um auf sie die mannigfaltige spätere Verhaltenswirklichkeit zurückzuführen, verzichtet ihr Menschenbild sowohl auf angeborenes Harmoniebedürfnis, das auf Konsens des Individuums mit seinesgleichen drängte, als auch auf angeborene Aggressivität, aus der sich eine untergründige Konflikthaftigkeit aller Sozialbeziehungen ergäbe. In der Konsens-Konflikt-Dimension gilt ihr der Mensch zunächst als neutral, prinzipiell offen für das eine wie das andere. Ob Individuen konsentieren oder konfligieren, hängt von den Umständen ihrer Begegnung ab.

Es mag sein, daß sie übereinstimmend gemeinsame Handlungsmöglichkeiten erkennen und beschließen, sie zu realisieren. Es mag aber auch sein, daß sie solche Möglichkeiten nicht sehen, die Gegenwart des anderen für ein Ärgernis halten und entscheiden, ihn zu bekämpfen. Gewiß verspricht der Kooperationsbeschluß im allgemeinen eher Nutzen als die Konfliktwahl, weil sich die vorhandene Energie durch ihn erstens nicht im personalen Gegeneinander verbraucht, sondern sachgerichtet einsetzen läßt, weil sie sich zweitens durch das Zusammenwirken additiv vermehrt, so daß zuvor unlösbare Aufgaben lösbar werden (eine zuvor zu schwere Last kann nun bewegt werden), und weil sie sich drittens durch Aufgabenteilung und Spezialisierung noch einmal zusätzlich potenziert. Dennoch wird durch den rechnerischen Nutzenüberschuß der Kooperation die Konfliktwahl nicht sicher ausgeschlossen. Deren besondere Chance liegt darin, daß sie bereits dann bindet, wenn nur einer sie trifft. Verlangt Kooperation die selbstbestimmte Einfügung aller Interaktionspartner, um starten und laufen zu können, so genügt zum Konflikt schon die Bereitschaft eines einzigen, um ihn hervorzurufen. Aber auch nutzentheoretisch muß die Konfliktwahl keineswegs irrational sein. Zur Erinnerung: Letztlich bemißt sich das Rationalitätsurteil über sie am Interesse des Individuums und wird von ihm letztendlich gefällt, d. h. die Verhaltenstheorie läßt dafür im Grunde keine soziale Gesamtrechnung zu, in der Vorteile und Nachteile bilanziert sind und der Saldo kollektiv zugeschrieben wird. Darum hat eine Verhaltensentscheidung als rational zu gelten, wenn sie in ihrer Begründung und ihren Folgen dazu angetan ist, den Bestand desjenigen zu fördern, der sie trifft. Die Konfliktwahl wird ihrem Wähler als rational vor allem dann erscheinen, wenn ein Individuum oder eine Gruppe vermutet, durch kämpferische Überwindung eines damit als Kontrahenten definierten Konkurrenten lebenswichtige knappe Güter für sich monopolisieren zu können. Wird eine Situation von einer Seite so eingeschätzt und das feindliche Handeln tatsächlich eröffnet, bleibt der anderen Seite nur die Entscheidung zwischen dem tödlichen Verzicht auf das Gut oder der Gegenwehr – mit immerhin einer

Restchance der Selbstbehauptung oder gar des Sieges. Jedenfalls kann da, wo dem Angegriffenen Existenzsicherung durch ein Aus-dem-Felde-Gehen verbaut ist, der Antrag zum Kampf rationalerweise nur mit Annahme erwidert werden.

Wenn sie darum Konflikt als eine stets offene Möglichkeit im Reich des Sozialen gelten läßt, hat die Verhaltenstheorie doch keine explikative Mühe mit der Tatsache, daß in der Summe der sozialen Interaktionen die konsensuell-kooperativ verlaufenden ein deutliches Plus vor den dissensuell-konfliktiv verlaufenden haben. Mehr Mühe als die Erklärung dieses Befundes bereitet ihr seine Anerkennung. Angesichts der vielen offenen und verdeckten Schläge, mit denen wir Menschen uns gegenseitig zusetzen, versteht er sich freilich auch keineswegs von allein. Sein Problem liegt zunächst schon darin, daß er überhaupt ein quantitatives Verhältnis konstatiert. Um zu zählen, also ein Mehr oder Weniger darzustellen, braucht man Einheiten. Wie aber kann man einen Verhaltensvorgang so isolieren, daß er sich als einer überhaupt abtrennen läßt, unstrittig geschieden von den anderen, die ihm vorangingen, die mit ihm einhergehen, die ihm folgen? Wenn man sich diese unerfüllbare Aufgabe aber einen Augenblick als erfüllt denkt: Wie wäre zu entscheiden, ob der einzelne Vorgang friedlich-freundlich oder feindlich zu zählen sei? Mit dem Motiv als Entscheidungshilfe tut sich die Verhaltenstheorie von ihrem Ausgangspunkt her jedenfalls schwer. Gerade weil es letztlich intrapsychisch und darum seine Ermittlung zweifelhaft bleibt, hat sie sich ja das äußerlich wahrnehmbare Verhalten zu ihrer Erklärungsbasis erkoren. Nicht minder schwer fiele es, statt auf das Motiv auf die nützlichen oder schädlichen Folgen als Kriterium abzuheben. Nicht nur daß ihre Nützlichkeit oder Schädlichkeit letztlich ebenfalls der subjektiven Bewertung anheimfällt, stellen sie sich auch nur selten unvermittelt ein. Wenn man aber beginnt, ihre Vermittlungen zu berücksichtigen, wo kann man haltmachen und erklären: nun ist es genug? Ohne sich der hier verborgenen fundamentalen Erkenntnisproblematik wirklich zu stellen (wie es die konkurrierenden Theorien der Soziologie tun, wenn sie Unschärfekategorien wie Verstehen, Dialektik, Interpenetration oder dergleichen in sie einbauen, um ihren Status auszuweisen), nimmt die Verhaltenstheorie eine Vorzugsstellung des Konsensuell-Kooperativen vor dem Dissensuell-Konfliktiven zwar nicht explizit, aber doch implizit einfach an. Anders könnte eben Gesellschaft als sich reproduzierende soziale Lebensorganisation von einiger Dauer gar nicht zustande kommen. Sie ist nur möglich, wo und solange wie Kooperationspräponderanz besteht, wie unpräzise der Sinn einer solchen Aussage sonst immer sein mag. Ohne sie gemäß den eigenen Wissenschaftlichkeitsansprüchen dartun zu können, ist sie für die Verhaltenstheorie doch genauso evident wie für alle andere Soziologie. Erst durch die Fährte, die sie verfolgt, um zum Ursprung des Dominanzverhältnisses zu gelangen, unterscheidet sie sich.

Obwohl sie rationale Nützlichkeitserwägung zur Begründung der Konfliktwahl nicht von vornherein ausscheidet, kann die Verhaltenssoziologie ein überzeugendes nutzentheoretisches Argument ins Treffen führen, um zu begründen, weshalb Gebarenskoordination[65] die in sich stetige, sich selbst bewahrende Figur des Sozialen ausmacht, während mögliche Gebarenskoordinationen verhindernder oder bestehende Gebarenskoordinationen zerreißender Konflikt den Ausnahmefall bildet, der zwar Änderungen der Figur bewirkt, doch sie als solche nicht auslöscht. Damit das Konfliktverhalten als rationale Wahl einleuchtet, müssen extreme Situationsbedingungen gelten, wie sie eben seltener auftreten als jene, die Konsens nahelegen. Zunächst verschwendet, wie gesagt, der Kampf gegen ein Subjekt, das an sich auch als Kooperationspartner fungieren könnte, Energien, die für sachgerichtete Anstrengung nicht mehr zur Verfügung steht. Darum kann die Kampfhaltung nur dem Vorteil bringen, der den Energieverlust durch einen Sieg am Ende überkompensiert. Der Weg dahin ist indessen auch für den existentiell gefährlichen, der sich auf Grund eines realistischen Kräftevergleichs mit dem Gegner für überlegen halten darf. Existentiell herausgefordert, vermag auch der vermeintlich Schwächere ungeahnte Kräfte zu mobilisieren, wodurch das Kampfergebnis zweifelhafter wird, als es nach der Papierform zu erwarten ist. Zusätzlich muß der Angreifer damit rechnen, daß dem Angegriffenen Dritte zur Hilfe eilen, die seinem erwarteten Sieg entgegenwirken, weil sie von ihm eine für sie selbst ungünstige Verschiebung des etablierten Gewichtsverhältnisses zwischen den vorhandenen Handlungsgrößen befürchten. In solcher Lage ist einerseits eine wirklich äußerste Ressourcenknappheit und andererseits eine beträchtliche Differenz der Stärken erforderlich, damit die Konfliktoption rational dennoch überzeugt. Selbst wenn alle Vorzeichen günstig sind, wird deshalb nur ein überdurchschnittlich risikofreudiges Temperament bereit sein, sie wirklich zu treffen. Unter Normalbedingungen jedoch spricht die Nutzenorientierung eindeutig für die kompromißbereite Konsenssuche.

Das nutzentheoretische Argument wird ergänzt durch ein lerntheoretisches, womit die grundlegenden Erklärungskonzepte der Verhaltenstheorie wieder beisammen wären. Da das Konsensmodell des Verhaltens sich im allgemeinen ergiebiger als das Konfliktmodell erweist, lernt der einzelne, der die Modelle erprobt, normalerweise am eigenen Erfolg, es als Strategie zu bevorzugen. Sobald er das tut, begegnet er dem Interaktionspartner in der Regel nicht mit Kampfansage, sondern mit Konsensantrag, wodurch die Konfliktchance schon um die Hälfte gemindert ist. War der andere anfangs vielleicht noch unsicher, welches Verhalten er zu erwarten hatte, und darauf gefaßt, konfliktär erwidern zu müssen, wird er die Einladung zum Konsens, der auch nach seiner Erfahrung die erfolgreichere Orientierung darstellt, alsbald erleichtert annehmen. Es entwickeln sich kooperative Strukturen, die für die Handlungsabsichten einzelner Dritter, für die sie zum Datum wird, ein Übergewicht erlangen. Sich in sie kooperativ einzuklinken, ist daher von allem Anfang an ratsam. Täten sie es nicht, würden sie um so gewisser am Mißerfolg lernen, daß sie sich fehlverhielten. So bilden sich relativ feste Konsenserwartungen und Konsensübungen aus, die ihrerseits zur normativen Struktur der Gesellschaft zusammenlaufen. Als solche sind sie mit Strafen bewehrt, mit denen die Wahrscheinlichkeit der Mißerfolgserlebnisse des Konsensverweigerers noch einmal artifiziell gesteigert wird. Die Konsenspräponderanz erscheint danach so gut befestigt, daß sich als das um so größere theoretische Problem herausstellt, Konfliktverhalten zu erklären, ohne dabei auf angeborene Aggressionskomponenten des Verhaltens zurückzugreifen.

Homans sieht sich darum genau zu diesem Schritt genötigt. Er schreibt: "... we shall introduce only one proposition about emotional behavior, the only one we shall badly need in order to explain the findings about social behavior ... This proposition we call the aggression-approval proposition ..."[66] Die zweiteilige Annahme, deren erster Teil hier allein wichtig ist, gibt die bekannte Frustrations-Aggressions-Hypothese von Neal E. Miller und John Dollard[67] wieder, nach der das Ausbleiben erwarteter Belohnung oder die Erteilung unerwarteter Strafe aggressives Verhalten befördere. Ausdrücklich räumt Homans ein, daß ein "purist in behaviorism would not refer to the expectation at all, because the word seems to refer, like other words such as 'purpose', to a state of mind"[68], und unterscheidet dann sehr genau diese Primärvoraussetzung seiner Theorie von den anderen, die er trifft. Weil seine Argumentation dabei die gesamte verhaltenstheoretische Grundproblematik erhellt, sei sie ausführlich zitiert: "In our first ... propositions, we were dealing with voluntary or, as the behaviorists call it, operant behavior. Operant behavior and emotional behavior such as aggression differ in the initial conditions that make their appearance more probable. No previous stimulus can automatically get a man to perform an operant the first time. He must just happen to perform it, even as a matter of chance, and be rewarded by it before he will perform it again. Only after he had been rewarded will the attendant stimuli begin to get some control over his action. Aggressive behavior can, on the contrary, be automatically produced the first time by a stimulus – the failure of an action to get the expected reward. In this respect, its initial release by a stimulus, aggression resembles a reflex like the familiar knee jerk"[69]. Erst diese in der Übernahme der Frustrations-Aggressions-Hypothese liegende Abweichung von der reinen Lehre der Verhaltenstheorie ermöglicht es Homans, die empirisch auffällige Häufigkeit aggressiver Akte, die als Folge eines reinen Vorteilsmaximierungskalküls nicht zu verstehen wäre, plausibel in seine Soziologie einzubeziehen.

3.5 Soziale Werte und Normen

Wie inzwischen mehrfach dargelegt, erklärt die Verhaltenstheorie die Regelmäßigkeiten, die an den gesellschaftlichen Interaktionen auffallen und von der Soziologie klassifiziert und problematisiert werden, aus dem Selbsterhaltungsstreben der zunächst individuellen Menschen (oder allgemein Organismen, soweit auch Pflanzen- oder Tiersoziologie in Betracht kommt), ihren zufälligen Begegnungen an ihren jeweiligen Wirkungsstätten und ihren daraus erwachsenden Erfahrungen. Bei ihren Streifzügen durch die Umgebung stoßen die zunächst solitär zu denkenden Individuen nicht nur auf teils hinderliche oder gefährliche und teils verwendliche Sachgegenstände, die sie um ihres Überlebens willen bearbeiten müssen, sondern treffen auch auf andere menschliche Individuen, die ebenso wie die Sachgegenstände teils hinderlich-gefährliches, teils nützlich-verwendliches Naturmaterial für sie bilden. Deshalb können sie nicht achtlos an ihnen vorüberziehen, sondern müssen sich mit ihnen auseinandersetzen. Der darum unausbleibliche Versuch der planenden Nutzung der jeweils anderen erfährt nun aber – anders als die Nutzungsversuche des übrigen Naturmaterials – deren planenden Gegenversuch. Doppelkontingenz[70] des so zusammenfindenden reziproken Verhaltens, der reziproken Verhaltenserwartungen und der reziproken Erwartungserwartungen ist darum die unvermeidliche Folge der Begegnung des Menschen mit seinesgleichen.

Auf den ersten Blick scheint es, als müsse diese Doppelkontingenz auf allen Seiten subjektive Unsicherheit bewirken, darum zu wechselseitiger Abwehr der Bemühung führen, sich den anderen für die eigenen Pläne gefügig zu machen, und ein sich gegenseitig durchkreuzendes Aufeinandereinhandeln von oft beiderseits ruinöser Konsequenz auslösen. Doch der erste Blick täuscht. Wenn man weiter nichts als den Zufall zugrunde legt, hat man anzunehmen, daß sich im Zusammentreffen der Individuen ganz ohne Vorbild einzelne kooperative Interaktionsketten bilden, deren Ertrag sich im Vergleich mit den Erträgen der übrigen Handlungsbeziehungen für beide Seiten (und für die beobachtenden Dritten) unübersehbar als bestandsichernder Gewinn erweist. Kooperativität erweckt also den Anschein, sich aus sich selbst zu lohnen. Von nun an wird sich kooperatives Handeln nicht mehr nur zufällig ereignen, sondern wird um seines vermuteten Ertrags willen vom lernfähigen Individuum gezielt angestrebt und ausgeübt. Damit setzt operante Selbstkonditionierung ein, die bald eine ganze Palette von Kooperationsmustern für häufig wiederkehrende Daseinslagen entwickelt. Tastendes Probieren, welches eigene Verhalten sich empfiehlt, um im Zusammenhandeln mit dem anderen den erhofften Gewinn zu sichern, wird danach im allgemeinen nicht weiter erforderlich sein. Vielmehr gewähren die erprobten Kooperationsmuster schon im voraus Orientierungen, von denen sich das Individuum in seinen einzelnen Verhaltensschritten weitgehend lenken läßt. Es vertraut ihnen auf Grund positiv bewerteter Erfahrung. Mit anderen Worten: auf dem Wege über Lernen an Erfolg und Mißerfolg entwickeln sich für die Standardsituationen des Lebens stereotype Verhaltensweisen, die die interagierenden Individuen ohne Zögern wiederholen, sobald die Situation eintritt, auf die sie gemünzt sind. Der einzelne erkennt und anerkennt nicht nur diese Ablaufmodelle von Interaktionen und spielt zwanglos seinen Part darin als Rolle, sondern wo die in Nuancen natürlich doch stets neuen Situationen Improvisation verlangen, da interpretiert er sie in sozialdienlicher Weise[71]. Um ihm diese Leistung zu ermöglichen, brauchen die meisten Rollenerwartungen im Bewußtsein des einzelnen nicht einmal als artikulierbares Wissen vorhanden zu sein. Um ihnen handelnd entsprechen zu können, genügt es oft, wenn sie – wie ein großer Teil unseres Wortschatzes – im passiven Gedächtnis vorhanden sind und durch unbemerkte Assoziation aktiviert werden. Soweit scheint es, daß die Regelmäßigkeiten des sozialen Handelns gar keiner Vorschriften bedürfen, um sicher vonstatten zu gehen. Dennoch gibt es für viele von ihnen ein sekundäres Sicherheitssystem, gewissermaßen ein Auffangnetz für den Fall, daß der Artist doch einmal ins Straucheln gerät und stürzt. Es kann theoretisch nicht ausgeschlossen werden und überdies lehrt die Erfahrung, daß von einzelnen Akteuren die Rollen bisweilen verfehlt werden. Spätestens in diesem Augenblick treten sie als solche explizit hervor und werden akut bewußt. Was immer die Motive der Abweichung vom Text gewesen sein mögen – sei es, daß jemand aus Intelligenzmangel den intrinsischen Nutzen der Kooperation nicht einsieht; sei es, daß er ihn aus einer Extremlage heraus verkennt, oder sei es, daß er aus Lust zum Destruktiven die an ihn gerichtete Erwartung vorsätzlich enttäuscht –, das konforme Verhalten verliert danach die Unschuld des Selbstverständlichen. Man weiß nun, daß es verfehlt werden kann; der Unterschied von gut und böse ist sichtbar geworden. Die als solche nunmehr erkannte Möglichkeit der Abweichung verlangt Vorkehrungen, die ihre Eintrittswahrscheinlichkeit verringern. Um das konforme Verhalten zusätzlich zu schützen, wird die Abweichung von einer dominanten Anzahl – nicht unbedingt einer Mehrzahl – von Individuen, denen an störungsfreier Kooperation gelegen ist, als schädlich eingestuft und systematisch geahndet. Diese Einstufung wird öffentlich bekanntgegeben und die Ahndung öffentlich angedroht. Damit ist ein Teil der Regelprozesse des sozialen Verhaltens auch machtmäßig normiert.

Die Verhaltenstheorie argumentiert also nicht, daß die sozialen Verhaltensregeln ihren Ursprung in der normierenden Strafmacht hätten; vielmehr ergeben sie sich größtenteils aus operanter Selbstkonditionierung, die den inhärenten, den einzelnen begünstigenden Vorteil ihrer Befolgung zu realisieren strebt. Daß sie dennoch verpflichtend geboten werden und durch zusätzliche artifizielle, nicht in ihnen selbst liegende Lohn- und Strafmechanismen weiter gefestigt werden, d.h. durch operante Fremdkonditionierung verstärkt werden, ist als Entgegnung der Opfer theoretisch erwartbarer und empirisch mit bestimmten Häufigkeiten vorkommender Abweichungsausnahmen sowohl gefühlslogisch verständlich als auch zwecklogisch sinnvoll: gefühlslogisch verständlich aus spontaner Empörung über die erlittene Erwartungsverletzung und zwecklogisch sinnvoll zum vorbeugenden Vertrauensschutz für künftige Normentreue. Aber ohne die Eigenstabilität des Normativen wären die äußeren Stützpfeiler zu schwach, es zu halten. Mit ihnen allein oder mit ihnen vor allem wäre weder sein Aufbau zu leisten noch sein Erhalt zu sichern.

Mit dieser Erklärungslinie bei den sozialen Normen begründet die Verhaltenstheorie den Vorzug einer liberalen Ordnungsaufsicht über die Mitglieder eines Sozialverbandes, unter den Bedingungen der modernen Staatsgesellschaft also den Vorzug einer liberalen Ordnungsaufsicht von Polizei und Justiz über die Bürger. Da sich Normenobservanz durch die ihr innewohnende Raison im allgemeinen von selbst auszahlt, unabhängig von sekundärer Vorteilsgewährung für ihre Einhaltung oder Strafandrohung gegen ihre Mißachtung, kann die Rechtsgemeinschaft überzeugt sein, daß Verstöße gegen ihre Gesetze marginale Erscheinungen des Gesellschaftsprozesses bleiben. Allerdings auch wer die Argumentation bis hierhin überzeugend findet, wird sich dem Zweifel nicht ganz verschließen können, ob sie das Anomieproblem nicht unstatthaft verharmlost. Auf den Punkt ist später in dem Kapitel, das das abweichende Verhalten gesondert behandelt (3.7), zurückzukommen.

Eng mit dem Normenbegriff verknüpft die Soziologie den Wertbegriff. Die sozialen Normen, in dem oben geklärten Sinn als reflexiv oder selbstreferentiell gewordene Regelhaftigkeiten sozialer Interaktion verstanden, stehen nicht isoliert jede für sich, sondern bilden einen Verweisungszusammenhang, in dem sie einander voraussetzen und stützen. D. h. sie bilden ein System. Betrachtet man sie so in ihrem Zusammenhang, zeigt sich, daß sie jeweils an konkreter Stelle allgemeine Ideen zum Ausdruck bringen, die sie als Einzelvorschrift gar nicht benennen müssen und von denen sie doch erst ihren tieferen Sinn verliehen bekommen. Durch Abstraktion vom Besonderen können die Ideengehalte der Normen begrifflich freigelegt werden. Obwohl sie spezifischer als die moralischen Grundregeln alles und jedes Sozialverhaltens sind, die Wahrhaftigkeit und Treue fordern und deren kein gesellschaftlicher Verband in seinem Innenleben entraten kann, wann immer und wo immer er uns entgegentritt (also auf allen Entwicklungsebenen der menschlichen Zivilisation), aber auch welcher Art er immer ist (Familie ebenso wie Nation, Schulklasse ebenso wie Wirtschaftsunternehmen, religiöse Sekte ebenso wie Verbrechersyndikat), bleiben die hier gemeinten Hintergrundideen des normativen Systems von Vergesellschaftungen doch zu unspezifisch, um unmittelbar als Rechtsvorschriften Verwendung finden zu können. Zwar sind sie von dem bestimmten historischen Zuschnitt der Gesellschaft geprägt, in der sie gelten, in ihren Überlieferungen ausgeformt, mit Legenden verwoben, die ihnen Aura geben, insofern nicht übertragbar und darum ein unverwechselbares und unaustauschbares Moment der korporativen Identität, dennoch sind sie zu auslegbar und zu auslegungsbedürftig, um in Zweifelsfällen als Handlungsanweisungen verstanden werden zu können. Sie lauten etwa: „Die Würde des Menschen ist unantastbar"; oder „Das Vaterland ist zu verteidigen"; oder „Ehe und Familie sind zu achten"; oder „Gedankenfreiheit und Meinungsäußerungsfreiheit sind eine kostbare kulturelle Errungenschaft"; oder „In Vereinen, in Parteien, in Gewerkschaften und in Kirchen soll die Bildung des Gesamtwillens demokratisch erfolgen". Doch obwohl interpretabel und daher bei Ungewißheit als Richtschnur für das einzelne Handeln kaum brauchbar, sind sie keineswegs wertlos.

Vielmehr bilden diese Hintergrundideen selber Werte im soziologischen Sinne des Wortes und erfüllen als Werte eine wichtige Funktion, insbesondere in der modernen pluralistischen Gesellschaft. Sie sind aber Werte, weil sie trotz aller Unklarheit über ihre spezifische Bedeutung im einzelnen bei einer überwiegenden Anzahl der Verbandsgenossen affektive Zustimmung auslösen. Positiv besetzt, wie sie deshalb sind, gewinnt die Berufung auf sie konsensstiftende Kraft und fördert die Kompromißbereitschaft. Wie diese Wirkungschance zustande kommt, bleibt zu erklären. Die Verhaltenstheorie versteht sie natürlich nicht als magische Ausstrahlung, die die Individuen irrational in ihren Bann zöge, sondern versucht sie ebenfalls aus rationalen individuellen Erwägungen abzuleiten. Damit tut sie sich allerdings nicht ganz leicht. Denn von ihren Grundvoraussetzungen her hat sie Schwierigkeiten mit der Vorstellung, daß bei allem sozialen Handeln hintergründig präsente Ingroup-outgroup-Verhältnisse die Gruppenkohäsion stärken und Zugehörigkeit auch dann als Wert, nämlich als Gemütswert erscheinen lassen, wenn ein Gruppenwechsel an sich möglich wäre und ökonomische Vorteile in Aussicht stellt. Wie Homans bemerkt hat, sprengt der Gedanke der Liebe als einer Anhänglichkeit, die ohne Belohnung geübt wird, eine Verhaltenstheorie, die sich puristisch abgrenzt. Bezieht sie ihn aber ein, kann sie mit ihren lerntheoretischen Hypothesen ohne weiteres dartun, wieso eine Reihe allgemeiner Ideen, die das Eigentümliche der eigenen Gesellschaft zum Ausdruck bringen und als solche im Bewußtsein ihrer Bekenner historisch-genetische Einzigkeit besitzen, den Charakter gemeinschaftlicher Werte annehmen, die zumeist auch symbolisch repräsentiert sind und über appellative Macht verfügen, mit der sie, wie Parsons sagt, commitment[72] hervorrufen. Wo in aktuellen Konfliktverbissenheiten die letztliche Angewiesenheit aufeinander aus den Augen zu geraten droht, da bringt die mahnende Erinnerung an die Werte das trotz aller Differenzen und Divergenzen Verbindende wieder zum Vorschein und hilft der Eintracht auf.

Gerade die moderne massendemokratische pluralistische Gesellschaft bedarf dieses Wirkungsmechanismus der sozialen Werte. Denn sie, die sich eigens zum Anspruch ihrer Gliederungen auf Verschiedenheit bekennt und verkündet, daß jeder einzelne nach seiner façon solle selig werden dürfen, und die Konfliktfähigkeit der partikularen Einheiten voraussetzt und fördert, kann erst recht nur bestehen, weil es jenseits der rationalen Entscheidungsgründe für den Beitritt zu einem gesellschaftlichen Verband eine emotionale Identifikation mit ihm gibt, die Binnenkonflikte vor dem destruktiven Zuspitzungsgrad bewahrt, den sie sonst erreichen würden. Diese emotionale Identifikation aber, gewissermaßen eine sozial erweiterte Identifikation des Individuums mit sich selbst in seiner geschichtlichen Gewordenheit, erklärt die Wertbesetzung der als Ideen gefaßten Ordnungsprinzipien der eigenen Gesellschaft, die als Ideen natürlich stets auch Idealisierungen der Wirklichkeit darstellen. Sowenig das Individuum das eigene Dasein in Frage ziehen und danach rational weiterrechnen kann, weil ihm mit dem eigenen Dasein die Zurechnungseinheit all seines Rechnens abhanden käme, sosehr verhindert Liebe die Infragestellung der sozialen Beziehungen, in die man hineingeboren und hineinsozialisiert ist.

Die Homanssche Approval-Kategorie treibt darum die Verhaltenstheorie über sich hinaus. Mit dieser Prämisse ist sie von anderen allgemeinen soziologischen Theorien nur noch schwer zu unterscheiden. Puristisch könnte sie sich ihrer freilich entledigen. Sie hätte dann zu zeigen, wie sich Liebe doch in Vorteilskalküle auflösen ließe. Dabei wäre das Grundargument, daß die emotionale Anhänglichkeit ans Gegebene und Gewohnte Ausdruck einer durchaus realistischen Furcht vor dem Fremden und Unbekannten sei, das andere Sozialverbände stets darstellten. Der Wechsel zu ihnen kann erfahrungsgemäß ohne Verlust oder gar mit Gewinn nur in günstigen Ausnahmefällen gelingen. Im nicht zu seltenen ungünstigen Fall wird der Versuch dazu mit dem Weggebissenwerden als Fremder enden und kann den eigenen Untergang herbeiführen. Normalerweise aber wird der Wechsel soviel Kapazität zum Erlernen der anderen Regelwerke (im Falle der Emigration häufig sogar der aller höheren mitmenschlichen Kommunikationsfähigkeit überhaupt zugrunde liegenden sprachlichen Regelwerke) verschlingen, daß er sich nicht lohnt. Darum kann die Bereitschaft, sich von Wertappellen zu zeitweiliger teilweiser Zurücknahme eigener Interessen bewegen zu lassen, als Sorge vor der Verstoßung aus dem vertrauten Sozialverband mit den erwartbaren existenzmindernden Folgen erklärt werden, die droht, wenn man sich den Wertappellen verschlossen zeigt. So betrachtet ist es nur klug, den sozialen Werten Aufmerksamkeit zu bezeugen, wenn sie ins Spiel gebracht werden.

Wenn nun auch derlei reduktionistische Konstruktionen logisch ohne weiteres aufgehen und die Zahl der Grundannahmen der Theorie senken, hat man doch wohl zu fragen, ob deswegen schon die Ökonomie der Beweisführung steigt und größere Nähe zur Realität gewonnen wird. Denn so durchtrieben-geistesgegenwärtig operierende individuelle Klugheit, wie sie das verhaltenstheoretische Modell unterstellt, dürfte in empirisch auffindbaren Bewußtseinsinhalten als Motivation sozial-freundlichen Verhaltens nur in seltenen Fällen nachweisbar sein. Das Konstrukt entlastet darum eine Theorie, die sich möglichst empirienahe halten will, nicht etwa, sondern belastet sie. Daß die Verhaltenstheorie es dennoch zäh verteidigt, läßt sich aus ihren eigenen individualistischen Wertauffassungen begreifen. Die Anerkennung einer unmittelbaren, aus angeborenen Dispositionen fließenden Sozialität würde letzten Endes bedeuten, daß die Handlungen, Gesinnungen und Gesittungen der Individuen nicht eigentlich gleichwertig nebeneinanderstünden – Ergebnisse ihrer je besonderen Existenzlage, aus denen eben jeder für sich das Beste zu machen strebt. Die Anerkennung der unmittelbaren Sozialität würde vielmehr die gesellschaftliche Werteordnung mit Objektivität ausstatten und sie auf eine fraglose Verbindlichkeitsbasis stellen, auf der keineswegs alles Verhalten Platz fände. Wer sie verfehlt, der würde nicht irgendwelche Absprachen verletzt haben, die anderen besser in ihre Angelegenheiten passen als ihm und die sie darum leichter einhalten können als er. Wer sie verfehlte, verfehlte die natürliche Ordnung des sozialen Lebens selber. Diese Konsequenz des soziologischen Denkens denkt die Verhaltenstheorie nicht mit.

3.6 Sozialisation

Als Paradepferd der soziologischen Verhaltenstheorie kann der Bereich der Sozialisation gelten. Klammert man das vorgängige Problem der Soziabilität aus, so ist hier das lerntheoretische Paradigma unmittelbar überzeugend. Die hohe Plausibilität der Verhaltenstheorie auf diesem Gebiet hat ihren Grund nicht zuletzt darin, daß im Sozialisationsprozeß wenigstens auf der einen Seite des Verhältnisses, das er begründet, als Einheiten immer nur individuelle Organismen stehen. Sozialisation von nicht-individuellen Größen zu denken, ergibt keinen Sinn.

Gesellschaftliche Verbände besitzen Verhaltensregeln, an deren Aufrechterhaltung sie aus bereits dargelegten Gründen interessiert sind. Als Problemstelle erweist sich dabei neues Personal. Ihm müssen die zunächst fremden Regeln von außen zur Internalisierung nahegebracht werden, damit es die Rollen zu beherrschen lernt, die jeweils für den einzelnen vorgesehen sind. Sozialisation umfaßt stets die beiden Komponenten, das Antragen von Verhaltensregeln durch den Sozialisator und das Erlernen der Verhaltensregeln durch den Sozialisanden. Dabei ist einerseits der Fall möglich, daß den Neuzugängen an der Beziehung zu dem Verband selbst gelegen ist, weil sie sich von ihr Vorteile versprechen, die woanders in demselben Umfang nicht zu finden sind, weshalb bei ihnen ein hohes Maß an mitgebrachter Lernbereitschaft unterstellt werden kann (als Normalbeispiel die vertraglich begründete und in Rechten und Pflichten bestimmte Zugehörigkeit zu einem Wirtschaftsbetrieb); andererseits kann es den Fall geben, daß den Neuen die Beziehung durch die Übermacht des Verbands alternativlos auferlegt ist, so daß sie von ihr freiwillig nicht Abstand nehmen können, weshalb bei ihnen die Mitgift einer besonderen Lernbereitschaft nicht vorausgesetzt werden kann (als Normalbeispiel die durch Geburt übertragene Zugehörigkeit, als Extrembeispiel die Inhaftierung). Doch in dem einen wie in dem anderen Fall wachsen dem Verband Mittel der Bestrafung und Belohnung zu, die er zur operanten Konditionierung einsetzen kann, um von ihm erwünschtes Verhalten zu mehren und unerwünschtes zu mindern. So gesehen befindet sich der Verband in einer Machtlage wie der Dompteur, der ein Tier dressiert, und verwirklicht einen Dressurplan wie dieser. Im ersten Fall bestehen die Mittel darin, daß der Verband mit Kündigung drohen kann, deren nachteilige Folgen die neuen Mitglieder von sich aus zu vermeiden streben; deshalb müssen sie sich anstrengen, das gesollte Verhalten zu begreifen, zu üben und durch Routinebildung möglichst bald zu perfektionieren. Im zweiten Fall, dem einer ursprünglich fehlenden Mitwirkungsbereitschaft, kann der Verband gezielt peinliche Maßnahmen gegen die Mitglieder verhängen, etwa indem er sie künstlich isoliert, indem er ihnen Essen und Trinken vorenthält, indem er ihnen mit Instrumenten dosiert Schmerzen zufügt oder indem er durch Einsperrung, Ankettung oder Fesselung ihren Bewegungsraum einengt. Sozialisation im Sinne von Einarbeitung in den Regelverkehr des Verbandes wird sich so oder so einstellen. Ob der Sozialisationserfolg aus anfänglicher eigener Mitwirkung resultiert oder gegen den Willen des Sozialisanden bewirkt wird, ändert nichts daran, daß der Verband schließlich mit hoher Sicherheit Rollenperformanz gewährleisten kann und damit das Problem der Regelübertragung auf das neue Personal gelöst hat.

So durchsichtig der Sozialisationsprozeß erscheint, wenn man ihn solchermaßen auf eine 1:1-Relation zwischen Sozialisator und Sozialisand vereinfacht, so verwickelt stellt er sich allerdings dar, wenn man sich die Vielzahl der Sozialisatoren vor Augen führt, die ihre Künste an nur einem Sozialisanden erproben, und die unausbleibliche Widersprüchlichkeit der von ihnen ausgehenden Sozialisationseinflüsse berücksichtigt. Keine Rede kann dann mehr sein von einem die Sozialisation wesentlich erleidenden Individuum, das, unentrinnbar den übermächtigen Konditionierungen desjenigen ausgesetzt, der über es allein verfügt, nichts anders tun kann, als gehorsam die ihm zugemuteten Reaktionen auszubilden, um in dem abgesteckten Lebensraum, den es gar nicht oder nur unter Hinnahme spürbarer Daseinsbeeinträchtigung verlassen kann, seine vitalen Bedürfnisse so gut wie möglich zu befriedigen. Die Einführung einer Mehrzahl von Sozialisatoren in das Modell begrenzt zunächst einmal deren Verfügung über Leben und Leib des Sozialisanden und entwertet damit die Dompteuranalogie so gut wie vollständig. Da sie alle dasselbe Individuum als Sozialisanden beanspruchen, kann keiner von ihnen mehr glaubwürdig dessen physische Vernichtung als Strafe für geringe Lernerfolge androhen. Denn die Exekution dieser Strafe führte zu Strafmaßnahmen der versammelten restlichen Sozialisatoren gegen den Exekutor, die dieser um seiner eigenen Unversehrtheit willen zu vermeiden trachten muß. Im übrigen ist er seinerseits normalerweise bereits so sozialisiert, daß er gar nicht auf den Gedanken kommt, zur Steigerung der Lernbereitschaft existentielle Vernichtungsdrohungen auszusprechen. Gleiches gilt für Strafen, die langwierige Beschädigungen an Körper und Geist des Sozialisanden zur Folge hätten. So wachsen diesem Resistenzpotentiale zu, die der Sozialisator nicht gewaltsam auflösen kann. Vielmehr ist er darauf angewiesen, den Sozialisanden zu überzeugen, daß das Erreichen des Sozialisationsziels in seinem eigenen Entwicklungsinteresse liege, also seine zukünftige eigene Handlungsmacht befördere und damit zu seiner Autonomie beitrage.

In der Rechtsverfassung menschlicher Gesellschaften schlägt sich diese fundamentale Einschränkung der Sozialisationsmacht einzelner Sozialisationsinstanzen in dem Tötungs- und Verletzungsverbot nieder, mit dem einmal durch Geburt oder spätere Initiationen aufgenommene Mitglieder vor Übergriffen aller möglichen Partikularsubjekte geschützt werden. Unter modernen Bedingungen begründet sich daraus das Gewaltmonopol des Staates. Er allein kann legalerweise ein individuelles Gesellschaftsmitglied mit gewaltsamer Einschränkung der Bewegungsmöglichkeit, mit instrumentell zugefügten Schmerzen oder mit dem Tode bestrafen. Wo es sonst geschieht, vollzieht es sich entweder illegal und muß selbst mit Bestrafung rechnen oder beruht – wie im Falle der elterlichen Gewalt – auf einem staatlich verliehenen und aberkennbaren genau definierten Rechtstitel. Am Gewaltmonopol des Staates, der als Anstalt im Unterschied zu allen sonstigen Vergesellschaftungen ungestraft den Lebenseinsatz von Bürgern zu seinen Zwecken betreiben oder ihr Leben als Vergeltung für eine von ihm inkriminierte Tat ungestraft auslöschen kann, kommt darum übrigens besonders klar zum Ausdruck, daß die staatlich organisierte Gesamtgesellschaft keineswegs nur ein begrifflich-ideelles Konstrukt darstellt, sondern eine reale, selbständige und handlungsfähige Körperschaft von eigener Identität bildet. Daran ändert auch nichts, daß sich der Staat in einer Reihe moderner Gesellschaften des Rechts auf Todesstrafe begeben hat. Sein Gewaltmonopol und sein Zugriffsrecht auf Leib und Leben der Bürger bleiben davon prinzipiell unberührt.

Wenden wir uns nun von der Sozialisatorenseite weg und der Sozialisandenseite zu, so bedeutet deren aus der Sozialisatorenvielheit herzuleitendes Resistenzpotential keineswegs notwendigerweise eine Steigerung ihres individuellen Wohlbefindens. Während nämlich der Sozialisand bei einem einzigen Sozialisator mit einem normalerweise durchsichtigen Programm konfrontiert ist, dessen Befolgung ihm entsprechend mühelos gelingt, geht die Sozialisatorenmehrzahl mit einer Vielfalt von Programmen einher, die stets auch widersprüchliche Elemente enthalten und darum in die eigenen Verhaltensstrukturen nicht immer leicht einzupassen sind. Ihren Ausgleich muß das Individuum durch Präferenzbildungen und Opportunitätsreglements leisten, die ihm Risikobereitschaft und

Kreativität abverlangen. Wenn aber die Sozialisationsziele besonders sperrig gegeneinander sind, Rangdifferenzen zwischen ihnen sich nicht ausmachen lassen und die einzelnen Sozialisatoren weitgehende Gelegenheitskontrolle auszuüben vermögen, wird das Individuum seine Lage mit Angst und Verzweiflung quittieren[73]. Im Verhalten können sie sich in Form von Kurzschlußhandlungen, Apathie und allgemeiner Widerspenstigkeit bemerkbar machen.

Solche Folgen sind allerdings nur unter Extrembedingungen zu besorgen. Liegen sie nicht vor, so werden die widersprüchlichen Sozialisationsversuche kognitive Dissonanzen auslösen, die das Individuum eher aktivieren als passivieren. Es empfindet den dissonanten Zustand seines Bewußtseins zwar als unangenehm, aber wird von ihm nicht gelähmt, sondern beginnt unter seinem Eindruck Suchprozesse, um den Zustand zu überwinden. Hier greift die Verhaltenstheorie also auf Leon Festinger[74] zurück, dessen diesbezügliche Hypothesen ihr zu einer geläufigen Erklärungsfigur geworden sind. Doch ist der Rückgriff teuer erkauft. Das Individuum gewinnt dabei unter der Hand einen kaum noch zu begrenzenden Reichtum an Optionen. Es setzt z. B. seine beiläufig erworbenen, ihm selbst gar nicht akut bewußten Erfahrungen ein, es dirigiert durch Verdrängung oder Fixierungen seine Kognitionen um[75], es richtet sein Aspirationsniveau neu ein, es wechselt seine Bezugsgruppen, es ändert seine ästhetischen Vorlieben, seinen Geschmack, es manipuliert sogar seine Sinnlichkeit und reorganisiert seine Bedürfnisstruktur. Mit der Anerkennung dieser Vielfalt am Optionen verschwimmt darum die klare Stimulusresponse-Grundlage der Verhaltenstheorie. Wo der Reiz so unbestimmt wird, wie er in der Vorstellung einer diffusen Unannehmlichkeit auf Grund kognitiv unvereinbarer Erfahrungen gedacht wird, und die Reaktion so mannigfach sein kann, daß sie allenfalls höchst ungefähr und nur mit hoher Fehlerquote zu prognostizieren ist, da wird die Erklärung eines komplexen Explanandums nicht mehr in dessen Reduktion auf elementare Sachverhalte gefunden, sondern es wird auf seine Verbindung mit und Durchdringung von anderer Komplexität verwiesen. Damit aber rückt der Abstand zwischen der Verhaltenstheorie und solchen soziologischen Theorien, die von vornherein mit der Figur einer letztinnig indeterminierten Subjektivität arbeiten, auf ein Minimum zusammen.

Diese anderen Theorien unterscheiden sich dann von der Verhaltenstheorie im wesentlichen nämlich nur noch darin, daß sie ihre Unfähigkeit zu präzisen Prognosen mit hoher Trefferquote positiv fassen und sie ihrem Objekt, dem Handlungsträger, als Freiheit zuschreiben. Hans Albert hat sicher recht, diese Projektion der prognostischen Schwäche nicht nur der Soziologie, sondern der Sozialwissenschaften insgesamt als Ontologisierung menschlicher Wissenslücken zu beschreiben[76]. Aber soweit seine Diagnose als Kritik gemeint ist, überzeugt sie nicht. Vielmehr ist solche Ontologisierung gleichfalls eine Strategie zur Bewältigung kognitiver Dissonanzen, diesmal eben im Bereich der wissenschaftlichen Theorie, und hier wie sonst nicht nur psychologisch gut verständlich, sondern auch erkenntnislogisch völlig legitim. Die Freiheitsidee bringt – psychologisch eher realistisch-pessimistisch als utopisch-optimistisch – die Vermutung zum Ausdruck, daß die gegenwärtig noch unverstandenen und unbeherrschbaren Eigenheiten, die der Untersuchungsgegenstand den Bemühungen entgegensetzt, die Gesetzmäßigkeiten zu erfassen, nach denen er sich bewegt, ganz zu verstehen und zu beherrschen wohl nie gelingen wird. Der kausal-reduktionistischen Erklärungslogik entsagt sie damit nicht prinzipiell, sondern nur limitierend, insofern sie eine letzte Grenze der menschlichen Erkenntnis annimmt, die wir zwar immer noch weiter hinausschieben mögen, aber niemals endgültig überwinden können. All unser Denken, so postuliert die Freiheitsidee, wird diese Grenze mit Aporien schlagen. In der alltäglichen Wissenschaftssprache tragen wir ihr Rechnung durch probabilistischen Geltungsanspruch für unsere theoretischen Konstruktionen, durch Wahrscheinlichkeitsangaben für unsere Prognosen, durch Konditionalisierung unserer Thesen. So bringt die Freiheitsidee das Eingeständnis einer restlichen Dunkelheit auf eine

Kurzformel, die beim Versuch der restlosen kausalanalytischen Erklärung stets zurückbleibt. Im übrigen macht es für die wissenschaftliche Arbeit, etwa bei der Hypothesenbildung oder den Demonstrationsverfahren, keinen Unterschied, ob die Eigenheiten des Untersuchungsgegenstandes qualitativ als dessen inneres Vermögen oder quantitativ als die Unfähigkeit des endlichen Bewußtseins gefaßt werden, jemals die unendliche Fülle seiner äußeren Determinationen zu bestimmen. Will man die mit der Freiheitsidee eingeschlagene Strategie der Dissonanzenbewältigung negativ bewerten, kann man sicher sagen, daß damit eine essentialistische Leerformel in Ernst Topitschs Wortbedeutung[77] auf einen unverstandenen Vorgang gemünzt wird. Sarkastisch wäre indessen einzuwenden, daß die Prägung einer Kurzformel für eine verwickelte theoretische Operation immerhin sprach- und denkökonomisch ist.

3.7 Soziales Handeln und abweichendes Verhalten

Im weiteren Sinne heißt soziales Handeln nach Max Webers berühmter Definition alles Tun oder Unterlassen, „welches seinem von dem oder den Handelnden gemeinten Sinn nach auf das Verhalten anderer bezogen wird und daran in seinem Ablauf orientiert ist"[78]. Wenn nun das Begriffspaar soziales Handeln und abweichendes Verhalten gebildet wird, verdeutlicht eine so weit gefaßte Definition, daß im Verständnis der Soziologie auch abweichendes Verhalten soziales Handeln ist, seinem gemeinten Sinn nach ebenfalls auf das Verhalten anderer bezogen und daran in seinem Ablauf orientiert. Das ist nicht selbstverständlich. Es könnte auch daran gedacht werden, daß es wie die Symptome einer Krankheit ohne gemeinten Sinn aus einem Individuum hervorbricht und ohne Rücksicht auf andere und ohne Vorsicht vor ihnen seinen Lauf nimmt. Betrachtet man beispielsweise den Verzehr sogenannter harter Drogen, so ist denkbar und in dem sprachlichen Bild von der Sucht nahegelegt, daß ein einmal damit zufällig in Berührung geratener Mensch (Kriminalfilme arbeiten gern mit Erstkontakt durch gewaltsame Einflößung) hernach ein physiologisch verursachtes völlig unbezähmbares Verlangen nach dem Stoff entwickelt, die er sich nunmehr beibringt, weil der Organismus nach ihr nicht anders verlangt als nach Nahrung und Flüssigkeit. Drogenkonsum läge insoweit außerhalb des sozialen Handelns[79] und wäre folglich auch kein abweichendes Verhalten. Doch ist die Konstruktion, die jede Entscheidungsmöglichkeit zum Verzicht ausschließt, gewagt und wenig realistisch. Sobald eine Verzichtsmöglichkeit aber angenommen wird, gewinnen wir die Rauschgifteinnahme dem sozialen Handeln zurück, wo es sich als abweichendes Verhalten ausweist.

Die Aussage, abweichendes Verhalten sei im sozialen Handeln umfangslogisch ohne Rest enthalten, befriedigt wenig. Es kommt vielmehr darauf an, es in seiner Eigenart herauszuarbeiten. Dazu empfiehlt es sich, den Begriff des sozialen Handelns enger zu fassen und auf solches Tun und Unterlassen einzuschränken, das als regelgebundenes, rollengerechtes, normenerfüllendes, kurz als prosoziales Verhalten[80], den Hintergrund abgibt, auf dem das abweichende Verhalten erst als Figur hervortritt. Mit dieser Einengung verengt sich unvermeidlich auch der Begriff des abweichenden Verhaltens selbst – und gewinnt dabei an soziologischer Schärfe. Geht man von der Weberschen Kategorie aus, fällt in ihn ausnahmslos jede durch Tun oder Unterlassen hervorgerufene Enttäuschung von anderer Leute Erwartungen. Hält man sich aber an die Konturen, die vor dem Hintergrund des prosozialen Verhaltens aufleuchten, fällt eine ganze Reihe von Erwartungen aus ihm hinaus. Ausgeschlossen sind erstens alle Erwartungen, die schlichten Mißverständnissen entspringen (z. B. der Annahme des Freundes, mit dem ersehnten, aber ausbleibenden Freund ein Treffen vereinbart zu haben), zweitens alle Erwartungen, denen man nicht entsprechen kann, weil höhere Gewalt es verhindert (der wartende Freund wird enttäuscht, weil der zu ihm eilende Freund unterwegs einen Unfall erlitt), und drittens alle Erwartungen, die ganz ungedeckt durch Gewohnheitsbildungen sind (z. B. die Hoffnung eines überschuldeten Mannes, vom Nachbarn eine Schuldbürgschaft zu erhalten). Vor allem zählt dann aber viertens zum abweichenden Verhalten nicht mehr die handelnde Enttäuschung solcher Erwartungen, die selbst regelwidrig sind, z. B. der Erwartung des Bruders an den Bruder, ihm bei einer Kränkung des Vaters zu helfen, der Erwartung eines Unfallpartners an den anderen, mit ihm einen Versicherungsbetrug zu begehen, der Erwartung eines Buchhalters an den Kollegen, seine Unterschlagung zu decken, der Erwartung eines flüchtigen Terroristen an den früheren Studienfreund, ihm Unterkunft zu gewähren, der Erwartung eines konspirierenden Offiziers an seine Kameraden, einen Putsch zu unterstützen.

Eine solche Begriffseinschränkung zu vollziehen, fällt der Verhaltenstheorie nicht leicht. So glaubt z. B. Opp, eine besonders fruchtbare Definition wäre gefunden, würde man „dann von abweichenden Verhalten sprechen, wenn eine Person durch eine Verhaltensweise die von ihr perzipierte Erwartung mindestens einer anderen Person oder Institution verletzt"[81]. Würde diese Bestimmung angenommen, kehrten allerdings sämtliche oben aus dem Begriff ausgeschlossenen Fälle in ihn zurück – mit der Ausnahme nur des Freundes, der den irrtümlich an eine Verabredung glaubenden Freund warten läßt, weil hier die Erwartungsperzeption fehlt. Der durch höhere Gewalt gehinderte Freund, wie ihn Schillers „Bürgschaft" darstellt, würde nach dem Oppschen Vorschlag hingegen abgewichen sein, wenn der reißende Fluß ihn verschlungen oder die Räuber ihn erschlagen hätten. Ebenso wäre die Zurückweisung jedes Ansinnens, an einer illegalen Aktion teilzunehmen, abweichendes Verhalten. Der Oppsche Vorschlag brächte darum die Kategorie des abweichenden Verhaltens um einen erheblichen Teil ihres soziologischen Gehalts.

Warum aber schlägt er sie uns vor? Der Grund findet sich wohl in der Schwierigkeit, die die Verhaltenstheorie mit der Idee von Gesellschaft als verbindlicher Wertegemeinschaft hat, in der die individuellen Wertsetzungen eben nicht gleichrangig nebeneinanderstehen, eine wie die andere Ausdruck von aus besonderen Existenzlagen herrührenden Interessenhaltungen, sondern wo sie in eine objektive Werteordnung einfließen, der das einzelne Handeln in durchaus unterschiedlichem Maße gerecht wird oder dem es in durchaus unterschiedlichem Maße schuldig bleibt. Wer diese Idee ablehnt, neigt dazu, Erwartung gleich Erwartung zu setzen und Abweichung dann als beliebige Erwartungsenttäuschung zu definieren. Jedoch von ihren Prämissen her muß die Verhaltenstheorie so nicht notwendigerweise argumentieren. Vielmehr kann sie durchaus normative Strukturen als Lernresultate organisiert aufeinander bezogener Menschenmengen verstehen, die die Fähigkeit besitzen, ihre Erwartungen zu generalisieren, öffentlich zu proklamieren, durch Sozialisation zu übertragen und ihnen durch glaubwürdige Strafandrohung Geltung zu verschaffen. Erst wenn die Verhaltenstheorie diesen Schritt vollzieht, mit dem sie die normative soziale Erwartung von beliebiger Erwartung eines beliebigen Individuums abgrenzt und ihr eine andere Qualität zuspricht, schließt sie zum soziologischen Verständnis des abweichenden Verhaltens auf. Dann aber sind ihre analytischen Sonden durchaus geeignet, in die Kategorie des abweichenden Verhaltens tiefer einzudringen und fruchtbare Differenzierungen in ihr vorzunehmen. Drei dieser Differenzierungen sollen im folgenden unter die Lupe genommen werden.

Zunächst einmal kommt der Individualismus der Verhaltenstheorie zum Zuge. Es entspricht zutiefst ihrer Denkweise, daß abweichendes Verhalten ganz als individuell-personales Verhalten gedacht ist. Gewiß erkennt die Soziologie in der vollen Breite ihrer Schulrichtungen soziale Korporationen der unterschiedlichsten Beschaffenheit, schreibt ihnen eine Art Identität zu und impliziert darin auch Handlungsfähigkeit. Sobald sie sich darauf aber verständigt hat, entbrennt Streit über die Frage, inwieweit es sich bei dieser Begriffsbildung um eine willkürliche terminologische Übereinkunft handele, für die eine reale Substantialität nicht anzunehmen sei – bloßer Denkentwurf also, dem andere Entwürfe derselben Dignität entgegenzustellen wären[82] –, oder inwieweit sie den Strukturen der Wirklichkeit nachgebildet sei, wir sie deshalb zwingend vollziehen müßten, um uns erfolgreich zu orientieren, so daß alternative Begriffsbildungen nur Mißbildungen sein könnten, die uns auf Irrwege führten. Es erhebt sich also der Universalienstreit der mittelalterlichen Scholastik wieder, in der die Verhaltenstheorie die nominalistische Seite einnimmt, während Theorien in der Tradition Durkheims (strukturell-funktionale, funktional-strukturelle) die realistische Seite repräsentieren.

In dieser Ausrichtung verweist sie darauf, daß wir abweichendes Verhalten genau genommen stets nur den Individuen zuschreiben und uns dagegen sperren, Korporationen als seine Träger zu betrachten. Da es eher den Ausnahme- als den Regelfall bildet, eher selten als häufig eintritt, kommt es zumeist unerwartet und ist mithin auffälliger als konformes Verhalten. Da es überdies in seinen Konsequenzen den Verhaltenspartner unvorbereitet trifft, wirkt es dramatischer und wichtiger als das konforme. Wo nun auf solche Weise einem Handeln größere Relevanz beigemessen ist, verlangen wir entschieden nach personaler Verantwortlichkeit. Es einer Korporation anzulasten, genügt uns nicht; denn wir empfinden da ganz deutlich: "Corporations have no soul to save and no bottom to kick"[83]. Im Ernstfall zeigt sich unser Vertrauen auf ein Handlungssubjekt von kollektiver Natur schwach. Sicher wissen wir die juristischen Konstruktionen zu schätzen, wonach Korporationen mit ihrem Vermögen haften, wenn sie Schaden verursachen, und für Normenverstöße bestraft werden können, etwa durch Zwangsauflösung und mit Verbot der Neugründung. Aber wo entsprechende Urteile gefällt werden, da sehen wir – mit Genugtuung oder Bedauern – doch durchweg einzelne Personen betroffen, die durch die Vollstreckung einen privaten Vermögensnachteil erleiden oder gar strafrechtlich belangt werden. Da Korporationen keinen Schmerz fühlen, keine Überraschung erleben, keine Hoffnungen hegen, keine Scham empfinden, können sie auch nicht lernen. Wenn ihre Bestrafung nicht auf die individuellen Mitglieder durchschlüge und von ihnen als höchstpersönliche Pein erfahren würde, wären daher Verträge mit Korporationen keinen Pfifferling wert. Dennoch auf sie zu bauen, spräche nur für Weltfremdheit. Die Verhaltenstheorie kann darum gerade an der Figur des abweichenden Verhaltens ihr theoretisches Mißtrauen gegen die Idee der kollektiven Identität mit dem natürlichen Mißtrauen der menschlichen Normalempfindung untermauern.

Doch nicht nur von ihren individualistischen, sondern zweitens auch von ihren lerntheoretischen Positionen aus läßt sich das abweichende Verhalten gut packen. Die Soziologie unterscheidet sich von anderen Betrachtungsweisen dieses Phänomens vor allem darin, daß sie es in Ursprung und Häufigkeit – Häufigkeit sowohl seines Vorkommens im gesellschaftlichen Durchschnitt als auch seiner Wiederholung bei einzelnen Individuen – im allgemeinen nicht für eine angeborene, sondern für den Ausfluß einer durch Lernen erworbene Handlungsdisposition hält. Richtiger und umfassender wäre zu sagen, daß sie abweichendes Verhalten nicht für krankhaft hält, d. h. nicht als Folge organischer Deformationen eines Menschen betrachtet[84], ob diese nun genetisch übertragen oder sonstwie verursacht wären, sei es traumatisch, durch Infektion oder durch Vergiftung. (Deswegen ist die Soziologie natürlich nicht gehindert, einzuräumen, daß bei einzelnen Deliktarten, insbesondere bei schweren sadistischen Sexualstraftaten, krankhafte Komponenten, z. B. Defekte des Hormonsystems, im Spiel sein können. Vielmehr erleichtert ihr ein solches Zugeständnis die Demonstration der Erklärungskraft ihres Konzepts im übrigen.) Wenn nun das abweichende Verhalten nicht als reines, unbeabsichtigtes Zufallsprodukt zustande kommt – wie es gelegentlich durchaus der Fall sein mag –, so muß es durch Lernen ins Verhaltensrepertoire gelangt sein. Gerade die verhaltenstheoretische Schule der Soziologie wird aber nicht müde, die Fruchtbarkeit lerntheoretischer Betrachtungsweisen zu betonen und im einzelnen zu zeigen, wie Lernprozesse das menschliche Verhalten steuern. Das abweichende Verhalten als ein besonders markantes, sich vor dem Hintergrund des Gewöhnlichen deutlich abhebendes Verhalten, bietet ihr daher ein hervorragendes Demonstrationsobjekt.

Und in der Tat, die bekannten Ansätze der soziologischen Devianztheorien wie Anomietheorien, Theorien der differentiellen Assoziation, ökologische Theorien und sogar der labeling approach – er spätestens da, wo er sekundäre Devianz ins Spiel bringt –, beruhen durchweg auf ausgesprochenen oder unausgesprochenen lerntheoretischen Voraussetzungen[85]. Zunächst entdecken sie Zusammenhänge zwischen bestimmten sozialen Lebensbedingungen und spezifischen Devianzraten, etwa von dem Typus: „Kinder, die unvollständigen Familien entstammen, in broken homes heranwachsen, verwahrlost sind, fallen durch überdurchschnittliche Jugenddelinquenz auf"; oder: „Soziale Unterschichten weisen ein überproportionales Maß an Gewalteinsatz als Konfliktmittel auf"; oder: „Gefängnisse sind Brutstätten der Kriminalität." Sind die Entdeckungen und die von ihnen suggerierten Hypothesen statistisch gesichert, stellt sich die weitere Frage, warum nicht alle Kinder aus sozial schwachen Familien asozial werden, warum die meisten Angehörigen der Unterschichten Gewalt bei der Austragung von Streitigkeiten meiden, warum mancher Haftentlassene in seinem Verhalten keinerlei Rückfallneigungen an den Tag legt. Zur Beantwortung dieser Fragen sind wiederum Bedingungslagen sozialer Natur heranzuziehen, diesmal aber eben spezifischere, ausgedrückt in Hypothesen wie: „Wenn alleinerziehende Mütter nicht berufstätig sind, bleiben die Kinder eher vor Jugenddelinquenz bewahrt" oder: „Wenn Unterschichtenangehörige kirchlich gebunden sind, ist ihre Gewaltneigung geringer" oder: „Wenn der Strafvollzug auf Resozialisierung eingestellt ist, bleibt die Rückfallquote niedrig"[86]. Dieser Erklärungsweg läßt sich fortsetzen. Jedesmal finden wir den Verursachungsmechanismus, der uns überzeugt, darin, daß wir die soziale Lage mit Sozialisationsbedingungen, d. h. mit Verstärkeroperatoren verknüpft annehmen, die bei günstiger psychischer Disposition das fragliche Verhaltensresultat als individuellen Lernerfolg begreiflich scheinen lassen.

Ganz im Sinne der Verhaltenstheorie führt nun der Prozeß der fortgesetzten Konkretisierung der zunächst abstrakt gefaßten Soziallage auf dem Wege über immer kleinere Aggregate am Ende zur singulären Daseinssituation der Einzelperson, in der deren unvergleichlich-besonderen Individualdaten hervortreten, als da wären: Ausstattung mit seelisch-körperlichen Anlagen (einem bestimmten Maß an Robustheit, an Gewandtheit, an Schönheit), Beziehungen zu auf dieser Ebene selber singulär zu sehenden Sozialpartnern (Verwandte, Nachbarn, Arbeitskollegen, Vereinskameraden) und Teilhabe an bestimmten Rechten und Pflichten (Eigentum, Sorgerecht für Kinder, Militärdienstpflicht). Im Insgesamt der Wechselverhältnisse, in denen diese Individualdaten zueinander stehen, scheinen sie uns zu erklären, wieso ein bestimmter Mensch die Verhaltensneigungen aufweist, die an ihm auffallen. Auch auf dieser untersten Ebene des Erklärungsprozesses gehen wir davon aus, daß das Verhalten nicht willkürlich-regellos verläuft, sondern bestimmte Äußerungen wahrscheinlicher sind als andere, und versuchen sie lerntheoretisch zu erfassen, also als konditionierungserworben zu verstehen. Allerdings stellt sich dabei wieder heraus, daß das elementare Individualverhalten – wo es abweicht genauso wie wo es konform geht – von unendlich vielen Variablen – darunter auch seine Orientierung an sozialen Normen – gesteuert wird und insofern nicht weniger Erkenntnisprobleme aufwirft, als es löst und als in den soziologischen Aggregatdaten verborgen sind. Wir sehen hier also erneut, daß die Idee der Letztbegründung im Einfachen utopisch ist. In Wahrheit verläuft unsere Erkenntnis in spiralförmigen Bahnen: zirkulär kehrt sie an den Ausgangspunkt zurück und steigt dennoch auf.

Drittens paßt der Verhaltenstheorie das abweichende Verhalten mit seinen Subkulturen ins Schema, um gegen das Konzept der kulturell gestifteten normativen Geschlossenheit der integrierten Gesamtkollektivität ihr multikulturelles Gegenbild einer Vielfalt letztlich selbstbestimmter und oft unvereinbar Gruppennormen zu stellen. Wie wir sahen, hegt sie von Anfang an tiefes Mißtrauen gegen alle Vorstellungen von einer durch Werte verbundenen Gesellschaft, die als solche eine identische Einheit bilde und gegenüber den in ihr versammelten Kollektivitäten eine autoritätsbefugte höhere Instanz darstelle, als welche sie gegen Widersetzlichkeiten Strafen zu verhängen und zumeist auch zu vollstrecken nicht nur faktisch imstande sei, sondern darauf moralisch auch einen – gemeinhin unbestreitbaren – Anspruch habe. Sowenig die Soziologie auf ein solches Konzept verzichten kann, ohne ihren Gegenstand aufzugeben – sie könnte es in der Tat sowenig wie die Biologie auf den Begriff des Organismus verzichten könnte –, sosehr bringt es sie in Verlegenheiten, die Wasser auf die Mühlen der Verhaltenstheorie leiten. Denn wenn abweichendes Verhalten nach dem gemeinsamen Verständnis der unterschiedlichen soziologischen Schulen nicht angeborenes oder im medizinischen Sinn krankhaftes Verhalten ist, sondern in bestimmten Situationen der Problemlösung dient (man begeht eine Unterschlagung und kann seine Schulden bezahlen), gewinnt es hohe Wiederholungswahrscheinlichkeit, sobald sich das Problem erneuert. Um generalisiert zu werden, muß das abweichende Verhalten nach der Erfahrung des Abweichers also Gratifikationen spenden. Wird es aber danach lernend generalisiert, steigt das Entdeckungsrisiko. Dieses wird nun um so leichter eingegangen und getragen, als abweichende Milieus zur Verfügung stehen, die umgekehrt die Abweichung positiv sanktionieren und idealisieren. Die Abweichung sucht sozusagen nach ihr gemäßer Kultur, nach Subkultur, in der sie als eine Art Kampfhandlung gegen äußere Feinde Beifall und damit moralische und nicht selten organisatorische Unterstützung findet. Aber auch umgekehrt besteht der Zusammenhang: Die deviante Subkultur sozialisiert Individuen, die aus welchen Gründen immer zu ihr stoßen, im Sinne ihrer abweichenden Werte und Normen.

Genau damit aber löst sich die um ein in sich geschlossenes Wertesystem integriert gedachte gesellschaftliche Einheit auf. An ihre Stelle treten unterschiedliche, konkurrierende und – im Grenzfall des abweichenden Verhaltens – aggressiv-gegensätzliche Kollektivitäten mit inkompatiblen Commitments. Soweit sie ihre Mitglieder tatsächlich binden und verpflichten können, sind sie nichts anderes als selbst Gesellschaft, für die die andere Gesellschaft, mit der sie den Raum teilt und von der sie als abweichend etikettiert wird, bloße Umwelt darstellt, deren Strukturen und Aktionen in der Regel zwar wichtig sind, mit denen zu rechnen deshalb klug ist, deren Werteappelle bei ihr jedoch nicht ziehen. Am schärfsten zeigt sich dieses Verhältnis, wo fundamentalistisch-totalitäre Gruppierungen, wie wir sie aus der Geschichte unseres Jahrhunderts vor allem als kommunistische Guerilla kennen, anders als andere, eher unpolitische kriminelle Subkultur, der Wirtsgesellschaft in nahezu allen Belangen die Loyalität verweigern und nicht nur nicht bereit sind, eingenistet wie Parasiten mit ihr zu existieren und von ihr zu zehren, sondern sie mit äußersten Mitteln nach den eigenen Wertüberzeugungen umzumodeln versuchen.

Aber auch ohne eine derart radikale Zuspitzung von krimineller Gelegenheitsausbeutung, die die vorfindliche Gesellschaft als bloße Umwelt wahrnimmt, in verbissene Feindschaft gegen sie, in der sie als das Reich der Finsternis erscheint, bricht sich an der abweichenden Subkultur die Idee von Gesellschaft als werte-integrierter Systemeinheit. Eine normativ um Eigenwerte auskristallisierte Kultur bildet letztlich Gegenkultur, auch wenn ihre Eigenwerte nur partiell Gegenwerte sind. Als solche läßt sie sich nicht in einem arbeitsteiligen Zusammenhang von Subsystemen unterbringen, die zwar manchmal auseinanderweisende Optiken von der Lage haben und auseinanderweisende Handlungsprogramme verfolgen mögen, insgesamt aber kooperativ einen Gesamterfolg anstreben. Von der Verhaltenstheorie her leuchtet eher ein, daß Korporationen desto brüchiger werden, je subsystemisch differenzierter sie sind. Im Grunde versteht die Verhaltenstheorie Integration und Anomie als unauflösliche Korrelation: mit der einen wächst die andere. In kleinen Gruppen darf dagegen das Problem der Anomie vernachlässigt werden. Da in ihnen lange Interaktionsketten fehlen, kann der Täter seine Abweichung kaum verbergen. Nicht nur er selbst erlebt die destruktiven Folgen seiner Devianz unmittelbar anschaulich am Betroffenen, sondern auch die Dritten erleben so. Wenn ihn nicht schon selbst reut, was er angerichtet hat, und er nicht aus eigenem Antrieb Wiedergutmachung leistet und künftige Abkehr verspricht, so werden die Dritten die Strafe auf dem Fuße folgen lassen. Hochorganisierte Gesellschaften mit weitgehend anonymen Handlungsverkettungen tun sich schwer, diesen Korrekturmechanismus zu ersetzen. Denn erstens reichen ihre Kontrollsysteme bei weitem nicht aus, Abweichung einigermaßen sicher zu entdecken; zweitens bleibt in ihnen der Abweicher selbst von den schädlichen Folgen seines Tuns zumeist ganz ungerührt, weil er sie kaum jemals anschaulich erfährt; drittens ereignet sich die Strafe im Entdeckungsfall am Ende eines langwierigen verfremdenden Verfahrens, das ihr sowohl einen Teil der generalpräventiven Wirkung auf ihrseits ähnlich abweichungsdisponierte Individuen nimmt als auch einen Teil der läuternden Wirkung auf das Gemüt des Abweichers selber; und viertens hat der Abweicher in der hochorganisierten Gesellschaft eine gute Chance zur differentiellen Identifikation mit einer passenden Subkultur und findet insoweit gute Bedingungen zu sozial getragener abweichender Identitätsbildung. Steigt aber mit steigendem Organisationsgrad unvermeidlicherweise der Anomiegrad einer Gesellschaft, dann folgt daraus offensichtlich, daß Wertegemeinsamkeit als einheitsstiftende Kraft mehr ideologische Fiktion als theoretische Idee darstellt.

Wenn diese Argumentation stichhält, müßte sie den Verhaltenstheoretiker entweder an seinem individualistischen Liberalismus irrewerden lassen, der mit seiner Abschwächung des Lernoperators Strafe die Anomierate doch gerade fördert, oder müßte ihn zu einer am Kleingesellschaftlichen ausgerichteten politischen Romantik bewegen, die die Probleme der modernen Massenzivilisation für unlösbar-tödlich hält und an ihnen insgeheim ihre Freude hat. Doch läßt sich an dem Persönlichkeitsbild, das die öffentlich bekannteren Verhaltenstheoretiker bieten, weder das eine noch das andere ablesen. Skinner oder Bandura, prominente Vertreter der Verhaltenstheorie auf unterschiedlichen Feldern der Mutterwissenschaft Psychologie, Popper oder Albert, ihre wissenschaftstheoretischen Wegbereiter, Homans oder Blau, ihre soziologischen Vordenker, McClelland oder Olson, ihre kreativen Anwender, Malewski oder Opp, ihre vielzitierten Programmatiker, stehen alle gleichwenig in dem Ruf, am Liberalismus als Handlungsprogramm einer humanvernünftigen Politik in der heutigen Welt zu verzweifeln und ihre Zukunftshoffnung auf autoritäre Modelle des sozialen Zusammenlebens zu setzen, noch läßt sich bei ihnen ein Liebäugeln mit technikfeindlichen, der nüchternen abendländischen Rationalität abschwörenden, grün-alternativen Gesellschaftsbildern ausmachen. Spätestens hier, wo sie praktisch werden, verfangen sich die verhaltenstheoretischen Entwürfe in den Aporien, denen wir nicht zu entgehen vermögen.

3.8 Sozialer Wandel

Als letztes Thema, an dem die in diesem Lehrbuch versammelten soziologischen Theorien sich miteinander vergleichen und ihre wissenschaftliche Eigenart und besondere Leistungsfähigkeit vorführen sollen, steht der soziale Wandel. Auch mit ihm hat die Verhaltenstheorie keine großen Probleme, ob er nun einfach als richtungslose Veränderung von Normen und Institutionen gedacht oder ob er als fortschreitende Entwicklung, als Evolution konzipiert wird. Mit ihrem lerntheoretischen Reduktionismus gelangt die Verhaltenstheorie bald zu seinen Quellen und spürt empfindlich die Impulse auf, die ihn dauernd in Gang halten.

Die Einzelheiten des Erklärungsverfahrens, das die Verhaltenstheorie beim sozialen Wandel anwendet, lassen sich mittlerweile sehr abgekürzt angeben, weil sie sich im Prinzip von der Verfahrensweise, wie sie bei den anderen Themen erörtert wurde, nicht unterscheiden. Wie Individuen lernen, daß sich bestimmtes Handeln auszahlt, weil es von den anderen, auf die es sich auswirkt, hingenommen oder gar freundlich aufgenommen wird, wie sie es darum wiederholen, wie aus der Wiederholung bei den anderen Erwartungshaltungen entstehen, deren Enttäuschung Kosten verursacht, wie sich aus solchen Erfahrungen intraindividuell eine Hierarchie relativ fester Verhaltensgewohnheiten aufbaut, wie diese sich interindividuell mit den Hierarchien der anderen zu sozialer Verhaltensorganisation vernetzt, wie sich gleichzeitig die den Verhaltensgewohnheiten entsprechenden einzelnen Erwartungshaltungen nicht nur im individuellen Bewußtsein bündeln und zu persönlichen Erwartungsstrukturen verfestigen, sondern sich auch sozial untereinander verschränken, in Institutionen niederschlagen und zu normativen Ordnungen verknüpfen, wie schließlich die normativen Ordnungen zu den Individuen zurücklaufen und sie schon von vornherein bei ihrer Handlungsselektion sozial dirigieren, all das ist inzwischen mehrfach dargelegt worden und darf darum als bekannt vorausgesetzt werden. Nicht anders nun, als solche Strukturen entstehen, vergehen sie und schaffen Platz für neue. Wie sie sich aus interindividuell abgeklärten individuellen Interessen aufbauen und verfestigen, so lockern sie sich aus einer Reihe von Gründen wieder auf und bauen sich wieder ab, wenn das individuelle Anschlußverhalten an sie den individuellen Interessen nicht mehr dient und in der Kosten-Nutzen-Bilanz seiner Träger negative Werte erzielt. Nunmehr weniger belohnt als bestraft, erfolgt es darum zögerlicher oder bleibt ganz aus und wird darum auch für die es erwartenden Adressaten ungewisser, die bedenken müssen, daß ihre übliche Reaktion verlustreich für sie enden kann. Deshalb spielen auch sie ihren Part nicht mehr selbstverständlich und tragen somit ihrerseits zur Erosion der normativen Strukturen bei. Was gelernt war, ist dann bald wieder verlernt. Da dabei der soziale Verkehr im allgemeinen aber nicht abnimmt (wie es geschehen könnte, wenn gleichzeitig die Zahl der vergesellschafteten Individuen nennenswert zurückginge), besteht der Regelungsbedarf des sozialen Verkehrs fort. Anstelle der veralteten Verkehrsregeln werden deshalb alsbald neue treten.

Zu klären bleibt, unter welchen Bedingungen in der Vergangenheit bewährtes, interessendienliches Verhalten diese Eigenschaft verliert. Die Gründe dafür können psychosozial externer Natur sein oder psychodynamisch-intern entstehen. Die externen rühren daher, daß sich die Umweltbedingungen wandeln, an die die sozialen Strukturen angepaßt waren, die internen daher, daß erprobte Verhaltensweisen mangels Übung vergessen oder aus Überdruß aufgegeben werden.

Verändern sich die Umweltbedingungen, hört das auf sie bezogene Handeln auf, die gewohnten Früchte zu tragen, um derentwillen es erfolgte. Fährt man trotzdem mit ihm fort, wirkt nicht nur der Verstärker Lohn nicht mehr, sondern kommt der Abschwächer Strafe zum Zuge. Wenn unersetzliche Energie und Zeit vergeudet wurden, die dringend für den Lebensunterhalt gebraucht waren, setzt nämlich bald Verelendung ein, der nur durch Readaptation der sozialen Strukturen an die veränderte Umwelt begegnet werden kann. Trotzdem ist nicht zu erwarten, daß der fällige Umbau ohne weiteres in Gang käme und komplikationslos vonstatten ginge. Die von der Umweltveränderung verursachten Lasten oder Gefahren (z. B. Minderversorgung mit Energie, wenn bisher genutzte Quellen erschöpft sind; Bedrohung durch Konzentration feindlicher Streitkräfte an nur einer der entfernten Grenzen des Landes) werden nicht von allen gleichzeitig und nicht von jedem gleichermaßen empfunden. Doch für die eingefahrenen, indessen nicht mehr zum Ziel führenden Bahnen der Verteilung der Nachteile und Vorteile des gesellschaftlichen Lebens ist nicht eine einzige Alternative denkbar, sondern konkurrieren mehrere. Welche der projektierten Neuanpassungen nun wirklich gangbar sind und welche von ihnen als optimal gelten kann, ist zunächst völlig ungewiß. In der Auseinandersetzung darüber liegt die Spaltung der Gesellschaft in entschiedene Befürworter gemäßigter und entschiedene Befürworter radikaler Problemlösungen nahe. Nicht nur daß deren Kräfte sich gegenseitig aufheben und damit als produktive verlorengehen, obendrein treten sie unter dem Eindruck der unsicheren Zukunft und der davon ausgelösten Sorgen und Ängste oft genug aggressiv gegeneinander an, ziehen andere in Mitleidenschaft und verschlingen damit zusätzliche Energie. Veränderungsdruck tendiert deshalb zu sozialen Konflikten, und die Konflikte ihrerseits verstärken die Veränderungsdynamik[87]. Denn in den Konflikten kommt ja zum Ausdruck, daß die überkommenen Rollenverteilungen angefochten werden und eine gütliche Einigung auf neue vorerst nicht gelingt; solange die Konflikte aber weitergehen, zerstören sie das alte Rollengefüge über das für den Umbau sachlich erforderliche Maß hinaus.

Die Verhaltenstheorie reagiert auf diesen Befund natürlich nicht mit Forderungen nach gesellschaftlichen Gesamtplanungen, um die destruktiven Konflikte zu unterbinden, und mit dem Verlangen nach übermächtiger Gewaltenkonzentration bei einer Gesellschaftsleitung, damit diese solche Pläne auch verwirklichen könne. Vielmehr hält sie Konflikte, die in kritischen Situationen tradierte Arrangements nicht durch rationale Erwägung und friedlichen Vertrag (Habermas' herrschaftsfreien Diskurs), sondern durch Kampf mit offenem Ausgang und hohem Risiko außer Kraft setzen, einerseits für ganz unvermeidlich und andererseits für letztlich heilsam[88]. Denn wenn erst einmal der Verdacht eingesetzt hat, daß der alte Gesellschaftsvertrag ungerecht war oder der Entwurf des neuen ungerecht sei, läßt sich Vertrauen nur schwer wiederherstellen. Bevor ein Verhandlungsklima entsteht, in dem Übereinkünfte gedeihen, bedarf es zumeist der leidvollen Erfahrung, daß das Konfliktverfahren viel nachteiliger ist, als man durch Kompromißlösungen an Nachteil zu gewärtigen hat. Es bedarf mit anderen Worten der intrinsischen Strafen des Konflikts für beide Parteien, damit sie lernen und aus Schaden klug werden.

Damit Wandel eintritt, muß nicht unbedingt zuvor eine Umweltveränderung stattgefunden haben, auf die die vergesellschafteten Menschen handelnd reagieren. Es gibt die beiden weiteren, in den Menschen selbst wohnenden Möglichkeiten des Vergessens und des Überdrusses. Wie das Vergessen sozialen Wandel bewirkt, kann man in Spielgruppen von Kindern beobachten. Wenn ein Verhaltensmodell, mit dem sie sinnvoll und erfolgreich Probleme lösten, eine Zeitlang unbeachtet bleibt, weil die Probleme ausbleiben, kommt es vor, daß sie bei deren Wiederauftritt die Erinnerung an das Modell verloren haben und improvisierend ein neues erfinden. Einen solchen Vorgang auch in institutionell ausgearbeiteten sozialen Gebilden etwa des wirtschaftlichen oder politischen Lebens zu entdecken, die für die im individuellen Bewußtsein präsenten und im Gedächtnis aufbewahrten gängigen Verhaltensreaktionen durchweg Techniken der dokumentarischen Speicherung besitzen, dürfte nicht leicht sein. Dennoch gibt es ihn sicher. Zu suchen wäre er in Erscheinungen, die in größeren und unregelmäßigen Abständen vorkommen. Weiter oben haben wir vermutet, daß das bäuerliche Marktverhalten, aus dem der Schweineberg hervorgeht, teilweise damit erklärt werden mag, daß letzte Erfahrungen mit ihm zu lange zurückliegen, als daß die Anzeichen der Entwicklung noch die nötige Beachtung fänden.

Als Quelle des sozialen Wandels ist aber sicher von viel größerer Bedeutung als das Vergessen alter Verhaltensweisen der Überdruß an alten Verhaltensweisen. Die Mode auf allen Gebieten, wo sie uns begegnet[89], nicht zuletzt als Paradigmenwechsel in der Wissenschaft, wie ihn Thomas Kuhn gezeigt hat[90], entspringt aus dem Überdruß am sattsam Bekannten und der zu ihm gehörenden Lust an der Abwechslung. Eine erfolgreich die Überlebensprobleme lösende, daher saturierte Gesellschaft hat Kapazitäten frei, die auf Verwendung sinnen. Ohne daß die konventionellen Verhaltensweisen ihre sachliche Eignung zur Aufgabenerfüllung eingebüßt hätten, entstehen darum Rollen, in denen neue

Verhaltensweisen oder Erzeugnisse ausprobiert und öffentlich vorgeführt werden. Vorzugsweise im Bereich der Ästhetik lassen sich solche Vorgänge beobachten. Da es hier von vornherein nicht ums Überleben geht, in diesem Sinne der Ernst fehlt, werden Abweichungen von einer einmal gefundenen Verhaltenslinie leichter toleriert, kaum bestraft und eher belohnt. Je reiner das Ästhetische dabei von anderem geschieden ist, ohne beispielsweise religiöse Funktionen oder ideologische oder konsumptive (Wohnungsbau) mitzuerfüllen, je mehr also l'art pour l'art gilt, desto ungehemmter können die freien Kapazitäten mit der Überlieferung umspringen und mit Variationen überraschen. Für ein Auge, das an bestimmte Ansichten gewöhnt und darauf eingestellt ist, sie wiederzusehen, sind ihre abweichenden Kreationen geradezu unentrinnbarer Blickfang. Da die Erwartungsstörung zugleich als rein ästhetische, materiell folgenlose Irritation erkannt wird, findet sie allenfalls milden Tadel. Im Grunde weiß der Tadel: de gustibus non disputandum – und bleibt darum geschmäcklerisch. Aufmerksamkeit zu erregen stellt aber andererseits in sich selbst ein Stück Gratifikation dar. Insofern ist es verständlich, daß besonders vitale, übermütige, mutwillige Individuen die nur schwach geahndeten Abweichungen nutzen, um sich in Szene zu setzen. Ihr Beispiel ermutigt andere, nicht ganz so verwegene wie sie, die nun schon nicht mehr ganz so unerhörten, nicht mehr ganz so riskanten Abweichungen zu imitieren, um auch noch in den Genuß des Beachtetseins zu gelangen. So setzt sich die Imitationskette unaufhaltsam fort. Aber irgendwo in der Mitte schlägt das ursprüngliche Imitationsmotiv ins Gegenteil um: die Neuerung ist inzwischen so verbreitet, daß man sie akzeptieren muß, um nicht abzuweichen. Wer jetzt erst seine Gewohnheit ändert, tut es, um nicht in die Gefahr zu geraten, als rückständiger Nonkonformist verschrien zu werden. Damit aber hat sich der Prozeß totgesiegt. Mit neuen Variationen wird er alsbald von vorn beginnen. Der Modekreislauf der saturierten Gesellschaft fängt von vorne an.

Die bisher beschriebenen Erscheinungsformen des sozialen Wandels tragen keine Züge der Evolution an sich. Sie drücken ein unablässiges Entstehen und Vergehen aus, das, ganz den externen oder internen Augenblicksumständen folgend, sich von Mal zu Mal in andere Richtung bewegt oder sich – wie bei der Mode – im Kreise dreht. Es gibt aber auch einen fest dimensionierten sozialen Wandel, dessen einzelne Veränderungen sich unschwer auf einer einheitlichen Linie anordnen lassen, auf der sie von Mal zu Mal weiterrücken. Nicht daß dieser Wandel notwendigerweise auf ein Endziel zuliefe, das sich als zukünftige Gestalt der Gesellschaftverfassung bestimmen ließe! Zwar ist die Versuchung groß, die Endgestalt zu fixieren und auszumalen. Damit aber verläßt die Wissenschaft ihre Grenzen und wird zu science fiction. Was sie indessen leisten kann, ist das Kontinuum des evolutionären Wandels einzuordnen.

In der Tat hat sich die Makrosoziologie daran immer wieder versucht und ist dabei zu überraschend gleichen Ergebnissen gelangt. Comte hat den auf derselben Bahn progredierenden sozialen Wandel in seinem Dreistadiengesetz als Fortschritt vom fetischistischen über das metaphysische zum positiven Denken verstanden, Marx hat ihn als Wachstum der Produktivkräfte dargestellt, Durkheim hat ihn als Entwicklung von mechanischer zu organischer Solidarität bestimmt, Tönnies hat ihn als Überlagerung von Gemeinschaftsformen des Sozialen durch Gesellschaftsformen gefaßt, Max Weber hat ihn als Rationalisierungsprozeß gesehen, und Parsons hat ihn als zunehmende Ausdifferenzierung von Subsystemen beschrieben. Wie unterschiedlich die Punkte gewählt sein mögen, die die Richtung bezeichnen, sie haben sämtlich denselben Vektor, der sich in einer Fülle einzelner Gebiete der gesellschaftlichen Organisation ausspannt: in der Politik vom archaischen Häuptlingstum hin zum modernen Staat; in der Ökonomie von der Subsistenzwirtschaft kleinster Gemeinschaften hin zur myriadenfach verflochtenen Weltwirtschaft; in der Religion von flüchtigen Bekennergruppen hin zu übernationalen Kirchen; im Militärischen von strategisch unverbundenen kämpferischen Einzeloperationen kleiner

Trupps hin zu über Jahre systematisch fortgesetzten Weltkriegen zwischen Massenarmeen; in der Sozialisation vom unbewußten Lernen am absichtslos gegebenen anschaulichen Vorbild hin zum schulischen Anstaltsbetrieb mit ausgefeilter Didaktik; in der Medizin von der Gesundbetung des Kranken durch einen dazu ebenso wie fürs Wettermachen zuständigen Magier hin zur flächendeckenden Gesundheitsvorsorge in Form bürokratisch kontrollierter vorbeugender Maßnahmen sowie zur Diagnostik und Therapie durch dazu jahrelang trainierte Spezialisten unter Einsatz aufwendigster technischer Apparatur und unter Rückgriff auf ein großes Arsenal hochspezifischer pharmazeutischer Präparate; in der Justiz von einer geringen Anzahl an Ver- und Geboten und weitgehend zufälliger Gerichtspraxis hin zu detailierter Kodifizierung der sozialen Verhaltensregeln in fast allen Lebensbereichen und zu vielgliedrigem, instanzenreichem Sonderbetrieb der Ermittlung, Bewertung und Aburteilung von Unrechtshandlungen mit geregelter Chance des Einspruchs im Falle des Verdachts fehlerhafter Rechtsfindung. Alle diese Entwicklungen sind zu charakterisieren durch ein Mehr an Individuen und Rollen, die in soziale Beziehung treten, durch ein Weiter ihres Wirkungsbereichs und durch ein Genauer ihrer Handlungstreffer. Im großen und ganzen führt die gesteigerte Effizienz des sozialen Handelns dazu, daß von Etappe zu Etappe des Entwicklungsprozesses mehr Menschen auf gegebenem Raum länger, leichter und schmerzfreier ihr Dasein fristen.

Genau das, nicht mehr und nicht weniger sagt die Evolutionsthese aus. Vor allem behauptet sie nicht, daß die Menschen dabei subjektiv zufriedener oder glücklicher würden oder daß die Lebenserwartung der Menschheit als ganzer dadurch stiege. Nichtsdestoweniger sind in dem evolutionären Entwicklungsbild viele komplexe Änderungen von Sozialstrukturen beschlossen. Die Verhaltenstheorie hat keinerlei Schwierigkeiten, sie alle auf den einfachen Mechanismus des Lernens zurückzuführen. Wer lernt und darüber das früher Gelernte nicht vergißt, vermehrt seine Kenntnisse. Vor dem Vergessen aber, so daß trotz allen Lernens die Summe des Gewußten gleich bliebe, ist der Mensch weitgehend schon dadurch geschützt, daß sich, wie gerade die Verhaltenstheorie betont, Bewußtsein und Verhalten, Planen und Verrichten, Theorie und Praxis stets miteinander und aneinander formen und das eine engstens ans andere assoziiert verläuft. Das Wissen erinnert sozusagen das zugehörige Tun wie das Tun das zugehörige Wissen. Wo aber nahezu unvermeidlich ebenso Kenntnisse handelnd wie Fertigkeiten betrachtend geprüft werden, da gerinnen sie zu Artefakten, in denen sie objektiv greifbar werden. Soweit diese Artefakte nicht dem unmittelbaren Verbrauch dienen, sind sie – geistig – Symbolsysteme der Kommunikation, sind sie – materiell – Werkzeuge, sind sie – kulturell – Institutionen. Als solche ohnehin dauerhafter als das flüchtige Wissen des Individuums, werden sie noch dazu durchweg so aufbewahrt und eingesetzt, daß ihre Bedeutung, ihre Technik, ihre Normen sich ausreichend vielen Menschen eingeprägt halten, damit ihr Sinn, ihr Betrieb, ihre Anwendung gewährleistet bleiben. Wo sie aber so in Besitz genommen sind, da kann es gar nicht ausbleiben, daß neue Verwendungs- und Verbesserungsmöglichkeiten entdeckt und ausgeführt werden, die ihren Wirkungsgrad erhöhen. Nehmen wir die Marxsche Vorstellung von der Entwicklung der Produktivkräfte! Im Begriff Produktivkräfte vereint er die dingliche Vorhandenheit der Arbeitswerkzeuge als ihre materielle Komponente mit der Fähigkeit, sie handzuhaben, nachzubauen, auszubessern, als ihrer spirituellen Komponente. Setzen wir nun weiter nichts voraus, als daß der Werkzeuge gebrauchende Mensch nach Sicherung seiner Existenz – und das heißt konkret, immer nach Besserung seiner derzeitigen Lage – strebt, so wird er nicht ruhen, zufällig oder gezielt gefundene Perfektionierungen auch tatsächlich in sie einzufügen. Was er einmal gelernt hat, kann derart vergegenständlicht kaum verloren gehen, sondern überträgt sich wie von selbst an nächste Generationen, die den Prozeß auf höherem Niveau fortsetzen. Natürlich gilt hier wieder, daß der reale Prozeß nicht so glatt verläuft wie in der idealtypischen Darstellung beschrieben. Von der Implementation des Neuen profitieren normalerweise nicht alle gleichermaßen. So können die traditionellen Eliten durch die Neuentwicklungen mit Abstieg bedroht sein und darum ihre Einführung zäh sabotieren (in Silbenschrift Ausgebildete können z. B. die Einführung einer rationelleren Buchstabenschrift bekämpfen), was langwierige Spannungen und scharfe Konflikte hervorrufen mag.

Es gäbe weitere wichtige und interessante Themen, an denen die Eignung der Verhaltenstheorie zur elementaren Begründung des evolutionären sozialen Wandels vorzuführen wäre. Zum Schluß sollen zwei von ihnen nur noch genannt sein: die Institutionalisierung von Wissenschaft und die evolutionären Universalien wie Sprache, Schrift, Stadt, Schichtung, Staat, Bürokratie, die, sämtlich Hervorbringungen des lernenden Menschen, Passagen darstellen, durch die soziale Evolution hindurch muß, um das nächsthöhere Stadium zu erreichen.

4 Unterschiede zu anderen Theorien

Das Verhältnis der Verhaltenstheorie zu einigen der in diesem Lehrbuch vorgestellten Theorien ist bei der Entwicklung einzelner Themen des öfteren schon angesprochen worden. Die dabei hervorgetretene Logik der Unterschiede läßt sich auf die übrigen Themen leicht übertragen und ergibt ein übersichtliches Gesamtbild, das hier im einzelnen nicht ausgemalt werden muß. Die Unterschiede zu den anderen Theorien sollen deshalb im folgenden kurz umrissen werden. Insgesamt wird sich dabei zeigen, daß einige der anderen Theorien mit der Verhaltenstheorie durchaus kompatibel sind. Zu vermuten wäre, daß Kompatibilität auch für ihre Verhältnisse untereinander besteht. Wo Unterschiede bleiben, rühren sie wohl daher, daß ihre Erklärungswege von verschiedenen Anfangsfragen über den Gegenstand ausgehen. Bei der Annäherung und Durchdringung zeigt er sich ihnen folglich in unterschiedlichen Perspektiven, die sich bei der wiedergebenden Darstellung in Betonung unterschiedlicher Aspekte äußern. Letztlich gelangen die Theorien aber nicht zu einander widerlegenden Resultaten, auch da nicht, wo es manchmal so scheint, weil ihre Vertreter die eigenen Positionen polemisch übersteigern und die der anderen polemisch verkürzen. Derartige Verzerrungen spiegeln aber gerade nicht das Material in seiner Objektivität wider, sondern fließen aus subjektiven Vorüberzeugungen, die aus der existentiellen Tiefe jedes Menschen stammen und von denen sich, wie wir seit Karl Mannheims totalem Ideologieverdacht wissen[91], keiner völlig befreien kann, auch der sich darum nach Kräften mühende Wissenschaftler nicht. Denn wenn sie auch am wenigsten, so ist doch selbst die Wissenschaftlerrolle mit im weitesten Sinne politischen Loyalitäten durchsetzt, nicht weil sie ihr von außen totalitär aufgezwungen wären, sondern weil alle unsere Rollen von unaufhebbaren Daseinsrisiken mitbestimmt sind, die von Ort zu Ort variieren, die wir subjektiv unterschiedlich wittern, die unsere Sinne in unterschiedliche Richtung schärfen, die unsere Freund-Feind-Wahrnehmung[92] prägen. Gerade das Stadium dieses Lehrbuchs sollte aber zeigen können, daß die verschiedenen Theorien – einzelnen Überspitzungen ihrer Standpunkte zum Trotz – sich insgesamt zur Wissenschaft der Soziologie integrieren. Eine Ausnahme darin bildet, wie noch zu begründen sein wird, nur die marxistisch-leninistische Theorie. Am Ende wollen wir auf die in der Vorbemerkung zu diesem Kapitel aufgeworfene und auch im weiteren Text mehrmals angeschnittene Frage nach dem Verhältnis der soziologischen Verhaltenstheorie zur biologischen Verhaltensforschung noch einmal zurückkommen. Denn eine vernünftige Antwort auf sie kann Reichweite und Tiefe des verhaltenstheoretischen Erklärungskonzepts enorm steigern und besonders seine soziologische Fundierung stärken.

4.1 Strukturell-funktionale Theorie

Bei der Darstellung der Verhaltenstheorie hat keine andere so sehr wie die strukturellfunktionale als Hintergrund gedient und ist keine so wie sie Diskussionspartner gewesen. Die Gründe dafür liegen ebenso im Theoriegeschichtlichen – die Einführung behavioristischer Theoreme in die Soziologie war von vornherein kritisch auf den Strukturfunktionalismus gezielt – wie im Systematischen. Die strukturell-funktionale Theorie erhebt zu ihren Ausgangsdaten soziale, also interindividuelle, insofern vom Einzelsubjekt gelöste, als solche objektive Tatbestände, zergliedert sie strukturanalytisch und untersucht dabei ihre Funktionen, d. h. ihren Einfluß darauf, wie die mit ihnen in Beziehung tretenden sozialen Tatbestände ringsum sich organisieren und gemeinsam ein umfassendes System von repetitiven Interaktionen bilden, mittels derer sich Gruppen in ihrer jeweiligen Umwelt aufrechterhalten. Die Interaktionen kausalanalytisch auf nicht weiter zu problematisierende Individualregungen zurückzuführen, beschäftigt die strukturell-funktionale Theorie dabei kaum. Wie Niklas Luhmann gezeigt hat, findet sich die ihr gemäße Empirie in der methodischen Suche nach in unterschiedlichen soziohistorischen Konstellationen funktional äquivalent operierenden Institutionen, d. h. nach materialiter zwar ungleichen, aber sonst gleichermaßen geeigneten Bauelementen, um die statischen Probleme der Gesellschaftsbildung zu lösen, die so selber erst recht verstanden würden. Als funktionale Alternativen genommen, müßten die funktionalen Äquivalente dann füreinander einsetzbar sein, also beispielsweise eine Kirchenverfassung des religiösen Lebens durch eine Sektenverfassung ersetzbar sein oder eine Marktordnung des Wirtschaftsverkehrs durch eine Planordnung. (Eine gesellschaftliche Praxis, die unter Rückgriff auf funktionale Alternativen den Gesellschaftsbau gezielt reorganisieren wollte, müße freilich bedenken, daß der Einbau funktional äquivalenter Institutionen nicht ohne Auswirkungen auf das übrige Institutionenarrangement vonstatten ginge.) Was dabei die Systemtheorie von der Verhaltenstheorie unterscheidet, ist logisch nicht unvereinbar. Die dennoch verbleibenden Differenzen besitzen ihren tieferen Grund vorwiegend in unterschiedlichen Aufmerksamkeiten und Fruchtbarkeitserwartungen und äußern sich mehr in allgemein-politischen Haltungen ihrer Vertreter als im erkenntnistheoretisch Grundsätzlichen.

4.2 Konflikttheorie

Die Konflikttheorie ist ebenfalls sowohl theoriegeschichtlich als auch systematisch weitgehend auf die strukturell-funktionale Theorie bezogen, die, nach dem Urteil Lewis Cosers[93] oder Ralf Dahrendorfs[94], von der Suche nach Funktionen ihnen auffälliger Interaktionsmuster ausgerichtet, viel zu sehr das Eufunktionale und viel zu wenig das Dysfunktionale, viel zu sehr den Bestand und viel zu wenig den Wandel, viel zu sehr das Integrative und viel zu wenig das Konfliktäre beachte. Die Weise aber, in der Dahrendorf und Coser das Konfliktmoment der Theorie hinzufügen, ist selbst integrationistisch. Es wird im wesentlichen unter dem Aspekt seiner Beiträge zum adaptiven Wandel verstanden. Wenn Dahrendorf emphatisch behauptet, Konflikte seien niemals lösbar[95], sondern stets nur regelbar, so muß dazu offensichtlich aus der Definition der Lösung der Fall ausgeschieden werden, daß ein Konfliktgegner den anderen vernichtet oder daß sie beide an ihrem unversöhnlichen Kampf zugrunde gehen. Übrig bleiben dann allein die vom normativen System im wesentlichen gebändigten Konflikte: z. B im politischen System der demokratischen Gesellschaft der Parteienstreit, in der Wirtschaftsverfassung der pluralistischen Gesellschaft die Auseinandersetzung der Tarifpartner, in der Konkurrenzgesellschaft der Wettstreit der Anbieter um Marktanteile, in der neuzeitlichen Familie die gerichtlich geführte Scheidungsauseinandersetzung. So bereits im Gesellschaftsverkehr vorgesehen, drückt sich in ihnen im übrigen freie Regelung partikularer Subjekte aus. Diesen Subjekten mit soziologischen Gründen, die sie als Ferment des adaptiven Strukturwandels ausweisen, gegen alle Unterwerfungsansprüche, die im Namen unbedingt notwendiger gesellschaftlicher Harmonie an sie gerichtet werden, ein gutes Gewissen bei ihren Selbstverwirklichungsversuchen zu verschaffen, bezeichnet dann den eigentlichen Angelpunkt der Konflikttheorie. Kritisch wäre zu sagen, daß sie damit ihre politische Optik, die sich selbst als progressiv-liberal einschätzt, auf eine sich unpolitisch-analytisch verstehende Theorie projiziert, um sie ideologiekritisch als konservativ dem Autoritären zugewandt zu entlarven.

In der Abneigung gegen den von ihr untergründig georteten Illiberalismus trifft sich die Konflikttheorie mit der Verhaltenstheorie. Aber wo die Konflikttheorie in ihrem Gegenentwurf eher eine anarchische Schicht in der Natur des Menschen erkennt, der in kühnem Stolz seine Unabhängigkeit behauptet, seine Vergesellschaftung am Ende als Zumutung zurückweist, um ungebrochen er selbst zu sein, seine Freiheit wählt, gerade wenn die Anpassung an die anderen mit Annehmlichkeiten und Sicherheiten lockt, da zeigt sich die Verhaltenstheorie von solch existentialistischer Romantik ganz ungerührt. Für sie ist Konflikt kein die Welt durchwaltendes Urprinzip, sondern berechnetes Mittel zu einem begrenzten Zweck. Ihre Sympathie für das Individuum, wo es kollektivistisch zurechtgestutzt zu werden droht, begründet sich aus der Vermutung seiner kalkulatorischen Klugheit. Wird ihr Raum gelassen, werden die vom Interesse geleiteten normal-natürlichen Regungen des Individuums zu einer kollektiven Ordnung führen, die sowohl Sicherheit als auch Freiheit gewährt; die die Ausbreitung von Faulheit und Verantwortungslosigkeit verhindert; und die Erstarrung vermeidet, weil sie durch Wettbewerb ad oculos demonstriert, was Aufsicht und soziale Kontrolle nur unzureichend und mit Hilfe gefährlich wuchernder Macht dartun könnten; die sich tentativ-offen für Reformen hält und dennoch kritisch auf Utopien reagiert. In alledem bleiben die Unterschiede zwischen Verhaltenstheorie und Konflikttheorie aber eigentlich nur Nuancen. Was sie am meisten trennt, ist schon wie im Verhältnis zwischen Verhaltenstheorie und strukturell-funktionaler Theorie letztlich der psychologisch-individualistische Reduktionismus bei der einen und – dann doch – der Äquivalenzfunktionalismus bei der anderen.

4.3 Historisch-materialistische Theorie

Der historische Materialismus läßt sich in seinen Grundzügen ohne weiteres als Lerntheorie darstellen. Sowohl sein mehr materialistisches Argument, die Entwicklung der Produktivkräfte, als auch sein mehr voluntaristisches Argument, der Klassenkampf, resultieren aus Erfahrungen der durch Arbeit und Tausch ihrer Produkte den Lebensunterhalt gewinnenden Menschen. Wenn dabei insgesamt ein ökonomischer Determinismus des Geschichtsprozesses in Erscheinung tritt, so hat er seine Grundlagen in einem Menschenbild, das dem der Verhaltenstheorie nicht unähnlich sieht. In dichterischer Vergröberung hat es Brechts Macheath auf die berühmte Kurzformel gebracht: Erst kommt das Fressen, dann kommt die Moral. Gegenüber den Elementarbedürfnissen des Lebens erweisen sich die subtileren menschlichen Bedürfnisse als aufschiebbarer, wandelbarer und also manipulierbarer[96]. Die kulturellen Ordnungen, einschließlich der Eigentumsordnungen, sind darum letztlich bloßer Überbau über dem ökonomischen Produktions- und Verteilungsbetrieb und werden umgewälzt, wenn in der Basis die Implementation technischer Neuerungen die Erhöhung des allgemeinen Versorgungsniveaus mit allen davon zu erwartenden zivilisatorischen Folgen in Aussicht stellt – soziologischer ausgedrückt: wenn das gesellschaftliche Adaptationsniveau angehoben wird. Um diesen Schritt nicht zu versäumen, ändern die Gesellschaften religiöse Glaubensüberzeugungen, geben Sitten und Brauchtum auf, werten ihre Geschichte neu, tauschen die Eliten aus, schreiben ihre Gesetze um, stellen den Staat auf andere Grundlagen. Die Kraft, die den Prozeß vorantreibt, stammt aus dem Übergewicht der größeren Zahl, der anonymen Masse, über die geringere Zahl der relativ gut Versorgten und sich in ihren Privilegien wichtig und wohl Fühlenden, die deshalb mit dem status quo nicht unzufrieden sind und ihn gerne beibehielten. Deren elitäres Bewußtsein ist jedoch falsches Bewußtsein, wenn es sich dünkt, den gesellschaftlichen Entwicklungsprozeß im Sinne ihrer Kulturideen lenken zu können. Wenn die große Mehrheit eine Verbesserungschance ihrer Lebensbedingungen gekommen sieht, können sich ihrem Glückverlangen die Eliten auf Dauer nicht widersetzen. Geradezu als Postulat des soziologischen Denkens und ebenso als Summe der soziologischen Erfahrung wäre zu sagen: Wo der Einzelne durch besondere Stärke auffällt, da stammt sie zum kleinsten Teil aus seinem originärem Vermögen und ist ihm zum größten Teil durch die Vielen im Verband, ohne die er schutz- und hilflos wäre, verliehen. Wenn diese Vielen aber, die sich der Stärke des einzelnen bedienen, erkennen, daß er ihnen nicht mehr nützt, entziehen sie ihm ihre Unterstützung, und seine Macht ist dahin. Wenn er ihnen aber gar hinderlich wird, schreiten sie über ihn hinweg.

Stimmen Verhaltenstheorie und historischer Materialismus bis zu diesem Punkt im großen und ganzen überein, so laufen sie weit auseinander, sobald die allgemeine Theorie konkreter wird. Der Grund ihrer Scheidung liegt einmal in dem doch eher ahistorisch-experimentalistischen, auf Kleingruppen ausgerichteten Charakter der Verhaltenstheorie, die sich für die Analytik gesamtgesellschaftlich-geschichtlicher Entwicklungen nicht recht erwärmen kann und lieber schweigt, wo sie verhandelt werden; zum anderen darin, daß der historische Materialismus sich auf diesem Wege bald verrennt und seine Befunde gegen die offen zu Tage liegende Wirklichkeit generalisiert. So arbeitet er bei der Phaseneinteilung des menschheitlichen Entwicklungsprozesses mit Simplifikationen, die die Realität auf den Kopf stellen und damit natürlich auch lerntheoretisch unbegründbar werden. Sein Abfolgemodell der Gesellschaftsformationen, das die Entwicklungsreihe Urgesellschaft, Sklavenhaltergesellschaft, Feudalgesellschaft, Kapitalismus, Sozialismus bildet, erhebt z. B. eine Eigentümlichkeit der mittelmeerischen Antike, den Aufbau einer umfassenden Sklavenwirtschaft, in den Rang einer allgemeingültigen Stufe zwischen vorstaatlich-primitiver und feudaler Organisation von Politik und Wirtschaft, obwohl sie anderswo (China, Japan, germanisches Mitteleuropa) allenfalls in Ansätzen in Erscheinung trat und kaum je eine tragende Rolle spielte. Erst recht und ganz zentral zeigt sich der Wirklichkeitsverlust des historischen Materialismus, wo es um die Gesellschaftsformation Sozialismus geht. Mag sie bestenfalls als Entwicklungsdiktatur zur Abkürzung des Übergangs zwischen Feudalordnung und pluralistisch-marktwirtschaftlicher Demokratie taugen, erscheint dem historischen Materialismus ihre Einführung indessen als ein den Kapitalismus überwindender Evolutionssprung, den die Arbeiterklasse, die sich infolge der sozioökonomischen Umschichtungen des 20. Jahrhunderts doch längst in einen bloßen Begriffsfetisch verwandelte, durch ihren revolutionären Klassenkampf herbeizwingen werde. Völliger Dissens zwischen Verhaltenstheorie und historischem Materialismus herrscht endlich, wo dieser die gesamtgesellschaftliche Planung und Kontrolle des Wirtschaftverkehrs, die der Sozialismus anstrebt, als zugleich produktivere und menschengerechtere Sozialordnung ausgibt. Hier vermag die Verhaltenstheorie nur ein den individuellen Menschen vergewaltigendes, seine Kreativität erstickendes Zwangssystem zu erkennen, das, wo es durch ideologisch besessenen Machtwillen errichtet wird, historisch-empirisch genau das zeitigt, was theoretisch absehbar ist: wirtschaftliche, moralische und kulturelle Verelendung.

4.4 Marxistisch-leninistische Theorie

Sind sich alle bisher verglichenen Theorien darin einig, daß sie erstens auch als Wissenschaft nur Gestalten des begrenzten menschlichen Wissens sind, nur vorläufige und fehlbare Wahrheiten gewinnen können, für deren Widerlegung durch die Realität sie sich revisionistisch offenhalten müssen, und daß sie zweitens gerade als Wissenschaft primär Erkenntnisabsicht (nicht Wirkabsicht) haben, ihr Weltverhältnis also zunächst und zuoberst Beobachtung ist, um den Lauf der Dinge, mit denen sie sich befassen, zu erklären und hypothetisch vorherzusagen (nicht ihn zu steuern), und daß sie darum auf parteiische Intervention zugunsten eigener Prognosen verzichten müssen, wenn sie sich nicht selbst überlisten wollen, so steht die marxistisch-leninistische Theorie in beiden Belangen außerhalb eines solchen Wissenschaftsverständnisses[97]. Ihr kommt es nach dem bekannten Marxschen Diktum nicht darauf an, die Welt zu interpretieren, sondern sie zu verändern[98], und zwar so, daß sie aus einer Hölle der mitleidlosen Ausbeutung der Schwächeren und Unglücklicheren durch die Stärkeren und Glücklicheren zu einem Paradies der mitmenschlichen Solidarität werde. Dieses manichäische Schwarz-Weiß-Bild motiviert die kommunistische Gemeinschaft zu einem heroischen Klassenkampf für die endgültige Erlösung der Menschheit, in dem kein Opfer gescheut werden darf, weder eigenes noch fremdes, und in dem es keinen Pardon gibt, weder für Schwächen und Anfechtungen in den eigenen Reihen noch gar für den Klassenfeind. Um die Kampfgemeinschaft gegen die zersetzende Kraft des Zweifels an der Gerechtigkeit ihrer Sache zu immunisieren, sichert die marxistisch-leninistische Theorie das kommunistische Welt- und Gesellschaftsbild nach allen Seiten dogmatisch ab, arbeitet in diesem Rahmen rational durch, kanonisiert mit den Methoden einer autoritativen Exegese seine Basistexte als jeder Kritik entzogene heilige Schriften und nimmt in ihrem Geltungsbereich alle öffentlich hervortretende geistige Arbeit unter Kontrolle. Das einzige Kriterium der Wahrheit, das sie dabei kennt, liegt im Endsieg der kommunistischen Gesellschaftsordnung. Ist der erstritten, hat sie recht behalten. Auf dem Wege dahin richtet sie ihren Wahrheitsbegriff nach den Bedürfnissen der als kommunistische Partei formierten historischen Avantgarde aus[99], die ihre innere Geschlossenheit im gnadenlosen Kampf gegen den Klassenfeind zum höchsten Imperativ und Fraktionsbildung zum verderblichsten aller Anschläge auf sie erklärt[100]. Wie die mittelalterliche Philosophie ihre Ehre darin erblickte, der Kirche bescheiden als Magd zu dienen und sie bei der Verkündigung ihrer Glaubenswahrheit zu unterstützen, so richtet sich der höchste Ehrgeiz der marxistisch-leninistischen Theorie darauf, die Parteilehre systematisch auszuformulieren und in der Auseinandersetzung mit der von ihr bürgerlich genannten Wissenschaft überzeugend zu vertreten[101]. Wenn dabei die marxistisch-leninistische Soziologie der kommunistischen Ideologie auf manchem Feld auch zu genauerer Faktenkenntnis und angemessenerer Einschätzung der sozialen Wirklichkeit verhilft, wenn sie sich zu diesem Zweck auch wertfrei-neutraler Forschungsmethoden bedient, wenn sogar einzelne ihrer Doktrinen teilweise durchaus behavioristisch angelegt sind[102] und streckenweise Übereinstimmungen mit der Verhaltenstheorie aufweisen, besteht in deren Augen dennoch ein Unterschied zwischen ihr selbst und der marxistisch-leninistischen Theorie, wie er größer kaum vorzustellen ist: der Unterschied zwischen selbstkritisch-lernbereiter, probabilistisch-tentativer, konstruktivistisch-experimenteller, relativistisch-gebrochener Welterfahrung und absoluter Heilsgewißheit, die sich wahnhaft fixiert, dogmatisch abschließt und eine Praxis ohne Irrtumsvorbehalt und Rückzugspositionen inspiriert.

4.5 Handlungstheorie

Zur Handlungs- und Interaktionstheorie[103] weist die Verhaltenstheorie sowohl dichte Nähe als auch große Ferne auf. Nah sind sie einander darin, daß beide ihren Gegenstand gleichermaßen vom anschaulichen, in der Gruppe auf das der anderen bezogenen menschlichen Tun her entwerfen, fern darin, daß sie es von verschiedenen Ausgangspunkten betrachten und verschiedene Erkenntnishoffnungen mit ihm verbinden. Ihre Nähe offenbart sich auch in einer gleichen Beschränkung: beide tun sich schwer mit der komparativen Analyse komplexer historisch-konkreter Sozialstruktur und halten sich lieber dicht beim Individuum in seinen primären Vergesellschaftungen. Aber während die Verhaltenstheorie sich hier darauf richtet, das menschliche Tun zu entmystifizieren, indem sie es als letztlich organismische Reaktion auf Reize deutet, bestimmt von wenigen psychologisch zu fassenden Gesetzmäßigkeiten, drückt die Handlungstheorie schon mit der Wahl dieses Namens für sich aus, daß sie im menschlichen Tun in weiten Bereichen seiner Äußerung eine vom bloß reaktiven Verhalten abzuhebende, qualitative Besonderheit walten sieht, die, geistesgeführt, ein Moment der individuellen Spontaneität, der Indetermination enthalte, das sich durch keine Reduktion einfangen lasse und seinerseits „Kausalität durch Freiheit"[104] setze. Indessen nicht nur mit dieser Denkfigur schließt die Handlungstheorie an die idealistische Philosophie von Platon bis Heidegger an, noch mit einer zweiten wahrt sie deren Tradition, die vor allem für ihre Fundierung als Soziologie von Bedeutung ist: mit ihrer von Edmund Husserl übernommenen Idee einer transzendentalen Intersubjektivität, in der die empirischen Subjekte vor aller Erfahrung mit den anderen schon aufeinander hingeordnet seien. In der Betonung dieser apriorischen Verbundenheit bleibt Interaktion nicht, wie in der Verhaltenstheorie, hinsichtlich ihres Zustandekommens dem Begegnungszufall überlassen und hinsichtlich ihres Verlaufs von egoistischen Nutzenrechnungen bestimmt, sondern ist den Individuen wesensnotwendig und kann daher letztlich von keinem kalkulierend zur Disposition gestellt werden, es sei denn um den Preis des Untergangs. In diesem Sinne ist der Mensch der Handlungs- und Interaktionstheorie zoon politikon, nicht ohne Gesellschaft zu denken und darum in seinem Wohlbefinden vom Ordnungszustand der Gesellschaft abhängig. Eine Moral, die den Wert der sozialen Beziehungen in Nullsummen-Rechnungen bemäße, ginge deshalb an den fundamentalen Lebenszusammenhängen blind vorüber und lieferte das Individuum, das sich von ihr leiten ließe, der seelischen Deprivation aus.

Sicher sieht das die Handlungs- und Interaktionstheorie nicht überall so klar, wie es von ihren Voraussetzungen aus zu sehen wäre. In einigen Punkten fällt sie hinter ihre Erkenntnismöglichkeiten zurück, vor allem da, wo es um das Verständnis von gesellschaftlicher Macht geht, und da, wo sie mit der Etikettierungstheorie des abweichenden Verhaltens sympathisiert.

Zu Macht fällt ihr kaum mehr ein, als daß es sich bei ihr um ein Sozialverhältnis handele, das entsteht, wenn jemand im Streit mit anderen zufälligerweise in den Besitz stärkerer Gewaltmittel gelange und sie zur Durchsetzung seines Willens verwende[105]. Dabei stellt sich doch von der Warte der Interaktionstheorie Macht eigentlich in ganz anderer Perspektive dar, nämlich als ein Verhältnis, das aus ursprünglicher sozialer Bindung herrührt, auf zunächst ungezwungener Gefolgschaft beruht und von durchaus entziehbarem Support der ihr Unterworfenen genährt wird. In dieser Perspektive begründet sich Macht schon aus der Lebens-Urbefindlichkeit der Verbundenheit zwischen miteinander sozialisierten Individuen und baut sich dann in einem elementaren gruppendynamischen Prozeß auf, der aus der Angewiesenheit von Kollektiven auf führungsbegabte und führungsbereite Mitglieder entspringt, mit suchender und anerkennender Einigung darauf, wer sie im einzelnen sein, fortschreitet und in Verleihung von Befehlsbefugnis an die schließlich gefundenen mündet. Auf diese Weise entfaltet sich das Soziale in die politische Dimension und stellt sicher, daß die Kollektivität nicht unzureichend organisiert bleibt; denn führungslos drohte sie sich vor inneren oder äußeren Hindernissen, in deren Überwindung sie sich eigentlich bewähren sollte, zu entzweien und zu zerstreuen, d. h. sich als Gruppengestalt aufzulösen, die dem individuellen Dasein doch so unentbehrlich ist wie die Luft zum Atmen. Vor diesem Hintergrund wird sofort erkennbar, daß auch der Besitz von Repressionsgewalt normalerweise nicht einem Zufallsfund entstammt, sondern zusammen mit der Führungsaufgabe von den Machtbefohlenen selbst übertragen wird, obwohl sie wissen, daß er – außer zur Verwendung gegen Fremde – sehr wohl auch zum Einsatz gegen – vorerst noch unbekannte – einzelne unter ihnen selbst bestimmt ist. Der soziale Sinn der Ausstattung der Macht mit binnengerichteter Gewalt tritt am deutlichsten hervor, wenn sie zur Bestrafung von Ungehorsam in akuter Gefahrenlage angewandt wird; dort nämlich ereignet er sich nicht nur am ehesten, sondern enthüllt sich zugleich als besonders abträgliche und – da dann viele versucht sind, zuerst ihre eigene Haut zu retten – besonders ansteckende Solidaritätsverweigerung. Nutzentheoretisch gesprochen, gewährt die der Macht verfügliche Gewalt ein Drohpotential, mit dem die miteinander vergesellschafteten Individuen ihrer von ihnen als schädlich erkannten Neigung entgegenwirken, sich vor der Begleichung von Rechnungen für gesellschaftlich gewonnene Vorteile zu drücken. Die Gesellschaft beugt damit gewissermaßen der Zechprellerei vor.

Auch der labeling approach steht mit einer zentralen These quer zur Handlungs- und Interaktionstheorie, ohne daß sie es recht bemerkte, nämlich wo er suggeriert, daß jedes Verhalten zum abweichenden werden könne[106], wenn sich nur eine gesellschaftliche Übermacht zu einer entsprechenden Definition entschlösse. Hier wird völlig verkannt, daß keine Gruppe bestehen könnte, in deren Binnenverhältnis die Lüge, die Täuschung, der Betrug zur Norm erhoben und die Aufrichtigkeit zur Devianz erklärt wäre, nicht einmal eine Verbrecherclique, ja gerade sie nicht, weil sie unter besonders hohem Außendruck operiert. Eigentlich müßte die Handlungs- und Interaktionstheorie vom Begriff der transzendentalen Sozialität aus diesen soziologischen Grundirrtum im labeling approach ohne weiteres erkennen können und entschieden zurückweisen. Daß sie es nicht tut, hängt wohl mit ihrer Anteilnahme für die aus Daseinsdefiziten an der gesellschaftlichen Ordnung fehlenden Menschen zusammen (die Sozialbürokratie nennt sie Sozialschwache). Doch daß eine sich als soziologisch verstehende Theorie den Spieß einfach umdreht und um der Rechtfertigung der unglückseligen Normenverletzer willen die gesellschaftliche Normativität ins Willkürlich-Beliebige rückt, spricht zwar für ein warmes Herz (das man bei einer Theorie nicht sucht), nicht jedoch für nüchternen Verstand. Das gilt um so mehr, als die Handlungstheorie ja mit ihrer Denkfigur der Freiheit auch personale Zurechenbarkeit des Verhaltens und Verantwortung begründen kann. Während die Verhaltenstheorie, die mit ihrem Kausalreduktionismus das Handeln als reizgesteuert darlegen will und folglich die Person als autonome Entscheidungsinstanz aufzulösen tendiert, mit Kategorien wie Freiheit, Verantwortung und Schuld als Theorie größte Probleme hat und sie eigentlich nur als nützliche gesellschaftliche Fiktionen gelten lassen kann[107], verliert sie hier gesellschaftspraktisch die Maßstäbe gerade nicht und gerät nie in Gefahr, das Kind, eine Reihe unverrückbarer Grundsätze des sozialen Zusammenlebens, mit dem Bade, beklagenswerte Opfer niemals ganz auszuschließender Unzulänglichkeit, auszugießen.

Dennoch zeigt der Vergleich mit der Handlungs- und Interaktionstheorie, daß die Verhaltenstheorie als soziologische Theorie mit einem fundamentalen Mangel behaftet ist. Es fehlt in ihrer Tiefe die Einsicht, daß ebenso wie Leben nicht anders als in individuellen Organismen gegeben sein kann, es nicht anders als im Verband gleichartiger Individuen bestehen und sich fortsetzen kann. Individualität und Kollektivität sind deshalb gleichermaßen basale Attribute des Lebens und nicht eindimensional aufeinander reduzibel. Weder läßt sich Individualität als bloßes Moment der Kollektivität ohne Eigenwert noch Kollektivität als bloße Summation des Individuellen ohne Eigenart bestimmen. Nirgends ist der überstrapazierte Begriff Dialektik unentbehrlicher als zur Bezeichnung der Lebensorganisation in der Spannung zwischen Kollektivität und Individualität. Die Idee der transzendentalen Intersubjektivität, wie sie die Interaktionstheorie besitzt, versucht diese Dialektik zu fassen und drückt aus, daß Individuum individuiertes Leben ist, sozusagen ein raum-zeitliches Fragment des fließenden Lebenszusammenhangs, das nur in der Ergänzung mit anderen solchen Fragmenten Sinn ergibt und nicht identitätslose Einzelheit bleibt.

4.6 Soziologische und biologische Verhaltenstheorie

Daß sich die Verhaltenstheorie mit dieser Idee nicht anfreunden mag, liegt wohl nicht zuletzt an deren vergeistigt-blassem, dünn-abstraktem, verblasen-allgemeinem Charakter. Nicht selten verführt er dazu, Fragen für beantwortet zu halten, wo die materielle Forschung erst zu beginnen hätte, um z. B. auf lerntheoretische Weise zu erklären, warum wir an einer bestimmten Stelle mit einer angebbaren Regelmäßigkeit einem bestimmten Handlungstyp begegnen. Inzwischen gibt es aber mit der biologischen Verhaltensforschung und ihrer ethologischen Theorie eine ebenso zupackend-empirische wie variantenreich-konkrete und anschaulich-farbige Durchführung der Idee der sozialen Transzendenz des Individuums. Die Psychologie, mit der sich die soziologische Verhaltenstheorie ja nahe verwandt fühlt, bedient sich ihrer ohne Scheu, um ein angemesseneres Modell ihres Gegenstandes, der seelischen Prozesse, zu erlangen, und zwar nicht zuletzt da, wo sie individuelles Verhalten und seine Modifikation studiert. So zitiert Gerhard Kaminski als Motto und im ersten Satz eines Werkes, das die klinische Psychologie auf die Grundlage einer komplexen, viele Ansätze kombinierenden und relativierenden allgemeinen psychologischen Theorie zu stellen versucht, Millers, Galanters und Pribrams Einsicht "Life is complicated", um – gesperrt gedruckt – fortzufahren: „Jede Psychologie müßte sich mindestens auch dieses fragen: ob ihr homo psychologicus lebensfähig wäre, ob er Gesellschaft entwickeln könnte, ob er Psychologie hervorzubringen und anzuwenden imstande wäre"[108]. Wenn die Verhaltenstheorie die soziologischen Befunde in ihrem lerntheoretischen Reduktionismus auf einen ganz individualistisch konzipierten homo psychologicus zurückzuführen versucht, kann sie sich dabei auf die fortgeschrittene Psychologie jedenfalls nicht berufen. Diese Psychologie ist pikanterweise weniger individualistisch als die behavioristische Soziologie. Sie hat nämlich von der Wissenschaft, die mehr als jede andere im konkreten Organismus ihre unmittelbar zu greifende Gegenständlichkeit besitzt, der Biologie, längst die Lehre angenommen, daß das Phänomen Leben nicht nur die Organisationsebene Individuum mit seiner Zell- und Organstruktur, sondern auch die Organisationsebene Gesellschaft mit ihrer arbeitsteiligen Sozialstruktur aufweist, deren Rudimente im Biogramm der Individuen hereditär gesichert sind. Zur Erforschung der Transindividualität des Lebens hat die Biologie ihren ethologischen Zweig entwickelt, der voller schönster Früchte hängt. Übereinstimmend zeigen seine Ergebnisse, ob sie nun seitens der vergleichenden Beobachtung lebendiger Tiere sei es in natürlicher Umgebung, sei es unter künstlichen Bedingungen, oder ob sie seitens der experimentellen mikrobiologischen Forschung gewonnen wurden, daß die gesellschaftliche Kooperativität in einer Reihe ursprünglicher Zusammenhänge durch genetisch übertragene Verhaltensausrichtung der Individuen im Sozialen fundiert ist. Insoweit wird Sozialverhalten nicht erst durch Lernen erworben, sondern liegt dem sozialen Lernen voraus und dirigiert es.

Eigentlich bestätigt dieser Befund nur, was dem unvoreingenommen in die Welt Blickenden ohnehin sonnenklar scheint. Auf die menschliche Gesellschaft angewandt, würde es bedeuten: Die ursprünglichen sozialen Lebensformen bestehen keineswegs in einem Nebeneinander, wo zunächst alle jeweils für sich das gleiche tun, um sich als einzelne zu erhalten, sondern weisen naturwüchsige Unterschiede auf, die sich in naturwüchsigen Aufgabenteilungen ergänzen, kraft derer erst das Leben an nächste Generationen weitergegeben werden kann. Ohne die konstitutionellen und biologisch aufeinander zugeordneten Organdifferenzen, ohne die daraus herrührenden hormonal gesteuerten Fühlungs- und Empfindungsdifferenzen, ohne die damit einhergehenden Verhaltensdifferenzen zwischen Mensch als Mann und Mensch als Weib, zwischen Mensch als Vater und Mensch als Mutter gäbe es keinen Nachwuchs, könnten keine Kinder heranwachsen, erlösche das humane, aber auch das animalische Leben mit seinen gegenwärtigen Trägern, die es freilich auch schon gar nicht gäbe. Verhaltensdifferenzen und ihre soziale Koordination als Funktionsteilung verdanken sich an ihrem Anfang daher nicht dem berechnenden Egoismus der Individuen, die, wenn sie in ihrem Lebensraum einander begegnen, klug beschließen, durch Spezialisierung ihre Leistungsfähigkeit zu steigern und durch anschließenden Tausch ihrer Produkte das Versorgungsniveau gegenüber dem zu erhöhen, das sie solitär erreichen könnten. Vielmehr ist die primäre Funktionsstellung der Geschlechter und Generationen eine erste Tatsache des Lebens und darum kaum zu verfehlen. Kann man denn Sexualität betrachten und dabei übersehen, daß sie die herangereiften Individuen mit urmächtiger Kraft aufeinander zutreibt? Sie sind vielleicht täppisch beim ersten Versuch, Zutritt zum anderen zu finden und probieren herum; aber ihn zu begehren, brauchen sie nicht zu lernen, und ihr Probieren ist triebhaft gerichtet. Kann man Vögel bei der Brutpflege, kann man eine ihr Junges säugende Schimpansin, kann man eine ihr Kind wiegende Menschenmutter anschauen und zweifeln, daß solches Verhalten tiefer wurzelt als in Nutzenerwägungen, derentwegen es gelernt wurde? Es mag kranke Individuen geben, die die funktionsteiligen Leistungen nicht erbringen können, es mag krankhafte Zustände vor allem des hochzivilisierten menschlichen Sozialverbands geben, in denen sie erschwert sind oder ganz ausfallen, so daß der Verband schließlich untergeht, jedoch unter normalen Umständen stellt die genetische Programmierung der Grundmuster des Sozialverhaltens sicher, daß die Individuen einander kooperativ finden.

Es ist schwer nachvollziehbar, daß sich ausgerechnet eine soziologische Theorie diesem Gedanken und dem überwältigenden Materialbefund, der ihn stützt und bereichert, hartnäckig verweigert. Dabei muß sie ihm, um nicht ganz realitätsfremd zu werden, ohnehin immer wieder Konzessionen machen, wie wir oben an Homans' Aggression-approval-Hypothese sahen. Die Erklärung für die Ablehnung, die die soziologische Verhaltenstheorie der biologischen bezeugt, dürfte auf zwei verschiedenen Ebenen zu suchen sein, einer wissenschaftstheoretischen und einer theoriegeschichtlich-ideologischen.

Auf der ersten bedeutet die Aufgabe des lerntheoretischen Exklusivanspruchs und der Abschied von der Generalhypothese, jegliches Sozialverhalten sei auf individuelles Vorteilsstreben bzw. individuelle Nachteilsvermeidung zurückzuführen, eine starke Komplexierung der soziologischen Theorie. Die gewachsene Komplexität wird auch in zirkulären Verweisungs- und Erklärungsmustern ihren Ausdruck finden, die sich außerstande sehen, ein von ihnen problematisiertes Phänomen eindeutig ganz dem abgegrenzten Träger zuzuordnen, an dem es gerade hervortritt und untersucht wird, sondern Mitverursachung woanders vermuten und ihre Sprache dafür elastisch halten[109]. Deshalb fürchtet die Verhaltenstheorie, für die Aufweichung des lerntheoretischen Paradigmas werde die Wissenschaft mit einen Verlust an Einfachheit, Prüfbarkeit und Klarheit ihrer explikativen Thesen zu zahlen haben und damit von einem Wege abkommen, auf der ihr bedeutende Erkenntnisse mit gewaltigem zivilisatorischen Nutzen zuteil wurden.

Auf der zweiten Ebene fällt eine kulturdeterministische Prägung der Verhaltenstheorie auf. Sie hat eine starke Bindung an einen liberalen Progressismus bewirkt, der jegliche Erklärung intergruppaler oder intersozietärer Verhaltensdifferenzen aus angeborenen Merkmalen als Einbruch konservativ-autoritärer Vorurteile in die Wissenschaft betrachtet[110]. Historisch läßt sich dieser Liberalprogressismus zurückverfolgen auf eine in den USA während der zwanziger und dreißiger Jahre aufgekommene moralische Grundströmung im intelektuellen Klima, die auch das bis dahin stark von Sumner und seinem

Sozialdarwinismus bestimmte soziologische Denken tief beeinflußt hat. In dieser Strömung wurde der american dream von einer – diesmal durch einen new deal zu erneuernden – Gesellschaft wiedergeträumt, in der jeder den ihm gemäß seinen Leistungen zustehenden Platz findet. Eine solche Vision setzt voraus, daß Unterschiede der Lebensweise, wie sie zwischen den Ethnien, den Rassen und nicht zuletzt den Geschlechtern bestehen, nicht naturgewirkt sind und darum unaufhebbares Schicksal bleiben, sondern dem weichen Medium der Kultur angehören, aus veränderbaren Institutionen hervorgehen und sich intergenerativ durch Traditionen übertragen. So betrachtet, sind kollektive Lebensweisen Folge gelernten Verhaltens, das auch verlernt und anders neu gelernt werden kann. Wo die Gesellschaft Rollenzuschreibung mit besonderer Eignung aufgrund natürlicher Merkmale des Menschen begründe (mit Ausnahme solcher der Intelligenz), da sei sie von wissenschaftlich unhaltbaren Überzeugungen geleitet. Andere, freiere, den Individuen die Wahl ihrer Rollen nach ihren subjektiven Selbsteinschätzungen überlassende gesellschaftliche Ordnungen seien ebenso möglich. Würde nur auf die überflüssige Zwanghaftigkeit der Rollenbestimmung verzichtet, dürften davon bald die Kreativität und die Produktivität des individuellen Handelns profitieren, dürften folglich vermehrt Glücks- und Zufriedenheitsgefühle erwachen, dürften darum die zwischenmenschlichen Beziehungen ihre Aggressivität einbüßen und friedlich-freundliches Verhalten das Gesicht der Welt bestimmen. Den treffendsten Ausdruck dieser liberal-progressiven Grundströmung fand wohl Margret Mead mit ihren kulturanthropologischen Erzählungen, denen zufolge verschiedene Südseevölker sich in ihrem sozialen Verhalten völlig unterschieden, und zwar deutlich abhängig von dem von ihnen jeweils bevorzugten Sozialisationsstil: Die einen waren friedlich-freundlich im Umgang mit den Nachbarstämmen, die anderen kriegerisch-aggressiv; die einen wiesen hohe Verbrechensraten auf, die anderen litten nur wenig unter Kriminalität; die einen waren im Sexualverhalten freizügig und duldsam, die anderen mißtrauisch und repressiv; bei den einen spielten Frauen und Männer die weithin für natürlich gehaltenen weiblichen bzw. männlichen Rollen, bei den anderen war es genau umgekehrt – die Männer gaben sich passiv, weich, gefühlsbetont und selbstverliebt, die Frauen hingegen zeigten sich aktiv, hart, bestimmt und effizient[111]. Wer diesen kulturdeterministischen Glauben nicht teilte; wer statt dessen z. B. in der Aggressivität eine angeboren-natürliche Verhaltensdisposition vermutete, die sich kaum je werde ganz wegsozialisieren lassen; wer in der Mütterlichkeit der Frauen eine durch Väterlichkeit des Mannes nicht zu ersetzende Anlage erblickte, ohne deren in der Familienverfassung gesicherte Berücksichtigung bei der frühkindlichen Sozialisation ein psychisch gesunder Nachwuchs kaum heranzuziehen sei; wer den Laissez-faire-Stil der Erziehungseinrichtungen mit dem Resultat der sozialen Orientierungsschwäche der ihm unterworfenen Generation und mit künftiger Anomie belastet sah; wer also insgesamt eine tiefere Bedeutung biologischer Faktoren der menschlichen Verhaltensformung annahm, die rebellieren würden, wenn ihnen die kulturellen Institutionen nicht Rechnung trügen, der wurde kaum noch als ernstzunehmender, mit seinen Erfahrungen und Meinungen anzuhörender Gesprächspartner anerkannt, sondern schnell als Dunkelmann, als Feind der wissenschaftlichen Aufklärung abgetan. Die soziologische Verhaltenstheorie hat diesen kulturdeterministischen Geist im großen und ganzen geteilt und darum den offenen interdisziplinären Austausch mit der Ethologie vermieden – mit der Folge der Selbstisolierung von einem der ertragreichsten Forschungszweige der letzten Jahrzehnte.

Die Aufgabe dieser Selbstblockade würde keineswegs die Selbstaufgabe der soziologischen Verhaltenstheorie bedeuten. Vielmehr würde sie ihr ermöglichen, ihren Begriff des Sozialen auf eine solidere und überzeugendere Grundlage zu stellen, auf der ihr Reduktionismus nicht länger dogmatisch steril erschiene, wie er häufig empfunden wird; auf dem sie sich von den Fesseln einer allzu engen Psychologie befreien könnte, wie es schon Homans für nötig hielt[112]; und auf dem ihre Lerntheorie mit einer Fülle von

Hypothesen zum Zuge käme, die wirklich einen Aha-Effekt der Erkenntnis auslösen könnten. Denn die Anerkennung einer biologischen Letztbegründung des Sozialverhaltens impliziert nicht im geringsten einen totalen Instinktdeterminismus des Handelns, sondern fügt sich ohne weiteres in eine Anthropologie, deren Spezies mehr als jede sonst Kultur zur zweiten Natur hat und aus einem breiten Spektrum der Verhaltensmöglichkeiten auswählen können muß, um sich an verschiedenste, über die ganze Erde verteilte Umwelten anzupassen. Sowenig es der menschlichen Gattung dabei gelingen wird, über die Grenzen ihrer bei aller Weite doch nicht utopisch-endlosen, sondern definierten Natur hinauszugelangen, sosehr aber stehen ihr innerhalb dieser Grenzen Entscheidungen offen. Dafür wie sie ausfallen, gibt es kein besseres Erklärungskonzept als das lerntheoretische, das sie am Überlebenserfolg orientiert sieht: am Überlebenserfolg des individuellen Organismus, der den in der Kooperation mit den anderen zu erfüllenden Überlebenswillen der Art genetisch in sich trägt.

Anmerkungen

1 Ein Beispiel aus unserem Sprachraum bietet dafür: Gehlen, Arnold/Schelsky Helmut (Hrsg.), Soziologie.
2 Ungeachtet vieler kleinerer oder größerer Differenzen zwischen ihnen ist hier an den Wissenschaftsbereich gedacht, der mit Namen wie Jakob von Uexküll, Karl von Frisch, Adolf Portmann, Konrad Lorenz, Nico Tinbergen, Otto König, Jane van Lawick-Goodall, Irenäus Eibl-Eibesfeldt oder Wolfgang Wickler bezeichnet werden kann und der seit einiger Zeit auch genetisch untermauert wird, etwa durch Edward O. Wilson oder Richard Dawkins. Einen ausgezeichneten Überblick über den hier inzwischen erreichten Stand der disziplinären Systematik bietet: Franck, Verhaltensbiologie.
3 Durkheim, Simmel und Weber haben Nähe und Ferne von Soziologie und Psychologie verblüffend ähnlich und bewundernswert prägnant dargestellt. Vgl. Durkheim, Les règles de la méthode sociologique, S. 97–111; vgl. ferner Simmel, Soziologie, S. 16–19; vgl. schließlich Weber, Gesammelte Aufsätze zur Wissenschaftslehre, S. 432–438.
4 Soweit in der Entstehungsphase der Soziologie als Einzeldisziplin reduktionistische Vorstellungen überhaupt zum Ausdruck kamen, zielten sie nicht auf die Psychologie, sondern auf die Biologie. Auguste Comte hat das fundierende Verhältnis der Biologie zur Soziologie schon 1844 in seiner „loi encyclopédique" zum Ausdruck gebracht, in der er eine „hiérarchie des sciences" aufstellt. Vgl. „Rede über den Geist des Positivismus", S. 201–219. An anderer Stelle schreibt er konkreter: „Die Biologie gewährt Begriffe von der menschlichen Natur, die den Inhalt der Soziologie kontrollieren, ja oft selbst berichtigen und verbessern sollen. Sie lehrt die elementare Vereinigung zwischen der individuellen und sozialen Existenz kennen, die das häusliche Leben betrifft, das mehr oder weniger allen höheren Tieren gemein ist und in unserer Gattung die Grundlage des ausgedehntesten Gesamtorganismus bildet." („Die Soziologie", S. 500.) Daraus leitet er dennoch keinen Reduktionismus her, vielmehr erkennt er – modern gesprochen – auch und gerade Emergenz, also eine neue Qualität, die – wie man ex post zu sehen vermag – auf der niedrigeren Ebene als Möglichkeit zwar enthalten war, nicht aber ex ante aus ihr vorherzubestimmen war.
5 Insofern hat wohl der groß angelegte Versuch Wilhelm Diltheys, den Geisteswissenschaften mit einem eigenen methodologischen Standort eigenen Stolz zu geben, nicht überzeugt.
6 Mit voller Klarheit begegnet uns der Operationalismus dann erstmals im Zusammenhang der physikalischen Forschung bei Percy Williams Bridgman. Vgl. „The logic of modern physics".
7 Vgl. „Psychology as the behaviorist views it" in „Psychological Review", XX (1913).
8 Über den Punkt, inwieweit Befindlichkeitsdeutungen und Beschreibungsleistungen der Versuchsperson doch unentbehrlich seien, um die Verhaltensäußerung überhaupt als eine abgegrenzte Qualität zu erfassen, gab es langanhaltende und hartnäckige Auseinandersetzungen im behavioristischen Lager. So vertrat insbesondere E. C. Tolman mit seinem molaren Behavioris-

mus, der statt von molekularen Gegebenheiten im Reiz-Reaktions-Feld, wie es Watson tat, von umfassenderen – eben molaren – Komplexen ausgeht, auf die Bedeutung intervenierender Variablen bei der Reaktionsbildung hinweist und ein „purposive behavior" einräumt, eine gemäßigte Position. Auch sie blieb nicht unbestritten. Während C. L. Hull sie weiter zu differenzieren und zu mathematisieren trachtete, griff B. F. Skinner stärker auf die Ursprünge bei Watson zurück und entwickelte eine technisch ausgefeilte Lehre des operanten Konditionierens. Für einen Überblick über die Theorieentwicklung vgl. Woodworth und Sheehan: „Contemporary schools of psychology".

9 Vgl. Skinner: „Kritik psychoanalytischer Begriffe und Theorien", in Topitsch (Hrsg.): „Logik der Sozialwissenschaften".
10 Dazu ausführliche und systematische Information bei Wolpe und Lazarus: „Behaviour therapy techniques", sowie bei A. Yates: „Behavior therapy".
11 Hier ist nicht der Ort, die gegenüber der Verhaltenstherapie erhobenen Einwände im einzelnen anzuführen. Mit einem Wort sei aber wenigstens der zentrale Gesichtspunkt der Kritik bezeichnet: Er kreist um den Vorwurf, durch die Verhaltenstherapie ließe sich möglicherweise zwar das eine oder andere Oberflächensymptom einer neurotischen Störung kurieren, jedoch suche sich das ihr zugrunde liegende Trauma dann nur eine andere Stelle, sich zu äußern, und rufe dort neue Verhaltensdefizite hervor.
12 Nicht nur, jedoch vor allem die diversen tiefenpsychologischen Richtungen trugen und tragen zu diesem Bild bei.
13 Homans, „Was ist Sozialwissenschaft?", S. 62.
14 Vgl. „Der logische Aufbau der Welt/Scheinprobleme in der Philosophie".
15 Es wäre freilich übertrieben, diese Entwicklung ausschließlich der Verhaltenstheorie in der Nachfolge von Homans zuzuschreiben. Man darf sogar zweifeln, ob sie sich das Verdienst daran wenigstens überwiegend zurechnen kann. Auch die strukturell-funktionale Theorie hat von Anfang an eine empiristische Forschungslogik vertreten und damit auf das methodologische Bewußtsein des Fachs erheblichen Einfluß genommen. Man denke nur an die frühe Parsons-Rezeption durch König und Scheuch oder die Mannheimer Soziologie. Damals stand diese Rezeption noch weniger im Gegensatz zur interaktionistischen Phänomenologie, der heute die Diskussion bestimmt, als zum dialektischen Kritizismus der Frankfurter Schule.
16 Zu den sozialpsychologischen Abläufen dabei vgl. Thomas Kuhn, „Die Struktur wissenschaftlicher Revolutionen".
17 Zu nennen sind hier in erster Linie Bronislaw Malinowski und Alfred Radcliffe-Brown.
18 Fast gleichzeitig haben Ludwig Bertalanffy von der Physiologie her, Norbert Wiener von der Mathematik her und Talcott Parsons von der Soziologie her gezeigt, wie allgemeine Formen der Systemkonstruktion in die wissenschaftliche Darstellung der Forschungsobjekte eingehen und ihre Kategorien und Probleme unabhängig vom spezifischen Material der einzelnen Forschungsrichtungen zu entwickeln sind.
19 Eine der wichtigsten Elastizitäten, die die Systemtheorie der Soziologie hinzugewonnen hat, besteht in der Differenzierung zwischen Sozialsystemen und Persönlichkeitssystemen, so daß letztere von der Soziologie als Umwelten in ihrer relativen Eigendynamik und damit als Randbedingungen der ersteren behandelt werden können.
20 Als Bezugspartner der Abgrenzung treten natürlich auch andere Theorien auf, die mit nicht weiter aufgelösten Kollektivkonzepten arbeiten und funktionalistisch argumentieren, so insbesondere der historische Materialismus z. B. mit seinem Klassenbegriff. Da diese anderen Theorien ihren Funktionalismus jedoch methodologisch kaum explizieren, werden die Gegenpositionen der Verhaltenstheorie zu ihnen wenig herausgestellt und zumeist nur mitartikuliert. Ein seltenes Gegenbeispiel bildet Malewski, „Der empirische Gehalt der Theorie des historischen Materialismus".
21 Zu ihren prominentesten Vertretern zählen Max Wertheimer, Kurt Koffka, Wolfgang Köhler, Wolfgang Metzger und Albert Wellek. Zur Programmatik vgl. Wellek, „Ganzheitspsychologie und Strukturtheorie".
22 Nach eingehender Prüfung des reduktionistischen Verfahrens kommen Opp und Hummell zu dem Befund: „Das Ergebnis unserer Untersuchung war, daß wir keinen einzigen soziologischen Begriff gefunden haben, der nicht durch einen psychologischen Begriff definierbar ist, und daß wir keine einzige soziologische Hypothese gefunden haben, die nicht aus einer psychologischen

ableitbar ist. Damit ist die Reduktionismus-These vorläufig bestätigt" („Soziales Verhalten und soziale Systeme", S. 20). Vgl. auch Malewski, „Zur Problematik der Reduktion."
23 Vgl. Albert, „Modell-Platonismus.", in: Topitsch.
24 Vgl. Popper und Eccles, „Das Ich und sein Gehirn". Zusammenfassend dazu Hastedt, „Das Leib-Seele-Problem".
25 Max Weber hat bekanntlich gerade in den Prozessen, bei denen Irrationales der rationalen Deutung harrt, ein wichtiges Aufgabenfeld der Soziologie gesehen. Auch seine wissenschaftstheoretisch ebenso unscharfe wie forschungspraktisch fruchtbare Formel, in der er ursächliches Erklären und deutendes Verstehen als Erkenntnisabsichten der Soziologie miteinander verspannt, trägt vor allem dem Bereich des irrationalen Verhaltens Rechnung. Der Verstehensbestandteil befriedigt unser Kausalitätsbedürfnis auch und besonders gegenüber solchen Verhaltensereignissen, die außerhalb eines kalkulatorischen Vorteilshandelns liegen.
26 Weiter unten im Abschnitt „2.3 Lerntheorie" wird der Begriff der operanten Konditionierung ausführlich erörtert.
27 Homans selbst gerät mit diesem engen Begriff in Schwierigkeiten und versteht ihn als Ausdruck eines puristischen Behaviorismus. Dazu unten weiter mehr! Siehe auch Fn. 67, 68 und 69!
28 Vgl. Durkheim, „Der Selbstmord".
29 Wir werden später sehen, daß diese Fraglosigkeit auch ein Stück Unsensibilität bedeutet, verbunden mit ideologischen Komplexen.
30 Die Konzept des deferred gratification pattern, so erstmals formuliert von L. Schneider und S. Lysgard 1953, kommt als Erklärungsschema des menschlichen Verhaltens implizit in nahezu aller Soziologie vor, z. B. offensichtlich und massiv in Max Webers Protestantismustheorie. Insofern ist der Verhaltenstheorie zu bescheinigen, daß Lernmodelle bei der explikativen Arbeit der Soziologie ganz unvermeidlich sind.
31 Vgl. Durkheim, „Les règles de la méthode sociologique".
32 Vgl. zu den von der Psychologie geleisteten Differenzierungen im Begriff des Lernens Bredenkamp und Wippich, „Lern- und Gedächtnispsychologie". Die für die soziologische Theoriebildung vor allem relevanten Aspekte der Lernpsychologie faßt prägnant zusammen Stendenbach, „Lernprozesse".
33 Hilgard und Bower, „Theorien des Lernens", S. 16.
34 Apfelbach und Döhl, „Verhaltensforschung", S. 85.
35 Das kognitive Element der Erwartungsbildung hat besonders Tolman als unterscheidbaren Vorgang im Lernprozeß herausgestellt und Verhalten als Überprüfung von Erwartung gedeutet. Vgl. „Purposive behavior in animals and men".
36 Eine systematische Anwendung der Lerntheorie in monographischer Form auf einen ganzen Kranz von so gut wie in jeder menschlichen Gesellschaft institutionalisierten Interaktionsmustern bietet Homans' „Social Behavior. Its Elementary Forms". Hier werden zum Beispiel power and authority ebenso wie conformity and competition, stratification ebenso wie roles, distributive justice ebenso wie leadership daraufhin untersucht, wie sie als Resultat individuell gebildeter Reaktionen zustande gekommen sein könnten.
37 Vgl. Morgenstern und Neumann, „Theory of Games and Economic Behavior"; Rapoport, „Fights, Games, and Debates"; Burger, „Einführung in die Theorie der Spiele".
38 Vgl. „Vom Kriege".
39 Vgl. vor allem „Social behavior as exchange" sowie „Social Behavior. Its Elementary Forms".
40 Vgl. „Exchange and Power in Social Life".
41 Vgl. Hoerster, „Utilitaristische Ethik und Verallgemeinerung"; Trapp, „Nicht 'klassischer' Utilitarismus"; Birnbacher, „Der Utilitarismus und die Ökonomie".
42 Die wichtigsten Grundlagenschriften des kritischen Rationalismus stammen von Popper. Während die eher methodologischen Ausgangspunkte in seiner „Logik der Forschung" bestimmt sind, enthalten „Die offene Gesellschaft und ihre Feinde" sowie „Das Elend des Historizismus" die eher wissenschaftsethischen Schlußfolgerungen. Hans Albert vor allem hat dem kritischen Rationalismus die programmatische Distinktion verliehen, in der er nicht nur in das professionelle Selbstbewußtsein vieler Sozialwissenschaftler einging, sondern weit darüber hinaus zum öffentlichen Maßstab für den Geltungsanspruch wissenschaftlicher Aussagen und Theorien wurde. Vgl. „Traktat über kritische Vernunft" und „Plädoyer für kritischen Rationalismus".

43 In dieser Hinsicht kann es wohl keinen größeren Gegensatz geben als zwischen Verhaltenstheorie und kritischem Rationalismus auf der einen Seite und dem Wissenschaftsgeist, der sich im Werk Adornos ausspricht. Adorno steht dabei für die gesamte neuere Wissenschaftlichkeit, die sich bei aller Kritik doch den Traditionen der idealistischen Philosophie von Platon bis Hegel verbunden fühlt und daran festhält, daß das Wahre, das Schöne und das Gute gleichermaßen Bestimmungen des Absoluten seien, ihre Scheidung nur unvollkommenen Bescheid gebe und deshalb das Streben nach Erkenntnis den Versuch ihrer Verschmelzung fordert. Nur von der großen Philosophie ganz getrennte Sozialwissenschaft könne das verkennen. Wo sie sich aber eine Erinnerung an die Herkunft ihrer Fragen bewahrt habe, da bliebe ihr auch bewußt, daß ihr Medium die Sprache sei und ihre Wahrheit auch ein rhetorisches Moment aufweise.

44 Damit soll nicht etwa gesagt sein, es gebe keinerlei kritische Bezugnahme aufeinander. So kritisieren z. B. Opp und Hummell, daß in Arbeiten von Homans, Malewski, Burgess und Akers die logische Struktur einiger Hypothesen und der logische Zusammenhang zwischen ihnen nicht ausreichend klar sei, und führen diesen Mangel auf die Skinnersche Lerntheorie zurück, die, unübersetzt in logische Formalsprache, wie sie sei, präzise Ableitungen ihrer generellen Annahmen vermissen lasse und deswegen unter unschafer Axiomatik leide. Freilich sehen sie darin nur ein zu behebendes Defizit. Vgl. „Soziales Verhalten und soziale Systeme".

45 Materialismus, innere Haltlosigkeit und Gottlosigkeit als seelische Verfassung der derzeitigen Herren der Welt gegen eigene Sittenstrenge, Glaubenssicherheit und Gottesfurcht; kolonialistisch gestohlener Überfluß und Luxus auf der Seite der schlechten Herrschaft gegen die stille Kraft des eigenen besseren Rechts; imperialistische Arroganz bei den nur technisch Überlegenen gegen eigene stolze Bescheidenheit; Weichlichkeit und Permissivität bei den dem Untergang Geweihten gegen selbst geübte Manneszucht und selbst bewahrten Anstand; Gegenwart zwar noch bei ihnen, doch gegen eigene große Vergangenheit und große Zukunft bei einem selbst.

46 Opp und Hummell fassen die hier geäußerten Vorbehalte gegen eine verhaltenstheoretische Methodologie, die die soziologische Forschung am liebsten nach ihren Richtlinien dressieren möchte, unter dem Begriff der evidenten Irrelevanz lerntheoretischer Hypothesen zusammen, natürlich nicht zustimmend. Vgl. „Soziales Verhalten und Soziale Systeme".

47 Man vergegenwärtige sich nur den freien, auch spekulative Überlegungen nicht scheuenden, mancherlei Aha-Erlebnisse auslösenden Geist, wie er in Arbeiten von Berelson, (z. B. in der mit Steiner verfaßten Monographie „Human Behavior"), James S. Coleman (z. B. in „Power and the Structure of Society"), David McClelland (z. B. in „Power. The Inner Experience"), Mancur Olson (z. B. „The Logic of Collective Action. Public Goods and the Theory of Groups") entgegentritt, alle ohne Zwang der verhaltenstheoretischen Schule zurechenbar, wenn man diese undogmatisch faßt.

48 Immerhin kann er es, etwa wenn er von einem Menschen als der Inkarnation der Schönheit oder der Bosheit redet.

49 Die These steht nicht im Gegensatz zu methodischer Äquivalenzsuche als spezieller Empirie der Systemtheorie, wie Niklas Luhmann sie begründet hat. Denn das von ihm entwickelte Verfahren läuft ja gerade darauf hinaus, Unterschiede der Sozialorganisation im Detail als Anpassungsleistungen an unterschiedliche Umweltbedingungen zu erklären, d. h. als Flexibilität, um die das Soziale als System tragenden Erfordernisse dennoch zu realisieren.

50 Der in den späten fünfziger und frühen sechziger Jahren breit und kontrovers diskutierte Gedanke findet sich knapp dargestellt bei Parsons und Smelser, „Economy and Society", S. 50–69.

51 Vgl. vor allem „Gesellschaft und Freiheit". Sekundär dazu und im Vergleich mit der Systemtheorie: Messelken, „Politikbegriffe der modernen Soziologie".

52 Jürgen Habermas' Parsons-Kritik, die selten ins Schwarze trifft, hat allerdings einen schwachen Punkt der Systemtheorie richtig erkannt: Während Politik und Wirtschaft als Subsysteme mit klarer Funktion und eigener Medialität sauber abgegrenzt sind, geraten die Bemühungen hinsichtlich der beiden anderen Felder nicht überzeugend. Ihre Umrisse sind zu verschwommen, als daß ihre Kategorien nicht unscharf bleiben und stellenweise auch einfach unbrauchbar werden müßten. Versucht man, darin Institutionenkomplexe wie die Justiz, das Gesundheitswesen, Erziehung und Bildung oder die Wissenschaft, die – weitgehend verapparatet – längst selbst als Subsysteme ausdifferenziert sind, sinnvoll unterzubringen, stellt sich hochgradige Beliebigkeit ein. Vgl. „Theorie des kommunikativen Handelns", Bd. 2, „Zur Kritik der funktionalistischen Vernunft".

53 Den Begriff benutzt Robert K. Merton, um damit ein Konzept der strukturell-funktionalen Forschung ohne gesamttheoretischen Anspruch zu begründen; vgl. „Social Theory and Social Structure". Vgl. auch Opp/Hummell, „Soziales Verhalten und soziale Systeme".
54 Vgl. insbesondere „Macht als Motiv. Entwicklungswandel und Ausdrucksformen".
55 Methodisch und inhaltlich sind die Arbeiten McClellands D. G. Winter tief verpflichtet, besonders seinem „The power motive".
56 Vgl. Robert A. Dahl: „The concept of power".
57 „Macht als Motiv", S. 30. (Kursives wie im Original).
58 Das Standardverfahren besteht in sogenannten TATs, das ursprünglich von Henry Alexander Murray unter dem Namen Thematische Apperzeptions-Tests entwickelt wurde (vgl. Alexander Murray: „Explorations in personality") und durch Bildfolgen angeregte Versuchspersonen Geschichten erzählen läßt, die als selbstprojektiv, d. h. als Enthüllung eigener Wünsche und Ängste der Probanden ausgelegt werden. McClelland greift dabei vor allem auf J. Veroff, „Development and validation of a projective measure of power motivation", Journal of Normal and Abnormal Social Psychology, 1957, 54, S. 1–8, sowie auf die unveröffentlichte Dissertation von J. Uleman, „A new TAT measure for the need of power", Harvard University 1966 zurück.
59 Vgl. insbesondere „Macht und Gesellschaftsstruktur".
60 „Macht und Gesellschaftsstruktur", S. 23.
61 Vgl. das 1965 erstmals in Amerika erschienene und drei Jahre später von Franz Hayek in deutscher Sprache herausgebrachte Werk „The Logic of collective action".
62 Als Fundstelle gibt Olson den Aufsatz „Concepts and Methods in the Measurement of Group Syntality" an, in: A. Paul Hare, Edgar F. Borgatta und Robert F. Bales (Hrsg.), „Small Groups", New York: Alfred A. Knopf 1955, S. 115.
63 „Group Attraction and Membership", in: Cartwright and Zander (Hrsg.), Group Dynamics, S. 93.
64 „Die Logik des kollektiven Handelns", S. 15.
65 Begriff und Wort verdanken wir Theodor Geiger. Vgl. „Vorstudien zu einer Soziologie des Rechts", insbesondere den Abschnitt „Gesellige Ordnung als Gebarens-Koordination".
66 Social Behavior, S. 37.
67 Vgl. ihr Werk „Social Learning and Imitation", New Haven: Yale University Press 1941. Der von von Homans zugefügte zweite Teil, der approval-Teil, beinhaltet die umgekehrte, aber in gleicher Logik gebildete Hypothese, daß die Erteilung von Belohnung, insbesondere wenn sie größer als erwartet ausfällt, und das Ausbleiben erwarteter Strafe beifällig-anerkennendes Verhalten befördere. Homans hält diese Ergänzung für notwendig, weil die Frustrations-Aggressions-Hypothese, für sich genommen, „has tended to give a onesided view of the emotional behavior of men since it pointed only to their negative emotions. But if they can be furstrated and hate, they can also be fortunate and love." (Social Behavior, S. 37.).
68 Social Behavior, S. 37.
69 Ebd. S. 38. Natürlich bemerkt Homans, daß sich in anderer Hinsicht Aggressivität von einem einfachen Reflex wie dem Patellarsehnen- oder dem Lidschlußreflex unterscheidet. Sie kann zusätzlich auch gelernt werden.
70 Den Begriff hat Parsons, „Toward a General Theory of Action" eingeführt. Luhmann entwickelt ihn systematisch in „Soziale Systeme", Kapitel 3.
71 An dieser Stelle vor allen anderen hakt die phänomenologisch-interaktionistische Soziologie ein und kümmert sich um die individuelle Kreativität.
72 Explizit dargelegt ist die Idee erstmals 1968 in dem Aufsatz „On the Concept of Value Commitments".
73 Die double-bind-Hypothese zur psychologischen Erklärung der Schizophrenie bietet ein Beispiel, wie ein solcher Prozeß ablaufen könnte. Wir sagen bewußt „könnte", weil die zu erklärenden Phänomene doch wohl eher organischen Ursprungs sein dürften. Vermutungen, inwieweit sich in ihn wiederum psychische Mechanismen einmischen, bleiben sicher hochspekulativ.
74 Vgl. vor allem „A Theory of Cognitive Dissonance" und „Conflict, Decision, and Dissonance".
75 Damit kommt der ganze Bereich der Abwehrmechanismen ins Spiel. Die Verhaltenstheorie verliert so ihre Trennungslinien gegenüber der Psychoanalyse, die sie eigentlich doch als unwissenschaftlich verwirft.

76 Vgl. „Theorie und Prognose in den Sozialwissenschaften", in: Topitsch, S. 133 f.
77 Vgl. Topitsch, Ernst: Sprachlogische Probleme in der sozialwissenschaftlichen Theoriebildung" in: Topitsch, S. 30.
78 „Wirtschaft und Gesellschaft. Grundriß der verstehenden Soziologie", S. 3.
79 Wirklich nur insoweit, denn die Beschaffung und die Form der Applikation können sowenig ohne gesellschaftlichen Bezug gedacht werden wie beim Essen und Trinken.
80 Der Begriff des prosozialen Verhaltens ist hier anders gefaßt, als ihn das „Wörterbuch der Soziologie" (hrsg. von Günter Endruweit und Gisela Trommsdorff, Stuttgart: Enke Verlag 1989) definiert; dort ist er auf selbstlos-altruistisches motiviertes Verhalten begrenzt.
81 „Abweichendes Verhalten und Gesellschaftsstruktur", S. 43.
82 An den berühmten Kippfiguren der gestalttheoretischen Wahrnehmungspsychologie läßt sich gut demonstrieren, daß ein gegebenes Material von Linien auf ganz unvereinbare Weisen subjektiv zu organisieren ist und dennoch keine als falsch gelten kann, sondern jede in Anspruch nehmen kann, materialgerecht zu verfahren.
83 So soll der englische Schriftsteller des 18. Jahrhunderts Samuel Johnson gesagt haben.
84 Hier dient der Soziologie Lombrosos Lehre von einem an angeborenen Merkmalen erkennbaren Typus des Gewaltverbrechers zur Abgrenzung.
85 So argumentiert besonders klar auch Wiswede, „Soziologie abweichenden Verhaltens"; vgl. vor allem S. 182 ff.
86 Gerade am letzten Beispielssatz zeigt sich, daß es sich um echte Hypothesen handelt, die empirisch bestätigt werden müssen, bevor sie rationellerweise zur Grundlage weiterer Forschung werden können. Denn ohne empirische Bestätigung ist die umgekehrte Hypothese, daß auf Resozialisation ausgelegter Strafvollzug die Rückfallbereitschaft erhöht, ebenso plausibel, weil lerntheoretisch ebenso gut begründbar. Bestätigte sich die umgekehrte Hypothese, ergäbe sich daraus jedoch keineswegs ein zwingendes Argument zum Verzicht auf solchen Vollzug. Seine Beibehaltung ließe sich z. B. damit begründen, daß die hierzu Entscheidungsberechtigten die Humanitätskosten eines Verzichts höher veranschlagen als die sich aus den Rückfalldelikten ergebenden Humanitätskosten.
87 Daß sich eine solche Vorstellung, historisch konkretisiert und stratifikatorisch ausgefüllt, mit Klassenkampfkonzepten vereinbaren läßt, liegt auf der Hand. Die Verhaltenstheorie würde freilich niemals die Gewißheit vermitteln, welche Seite recht und welche unrecht hätte, welche Seite verlieren und welche siegen werde und welcher Seite man sich im Namen der Vernunft oder der Humanität anzuschließen hätte. Sie könnte auf keinen Fall Partei ergreifen, weil sie weiß, daß sie die Totalität nicht durchschaut, und ihr auch sonst der letztgültige Sinn der Geschichte nicht geoffenbart ist. Sie würde auf Veränderungsdruck zwar durchaus tatkräftig reagieren, doch verstünde sie ihre Anpassungsversuche tentativ, also fehlbar, und wäre im Falle des Scheiterns rücknahmewillig. Wer sich allerdings so aufführt, als ob er allwissend die endgültige Lösung aller Lebensprobleme kenne und darum bedingungslose Gefolgschaft zu verlangen habe, den kann sie als Feind nicht vermeiden, weil er damit zum Feind der offenen Gesellschaft wird, wie Popper ihn gebrandmarkt hat. Vgl. „Die offene Gesellschaft und ihre Feinde".
88 Wie an anderer Stelle schon bemerkt, kommt hier Gleichklang mit der Dahrendorfschen Konflikttheorie zum Ausdruck. Siehe S. 49 f.
89 Vgl. Silvia Bovenschen (Hrsg.), „Die Listen der Mode", insbesondere ihren dem Buch den Titel gebenden Einleitungsessay.
90 Vgl. „Die Struktur wissenschaftlicher Revolutionen".
91 Vgl. „Ideologie und Utopie".
92 Die Freund-Feind-Dimension unserer Wahrnehmung als politische arbeitet Carl Schmitt, „Der Begriff des Politischen", heraus.
93 Vgl. "The Functions of Social Conflict".
94 Vgl. „Gesellschaft und Freiheit". Vgl. auch Messelken, „Politikbegriffe der modernen Soziologie".
95 Vgl. „Gesellschaft und Freiheit", S. 225 ff.
96 Diese These findet sich als Ausgangspunkt soziologischer Argumentation an vielen Stellen und in unterschiedlichen Gewändern. Eine ihrer Versionen ist Bronislaw Malinowskis Lehre von den vitalen Grundbedürfnissen, zu deren Befriedigung im sozialen Verbund sich Institutionen bilden, die abgeleitete Bedürfnisse hervorrufen, um die sich abgeleitete Institutionen kristallisieren, usw. Vgl. „Eine wissenschaftliche Theorie der Kultur. Und andere Aufsätze", Frankfurt am Main: Suhrkamp Verlag 1975.

97 Ob der historische Materialismus hier wirklich mitverbucht werden darf, ist sicher äußerst strittig. Wir entscheiden uns dafür nur deshalb, weil einige seiner prominenten Vertreter wie Antonio Gramsci ihn als ein offenes, zur Annahme und Übernahme neuer Erkenntnisse bereites Ideensystem erklärten. Dabei darf man jedoch nicht übersehen, daß er seiner ganzen theoretischen Struktur nach aber gerade nicht beobachtend abwarten will, ob sich seine gesellschaftsprozessualen Prognosen durch den unbeeinflußten Gang der Dinge bestätigen, sondern umgekehrt in den Köpfen der politisch handelnden Menschen geschichtsmächtig werden will, damit sie seine Erwartungen realisieren. Sie sind also nicht an sich und von vornherein wahr oder falsch, sondern werden es erst durch die ihnen entsprechende Zubereitung der Welt, je nachdem ob sie gelingen oder fehlschlagen. Leszek Kolakowski hat den historischen Materialismus deshalb unter die pragmatistischen Wahrheitstheorien gezählt, von der William James' vor allem dadurch unterschieden, daß die Handlungssubjekte, die im Erfolg ihres Tuns die Bestätigung der zugrunde liegenden Erklärungsmuster sehen, nicht individueller, sondern kollektiver Natur sind. Vgl. "Karl Marx and the Classical Definition of Truth".
98 So die 11. These über Feuerbach. Vgl. Karl Marx und Friedrich Engels, Werke, Bd. 3, S. 535.
99 Lange vor der stalinistischen Entwicklung heißt es bei Georg Lukács: „Die Freiheit kann (ebensowenig wie etwa die Sozialisierung) einen Wert an sich darstellen. Sie hat der Herrschaft des Proletariats, nicht aber diese ihr zu dienen. Zum Vollzug dieser oft sehr plötzlichen Frontveränderungen ist nur eine revolutionäre Partei wie die der Bolschewiki fähig, nur sie hat genügend Schmiegsamkeit, Manövrierfähigkeit und Unbefangenheit in der Beurteilung der tatsächlich wirkenden Kräfte, um über Brest-Litowsk, den Kriegskommunismus der wildesten Bürgerkriege zur neuen Wirtschaftspolitik und von dort (bei einer neuerlichen Veränderung der Machtlage) zu anderen Gruppierungen der Kräfte fortzuschreiten – und dabei stets das Wesen: die Herrschaft der Proletariats unversehrt zu bewahren." („Geschichte und Klassenbewußtsein", S. 296 f. – Kursives wie im Original.)
100 Bereits der 10. Parteitag der KPdSU 1921 sprach in einer Resolution über die „Einheit der Partei" von der „Gefährlichkeit der Fraktionsmacherei vom Standpunkt der Parteieinheit und der Verwirklichung der Willenseinheit der Avantgarde des Proletariats als der Grundbedingung für den Erfolg der Diktatur des Proletariats" und forderte, „jegliche Franktionsmacherei vollständig auszumerzen." Vgl. Stalin, „Schriften zur Ideologie der Bürokratisierung", S. 81.
101 Im „Wörterbuch der marxistisch-leninistischen Soziologie", heißt es unter dem Stichwort „Soziologie" dazu: „Der Inhalt des Begriffs Soziologie und ihr Objektbereich werden primär durch die Klassenposition und den weltanschaulichen Standpunkt der Vertreter dieser und angrenzenden Disziplinen bestimmt. Es muß daher heute prinzipiell zwischen marxistisch-leninistischer Soziologie und nichtmarxistischer bzw. bürgerlicher Soziologie unterschieden werden" (S. 431 f.). Und weiter unter demselben Stichwort: „Als Disziplin der marxistisch-leninistischen Gesellschaftswissenschaften ist die Soziologie eng mit dem Kampf der Arbeiterklasse und ihren jeweiligen Zielen und Aufgaben verbunden." (S. 435).
102 In der Begründung des dialektischen Materialismus, der Scholastik des Sowjetkommunismus, die selbstverständlich auch die marxistisch-leninistische Soziologie steuert, spielt die Reflexologie Pawlows eine hervorragende Rolle.
103 Zur Einführung: Rose (Hrsg.), "Human Behavior and Social Process".
104 So hat Kant über das Vermögen der intelligiblen Natur des Menschen gesprochen, deren Handeln der kausalen Determination durch Vergangenes entzogen, determinierend auf die materielle Zukunft wirkt. Vgl. „Kritik der reinen Vernunft", S. 525 ff.
105 Berger und Luckmann dazu: „Wer den derberen Stock hat, hat die bessere Chance, seine Wirklichkeitsbestimmung durchzusetzen, eine Faustregel, die für jede größere Gemeinschaft gilt ..." („Die gesellschaftliche Konstruktion der Wirklichkeit", S. 117.).
106 Vgl. Becker, „Außenseiter".
107 So spricht Homans von der „Illusion der freien Wahl" und bekennt sich zu einem absoluten Determinismus. Vgl. „Was ist Sozialwissenschaft?", S. 92. Radikaler noch Skinner, "Beyond Freedom and Dignity".
108 „Verhaltenstheorie und Verhaltensmodifikation".
109 In klaren Worten drückt es Maturana aus: „Wenn zwei lebende Systeme aufeinandertreffen und anfangen, intensiv strukturell zu interagieren und beispielsweise tanzen, dann befinden sie sich in einer besonderen Situation. Sie interagieren rekurrent. Damit diese rekurrenten Interaktionen

überhaupt stattfinden können, muß eine Apriori-Dispositon für rekurrente Interaktionen vorhanden sein. Diese Apriori-Disposition zu rekurrenten Interaktionen ist biologischer Natur. Sie ist ein Teil unserer Konstitution als biologische Wesen." Und einige Zeilen weiter: „Wir Säugetiere haben diese Disposition zu rekurrenten Interaktionen. Für uns Menschen gibt es ein Wort dafür, das ein sehr beladenes Wort ist. Das ist das Wort 'Liebe'."(Riegas [Hrsg.], „Zur Biologie der Kognition", S. 88 f.)
110 Dabei bereitet ihm das Konzept angeborener interindividueller Intelligenzdifferenz keine Schwierigkeiten. Hier vermutet er, daß sich solche Differenzen über die Kollektive gleich verteilen und darum interkollektiv vernachlässigt werden können.
111 Den ideologischen Hintergrund der Meadschen Kulturanthropologie entwickelt und die Seriosität ihrer Forschungen kritisiert Freeman, „Liebe ohne Aggression".
112 "A fuller psychology than ours pretends to be would include several propositions about emotional behavior, among the most important of which would be statements about the causes and effects of anxiety." ("Social Behavior", S 37.).

Literatur

Gesamtdarstellungen und Klassiker der Verhaltenstheorie

Bandura, Albert: Principles of Behavior Modification, New York: Holt, Rinehart & Winston 1969.
Berelson, Bernard/Steiner, Gary A.: Human Behavior, New York: Harcourt, Brace & World 1964.
Homans, George C.: The Human Group, New York: Harcourt, Brace & World 1950.
Ders.: Social Behavior. Its Elementary Forms, New York: Harcourt, Brace Jovanovich 1961.
Ders.: Sentiments and Activities, Essays in Social Science, London: Routledge and Kegan Paul 1962.
Ders..: Was ist Sozialwissenschaft? Opladen: Westdeutscher Verlag 1972.
Ders.: Social behavior as exchange, in: American Journal of Sociology, LXIII (1958).
Ders.: Bringing Man Back In, in: American Sociological Review, XXIX (1964).
Malewski, Andrzej: Verhalten und Interaktion, Tübingen: J. C. B. Mohr 1967.
Ders.: Zur Problematik der Reduktion. Stufen der Allgemeinheit in Theorien über menschliches Verhalten, in: Topitsch (Hrsg.).
Opp, Karl-Dieter: Methodologie der Sozialwissenschaften. Einführung in Probleme ihrer Theoriebildung, Reinbek: Rowohlt 1970.
Ders.: Abweichendes Verhalten und Gesellschaftsstruktur, Darmstadt: Luchterhand 1974.
Ders.: Verhaltenstheoretische Soziologie. Eine neue soziologische Forschungsrichtung, Reinbek: Rowohlt 1972.
Ders.: Die Entstehung sozialer Normen, Tübingen: J. C. B. Mohr 1983.
Ders./Hummell, Hans J.: Kritik der Soziologie, Frankfurt am Main: Athenäum 1973.
Ders.: Soziales Verhalten und soziale Systeme, Frankfurt am Main: Athenäum 1973.
Skinner, Burrhus F.: The Behavior of Organisms. An Experimental Analysis, New York: Appleton-Century-Crofts 1938.
Ders.: Science and Human Behavior, New York: Macmillan 1953.
Weede, Erich: Mensch und Gesellschaft. Soziologie aus der Perspektive des methodologischen Individualismus, Tübingen: J. C. B. Mohr 1992.

Wichtige Literatur

Albert, Hans: Modell-Platonismus. Der neoklassische Stil des ökonomischen Denkens in kritischer Beleuchtung, in: Topitsch (Hrsg.).
Ders.: Traktat über kritische Vernunft, Tübingen: J. C. B. Mohr 1968.
Ders.: Plädoyer für kritischen Rationalismus, München: Piper 1971.
Ders. (Hrsg.): Theorie und Realität. Ausgewählte Aufsätze zur Wissenschaftslehre der Sozialwissenschaften, Tübingen: J. C. B. Mohr 1964.

Apfelbach, Raimund/Döhl, Jürgen: Verhaltensforschung. Eine Einführung, Stuttgart: Gustav Fischer 1976.
Bandura, Albert/Walters, Richard H.: Social learning and personality development, New York: Holt, Rinehart and Winston 1963.
Berger, Peter L./Luckmann, Thomas: Die soziale Konstruktion der Wirklichkeit. Eine Theorie der Wissenssoziologie, Frankfurt am Main: Fischer 1974.
Becker, Howard S.: Außenseiter. Zur Soziologie abweichenden Verhaltens, Frankfurt am Main: Fischer 1981.
Biervert, Bernd u. a. (Hrsg.): Sozialphilosophische Grundlagen ökonomischen Handelns, Frankfurt am Main: Suhrkamp 1990.
Binbacher, Dieter: Der Utilitarismus und die Ökonomie, in: Biervert.
Blau, Peter M.: Exchange and Power in Social Life, New York: John Wiley 1964.
Bovenschen, Silvia (Hrsg.): Die Listen der Mode, Frankfurt am Main: Suhrkamp 1986.
Bredenkamp, Jürgen/Wippich, Werner: Lern- und Gedächtnispsychologie, Stuttgart: Kohlhammer 1977.
Bridgman, Percy W.: The Logic of Modern Physics, New York: Macmillan 1927.
Burger, Ewald: Einführung in die Theorie der Spiele, Berlin: Walter de Gruyter 1959.
Burgess, Robert/Bushell, Don: A Behavioral View of Some Sociological Concepts, New York: Columbia University Press 1969.
Bushell, Don/Burgess, Robert: Some Basic Principles of Behavior, New York: Columbia University Press 1969.
Carnap, Rudolf: Der logische Aufbau der Welt/Scheinprobleme in der Philosophie, Hamburg: Felix Meiner 1961.
Cartwright, Dorwin/Zander, Alvin (Hrsg.): Group Dynamics, Evanston (Ill.): Row, Peterson 1953.
Clausewitz, Carl von: Vom Kriege, Bonn: Ferdinand Dümmler 1972.
Coleman, James S.: Macht und Gesellschaftsstruktur, Tübingen: J. C. B. Mohr 1979.
Comte, Auguste: Die Soziologie. Die positive Philosophie im Auszug, Leipzig: Alfred Kröner 1933.
Ders.: Rede über den Geist des Positivismus, Hamburg: Felix Meiner 1979.
Coser, Lewis: The Functions of Social Conflict, London: Routledge and Kegan Paul 1956.
Dahl, Robert A.: The concept of power, in: Behavioral Science, 1957, 2.
Dahrendorf, Ralf: Gesellschaft und Freiheit. Zur soziologischen Analyse der Gegenwart, München: Piper 1961.
Durkheim, Emile: Les règles de la méthode sociologique, Paris: Presses universitaires de France 1960.
Ders.: Der Selbstmord, Neuwied: Luchterhand 1973.
Festinger, Leon: A Theory of Cognitive Dissonance, New York: Harper & Row 1957.
Ders.: Group Attraction and Membership, in: Dorwin Cartwright and Alvin Zander (Hrsg.): Group Dynamics, Evanston (Ill.): Row, Peterson 1953.
Ders.: Conflict, Decision, and Dissonance, Stanford: Stanford University Press 1964.
Franck, Dierk: Verhaltensbiologie. Eine Einführung in die Ethologie, Stuttgart: Thieme 1985.
Freeman, Derek: Liebe ohne Aggression. Margaret Meads Legende von der Friedfertigkeit der Naturvölker, München: Kindler 1983.
Gehlen, Arnold/Schelsky Helmut (Hrsg.): Soziologie. Ein Lehr- und Handbuch zur modernen Gesellschaftskunde, Düsseldorf: Eugen Diederichs 1955.
Geiger, Theodor: Vorstudien zu einer Soziologie des Rechts, Neuwied: Luchterhand 1964.
Habermas, Jürgen: Theorie des kommunikativen Handelns, 2 Bde, Frankfurt am Main: Suhrkamp 1981.
Hastedt, Heiner: Das Leib-Seele-Problem. Zwischen Naturwissenschaft des Geistes und kultureller Eindimensionalität, Frankfurt am Main: Suhrkamp 1988.
Hilgard, Ernest R./Bower, G. H.: Theorien des Lernens, Stuttgart: Ernst Klett 1973.
Hoerster, Norbert: Utilitaristische Ethik und Verallgemeinerung, Freiburg: Alber 1977.
Kaminski, Gerhard: Verhaltenstheorie und Verhaltensmodifikation. Entwurf einer integrativen Theorie psychologischer Praxis am Individuum, Stuttgart: Ernst Klett 1970.
Kant, Immanuel: Kritik der reinen Vernunft, Hamburg: Felix Meiner 1952.
Kolakowski, Leszek: Karl Marx and the Classical Definition of Truth, in: Labedz, Leopold: Revisionism. Essays on the History of Marxist Ideas, London: George Allen & Unwin 1962.

Kuhn, Thomas: Die Struktur wissenschaftlicher Revolutionen, Frankfurt am Main: Suhrkamp 1967.
Laucken, Uwe: Naive Verhaltenstheorie, Stuttgart: Ernst Klett 1973.
Luhmann, Niklas: Soziale Systeme. Grundriß einer allgemeinen Theorie, Frankfurt am Main: Suhrkamp 1984.
Lukács, Georg: Geschichte und Klassenbewußtsein, Berlin: Malik 1923.
Malewski, Andrzej: Der empirische Gehalt der Theorie des historischen Materialismus, in: Kölner Zeitschrift für Soziologie und Sozialpsychologie, 1959, 1.
Malinowski, Bronislaw: Eine wissenschaftliche Theorie der Kultur. Und andere Aufsätze, Frankfurt am Main.
Mannheim, Karl: Ideologie und Utopie, Bonn: Friedrich Cohen 1929.
Marx, Karl/Engels, Friedrich: Werke, Bd. 3, Berlin: Dietz 1958.
McClelland, David C., u. a: The Achievement Motive, New York: Irvington Publishers 1953.
Ders.: Macht als Motiv, Stuttgart: Klett-Cotta 1978.
Merton, Robert K.: Social Theory and Social Structure, New York: The Free Press 1957.
Messelken, Karlheinz: Politikbegriffe der modernen Soziologie. Eine Kritik der Systemtheorie und Konflikttheorie, Opladen: Westdeutscher Verlag 1968.
Miller, Neal E./Dollard, John: Social Learning and Imitation, New Haven: Yale University Press 1941.
Murray, Alexander: Explorations in personality, New York: Oxford University Press 1938.
Neumann, John von/Morgenstern, Oskar: Theory of Games and Economic Behavior, Princeton (N. J.): Princeton University Press 1944.
Niemitz, Carsten (Hrsg.): Erbe und Umwelt. Zur Natur von Anlage und Selbstbestimmung des Menschen, Frankfurt am Main: Suhrkamp 1987.
Olson, Mancur: Die Logik des kollektiven Handelns. Kollektivgüter und die Theorie der Gruppen, Tübingen: J. C. B. Mohr 1968.
Parsons, Talcott/Smelser, Neil: Economy and Society. A Study in the Integration of Economic and Social Theory, London: Routledge and Kegan Paul 1956.
Ders./Shils, Edward A. (Hrsg.): Toward a General Theory of Action, Cambridge (Mass.): Harvard University Press 1962.
Ders.: On the Concept of Value Commitments, in: Sociological Inquiry, Bd. 38, Heft 2, 1968.
Pawlow, Iwan Petrowitsch: Die bedingten Reflexe, München: Kindler 1972.
Popper, Karl: Logik der Forschung, Wien: Springer 1935.
Ders.:: Die offene Gesellschaft und ihre Feinde, 2 Bde, Tübingen: Francke 1958.
Ders.: Das Elend des Historizismus, Tübingen: J. C. B. Mohr 1965.
Ders./Eccles, John: Das Ich und sein Gehirn, München: Piper 1982.
Rapoport, Anatol: Fights, Games and Debates, Ann Arbor: University of Michigan Press 1965.
Ritzer, George: Sociology. A Multiple Paradigm Science, Boston: Allyn and Bacon 1975.
Rose, Arnold (Hrsg.): Human Behavior and Social Process. An Interactionist Approach, London: Routledge and Kegan Paul 1962.
Schmitt, Carl: Der Begriff des Politischen. Text von 1932 mit einem Vorwort und drei Corollarien, Berlin: Duncker & Humblot 1963.
Simmel Georg: Soziologie. Untersuchungen über die Formen der Vergesellschaftung, Berlin: Duncker & Humblot 1958.
Skinner, Burrhus F.: Kritik psychoanalytischer Begriffe und Theorien, in: Topitsch (Hrsg.).
Ders.: Beyond Freedom and Dignity, New York: Knopf 1971.
Stalin, Josef W.: Schriften zur Ideologie der Bürokratisierung, Reinbek: Rowohlt 1970.
Stendenbach, Franz-Josef: Lernprozesse, in: Bernsdorf, Wilhelm (Hrsg.): Wörterbuch der Soziologie, Stuttgart: Enke 1962.
Tolman, Edward C.: Purposive behavior in animals and men, New York: Appleton-Century 1932.
Ders.: A Psychological Model, in: Parsons/Shils.
Topitsch, Ernst: „Sprachlogische Probleme in der sozialwissenschaftlichen Theoriebildung" in: Topitsch (Hrsg.).
Ders. (Hrsg.): Logik der Sozialwissenschaften, Köln: Kiepenheuer und Witsch 1965.
Trapp, R. W.: Nicht-klassischer Utilitarismus, Frankfurt am Main: Klostermann 1988.

Vanberg, Viktor: Die zwei Soziologien. Individualismus und Kollektivismus in der Sozialtheorie, Tübingen: J. C. B. Mohr 1975.
Weber, Max: Gesammelte Aufsätze zur Wissenschaftslehre, Tübingen: J. C. B. Mohr 1951.
Ders.: Wirtschaft und Gesellschaft. Grundriß der verstehenden Soziologie, Tübingen: J. C. B. Mohr 1956.
Wellek, Albert: Ganzheitspsychologie und Strukturtheorie, Bern: Francke 1954.
Winter, David G.: The power motive, New York: The Free Press 1973.
Wiswede, Günter: Soziologie abweichenden Verhaltens, Stuttgart: Kohlhammer 1973.
Woodworth, Robert S./Sheehan, Mary R.: Contemporary schools of psychology, New York Methuen 1964.
Wörterbuch der marxistisch-leninistischen Soziologie, Opladen: Westdeutscher Verlag 1971, Verlag 1973.
Wolpe, Joseph/Lazarus, Arnold A.: Behavior therapy techniques, Oxford 1966.
Wurm, Wolfgang: Abschaffung der Soziologie? Behaviorismus als Ideologie, Darmstadt 1974.
Yates, Aubrey James: Behavior therapy, New York: Wiley 1970.

Sachregister

Die Grundbegriffe einzelner Theorien (z. B. „Konflikt" bei der Konflikttheorie) werden bei dieser Theorie i.d.R. nicht im einzelnen ausgewiesen. Fettgedruckte Seitenzahlen verweisen auf Definitionen oder ausführliche Darstellungen.

Abweichung s. Verhalten, abweichendes
AGIL-Schema **38**
Aktionsforschung 12
Alltagserfahrung 10, 17
Alternative, funktionale 27, 31f, 33, 41, 48f, 62, 66, 194
Analyse, funktionale 30
Anomie 62, 65, **103f**, 177, 182, 186–188, 202
Anpassung 31, 38, 40, 43, 52, 57, 64, 71f, 91, 163f, 167, 189, 194–196
Apathie 62
Äquivalent, funktionales s. Alternative, funktionale
Arbeitsteilung 27, 58, 65, 68, 88, 157, 169, 173, 187, 200
Austauschtheorie 157f
Autopoiesis (siehe auch: Selbstreferenz) 53–55, 57

Bedürfnis 27–29, 36, 43, 52, 61, 67, 87, 94, 119, 153, 166, 169, 181f, 195
Bedürfnis, funktionales 26
Behaviorismus 139–142, 153, 158f, 175, 194, 197, 200
Bestandserfordernis s. Bestandserhaltung
Bestandserhaltung 38, 41, 44f, 48, 56, 60
Bewegung, soziale 99, **119–121**

Definition der Situation 36, 128, 199
Desorganisation 62
Differenz 50f, 53, 61, 72, 95
Differenzierung 26, 50, 68f, 71f, 123f, **124f**, 165–168, 187, 191
Diffusionismus 28
Dissens 87, 174
Doppelkontingenz 176
Druck 43
Dysfunktion 31, 32, 41, 43, 64, 72, 194

Einzelner s. Individuum
Empirie **10–12**, 13–18, 26, 30, 34, 44, 55
Entfremdung 64
Erfordernis, funktionales 31, **33**, 37f, 41, 45, 58, 60
Erfordernis, strukturelles **33**
Erhaltung der normativen Muster **38**

Ethnomethodologie 3
Evolution 25f, 40, 43, 47, 68, 71f, 88, 107, 112, 114, **121–123**, 126f, 165f, 188, 191–193, 196

Fortschritt 25, 88, 121, 168
Funktion 25–29, **30f**, 37, 39, 41, 69, 71, 194, 201
Funktion, latente 27, **31**, 32f, 43f, 60
Funktion, manifeste 27, **31**, 33, 43f
Funktionalismus 23, **24–55**, 72

Gesellschaft 25f, 28–30, 32f, 45, 51, 53, **55–57**, 58, 60, 62, 66, 71, 88, 94, 115, 120, 122f, **124**, 125, 128f, 142, 146, 148, 150f, 157f, 160, **162–165**, 166f, 171f, 178, 184, 187f, 198, 200
Gesellschaftslehre/-theorie **1–3**, 54f, 121, 128
Gesellschaftsvertrag 55, 114
Gewalt 96, **106**, 107f, 127, 167, 170, 181, 190, 198f
Gleichgewicht 31, 40, 42, 47, 56, 61, 69, 115
Gruppe 37, 39, 45, 58, 60, 94, 119, 124, 127, 154, 164, 166, 171, 173, 178, 182, 187, 194, 198f

Handeln 12, 31–33, **35**, 37, 39, 41, 43f, 46, 48, 58, 60, 62, 87, 93, 106, 121–124, 128, 138, 142, 148, 150, 157, 163, 168, 176, 178, **183–188**, 189, 202
Handlungsforschung s. Aktionsforschung
Handlungssystem 36, 37, 58
Handlungstheorie 3, **197–200**
Herrschaft 89–92, 96, 102, 105, 107, 119, 121–125, 127, 129
Heuristik 23, 30
Hierarchie, kybernetische 36, 37, 39, 53
Homöostase s. Gleichgewicht

Ideologie 6f, 16, 26, 41, 54, 67, 95, 137f, 167, 193, 196f, 201
Individualismus, methodologischer **144–146**, 147
Individuum 43f, 53, **55–57**, 58–60, 65, 87, 89f, 96, 98, 101, 114f, 121, 123, **124**, 125f, 128f, 137, 139, 142f, 145f, 148–151, 153f, 157f, **162–165**, 166, 170, 172f, 176, 178–183, 185, 192, 195, 198–201

Sachregister

Innovation 62, 69, 91
Institution 29, **33**, 36f, 41, 45, 52, 58, 71, 91, 96, 109, 120, 122, 125 – 127, 129, 142, 156, 165, 167, 170, 188f, 192, 202
Integration 6, 26, 28, 30, 38, 41f, 56, 66, 68, 71, 91, 93f, 107, 109, 121, 124, 127 – 129, 187f, 194
Interaktion 36, 42, 44, 51, 61, 64, 72, 101, 124, 135, 163f, 173f, 176, 188, 194, 198
Interaktionismus, symbolischer 3, 53, **128**, 199
Interesse 35f, 42, 46, 57, 89, 91, 93f, 96, 99f, 104, 108f, 114 – 116, 118, 120f, 123 – 126, 128f, 149, 163f, 166, 171 – 173, 179, 184, 189, 195
Internalisierung 36f, 41, 44, 52, 180
Interpenetration 35, 37, 51, **53**, 55, 57f, 61

Klasse 42, 88, 119 – 122, **125f**, 127, 129, 166f, 195 – 197
Kommunikation 51 – 54, 59, 61, 71, 110, 117, 179, 192
Komplexität 50, 53f
Konditionierung 139f, 155, 176f, 180f, 186
Konflikt 26, 31, 42f, **68 – 73, 92, 173 – 176**, 190, 194
Konflikttheorie 168, **194f**
Konformität 56, 61f, 64
Konsens 42f, 46, 67, 91, **103f**, 107, **126f**, 128, 173 – 176, 178
Konservativismus 24, 41
Kontingenz 50, 52, 59
Kontrolle 37f, 41, 47, 56 – 58, 61, 102, 129, 150, 177, 184, 188, 195
Kooperation 27, 58, 99, 106, 114, 117, 121, 123f, 157, 164, 173 – 176, 187, 210
Krisenwissenschaft 24
Kultur 29, 40, 59, 62, 71, 187, 203
Kultursystem **36**, 39, 58

Legitimation 71, 92, 96, 119
Legitimität 89, 102, 114
Leitdifferenz 50, 53
Lerntheorie 60, **153 – 156**, 175f, 180,. 185f, 188, 192, 195, 200, 202
LIGA-Schema **38**

Macht **39f**, 42, 44, 66, 87, 94f, 96, 100, 118f, 121, 124f, 129, 169f, 177f, 195f, 198f
Medien, allgemeine 37, 39, 52, 61
Mensch s. Individuum
Metatheorie 7
Mobilität 126, 166f, 192
Modernisierung 40, 68
Morphogenese 72

Neofunktionalismus 23
Nicht-Funktion **31**
Norm 35 – 37, 39, 42, 44, **57 – 59**, 62, 69, 91, 93f, 102f, 106, 109f, 116, 121 – 124, 126 – 128, 164, **176 – 180**, 183, 186 – 189, 192, 199

Objekt 35
Organisation 46f, 95f, 98 – 102, 124, **125f**, 135, 158, 166
Organismus(-modell) 25 – 27, 31, 42, 45, 50f, 57, 68, 139f, 145, 151, 153 – 155, 176, 180, 187, 199f
Orientierungsalternativen s. pattern variables

pattern variables 35
Person s. Individuum
Persönlichkeitssystem **36**, 39, 58, 61
Position 66, 104f, 122, 125
Praxis 6, **12f**, 15 – 18, 192
Prestige 67, 89, 125
Privileg 94, 99, 125, 127, 196
Prozeß, sozialer 37, 52, 88, 90f, 93f, 98, 121f, 126

Rang 104f, 108, 110, 116, 120, 122, 125, 127, 167
Rationalisierung, Rationalität 87, 107, 110, 117, 123, 126f, 148, 157f, 168, 172, 174, 179, 188, 190f
Rationalismus, kritischer 7, 159f
Reaktion 139f, 154f, 163, 181f, 189, 198
Rebellion 62
Reduktionismus, lerntheoretischer 188, 200, 202
Reduktionismus, psychologischer **147 – 153**, 163f, 169, 195
Reflex 154f
Reifizierung 46, 145
Reiz 139, 154 – 156, 182, 198
Reiz-Reaktions-Schema 139f, 147, 182
Repräsentativität 10
Revolution **119 – 121**
Ritualismus 62
Rolle 36, 38f, 43, 52, 56 – 58, 60f, 64f, 69 – 71, 170, 176f, 180, 183, 190, 192, 202

Sanktion 59, 61, 65, 69, 97, 100, 102, 106, 108f, 118, 125, 180f, 184, 191, 199
Schicht, Schichtung 40, 59, 64, **65 – 67**, 71, 119f, **125f**, 127, 166 – 168
Selbstkonstitution **51**, 55
Selbstreferenz **51f**, 57, 59, 61, 171
Selbstregulierung 27, 44, 47
Sinn 46, 48, 51, 54, 92, 98, 143, 178, 183, 192
Situation 35f, 58, 93f, 100, 142f, 174, 176
Solidarität 27, 38, 58, 60, 91, 95, 98, 117, 122, 124, 164, 172, 191, 197
Sozialisation 33, 37f, 53, 56, 58, **59 – 62**, 100, 172, **180 – 183**, 184, 186, 192, 202
Sozialstruktur 8, 29, 60, 62, 192, 198, 200
Sozialsystem **36**, 38 – 40, 43, 51, 56, 58, 61, 66, 71

Soziobiologie **111**, 112–114, 116
Soziologie, marxistische s. Theorie, marxistische
Spieltheorie 114, 116, 157f
Status 38, 62
Stichprobe 10
Stimulus-response-Schema s. Reiz-Reaktions-Schema
Struktur 26, 28f, 31, 37, 41, 43f, 50, 52, 124, 150
Substitut, funktionales s. Alternative, funktionale
Subsystem 39, 57, 69, 71f, 125, 168, 187, 191
Symbol 29, 36, 39, 56, 61, 92, 178, 192
System 16, 27, 31, 33, 37f, 44f, 48, 50, 72, 144, 165, 167, 178
System, soziales 38, 48, 51f, 65, 90f, 128
Systemgrenze 50f
Systemtheorie 33, 38, 49f, 54, 67, 72, 144, 165

Tatbestand, sozialer 26
Theorie 1, **5–9**, 11, 13–18, 26, 30, 34f, 44, 55, 192
Theorie, kritische 3, 7, 11
Theorie, marxistische 3, 10f, 40f, 127, 129, 167, 191–193, 195, **197**
Theorie, strukturell-funktionale 3, 91, 127, 145f, 167f, 185, **194**, 195
Theorien mittlerer Reichweite s. theories of the middle range
Theorienpluralismus 1, 23
Theorievergleich 2
theories in the large 8
theories of the middle range 8f, 30, 60, 169

Umgebung s. Umwelt
Umwelt 31, 33, 38, 47f, 50f, 53, 56f, 61, 66, 72, 88, 142, 153, 155, 165–167, 169, 187, 189f, 194, 200, 203
Ungleichheit 56, **65–67**, 88–91, 93, 111, 115, 121, 124f, 127–129
Utilitarismus 25f, 56f, 157f, 166
Utopie 7, 12, 17, 91, 160, 195

Verhalten 59f, 139f, 142, 145, 148, 180, 183
Verhalten, abweichendes 33, 56, 60, **62–65**, 102, 177, **183–188**, 191, 199
Verhaltensorganismus **36**, 71
Verhaltenstheorie **128**
Vier-Funktionen-Modell 29, 66

Wahrheit 12, 14
Wandel 33, 40f, 43, 45f, 62, 67, **68–73**, 88, 91, 94, 120f, 123, 125, **126f**, 129, **188–193**, 194
Wert 29, 36f, 39, 41f, 44, 56, **57–59**, 61f, 66f, 69, 93, **106**, 120, 123, 164, **176–180**, 184, 187
Werturteil 6, 28, 41, 107
Wirklichkeit 3, 5–7, 10–14, 18, 42f, 52, 90, 114, 126, 128, 136, 179, 185, 196f
Wissen 15
Wissenschaft 3, 12–18
Wissenschaftstheorie 7, 10f, 18

Zeit 52
Zielerreichung **38**, 58, 62
Zwang 43, 56, 68, 72, 89, 91, 96, 100, 102, 107, 109, 124f, 172, 196

Bei Fragen zur Produktsicherheit wenden Sie sich bitte an:
If you have any questions regarding product safety,
please contact:

Walter de Gruyter GmbH
Genthiner Straße 13
10785 Berlin
productsafety@degruyterbrill.com